Manifeste d'un citoyen engagé

Questions contemporaines

Chômage, exclusion, globalisation… Jamais les « questions contemporaines » n'ont été aussi nombreuses et aussi complexes à appréhender. Le pari de la collection « Questions contemporaines » est d'offrir un espace de réflexion et de débat à tous ceux, chercheurs, militants ou praticiens, qui osent penser autrement, exprimer des idées neuves et ouvrir de nouvelles pistes à la réflexion collective.

Dernières parutions

Esin EKIZOGLU, *Vers les territoires mobiles émergents. De l'objet technique singulier aux pratiques urbaines partagées*, série « Questions urbaines », 2025.

Jean-Dominique SÉVAL, *La fin de Babel et autres effets inattendus de la révolution numérique*, 2025.

Richard BATHOUM (dir), Racisme institutionnel, école, police, entreprise, 2025.

Marie-Madeleine DAMIEN, *Patrimoine des conflits : Interprétation et réconciliation des mémoires, Vers l'éligibilité du champ mémoriel au Patrimoine mondial de l'Humanité*, 2025.

Yves RAYNAUD, *Contre le pouvoir, Les Faiblesses des Hommes forts*, 2025.

Anna IGRANAÏSSI, *Instruire, manifester, démissionner*, 2025.

Jean Marc MONCORGER, *Intelligence artificielle et créativité humaine, Quelle créativité l'intelligence artificielle peut-elle développer ?* 2025.

Marie REETZ, *Le discours fasciste au Japon,1931-1945, « Forgez le corps et l'esprit »*, série communication, 2025.

Jean-Luc DUPRIEZ, *Construire un monde non capitaliste*, 2024.

Jean-Jacques MONNIER, *Un millénaire de pouvoir vertical, 987-1815, Histoire de la centralisation française, Tome 1*, 2024.

Jean-Jacques MONNIER, *Le jacobinisme : Une addiction française,1815-2025, Histoire de la centralisation française, Tome 2*, 2024.

Geoffroy BOYARD, Alexandre CANTONNET, Valentin CAQUOT, *Le rôle social de l'officier au XXIe siècl*e, 2024.

Jean Meleux

Manifeste d'un citoyen engagé

Des propositions concrètes pour sortir de l'impasse

L'Harmattan

5-7, rue de l'École Polytechnique, 75005 Paris
http://www.editions-harmattan.fr
ISBN : 978-2-336-52551-8
EAN : 9782336525518

Avant-propos

Cela a débuté lors du grand débat national lancé par le président Macron en janvier 2019, censé reprendre l'ensemble des mesures proposées par les gilets jaunes et les cahiers de doléances élaborées par « les états généraux ». Ce débat me semblait biaisé et je n'avais pas envie de cautionner ce que je considérais comme à l'opposé d'une expression libre.

De ce fait, je n'y ai délibérément pas participé, mais j'ai en parallèle élaboré un travail écrit pluridisciplinaire reposant sur mes réflexions et engagements personnels. Quelques exemplaires ont atterri entre les mains d'associations et de personnalités politiques. Avec succès plutôt mitigé de l'opération, car peu de retours... Conclusion : je n'ai pas réussi à savoir dans quelle mesure ma contribution avait réellement servi à quelque chose...

Ne souhaitant pas en rester là, et mû par la volonté d'étayer mon propos, l'idée m'est venue de structurer ce schéma et de l'alimenter de manière à construire un ouvrage qui pourrait toucher un public plus conséquent et, pourquoi pas, d'élargir le champ de mes réflexions.

Loin de moi l'idée de me considérer comme écrivain ! C'est la première fois que je prends la plume de manière conséquente, alors, pourquoi aujourd'hui ? À cela, plusieurs raisons.

En priorité, la prise de conscience que nous avons l'obligation, en tant que citoyens, ou supposés tels, de transmettre à notre descendance, enfants et petits-enfants, un *bien commun, notre terre*, dans des conditions de vie acceptables pour tous. Nous savons malheureusement que ce n'est pas le cas et que, si un certain nombre d'actions ne sont pas menées à court terme, nous nous dirigeons vers une catastrophe climatique sans précédent dont nous commençons d'ailleurs à ressentir les effets. Et je souhaite ardemment que mes petits-enfants, ainsi d'ailleurs que tous les enfants et futurs enfants de la terre n'en soient pas les innocentes victimes, car ils ne l'ont pas mérité.

J'ai une autre raison, davantage liée à mon parcours professionnel. Retraité depuis quelques années après une carrière d'ingénieur et de consultant en Organisation industrielle, j'ai œuvré dans l'industrie durant toute mon activité. Je déplore les orientations qui ont été prises par nos dirigeants politiques depuis près de trente ans. Avec une financiarisation de notre société au détriment d'un potentiel industriel que l'on a sciemment laissé se détériorer et la perte de nos secteurs stratégiques. Avec, à la clé, une désindustrialisation quasi complète et des régions entières en déshérence vouées au chômage.

Enfin, je pourrais aussi ajouter que je suis sympathisant écologiste de la première heure et que ces sujets m'ont naturellement toujours passionné.

Aujourd'hui, mon seul moyen d'agir, c'est l'écriture. Voilà donc les raisons de ce livre écrit *par un citoyen et pour les citoyennes et les citoyens,* qui je l'espère, réveillera les consciences, en offrant des pistes de réflexion pour comprendre le monde actuel et agir face à ses enjeux.

Pour ce faire, j'ai structuré ce livre en *quatre parties.*

Les deux premières parties traitent, d'une manière générale, l'une, du « mal français » avec un rappel utile des orientations prises sous le précédent quinquennat, l'autre, de la dérive européenne et, bien sûr, des pistes de solutions envisageables, à la fois politiques, économiques et écologiques. Lors d'un chapitre consacré à la santé, j'ai consacré quelques lignes à un manifeste intitulé *Santé : le programme des jours heureux*. Ce manifeste a le mérite de prescrire un ensemble complet de mesures issues en 1945 du Conseil de la Résistance et dont le programme a été progressivement détricoté tout au long des années qui ont suivi la création de la Sécurité sociale[1].

La troisième partie entreprend d'aborder le sujet de la réindustrialisation de la France dont parlent actuellement beaucoup nos politiques. Ce sujet a fait l'objet d'un projet présenté par Emmanuel Macron. Je m'inscris en faux à propos de la plupart des propositions d'essence macroéconomique. Leurs choix énergétiques retenus concernent principalement les multinationales du CAC40 et passent complètement à côté d'une industrie à taille humaine. À titre d'exemple, les efforts d'un certain nombre de pionniers qui, par vents et marées, s'efforcent de sauver des filières en déshérence gèrent au mieux notre tissu de PMI et autres ETI (Entreprises de Taille Intermédiaire). Si l'on veut réussir cette renaissance industrielle, il est nécessaire d'entrer dans le détail, filière par filière, notamment avec les filières « grand Public », afin de savoir d'où l'on part et où l'on veut arriver. Ce qui implique de mettre en exergue les obstacles que l'on rencontrera inévitablement, d'ordre politique, financier ou autres. Et d'évaluer, à partir de ce constat, les choix prioritaires, les difficultés de mise en œuvre, les possibilités de financement, les degrés d'urgence et les délais raisonnables de réalisation. Et ce n'est qu'à partir de ce constat qu'un plan d'action coordonné pourra être mis en place.

J'évoque également dans cette partie les filières transports et énergie qui me paraissent viables, au risque de me heurter à des points de vue stéréotypés fortement ancrés chez nombre de mes concitoyens et aussi, bien sûr, dans les milieux politiques de tous horizons. Le choix du nucléaire, considéré par nos technocrates comme incontournable, traduit bien la volonté de ceux-ci de nous enfermer à l'intérieur d'un faux débat, avec le risque, une fois de plus, de jouer aux apprentis sorciers.

La quatrième partie est consacrée à tous les aspects liés à l'environnement (changement climatique, biodiversité, réduction des déchets, etc.) et susceptibles d'aider à mettre en œuvre une véritable écologie. Dans la mesure où je me considère comme un « néophyte averti » dans ce domaine, j'ai fait appel à des ouvrages spécialisés dont je recommande vivement la lecture à toute personne curieuse de l'écologie et intéressée pour en savoir un peu plus sur la question. Les références des ouvrages dont j'ai pu prendre connaissance

---

[1] Des extraits du manifeste *Santé : le programme des jours heureux* a été publié par le journal Libération le 25 mai 2020 et la totalité du manifeste en libre accès par le quotidien internet *Là-bas si j'y suis* le 15 juin 2020.

figurent en annexe de cette introduction[1]. Là aussi, il est nécessaire de faire une analyse de l'existant, ne serait-ce que pour savoir pourquoi, au niveau mondial, nous en sommes arrivés à une telle détérioration de notre environnement. Et, à partir de ce constat, de mettre en lumière les fondements d'une agriculture (et surtout d'un élevage) dite « biologique », à taille humaine, qui respecte le règne végétal et animal. Les ouvrages cités en référence m'y auront amplement aidé.

Voilà, en quelques lignes, la présentation de mon propre manifeste. Soyons honnêtes : je n'ai rien inventé. Car tout ce qui figure a déjà été écrit à maintes reprises. Du moins, je le pense ! Simplement, j'ai tenté d'entreprendre une énumération aussi complète que possible de tous nos dysfonctionnements endémiques et des *pistes de solutions* applicables à partir de plans d'action coordonnés. Ceci au travers des mines d'informations disponibles sur la toile et dans divers ouvrages dont j'ai cité les références bibliographiques, informations souvent inconnues du grand public !

Ceci étant dit, je n'ai pas eu la prétention de faire le tour de tous les problèmes et cet exposé mériterait d'être complété utilement, y compris dans certains domaines, pour lesquels les informations fiables ne sont pas souvent aisées à obtenir. Je reste bien sûr à disposition de toutes remarques des lecteurs qui auront accepté de prendre connaissance de cet essai et ouvert avec plaisir à toutes propositions permettant d'en améliorer le contenu.

Un dernier point : on entend actuellement une petite musique persistante et peu agréable : « Halte à l'écologie punitive » ; « Arrêtons d'effrayer le bon peuple avec des prévisions catastrophiques ». Ces propos cachent une offensive sans précédent des « climatosceptiques ».

Je pense qu'il faut réfuter fermement ce genre d'argument et faire valoir au contraire tout le bien qu'on peut tirer d'une lutte intelligente contre le dérèglement climatique et la chute de la biodiversité, avec en premier lieu une amélioration de notre quotidien. Avoir la prise de conscience que, si rien ne change, nos descendants subiront à moyen terme des conditions d'existence purement invivables : canicules, inondations, incendies à répétition. Les conséquences ? Des sécheresses prolongées et famines concomitantes entraînant une déstabilisation complète de nos sociétés et la négation de toute civilisation (pensez au film *Soleil vert*). Est-ce cela que nous voulons pour nos générations futures ?

Sachons une bonne fois pour toutes que ce cataclysme peut être, sinon évité complètement, au moins considérablement limité par des mesures relevant

---

[1] Ouvrages faisant référence au changement climatique et à la biodiversité
– *L'agroécologie peut nous sauver* par Marc Dufumier et Olivier Le Naire Editions Acte sud
– *Les apprentis sorciers de l'azote* de Claude Aubert Editions Terre vivante
– *La révolution agroécologique* d'Alain Olivier Editions Ecosociété
– *Demain, une Europe agroécologique* de Xavier Roux et Pierre Marie Aubert, collection domaine du possible Editions Actes Sud
– *Recyclage : Le grand enfumage* de Flore Berlingen, éditions Rue de l'échiquier

d'une véritable stratégie de rupture, seule option envisageable. Alors, à nous de militer pour !

L'auteur

1e PARTIE — QUEL AVENIR POUR LA FRANCE ?

1. UN BREF HISTORIQUE

Depuis les années 1980 et sous l'influence de l'arrivée au pouvoir aux États-Unis et en Grande-Bretagne de Ronald Reagan et de Margaret Thatcher, le monde a assisté à une remise en cause de la politique New Deal mise en place par Franklin Roosevelt. Cela a provoqué une déréglementation financière à l'échelle internationale, touchant prioritairement le secteur bancaire international et permettant le retour à une orientation dite « néo-libérale », qui s'est répandue dans le monde entier et entre autres dans l'Union européenne[1]. Les fondements en sont :

- Priorité aux lois du marché, qui dispose de tous les éléments pour réguler l'économie. Avec notamment les inconvénients de la spéculation, exacerbés par la crise ukrainienne et ses conséquences non négligeables sur notre pouvoir d'achat.
- Un retrait de l'état au bénéfice du secteur privé ; « l'État est le problème », disait Ronald Reagan,
- libre circulation des produits et marchandises, des capitaux et des hommes… Le libre-échange intégral, en somme !
- Spécialisation de chaque pays dans le choix des politiques de production, de distribution, d'import-export, etc. (Avec entre autres, les théories développées par David Ricardo et Adam Smith)
- Priorité de l'individu face à la communauté : « La société n'existe pas. Il n'y a que des individus » (Margareth Thatcher).

La France est encore un des derniers bastions en Europe à adhérer modérément à cette politique et à conserver les acquis sociaux mis en œuvre par le Conseil National de la Résistance. Mais la mise au pas continue et les réformes promues par Emmanuel Macron vont dans le sens d'un « détricotage » des acquis sociaux, d'une politique de libéralisation et de privatisation et d'une adhésion sans faille à l'actuelle politique européenne[2].

---

[1] *Eloge du mondialisme par un « anti » présumé* par René Passet Editions Fayard (avril 2001)

[2] Ces propos ont été écrits en 2019. Contrairement à ses détracteurs, ils ont été amplement confirmés récemment dans l'article « l'impasse libérale » paru dans Alternatives économiques du 25 juin 2023

2. UN ÉTAT DES LIEUX À L'HEURE D'AUJOURD'HUI

Un rappel des principales mesures prises sous son premier quinquennat d'Emmanuel Macron ne paraît pas superflu, d'autant plus que celui-ci a eu l'audace de se déclarer « ni de gauche ni de droite ».

2.1. UNE ACCENTUATION DE LA POLITIQUE DE RÉTORSION

Initialisée par les précédentes mandatures, elle s'est traduite, en début de premier quinquennat, par un ensemble de mesures amplement destinées à favoriser les hauts revenus et les grandes structures. Mesures qui, principalement formulées sous le premier quinquennat d'Emmanuel Macron, restent pour la plupart d'une brûlante actualité et n'ont pratiquement pas été remises en cause à l'heure actuelle.

2.1.1. Des mesures fiscales

La réforme de l'ISF

Justifiée par la théorie du *fameux ruissellement.* Les bénéficiaires préfèrent les paradis fiscaux et investir dans le spéculatif, beaucoup plus rentable. Coût de l'opération : 5 G€ (giga = milliards)[1]. On notera que, jusqu'en janvier 2018 (date de la suppression de l'ISF et son remplacement par l'IFI), les contribuables concernés avaient la possibilité de diminuer le montant de l'impôt en investissant dans les PME à concurrence de 45 K€, ce qui, en soi, n'était pas une mauvaise mesure. Autre proposition : affecter le montant de l'impôt à la mise en œuvre de la transition écologique.

La défiscalisation des revenus du capital (Flat Tax)

Par le prélèvement forfaitaire unique (30 %), qui est en fait de 13 %, déduction faite de la CSG et CRDS, et ceci, quel que soit le montant de ces revenus. Manque à gagner pour le fisc : estimé à 1,5 G€. Sans compter l'aspect peu social de la chose !

---

[1] Je me suis permis d'utiliser lors de mes chiffrages le système international (SI) appliqué aux multiples et sous-multiples des unités de mesure, d'usage fréquent dans les domaines scientifique et informatique. Il peut, logiquement, être transposé dans d'autres domaines, à savoir le chiffrage de la monnaie, par exemple. Ci-dessous la conversion utilisée :

- Milliers par Kilo (K)
- Millions par Méga (M)
- Milliards par Giga (G)
- Mille milliards par Téra (T)

La baisse de l'impôt sur les sociétés

Le gouvernement a entrepris une baisse généralisée de l'IS (Impôt sur les Sociétés) depuis 2018 jusqu'en 2022 (de 33,33 % à 25 %) avec un taux intermédiaire de 15 % pour les PME/TPE jusqu'à un seuil de 38 K€[1]. Cette baisse est uniforme, quel que soit le comportement de l'entreprise (réinvestissement ou non). Elle représente une perte pour le trésor public de 11 G€ jusqu'à 2022. Est-ce vraiment justifiable ? C'est une solution viable pour les PME et TPE, mais absolument pas pour les multinationales, compte tenu de l'évolution du CAC 40 !

La pérennité du CICE

Il est associé à la baisse des cotisations patronales, soit un total de 40 G€ pour 2019.

L'incidence des niches fiscales

Elles représentent plus de 100 G€ pour l'année 2018, dont au moins la moitié (CICE entre autres), a une utilité pour le moins discutable.

Et aussi d'autres mesures, dont la baisse de la taxe sur les salaires pour les entreprises non soumises à la TVA (banques et fonds spéculatifs). Là encore, pertes à chiffrer pour le Trésor public !

Le dernier schéma en date : l'allègement des impôts dits « de production »

Il s'agit d'une mesure phare du plan de relance élaboré par le gouvernement et approuvé par le Conseil des ministres en septembre 2020. 20 G€ de ce plan réparti sur deux ans sont affectés à la baisse de ces impôts. L'objectif avancé était de renforcer la compétitivité des entreprises et d'inciter les sociétés étrangères à investir en France. Il est vrai que ces impôts sont les plus élevés d'Europe, excepté la Grèce, et représentent un total de 3,5 % du PIB.

Les impôts de production, c'est quoi ?

On peut les regrouper en trois grandes catégories qui se répartissent, en pourcentage sur un total de 85 G€, de la manière suivante [2] :

- La main-d'œuvre (versement transport, taxe sur les salaires, intéressement, participation, contribution apprentissage, etc.), soit environ 45 % du total,

---

[1] La loi de finances 2018, entrée en vigueur le 1er janvier 2018, a abrogé le taux majoré à 20 % qui était appliqué sur la tranche de revenus annuels supérieurs à 152 279 € (Bercy infos).

[2] Références : *Les impôts de production : un cadeau de 20 milliards aux entreprises* Christian Chavagneux (Alternatives Economiques 31 août 2020)

Les impôts sur la production en question (Attac France 2 septembre 2020)

Un plan de relance en forme de nouveaux cadeaux pour le capital Romaric Godin (Médiapart 31 août 2020)

- Le bâti : la CFE (cotisation foncière des entreprises) qui représente sommairement 25 % du total,
- Une troisième partie : la CVAE (contribution sur la valeur ajoutée des entreprises) et la C3S (contribution sociale de solidarité des sociétés) avec un total estimé à 23 G€ pour 2019.

L'ensemble de ces prélèvements sert à financer les collectivités locales (65 %), la Sécurité sociale (25 %), le reste allant à l'état.

L'action envisagée par le gouvernement porte sur la troisième partie de ce collectif et principalement sur la CVAE et la C3S, très mal acceptée des petites entreprises rencontrant de sérieuses difficultés de trésorerie et en déficit structurel ou conjoncturel (Covid 19). Ceci à juste titre, d'ailleurs ! La suppression de ces impôts appelle les remarques suivantes [1] :

- Il n'existe aucun lien entre CVAE et compétitivité des entreprises. Un graphique sur l'analyse de plusieurs pays, communiqué dans un article d'Alternatives Économiques, le montre amplement.
- La suppression d'une partie des impôts de production est une aubaine pour les industries les plus polluantes. Dans une note publiée début juillet 2020, les experts du Conseil d'analyse économique font apparaître que les trois premiers secteurs les plus favorisés par une suppression du triptyque CVAE-CFE-C3S sont, dans l'ordre : la production d'électricité et de gaz, les industries extractives et la finance. En outre, cette suppression impacte un manque à gagner budgétaire non négligeable qui se répercute sur le financement des collectivités territoriales et la Sécurité sociale.

Reste à savoir quelles compensations sont susceptibles d'intervenir et quand ?

En conclusion, cette réforme pose de multiples problèmes : faut-il maintenir ces impôts pour certaines sociétés, en réformer la structure ou envisager une réforme complète du système fiscal destiné aux entreprises et tenir compte des enjeux existants ?

Les propositions du chapitre 3 de cette 1e partie ont pour objet de tenter de répondre à ces interrogations et de promouvoir une meilleure justice fiscale.

Le montant des aides publiques aux entreprises

Selon une étude menée par les chercheurs du centre lillois d'études et de recherche sociologiques et économiques (CLERSE) le montant de ces aides a pratiquement triplé depuis l'an 2000[1] et atteint 175 G€, soit 6 % du PIB en 2022. Tout cela sans résultat probant en termes de création d'emplois !

---

[1] *160 milliards d'aides publiques par an : un « pognon de dingues » pour les entreprises* : 11 octobre 2022 Mathias Thépot (Médiapart

Un manque de pugnacité concernant l'évasion fiscale

Il y a persistance sur la fraude (entre autres sur la TVA) et « optimisation fiscale » (le joli vocable). Le prétexte est tout trouvé : c'est un problème européen. L'enjeu est de taille… Plus de 100 G€ par an !

De quoi réduire, voire annuler le déficit annuel et limiter la dette, qui s'accroît de manière dramatique compte tenu des dégâts financiers provoqués par la Covid 19 et son cortège d'interdits. On peut aussi citer *la taxe Tobin sur les transactions financières pour laquelle la France laisse traîner les négociations.* Ce que représente le « verrou de Bercy » : en France, la poursuite pour fraude fiscale est du ressort du ministre du Budget et non de la justice, ce qui permet, entre autres, un arrangement à l'amiable entre la justice et le fisc. Contrairement à ce qui a été déclaré par Gérald Darmanin, le dispositif n'a pas été supprimé, mais simplement aménagé pour des sommes supérieures à 100 K€, car le principe du verrou demeure, en particulier pour les fraudes que la justice découvre elle-même. [1]

2.1.2. Un tour de vis social et sociétal

Il a touché l'ensemble des secteurs d'activité et se justifie par une obéissance aveugle aux interdits issus des traités promulgués par l'Union européenne concernant, entre autres, les limites dévolues au déficit dit « structurel ». D'où une politique d'austérité et l'ensemble des réformes entreprises à partir d'une logique exclusivement comptable, politique en vigueur lors des précédentes mandatures et poursuivie dès le début du présent quinquennat.

Résultat : une politique du « rabot » qui ne prend pas en compte les retombées positives de certaines dépenses ou les effets complètement négatifs de leur suppression. Un exemple : la diminution, pour cause d'austérité, de certains postes de fonctionnaires (inspecteurs du travail, agents du fisc chargés de poursuivre la délinquance financière, contrôles alimentaires, etc.). Avec des retombées importantes, à la fois financières et sociales (augmentation des accidents du travail, multiplication des fraudes, etc.).

Il est vrai que l'apparition du Covid en 2020 a quelque peu changé la donne, du fait que le gouvernement a mis en place ce qu'on a appelé le « Quoi qu'il en coûte » et que les ukases résultant des traités européens ont été mis pour un certain temps au placard. Cependant, il s'agit d'un « Quoi qu'il en coûte » qui a largement profité aux multinationales et aux fractions de la population les plus fortunées. Il a été associé, proximité des élections oblige, à un déluge de dépenses émanant de l'exécutif sans aucune limitation budgétaire. Avec une augmentation de la dette qui atteint allègrement en 2023 les 3,1 T€ (3 100 milliards d'euros) soit 112 % du PIB, et pour corollaire une augmentation de la charge financière liée à l'inflation.

---

[1] *La fin en trompe-l'œil du verrou de Bercy* 4 juillet 2018 — Romaric Godin (Médiapart)

Quelles sont ces principales réformes dont le quinquennat tenait à laisser sa marque ?

Citons, dans l'ordre :

La suppression de nombreux emplois aidés [1]

En 2015 et 2016, 450 000 personnes ont profité des contrats aidés. Ce nombre a diminué à 320 000 en 2017, puis à 200 000 en 2018. Cette tendance à la baisse s'est poursuivie en 2019 pour atteindre un peu plus de 100 000 postes. Covid aidant, le dispositif s'est légèrement amélioré à partir du courant de l'année 2020, mais on est loin du compte !

On peut toujours objecter que cette suppression se justifie, à la limite, dans le secteur marchand, dans la mesure où elle est considérée par les entreprises concernées comme un « effet d'aubaine ». Par contre, elle pénalise tout le secteur associatif à vocation culturelle et sociale, ainsi que des établissements publics, des collectivités et des municipalités. En outre, ce dispositif est en fait beaucoup moins coûteux que le CICE, qui, paradoxalement, profite surtout à des entreprises qui n'en ont pas besoin (banques et sociétés non soumises à la concurrence du marché).

On notera en outre que cette suppression d'emplois aidés a donné lieu à l'utilisation en remplacement de jeunes gens recrutés dans le cadre d'un service civique. Avec une rémunération à mi-SMIC et sans disposer des droits élémentaires relevant du Code du travail. [2]

La réforme du Code du travail

Déjà bien ébauchée avec la loi El Khomri sous la présidence Hollande, elle s'est poursuivie dès la rentrée 2017 et dans la quasi-indifférence générale avec la publication au pas de charge des ordonnances avec à la clé[3] :

- La confirmation d'une suprématie des accords d'entreprise sur les accords de branche. Il est utile de bien insister sur un risque de dumping social dévastateur d'une telle mesure, principalement en période de chômage. Les grands groupes font jouer la concurrence chez leurs sous-traitants et créent dans ces petites structures un chantage à l'emploi préjudiciable à l'ensemble du personnel. La « ceinture de sécurité » disparaît.
- Des mesures facilitant les licenciements (CDI de chantier ou CDI de projet).
- La création des ruptures conventionnelles collectives qui, utilisées abusivement, évitent à l'entreprise d'avoir à gérer un plan social.

---

[1] Contrats aidés : une nouvelle baisse ? (France info) — *Réforme des contrats aidés : une « mise à mort » des associations et des communes rurales* (Marianne 31 août 2018)

[2] *Cash investigation* diffusé sur France 2 le 10 décembre 2020

[3] Loi travail 2018 (ordonnances travail) : les principales mesures (journal du net)

- *La suppression des CHSCT* (Comités d'hygiène et de sécurité des conditions de travail) et fusion dans une nouvelle structure. Avec pour conséquence la suppression d'un contre-pouvoir salarial.
- *La modification des modalités des contrats de travail* sur les CDD, fixées désormais à l'approbation des branches, avec un risque de multiplication des contrats courts, voire très courts.
- *Le plafonnement des indemnités pour licenciement abusif* imposé au conseil des prud'hommes, ce qui donne libre cours à certaines catégories d'entreprises qui méprisent les droits sociaux les plus élémentaires. Cette loi est d'ailleurs remise en cause par une juridiction internationale.
- *La réforme du compte pénibilité :* À partir de 2018, il a été remplacé par le compte professionnel de prévention (C2P). D'où une diminution sensible du nombre de facteurs de risque (6 au lieu de 10) et une suppression du financement de ce compte par les entreprises. Désormais, ce financement est à la charge de la branche AT-MP (accidents du travail — maladies professionnelles) de chaque régime de Sécurité sociale.
- *Les réformes de l'assurance chômage* : Un certain nombre de réformes sont intervenues entre 2017 et 2024. Elles ont porté sur la durée minimale d'activité qui autorise le droit au chômage, sur le seuil de rechargement des droits et sur la durée et la valeur d'indemnisation en fonction des revenus. Auxquels s'ajoute un mécanisme de modulation. Elle pénalise en priorité les travailleurs précaires condamnés aux « petits boulots » et aux contrats courts avec intermittence de l'activité !

La réforme de la fonction publique avec, en guise d'introduction, celle de la SNCF

Haro sur le déficit de la SNCF ! Mais cherchez l'erreur ! La pratique d'une politique « tout TGV », au détriment des investissements dans le secteur traditionnel. Cette politique a été financée essentiellement par des PPP (partenariat public/privé) au bénéfice de grands groupes dont le coût s'avère pharaonique dans le temps grâce à une véritable politique de « racket » (exemple : la ligne TGV Tours-Bordeaux [1]). Citons aussi la gestion catastrophique du fret (pas d'investissements, absence de ferroutage) avec la menace masquée d'une privatisation, la concurrence interne par l'intégration de filiales comme Géodis et l'abandon de l'écotaxe par le précédent gouvernement.

---

[1] LGV Tours-Bordeaux : Vinci nous roule à grande vitesse ! (Attac 1er mars 2017) SNCF : c'est le public qui finance et qui prend des risques et ce sont des actionnaires privés qui toucheront les dividendes (Respublica n° 870 15 mars 2018)

En quoi consiste cette réforme dont le vote définitif a eu lieu en juin 2018 ? Il s'agit de[1] :

- La disparition du statut des cheminots pour les nouvelles embauches (il est maintenu pour les agents sous contrat)
- Le changement de statut de la SNCF d'une compagnie d'économie mixte dans laquelle l'état était prioritaire en une société anonyme à capitaux publics,
- L'ouverture à la concurrence en 2019 pour les trains régionaux (TER, Intercités, Corail) et en décembre 2020 pour les TGV, en transposition des directives énoncées dans ce domaine par la Commission européenne.
- Une reprise par l'état des deux tiers de l'endettement, échelonnée en deux temps (2020 et 2022).

Cela signifie en clair que la SNCF, en tant que Société Anonyme, n'a pas le droit d'être déficitaire. Et comment, dans ces conditions, se réglera le solde de la dette ? Si elle ne bénéficie pas d'autres financements, cela signifie pour la SNCF :

- *Pas d'investissements massifs* dont ont besoin les infrastructures du réseau et du matériel roulant, ni de la remise en cause de la logistique globale qui consiste à raisonner a minima.
- *La suppression des petites lignes*, à terme, actuellement déficitaires et considérées comme non « rentables », comme l'a suggéré Jean-Cyril Spinetta dans un rapport remis en février 2018 au Premier ministre. Le contraire, en quelque sorte, de ce que pratique actuellement l'Allemagne !
- *Une prédominance du transport routier*, ce qui est déjà le cas pour les marchandises, et s'accentuera au niveau des personnes.

En outre, on peut se poser la question de l'organisation même de la SNCF, qui abrite en son sein un enchevêtrement de filiales à statut privé et de son aptitude à gérer les futures mises en concurrence. Enfin, la SNCF est-elle à l'abri d'une future privatisation ?

Signalons un des aspects de l'ouverture du réseau SNCF à la concurrence : seules les lignes rentables ou considérées comme rentabilisables intéressent les structures privées. En première sur les rangs : la région PACA, bientôt suivie par le Grand-Est, les Hauts-de-France, les Pays de la Loire et l'Île-de-France. Un exemple type ! En PACA, la société *Transdev* a jeté son dévolu sur la ligne Marseille-Nice qui rassemble 34 % des recettes pour 10 % du trafic régional. Par contre, la transfrontalière *Étoile*, réseau composé d'un ensemble de trois

---

[1] Que prévoit la réforme de la SNCF, définitivement adoptée par le parlement ? (le Monde 15 juin 2018)

lignes hétérogènes, n'a été l'objet d'aucune autre offre du privé. Et pour cause, ces trois lignes sont toutes déficitaires : mauvaise gestion, retards permanents faisant suite à un entretien défectueux, réseau dégradé et obsolète qui oblige à des ralentissements permanents ou à des suppressions d'horaires.

Signalons qu'en ce qui concerne la ligne Marseille-Nice, le contrat signé avec Transdev a prévu l'achat par la région de 16 rames neuves et la création d'un nouvel atelier de maintenance à Nice. Ce qui constitue deux cadeaux d'une valeur de 250 M€ à déposer dans la corbeille du repreneur ! Auxquels vient s'ajouter la pose du système européen de signalisation ERTMS, permettant de fluidifier le trafic[1].

Compte tenu de ce qui précède, il s'avère que ce processus de mise systématique en concurrence du réseau SNCF comporte un danger majeur. *Celui de récupérer les meilleures lignes et de siphonner les investissements publics,* déjà largement insuffisants, et qui ont matière à rester au public. Ajoutons à cela la fragmentation du réseau par la multiplication des acteurs.

En conclusion, il reste essentiel que l'État et les régions restent pilotes à part entière de la gestion du réseau ferré, afin d'en garantir la cohérence. Cet aspect sera développé dans la troisième partie relative aux transports.

Une réforme de la justice fort contestable

Elle parachève la réforme entreprise sous la présidence de Nicolas Sarkozy et menée par la ministre de la Justice de l'époque, Rachida Dati. Cette réforme portait sur la modification de la carte judiciaire, à savoir la suppression d'un certain nombre de T.G.I. (tribunaux de grande instance), de cours d'appel et de tribunaux d'instance. La réforme entreprise par Nicole Belloubet a concerné la fusion des tribunaux d'instance avec les tribunaux de grande instance, qui deviennent les tribunaux judiciaires, afin que les justiciables aient une porte d'entrée unique, indifférenciée selon le contentieux. Cette réforme a été désavouée par l'ensemble du corps judiciaire qui craint que l'accès des justiciables à une justice équilibrée devienne de plus en plus difficile et conduise à une justice plus éloignée du justiciable et moins contrôlée par les juges. De surcroît payante pour l'accès en instance…

Or, depuis des décennies, la justice française est l'une des plus mal loties et se classe en queue de peloton des pays européens, avec des crédits de fonctionnement hors de proportion par rapport aux enjeux. Cela se confirme avec le quinquennat d'Emmanuel Macron, même si le ministère bénéficie d'un léger, mais insuffisant coup de pouce (24 % sur 4 ans). Question : la nomination d'Eric Dupont-Moretti a-t-elle fait évoluer cette situation ? Réponse : fondamentalement, non !

---

[1] Extrait de l'article « avec la libéralisation des trains régionaux, la SNCF perd son trône dans l'hexagone » par laure Brillaud et Leila Minano 29 décembre 2021 Médiapart.

L'impact d'une politique d'austérité

Cet impact se traduit par des dysfonctionnements des services publics. Il s'agit d'une continuation, voire d'une augmentation de cette politique par rapport aux précédents quinquennats. D'où l'accroissement des inégalités entre le tissu rural, les villes moyennes et les grandes métropoles.

Une politique de privatisation du patrimoine

Elle consiste, sous prétexte de disposer de fonds destinés, entre autres, à financer l'innovation, mais, en réalité à limiter l'incidence de notre dette, à céder à des fonds privés une partie non négligeable de notre patrimoine dont il est prouvé qu'il est parfaitement rentable. Elle a été inaugurée en 2006 par Dominique de Villepin avec la privatisation des concessions d'autoroute. *Cette privatisation s'est avérée un désastre financier à terme.* En effet, la hausse des péages depuis 2006 a été presque constamment supérieure à l'inflation. Aujourd'hui, le coût de financement des autoroutes apparaît exorbitant pour l'État. C'est comme s'il avait emprunté à un taux d'intérêt de 7,8 % par an. À comparer au taux actuel des emprunts d'État à 20 ans, soit 1,6 %[1].

Les trois principales cessions de gré à gré organisées en 2006 ont permis à l'État de percevoir 15 G€. En échange, les dividendes perçus par ces sociétés se sont montés à 24 G€ entre 2006 et 2019. Une projection effectuée jusqu'à 2036 fait état pour ces trois sociétés d'un total de près de 70 G€, à comparer avec ces 15 G€ d'acquisition !

Mais la leçon de ce véritable fiasco financier est loin d'être tirée, car l'État a pris un décret [2] en date du 14 août 2020 signé par le Premier ministre. Ce décret stipule que certaines sections de routes nationales pourraient être privatisées. La haute autorité publique s'est ralliée au fait que « le budget de l'État n'avait plus les moyens d'entretenir le réseau routier national ». Le processus est donc lancé. Il concernerait, au départ, des sections limitées (routes nationales se situant dans le prolongement d'une autoroute, portion d'autoroutes gratuites, etc.). Mais rien n'empêche le processus de se généraliser à terme à l'ensemble du réseau routier. D'où de substantielles économies pour l'état, mais des dépenses supplémentaires pour les automobilistes[3] !

Il avait été également envisagé de privatiser les barrages hydroélectriques propriétés d'EDF en satisfaisant à une directive de la Commission européenne (la France est la seule à accepter de satisfaire à cette demande). Il faut savoir que les barrages hydroélectriques produisent, chaque année, 12,5 % de l'électricité française.

---

[1] *Autoroutes : l'Etat paie l'erreur de Dominique de Villepin* : la tribune (22 décembre 2014)

[2] Décret n° 2020-1001 du 14 août relatif aux conditions de classement des sections de route dans la catégorie des autoroutes.

[3] *Routes et autoroutes à l'heure du capitalisme rapace* par Laurent Mauduit (Médiapart 27 septembre 2020)

Cette énergie est 100 % renouvelable, c'est donc une énergie extrêmement économique et idéale pour faire face aux pics de consommation. Elle offre une rente importante à EDF, de l'ordre de 1,25 G€ par an.

Alors, où serait l'avantage de cette privatisation ? D'autant plus que cette politique de « saucissonnage » est un obstacle à une gestion rationnelle de l'eau en termes de respect de l'environnement. Heureusement, ce projet a été jusqu'à présent mis sous cloche. Mais jusque quand… ?

2.1.3. Une politique du secret

La loi sur le secret des affaires : ce texte est la transposition abusive d'une directive européenne adoptée en 2016.

Élaborée par les représentants des lobbies des multinationales et des banques d'affaires, elle constitue une offensive sans précédent contre l'intérêt général et le droit des citoyens à l'information. Elle a des implications juridiques, sociales, sanitaires et environnementales graves. Sous couvert de protéger les entreprises, elle verrouille l'information sur les pratiques des firmes et les produits commercialisés par les entreprises. Des scandales comme celui du Médiator ou du bisphénol A, ou des affaires comme les Panama Papers ou LuxLeaks, pourraient ne plus être portés à la connaissance des citoyens.

Un exemple relativement récent : le gouvernement, par le biais de sa ministre déléguée à l'autonomie, a refusé de publier le rapport rédigé par l'inspection Générale des Affaires Sociales (IGAS) et l'Inspection Générale des finances (IGF), rapport qui résulte en grande partie des éléments d'information fournis par le livre de Victor Castanet (les fossoyeurs), qui a dévoilé le scandale Orpéa et mis en évidence l'inertie des ARS en termes de contrôle. Le prétexte invoqué : le respect de la loi sur le secret des affaires ! Alors que les familles concernées étaient en droit de connaître les conclusions de ce rapport.[1]

2.1.4. L'abandon d'une politique culturelle digne de ce nom

Le ministère de la Culture n'est plus ce qu'il était dans le passé. Adieu, les périodes sacrées de Jacques Lang sous François Mitterrand et d'André Malraux du temps du Général de Gaulle ! Les quinquennats de Nicolas Sarkozy, de François Hollande et d'Emmanuel Macron ont amplement contribué à réduire le poids de la culture dans l'appareil d'État. Et ceci grâce à l'organisation des politiques publiques à partir d'une modification en profondeur de l'organigramme des directions culturelles. D'ailleurs, l'exception culturelle est-elle toujours d'actualité après les déclarations de Jean-Marie Messier ? Celui-ci considérait que les standards industriels devaient être transposés aux normes culturelles alors que la production d'une œuvre artistique relève d'une activité de prototype, génératrice d'aléas et de risques économiques.

---

[1] *Le scandale Orpéa exacerbé par l'omerta Macron* par Laurent Mauduit (Médiapart 29 mars 2022)

Cette démarche s'est traduite, entre autres, par la nomination en juillet 2019 de Dominique Boutonnat à la tête du CNC (Centre national du Cinéma). En fait, « on a confié l'organisation de l'action publique à celui qui en préconise le démantèlement »[1]. En termes de preuve, le rapport présenté par celui-ci fustige le cinéma d'auteur et sa faible rentabilité en arguant d'un nombre d'entrées en salle insuffisant. À partir de ce constat, il fallait, si l'on suit cette logique, faire plus de films à grand spectacle, bénéficiant d'une diffusion importante dans un maximum de salles. C'est donc, à terme, *la mort programmée du cinéma indépendant* et des salles qui projettent les films estampillés « d'art et d'essai » et s'efforcent de faciliter leur diffusion. Ce raisonnement productiviste souffre en fait d'une erreur d'appréciation. En effet, ce sont les acteurs du marché, autrement dit les grands distributeurs, qui imposent du turn-over rapide, conséquences de sorties massives de films et d'un effet de concentration important avec multiplication du nombre de copies à grand tirage.

La banalisation de la culture se traduit dans d'autres domaines. Celui qui me vient à l'esprit est celui de la chanson française. J'aime la musique et, quand j'entends les productions diffusées à longueur d'onde sur les radios publiques, je ne comprends plus ! Question : Comment coexistent les deux éléments constitutifs d'une chanson, à savoir musique et parole ? Depuis le début du siècle, on assiste à un appauvrissement de la composante mélodique[2], souvent réduite à sa plus simple expression face à un accompagnement musical qui couvre la parole et à une rythmique, souvent primaire d'ailleurs. Ces éléments prennent toute la place dans une chanson édulcorée, terne et sans saveur. Quid du métier de compositeur ? Quant à la parole, elle est souvent chuchotée, voire inaudible. Disparu le charme de la voix ? Adieu, la chanson populaire, souvent pleine de gaieté et d'entrain ! Où sont passés les Jacques Brel, Édith Piaf, Léo Ferré, Jean Ferrat, Charles Aznavour, Alain Souchon, Daniel Balavoine, Francis Cabrel, Julien Clerc et j'en passe (car cette page n'y suffirait pas à les citer), et qui étaient ou sont encore capables de soulever l'émotion de leur auditoire ?

Et les deux confinements n'ont rien arrangé ! L'ensemble des vecteurs culturels, qu'il s'agisse des cinémas, des théâtres ou des manifestations diverses, dont des festivals, a été mis sous cloche contre toute logique et beaucoup ont des difficultés à s'en remettre, en particulier les plus fragiles. Alors que des compromis acceptables étaient parfaitement envisageables.

Conclusion : le patrimoine culturel est bel et bien en péril…

---

1 « Emmanuel Macron va-t-il déclarer la guerre au cinéma français » par Jean Michel Frodon (slate fr culture 15 juillet 2019). À lire également, « les indépendants français réagissent au rapport sur le financement privé du cinéma » tribune publiée dans Le Monde 3 juillet 2019 et l'article du Canard enchaîné paru le 12 octobre 2022, article intitulé « mauvais film pour le cinéma français »

2 On remarquera que le Rap est une de ces composantes « qui s'est imposée comme une musique populaire » et a contribué à la disparition de la composante musicale. Loin de contester son importance et son intérêt, mais, pour moi, c'est un moyen d'expression, parfaitement louable, d'ailleurs, mais ce n'est pas de la musique.

… Et la nomination récente de Rachida Dati au ministère de la Culture n'a pas bonifié le tableau !

2.1.5. Le développement sans contrôle d'un numérique en folie

Le désarroi de nombre de citoyens devant l'invasion du numérique

Un article du Canard Enchainé[1], paru en août 2020, recensait les problèmes que rencontraient nombre de citoyens devant la dématérialisation à marche forcée mise en œuvre par notre administration. Même si les chiffres cités, base de cet article, ont nettement évolué depuis 2018, le constat effectué reste valable dans ses conclusions. On y dénombrait trois cas de figure.

1er cas : Ceux qui n'ont pas le réseau

Il faut reconnaître que la situation s'est notablement améliorée depuis 2020. On constatera néanmoins que la 4G n'a pas fini d'être installée dans toute la France et qu'il reste encore un certain nombre de sites, situés essentiellement en milieu rural, faisant l'objet d'une zone blanche à l'intérieur desquelles la couverture mobile est insuffisante. Quant à l'internet fixe, il s'avère que le développement de la fibre optique reste encore inégalitaire entre les départements et les régions, au détriment des zones rurales de faible densité.

2e cas : Ceux qui n'ont pas le mode d'emploi

La difficulté à maîtriser l'informatique et, d'une manière plus générale, l'outil numérique d'internet concerne encore plusieurs milliers de Français, principalement des personnes âgées.

Plus d'une personne sur quatre de 65 ans et plus éprouve des difficultés pour effectuer des démarches administratives par internet.

Exemples vécus : l'obtention d'une carte grise ou d'un permis de conduire, la demande d'une requête en exonération d'une contravention pour infraction routière. Sans compter l'accès à certains sites au mode d'emploi souvent peu explicite et souvent redondant ! Une dernière remarque : que penser de la complexité croissante des outils bureautiques développés dans les versions les plus récentes mises à notre disposition sans mode d'emploi explicite par les concepteurs de ces applications, dont *Microsoft*. Cela ne facilite pas l'éducation informatique de nos concitoyens.

3e cas : Ceux qui n'ont pas l'outillage

Alors que la progression du numérique (dématérialisation) se poursuit, l'équipement en parallèle en outils nécessaires (ordinateurs, tablettes, imprimantes) marque le pas. Car pléthore de manipulations sur internet ne sont pas évidentes à accomplir sur smartphone pour les non-expérimentés. Une enquête de l'INSEE effectuée en février 2021 mentionnait que 83 % des

[1] – Article du canard enchaîné (5 août 2020) « la France numérisée en dépit du bon sens »

Français possédaient un ordinateur, mais que ce pourcentage n'était que de 47 % chez les plus de 75 ans. Même constat vis-à-vis des personnes défavorisées : chômeurs en fin de droits, possesseurs de petites retraites, etc.

L'incidence du numérique sur le fonctionnement de notre planète

Le numérique, objet de ce que l'on nomme les « TIC. » (Technologies de l'Information et de la Communication) est assorti au concept de dématérialisation et réputé pour ne générer aucun impact matériel. Tout du moins, c'est ce qui reste ancré dans notre imaginaire ! Contrairement à ce que l'on croit, il induit des effets colossaux dans le monde du réel et mobilise des ressources matérielles diverses, de l'énergie et participe aux émissions globales de gaz à effet de serre, donc au réchauffement climatique.

Quels sont donc les différents constats qui militent en faveur de ces affirmations [1] ?

La ponction des ressources

On parle ici de ressources non renouvelables pour la plupart et dont l'extraction participe amplement à la pollution de la planète. D'abord, citons des métaux courants, destinés à la construction des « data centers » (centre de données, parlons français), dont il sera question un peu plus loin. Ce sont l'aluminium (12 % de la production mondiale) et le cuivre (7 %). Viennent ensuite les « petits » métaux (argent, tantale, antimoine, béryllium, etc.) et dont un pourcentage non négligeable de l'extraction totale entre dans la fabrication des écrans plats, condensateurs, disques durs, circuits imprimés, fibres optiques, semi-conducteurs. On citera aussi dans ce registre les puces électroniques, dont l'élaboration ne nécessite pas moins de 60 matières premières purifiées à moins de 1 µ% d'impuretés.

Pour faire prendre conscience de l'incidence matérielle de nos modes de consommation, l'institut allemand Wuppertal a développé un mode de calcul inédit appelé M.I.P.S. (Matérial Input per Service Unit), en français « quantité de ressources nécessaires à la fabrication d'un produit ou d'un service ». Cette démarche évalue l'ensemble des ressources mobilisées durant la fabrication, l'utilisation et le recyclage d'un produit sur l'ensemble du cycle de vie. Ce total est calculé en unités de masse (kg, tonne) et s'exprime par un coefficient multiplicateur de chacune de nos actions de consommation. Une traduction imagée est celle du « sac à dos écologique ». L'institut Wuppertal évalue ce sac à près de 40 tonnes par an par individu et considère que cette valeur devrait au moins être divisée par trois d'ici l'année 2030. A signaler qu'il existe une méthode appelée MFCA (Material Flow Cost Accousting), en français, Méthode de Comptabilité des Flux Matières qui s'est donné pour but de

---

[1] Ce sont des constats relevés dans l'excellent ouvrage *L'enfer numérique* de Guillaume Pitron (Editions Les liens qui libèrent), livre dont je me suis largement inspiré dans les développements relatifs au numérique.

recenser et de chiffrer l'ensemble des coûts parasites de production et de gestion des déchets provenant de la mise en œuvre d'un produit[1].

Le gaspillage de toutes sortes

L'obsolescence programmée, dont nous nous entretiendrons plus en détail, prend des proportions véritablement colossales dans la gestion des DEEE (Déchets d'Équipements Électriques et Électroniques [2]). Est concerné l'environnement du numérique, en particulier dans le domaine du smartphone. Avec un renouvellement permanent des modèles, favorisé par une évolution rapide de l'environnement logiciel qui rend l'appareil existant inutilisable. On ajoutera à cela le pouvoir du fabricant de contester le droit à réparation par l'usager du fait de la présence d'une licence d'utilisation du système d'exploitation qui reste la propriété du fabricant de l'appareil en question.

L'inflation de la consommation d'énergies et de ressources a pour conséquences la généralisation des achats en ligne. On assiste de ce fait à une recrudescence des services de routage et de messageries destinées à livrer *le jour de la commande* les marchandises faisant l'objet de l'achat, selon la pratique introduite par le géant *Amazon*. Et, à la clé, une inflation de la consommation de carburants et des émissions supplémentaires de dioxyde de carbone. Avec pour corollaires : une croissance non maîtrisée des entrepôts, l'excès des camions de tous types, l'artificialisation des sols et la pollution correspondante.

Avec pour objectif la satisfaction d'une consommation galopante : quelques chiffres mondiaux par *minute* :

- 1,3 million de personnes se connectent sur Facebook,
- 4,7 millions de vidéos sont consultés sur YouTube,
- 101 millions de dollars sont dépensés sur les sites de vente en ligne…

Satisfaire cette boulimie de consommation nécessite une production journalière de 5 exo-octets[3], soit 150 Go par jour et par personne, dont 60 % représentent la consultation de vidéos en ligne.

D'où la présence des *Data Centers* : en effet, il existe entre deux terminaux d'échange de données (l'expéditeur et le récepteur) un centre qui assure à la fois le transit, le stockage et le traitement de l'information. Ces centres de données sont la propriété de groupes spécialisés, évitent à chaque utilisateur de stocker personnellement ses données et représentent de ce fait une sécurité pour celui-ci. Ces services externalisés, du fait de leur aspect impersonnel, ont pris le nom de « Cloud » (en français, nuage). Depuis une dizaine d'années, ces organismes se sont multipliés et occupent une surface non négligeable. On dénombrerait

---

[1] À consulter dans ce domaine les trois fiches éditées par l'ADEME (présentation, fiche explicative, méthodologie de calcul).

[2] Seulement 20 % des déchets électroniques sont récupérés et recyclés

[3] L'exo octet représente 1 milliard de milliards d'octets, soit 1 018 milliards d'octets.

au niveau mondial environ trois millions d'unités de moins de 500 m2, 85 000 sites considérés comme moyens et supérieurs à 500 m2 avec entre 50 et 100 serveurs par site, 8 000 sites de grands data centers supérieurs à 500 m2 et comprenant entre 1000 et un million de serveurs par site[1]. La France, quant à elle, occuperait une place modeste de 250 unités de grande taille[2].

Ne nous trompons pas ! Ces centres de données sont hautement énergivores. Car le stockage de ces données produit de la chaleur *par effet Joule*, chaleur qu'il est nécessaire d'éliminer pour conserver un environnement de travail inférieur à 30 °C.

Différentes solutions sont utilisées :

Les systèmes de refroidissement de type climatiseur

Il s'agit d'un système classique à base de gaz à émission d'effets de serre (4 % du total de la planète), et dont nous avons évoqué le pouvoir destructeur. Ces systèmes peuvent mobiliser jusqu'à la moitié de l'électricité utilisée dans les centres de données. Sachant en outre qu'actuellement, l'ensemble de l'industrie numérique capte environ 10 % de l'électricité produite sur la planète !

Les systèmes par circulation d'eau

Ils utilisent différentes solutions de contact entre le liquide réfrigérant et les composants à refroidir. La consommation d'eau peut atteindre jusqu'à 600 000 litres d'eau par an.

L'implantation des Data Centers dans le Grand Nord

Elle permet un refroidissement par air moins coûteux que les technologies précédentes.

Ces centres de données ont une importance fondamentale sur le fonctionnement du système et *se doivent de ne pas tomber en panne.* Sous peine d'enclencher la mise à l'arrêt d'installations dont la bonne marche dépend étroitement des data centers et de générer des pertes importantes pour les entreprises concernées par ces arrêts.

Ces impératifs conduisent à tendre vers une disponibilité absolue des équipements avec :

- Une redondance des réseaux de distribution d'énergie,
- Un surdimensionnement des infrastructures avec un maximum de fonctionnement à 60 % de la capacité des installations.

---

[1] Référence *L'impact spatial et énergétique des data Centers sur les territoires* (Ademe février 2019)

[2] Extrait de la fiche Statista émise le 18 octobre 2021, qui ne prend en compte dans son calcul que les unités de grande taille (> à 500 m2 et comprenant entre 1000 et 1 million de serveurs par site.)

Le concept d'un internet de l'objet se traduit par le fait d'identifier un objet par radio fréquence (RFID : Radio Fréquency Identification). Cette démarche permet à deux objets de communiquer l'un avec l'autre. Ils sont en quelque sorte « connectés » sans intervention humaine.

La généralisation des algorithmes informatiques

Ils se sont développés dans nos activités journalières et aussi dans les opérations dites « de trading haute fréquence » où des « robots traders » sont capables de réaliser des opérations de marché en une microseconde. Ce système concerne une part croissante des transactions mondiales pour tous types d'échanges. Elles sont, le domaine des fonds d'investissement étant par nature spéculatif (Hedge Founds), orientées vers la recherche du profit optimal. Ils valorisent de préférence les entreprises du secteur gazier, pétrolier ou charbonnier, ce qui ne constitue pas un « plus » pour l'environnement.

Un facilitateur important : L'introduction de la 5G en téléphonie mobile

Elle a été décrétée au niveau mondial malgré l'opposition, en France, d'une partie du milieu politique, de plusieurs ONG, de tenants de la convention citoyenne pour le climat et de 180 scientifiques. Ceux-ci ont lancé un appel en 2017 pour un moratoire dans l'attente d'investigations complémentaires sur les conséquences diverses de cette introduction et en particulier sur l'environnement. *La réaction de notre président a été pour le moins surprenante, puisque son propos a été de traiter les opposants à cette technologie de « partisans du retour à la lampe à huile » et à la civilisation « Amish ».*

Question : quels sont les avantages que soutiennent, à grand renfort de publicité, les thuriféraires de la 5G ?

- Un téléchargement plus rapide des données,
- Un temps de transmission plus court de la source à la destination,
- Une plus haute fiabilité,
- Une connexion ciblée (faisceau d'ondes) qui limite la déperdition d'énergie.
- De ce fait, la 5G permettrait l'essor :
- D'un système d'E santé complètement intégré (télémédecine, téléchirurgie, traitement accéléré des urgences hospitalières, etc.)
- D'une gestion optimisée des médias et divertissements (jeux interactifs, vidéo ultra HD, traduction automatique, etc.)
- D'innovations dans le domaine des transports (voitures autonomes, liaisons entre véhicules, etc.)

- De la « ville intelligente » (domotique, sécurité publique, objets connectés)
- De l'industrie du futur (robotique, pilotage à distance, automatisation, etc.)

Que penser de ce « progrès » à marche forcée que nos gouvernements veulent à tout prix nous imposer et censé nous propulser vers un monde « meilleur » ?

- Un sentiment de superflu et la nécessité de prendre un certain recul par rapport à la création d'objets dits « intelligents », dont l'usage se développe à grande vitesse. Le risque : un captage de données à usage d'espionnage industriel. En surcroît, ne s'agit-il pas en partie d'un gadget face à des besoins fondamentaux non satisfaits ? La question mérite d'être posée.
- La 5G ouvre la voie à une multiplication galopante de l'usage des vidéos et des « webinaires » sur internet, énergivores au-delà du possible.
- L'hyperconnectivité de tout et de tous (l'internet de *tout*), avec un risque de déshumanisation de la société et un contrôle accru du système sur l'ensemble des citoyens et de toutes leurs activités (*Big Brother*, en quelque sorte)
- A-t-on vraiment besoin de voitures autonomes, dans la mesure où nous nous devons de favoriser les systèmes de déplacements collectifs et de limiter l'importance de l'automobile dans notre politique de transport ? Sans parler du nombre de capteurs (supérieurs à une centaine) et l'hypertrophie des structures informatiques nécessaires[1], sans parler de la consommation électrique de ce type de véhicule.
- L'industriel et le médical peuvent utiliser dans nombre de cas la fibre optique, voie terrestre aussi performante que la 5G pour la transmission d'informations, la voie aérienne restant l'exception.

Il faut aussi savoir que les ondes générées par la 5G se rajoutent à celles existantes : radio, wifi, 2G, 3G, 4G, compteur Linky, etc. D'où une nouvelle couche qui s'ajoute au *brouillard électromagnétique* ambiant. De ce fait, la 5G constitue en elle-même un véritable enjeu. Il ne s'agit plus d'ondes radio inférieures à 300 MHz, mais d'hyperfréquences supérieures à 600 MHz et pouvant atteindre, à terme, 28 GHz pour la 5G, avec des longueurs d'onde millimétriques.

Le développement de la 5G à grande échelle pose des questions au niveau énergétique, météorologique et sanitaire :

---

[1] « Une voiture connectée pourrait concentrer jusqu'à 150 calculateurs. Son ordinateur embarqué requiert le pouvoir de calcul de 20 ordinateurs personnels. Son programme informatique serait équivalent à 250 navettes spatiales réunies… qui de moins autonome qu'une voiture autonome ». Citations extraites du livre de Guillaume Pitron *L'enfer numérique*.

- *L'enjeu énergétique* : selon les dirigeants du Think The Project, la 5G consommera trois fois plus d'énergie que la 4G pour assurer la même couverture. Selon une étude publiée en 2019 par Ericsson, 20 % des internautes consommeront 200 Go par mois en 2025, soit 10 à 14 fois plus que lorsqu'ils utilisaient la 4G ! Ceci à cause de l'obligation d'augmenter le nombre de pylônes émetteurs nécessité par une réduction de la surface rayonnée (faisceau d'ondes ciblé).
- *L'enjeu météorologique* : il existe une proximité entre les fréquences utilisées par la 5G et par les satellites chargés de recueillir les données météorologiques et climatiques. D'où un risque de dégradation de la qualité des observations de la terre depuis l'espace. Observations d'autant plus importantes à l'ère du dérèglement climatique, pour anticiper les éventuelles intempéries et phénomènes climatiques.
- *L'enjeu sanitaire* avec :
  - Une augmentation massive de l'exposition aux ondes compte tenu de l'architecture du réseau et de l'augmentation du nombre de connexions de toutes sortes
  - L'exposition aux champs de radiofréquences électromagnétiques avec des risques éventuels de cancers, de dommages génétiques et de troubles neurologiques, particulièrement *chez les personnes électrosensibles.* Ces risques sont amplifiés par l'utilisation à terme d'hyperfréquences de plusieurs gigahertz (GHz). D'où la nécessité d'une évaluation environnementale et une application du principe de précaution en matière d'exposition aux ondes (utilisation de fréquences dont on ne connaît pas l'impact sur la santé des individus).

2.1.6. Le glissement progressif de notre démocratie vers une certaine forme d'autoritarisme

Le mépris des corps intermédiaires (institutions, syndicats)

Il se manifeste dans les prises de décisions du pouvoir central qui, dans la foulée de l'épisode *Gilets Jaunes*, a voulu donner l'impression de remettre en cause ce modèle de gestion. Le grand débat dont on connaît la suite…

La promulgation de lois liberticides

En octobre 2017 est apparue la loi sur la sécurité intérieure et la lutte contre le terrorisme qui transposait les dispositions de l'état d'urgence dans le droit commun. Elle a été invoquée depuis plusieurs semaines par les préfets pour interdire des manifestations et autoriser la fouille de véhicules. De plus, l'introduction de l'application Stop Covid a marqué le début d'une intrusion dans la vie privée de chacun d'entre nous, même si elle n'est pas contraignante.

Autres lois parfaitement liberticides : la loi sur les *Fake News* (juillet 2018) et surtout la loi Avia, du nom de la députée LREM qui en est à l'origine et avait été adoptée en première lecture le 14 mai 2020. Cette loi chargeait les plateformes d'expression en ligne d'évaluer et de censurer les informations et messages jugés ostentatoires. Le Conseil constitutionnel a taillé en pièces cette loi liberticide. Et ce n'est que justice ! [1]

Et, malheureusement, le cortège des lois liberticides est revenu en force ! La loi dite de *Sécurité globale* en est un exemple édifiant. Elle a ajouté une nouvelle couche de mesures liberticides à un arsenal juridique largement suffisant. L'ensemble de ces mesures sont autant d'atteintes à la loi du 29 juillet 1881 sur la liberté de la presse et la liberté d'expression votée sous la Troisième République.

Quelques exemples caractéristiques [2] :

- L'article 24 modifie la loi de 1881 sur la liberté de la presse.
- L'article 22 encadre l'usage des drones et l'autorise pour un grand nombre de finalités, comme la prévention du terrorisme et la surveillance de manifestations en cas de risques. Ce qui revient en fait à limiter artificiellement le droit à manifester.
- L'article 21 de la loi élargit la possibilité d'utilisation de ce qu'on appelle les *caméras piétons* et d'accès des policiers aux enregistrements, ce qui leur était interdit jusque-là. Avec le risque que les images captées par les autorités fassent l'objet d'un traitement par des logiciels de reconnaissance faciale. En prenant comme prétexte l'assassinat de Samuel Paty a été créé un nouveau délit de « mise en danger de la vie d'autrui par divulgation d'informations liées à la vie personnelle ». Il s'avère, une fois de plus, que ce texte se surajoute au Code pénal existant, parfaitement compétent dans ce domaine. [3]
- Autre exemple, mis en évidence par le décret du 14 août 2020 qui est passé totalement inaperçu (car au cœur de l'été) et dont les conséquences sont loin d'être négligeables pour notre démocratie. Désormais, tout ce qui organise la vie sociale (urbanisme, biodiversité, climat, etc.) est désormais de la responsabilité du ministère du maintien de l'ordre. En favorisant, en particulier, la réalisation de projets climaticides (création de centres commerciaux, élevage et culture intensifs, etc.) sous la pression de lobbys industriels, agricoles ou

---

1 – Extrait de l'excellent article « Loi Avia : Macron instaure en France une censure de l'internet digne de la Chine » de Charles Quatre-Sendis : Médiapart (12 mai 2020).

2 « Pourquoi la proposition de loi *Sécurité globale* est dangereuse pour nos libertés » par Anthony linger et Hans Lucas, (Amnesty International mardi 24 novembre 2020)

3 « Sécurité globale, pour mieux cogner local, harcèlement textuel » par Louis Marie Thoreau (le Canard enchaîné mercredi 25 novembre 2020)

financiers. Ceci au détriment des instances écologiques qui n'auront plus voix au chapitre[1].

Un comportement de plus en plus brutal des forces de l'ordre…

… Lors des manifestations publiques. Brutalité que l'on justifie par les dégradations attribuées aux casseurs (black block) et à l'attitude de certains gilets jaunes. Cette argumentation appelle un certain nombre d'observations :

Une attitude incompréhensible de la police face aux agissements des casseurs

Elle se manifeste par un laisser-faire face aux débordements mis en évidence lors des différents reportages et informations télévisées. En effet, il est connu que ces débordements ne datent pas du mouvement *Gilets Jaunes.*

Un manque d'anticipation

Qu'attend-on pour bloquer a priori l'action de ces casseurs dans la mesure où il paraît vraisemblable qu'ils sont identifiés par la police pour la plupart d'entre eux ?

Il est tentant pour le pouvoir en place de générer un amalgame entre ces casseurs et l'ensemble des manifestants.

Les conséquences de cette politique

Elles se traduisent par un nombre important de blessures graves entraînant une incapacité de travail temporaire, voire totale pour des manifestants souvent non coupables d'exactions. Ceci grâce à un emploi, souvent mal maîtrisé, d'armes létales (lanceurs LBD, grenades d'encerclement) considérées comme armes de guerre par la réglementation internationale. La France peut s'enorgueillir d'être un des rares pays de l'Union européenne à utiliser ce type de matériel.

Une propension à utiliser une démarche d'encerclement

Elle *consistait à « impacter » les manifestants*[2], c'est-à-dire à les encercler de manière à leur interdire toute possibilité de repli, avec charge à l'appui et usage intensif de gaz lacrymogènes. Elle était préconisée par l'ancien préfet de police. Une illustration de cette politique nous a été fournie lors de la manifestation du 1er mai 2019. Un groupe important de personnes, chargées par les forces de l'ordre, n'a pu que se réfugier dans l'enceinte de l'hôpital de la Pitié Salpêtrière pour échapper aux gaz lacrymogènes.

---

[1] « Une réforme discrète et hop ! La France est revenue à l'ancien régime » par Jean Claude Boual (Respublica n° 950 15 novembre 2020)

[2] Article de Pascale Pascariello 7 mars 2020 (Médiapart)

Une dégradation du climat au sein des forces de l'ordre

Elle s'est accentuée depuis la présidence de Nicolas Sarkozy et l'initiative désastreuse consistant à supprimer la police de proximité. Ceci sous prétexte que « les forces de l'ordre avaient autre chose à faire que de jouer au football avec les jeunes des cités ».

Résultat : une rupture des liens susceptibles de s'établir entre la police et les habitants de ces zones défavorisées. Lesquelles s'érigent en zones de non-droit, là où prospèrent le commerce de la drogue et toutes autres activités illicites.

Soyons bien clairs : il n'est pas question de nier les problèmes rencontrés par les policiers quand ils interviennent dans des conditions déplorables face à une hiérarchie contraignante.

Signalons, par contre, qu'on ne peut nier que les adhérents du syndicat Alliance, en particulier, sont noyautés par le Rassemblement National et qu'une fraction d'entre eux font preuve d'un comportement raciste vis-à-vis de personnes issues de l'immigration. Ceci sans que la hiérarchie intervienne d'une quelconque manière. De même qu'un nombre non négligeable de plaintes restent sans suite. L'on peut également se poser des questions sur le comportement de l'IGPN (Inspection Générale de la Police Nationale), appelée aussi *Police des Polices* et affublée du surnom de « Bœufs Carottes ».

Un exemple nous en a été donné lors de l'intervention plus que musclée des forces de l'ordre à Nantes à propos de la Fête de la Musique de 2019. L'enquête menée par l'IGPN a comporté un certain nombre d'oublis et d'inexactitudes révélées ultérieurement par la presse.[1]

Certains incidents font apparaître un phénomène de contamination d'une partie non négligeable du corps policier par des éléments incontrôlables associés à un sentiment d'impunité face à ces exactions. À titre d'exemple, le *tabassage* en règle d'un producteur de musique qui s'était aventuré dans la rue à proximité de son domicile après le couvre-feu.

Les causes de cette dégradation sont connues :

- Un manque de formation initiale et continue, en particulier sur les techniques d'interpellation et la psychologie à adopter face aux populations en présence, mais aussi dans la formation au maniement des armes. À noter que la formation des policiers a été réduite à neuf mois, assortie de deux mois de stage en commissariat. C'est relativement peu et surtout, essentiellement théorique avec un manque de mise en situation d'intervention. À titre de comparaison, la durée de la formation des policiers est de 2,5 années en Allemagne. À méditer !

---

[1] « Ces 77 minutes qui accablent la police des polices après la noyade de Steve » (Le Canard enchaîné 11 septembre 2019)

- Un recrutement assez succinct qui ne prend pas ou insuffisamment en compte les aptitudes psychologiques et l'état d'esprit préalable à ce recrutement des candidats à exercer ce métier.
- Un choix mal avisé entraînant une mauvaise utilisation des ressources humaines, en particulier lors d'interventions pendant des manifestations.
- Une responsabilité de la hiérarchie, en particulier à haut niveau, et un déficit de commandement lors des interventions au terrain.
- Un classement sans suite pratiquement systématique des exactions commises par des policiers lors d'interpellations musclées non justifiées. Un exemple peu connu est cité par Médiapart dans une de ses rubriques[1].

Après les incidents survenus en mai 2022 autour du Stade de France en marge de la finale de la ligue des champions, le gâchis qui en avait résulté et les mensonges réitérés proférés par le ministre de l'Intérieur et le préfet de police Didier Lallemant, avec, en finale, sa mise à l'écart, on aurait pu augurer d'un changement de politique de la part de son successeur. Il n'en a finalement rien été. Et on assiste de la part de Gérard Darmanin à un véritable déchainement de propos haineux : exorcisme des responsables politiques de gauche, qualifiés d'extrême gauche, de la mouvance écologiste baptisée *éco-terroriste*, etc.

Qu'en est-il en réalité ? Les militants écologistes disposent de trois leviers d'action pour faire entendre leurs revendications. En premier : les manifestations pour le climat, très suivies dans le passé, mais dont les résultats se sont montrés très décevants et inopérants pour la plupart. Viennent ensuite les démarches judiciaires avec saisie du tribunal administratif compétent afin d'interrompre une action en cours, qui, là aussi, se sont avérées inefficaces et ignorées du pouvoir.

Enfin, et de manière plus radicale, le sabotage qui provoque une mise à l'arrêt du projet contesté. Du fait du mépris affiché par les politiques face à leurs revendications, c'est vers cette forme d'action que s'orientent de plus en plus les contestataires qui considèrent cette démarche comme une forme de *désobéissance civile*. Et surtout qu'il s'agit de la seule manière d'obtenir satisfaction, comme cela a d'ailleurs été le cas à Notre-Dame des Landes.

Parallèlement à cette évolution, on constate une recrudescence de la violence. Violence exacerbée, comme cela a été le cas à Sainte Soline, par la brutalité des forces de l'ordre qui s'en sont prises sans ménagement à des manifestants pacifistes. Utiliser, comme du temps des gilets jaunes, des armes de guerre comme le LBD et les grenades offensives *de désencerclement* avec à la clé, plusieurs manifestants gravement blessés. Argument avancé : « cette manifestation avait été interdite ».

Le prétexte tout trouvé : le risque que cette manifestation dégénère.

---

[1] « La préfecture de police de Paris a menti pour couvrir les tirs d'un policier sur des jeunes innocents » par Pascale Pascariello et Armel Baudet (Médiapart 28 novembre 2020)

La véritable raison : le gouvernement défend bec et ongles une politique agricole soutenue par la FNSEA, qui tourne le dos à toute action en faveur du climat et ne prend pas en compte le problème de la gestion de l'eau, accentué par une menace de sécheresse à court terme.

Il faut donc s'opposer, de manière musclée, à toute forme de contestation ! Le développement des réserves d'eau dites « mégabassines » et alimentées au détriment des nappes phréatiques en est le brillant exemple.

Et cependant, on a montré qu'il est possible d'éviter la violence. Les premières manifestations contre l'actuelle réforme des retraites, manifestations prises en main par la mouvance syndicale, se sont déroulées dans le calme. Pas de black blocks à l'horizon ! Ceci jusqu'au discours d'Emmanuel Macron, résolu à faire passer en force sa réforme désavouée par 70 % de la population française, qui s'est adressée à l'heure de midi à un public acquis à sa cause et s'est empressée, par sa rhétorique, à jeter de l'huile sur le feu. L'usage du 49-3 qui a foulé aux pieds le rôle du parlement a achevé le travail…[1]

Tout cela augure mal d'un avenir plein d'embûches. Le risque, c'est d'entraîner à très court terme la France vers une spirale autoritaire. La conséquence, c'est l'irruption aux commandes d'un gouvernement à la hongroise appelé modestement *illibéral.* Avec la remise en cause de nos libertés fondamentales au profit du respect d'un certain ordre prôné par le Rassemblement National.

2.2. La cerise sur le gâteau : la réforme des retraites

La réforme version 2022 succède à celle qui a été entreprise sous le premier quinquennat d'Emmanuel Macron et qui, Covid oblige, a été mise sous le manteau pendant près de deux ans et définitivement abandonnée.

2.2.1. Quel est l'objectif plus ou moins avoué de cette réforme ?

Côté Face

Il s'agit de sécuriser notre système par répartition. Un argument exposé couramment par les initiateurs de la réforme est l'évolution du rapport entre le nombre d'actifs et celui des retraités ? Il est de 1,7 actif par retraité contre 3 dans les années 1970 avec une stabilisation aux environs de 1,2 d'ici quelques années.

Or, il s'avère qu'un certain nombre de mesures pourraient être prises afin de limiter, voire de supprimer le déficit de 150 G€ envisagé pour les dix prochaines années. Citons de manière non limitative les exemptions de

[1] À compulser plusieurs articles parus dans Médiapart entre le 25 et le 31 mars 2023 et concernant la manifestation de Sainte Soline. Lire aussi l'article intitulé « Nouvelle semaine en macronie » par Rachel Haller (ResPUBLICA 3 avril 2023)

cotisations sociales mises en évidence par l'ensemble des syndicats et de l'opposition politique, exemptions identifiables pour nombre d'activités :

- Heures supplémentaires
- Primes exceptionnelles (pouvoir d'achat et autres)
- Impôts sur le capital (flat tax)
- Indemnités de rupture de contrat lors des licenciements ou ruptures conventionnelles

Côté Pile

L'objectif principal est de faire des économies avec un objectif de plus de 10 G€ de gains financiers en 2027. Le projet acte le recul de deux ans de départ en retraite à 64 ans et un allongement de la durée des cotisations. Il repose sur les populations actives les moins qualifiées qui auront commencé à travailler tôt, principalement les femmes. Nombre d'entre elles ont subi des carrières hachées et peu rémunérées, ce qui accentuera leur dénuement.

En bref, cette réforme des retraites permet au gouvernement de satisfaire aux pressions multiples de la Commission Européenne et à un engagement auprès de celle-ci d'une réduction du déficit public de 5 % en 2022 et de 3 % du PIB en 2027. Avec, en outre, la possibilité de financer les baisses d'impôts sur les sociétés, dont, en particulier, la suppression de la Cotisation sur la Valeur Ajoutée des Entreprises (CVAE).

2.2.2. L'orientation actuelle de la politique de gestion du travail

Ce constat est en accord complet avec la politique économique du gouvernement voulue par Emmanuel Macron.

Cette politique table sur le plein-emploi avec un taux de chômage inférieur à 5 % obtenu par une réforme de l'assurance chômage (réduction de 25 % de la durée d'indemnisation) associée à la réforme des retraites.

Un taux de chômage qui masque mal la profusion des *petits boulots* mal rémunérés et peu productifs. Ceci dans la mesure où une faible productivité ne peut générer que de faibles salaires[1]. Là réside une grande partie du problème dans un pays dépourvu d'emplois industriels principalement générateurs de productivité, donc de richesses.

Car cette amélioration de productivité de l'économie alliée à une meilleure organisation du travail permettrait d'accroître les salaires, donc le niveau global des cotisations sans augmenter pour autant le temps de travail. Mais pour cela, on ne le répétera jamais assez, il faut vouloir une politique industrielle digne de ce nom.

---

[1] Lire à ce sujet l'article « Réforme des retraites : ce bien triste avenir économique que nous promet le gouvernement » par Mathias Thépot (Médiapart 13 janvier 2023)

2.2.3. Quels sont les dégâts sociaux occasionnés par cette réforme ?

Il me paraît utile de se reporter à l'argumentation de Michel Zemmour qui s'inscrit en faux face à la déclaration du ministre du Travail, Olivier Dussopt, parue dans Le Parisien du 4 mars dernier.

En effet, cet économiste considère, contrairement au ministre, que cette réforme générera des perdants et qu'ils seront nombreux.

Énumération non exhaustive :

- Suppression de la surcote de 5 % par an (et de 10 % pour les femmes) acquise par les actifs qui bénéficient de l'ensemble des trimestres acquis jusqu'à 62 ans et désireux de prolonger leur activité au-delà,
- Pénalisation particulière des femmes par rapport aux hommes, contrairement aux affirmations de nos ministres. À titre d'exemple : perte du bénéfice des trimestres acquis au titre de la naissance et de l'éducation des enfants du fait de l'obligation de partir à 64 ans au lieu de 62,
- Accélération du passage à 43 annuités pour la génération née à partir de 1965
- Nécessité pour les seniors chômeurs ou en inactivité de rester deux années supplémentaires à Pôle emploi (France Travail de son nouveau nom) ou aux minima sociaux, largement moins rémunérateurs que leur pension de retraite. Cette mesure touche, au bas mot, 29 % des travailleurs, par le simple fait que les entreprises cherchent à se débarrasser des seniors à partir d'une certaine limite d'âge !

Dernier mensonge : l'accessibilité d'une pension de retraite minimale à 1200 euros pour tous et qui, en fait, ne vaut que pour une carrière *complète* au SMIC.

En conclusion, il apparaît que cette réforme des retraites n'a rien à envier à son aînée. Je dirai même qu'elle la conforte et l'amplifie.

2.3. UN CONSTAT : LE MANQUE D'UNE STRATÉGIE À LONG TERME

2.3.1. La gestion catastrophique d'EDF et sa stratégie énergétique au travers d'une politique communautaire absurde

L'ouverture à la concurrence exigée par l'Europe a amené le gouvernement français à prendre des mesures favorables à l'ensemble des distributeurs d'électricité afin de leur permettre de se mettre à niveau de production et de prix et de bénéficier de ce fait et jusqu'en 2025 d'une partie non négligeable de la production d'EDF (de l'ordre de 100 TW annuels). Cette production est cédée à prix coûtant qui, soit dit en passant, est largement inférieur au prix du marché. En fait, rien n'a évolué depuis 2010 : le parc de production d'électricité ne s'est pas amélioré, pas plus qu'un développement conséquent des énergies renouvelables. À titre indicatif, il existe actuellement quarante fournisseurs d'électricité recensés en France, dont la plupart ne produisent aucun kilowatt, ne paient pratiquement pas d'impôts et se contentent de vendre et de spéculer sur le marché de l'énergie qu'ils ont achetée à bas prix à EDF. *Cerise sur le gâteau* : le gouvernement enjoint à EDF d'augmenter leur cession à la concurrence. EDF se voit obligée de ce fait d'acheter au prix fort l'énergie qui lui manque pour alimenter le réseau national. La conséquence est qu'elle se trouve actuellement dans une situation financière catastrophique du fait qu'elle rencontre de sérieux problèmes de maintenance de son parc nucléaire actuel (voir également 3e Partie).

2.3.2. La persistance d'un désert industriel français

C'est le résultat d'un manque de culture industrielle et par voie de conséquence, d'une politique de désenclavement menée sciemment par nos dirigeants depuis la décennie 1980.

La perte progressive de nos fleurons industriels stratégiques

Les principales filières : la machine-outil, la sidérurgie (Péchiney, Arcelor), la chimie (Rhône Poulenc), le numérique (Alcatel), les matériaux (Lafarge).

Et sous le premier quinquennat Macron, l'énergie, avec la branche Alstom Énergie, a été bradée aux États-Unis. Les conditions de cession ont été contestées par une commission parlementaire présidée par Olivier Marleix, député LR, conditions dont la responsabilité incombe en grande partie à Emmanuel Macron[1].

Un état de désindustrialisation proche de celui de la Grande-Bretagne

Malgré une inversion de tendance perceptible sur le dernier quinquennat, la France se situe en queue de peloton des pays européens, pour l'ensemble des secteurs d'activité hors automobile, aéronautique, agroalimentaire et armement. Il y a là une des causes et non des moindres du déficit de la balance commerciale qui influe sur notre déficit annuel. Il faut savoir qu'un emploi industriel est source de création de 2 à 5 emplois de service. De quoi faire baisser le chômage !

Un manque flagrant de PME/PMI et d'ETI

Elles doivent être capables de supporter la concurrence à l'export, à l'exemple de l'Allemagne, entre autres.

Quelques exemples illustrant la vacuité de nos politiques :

---

[1] Affaire Alstom-GE : la justice saisie par l'ancien président de la commission d'enquête parlementaire (Le Monde 17 janvier 2018)

La société Ascoval

Cette filiale de la multinationale Vallourec est capable de produire des aciers spéciaux de haute qualité et susceptible de s'orienter vers des produits à haute valeur ajoutée. Elle a subi pendant quatre années, de 2017 à 2021, l'influence déplorable de la maison mère, alliée à certains représentants de l'état et dont l'objectif était la liquidation pure et simple. Se sont ajoutées à ce processus de déstabilisation les difficultés de recrutement d'un repreneur financièrement fiable[1]. En définitive, le problème a été réglé in extremis grâce à la participation du groupe allemand Saar Stahl, qui s'est engagé à développer le site en y ajoutant, entre autres, une tréfilerie aux activités actuelles. Cela a ainsi permis de se désengager de l'appartenance à Vallourec. La société passe sous domination étrangère et échappe, une fois de plus, au patrimoine national. D'où un danger, toujours latent, d'une délocalisation future…

Afin d'éviter toutes ces tribulations liées à la recherche d'un repreneur viable, n'aurait-il pas été possible de s'orienter vers une reprise de la société par les salariés, dont le PDG paraissait entièrement qualifié pour ce faire. Il faut rappeler que l'entreprise était parvenue à d'importants gains de productivité susceptibles de la rendre compétitive face aux enjeux internationaux. Ceci, grâce à l'adjonction par l'état des fonds nécessaires à une relance adéquate.

L'usine de recyclage de papier Chapelle-Darblay

Sous prétexte de la baisse de la demande de papier, la société finlandaise UPM, propriétaire du site de Grande Couronne en Seine-Maritime, avait projeté de mettre fin à ses activités et de démanteler l'usine en licenciant la plupart de ses employés. Il envisageait son remplacement par une usine de production d'hydrogène, employant au plus 70 personnes. Or, il faut savoir que l'usine récupérait annuellement 350 000 tonnes de papiers, soit l'équivalent du geste de tri de 24 millions de personnes. Elle produisait 240 000 tonnes de papiers recyclés par an, soit l'équivalent de 50 % de la consommation française de papier journal. Ajoutons qu'elle était raccordée au rail et disposait en outre d'un accès à la Seine, d'où l'économie d'un transport routier. En outre, l'usine restait rentable : en 2019, les bénéfices de la Chapelle-Darblay s'élevaient à 16 M€. Il s'agit d'un secteur porteur, dans la mesure où le papier à recycler peut être réutilisé de plusieurs manières (par exemple, fabrication d'ouate de cellulose). Question : qu'advient-il actuellement du papier récupéré dans les poubelles dites « de recyclage », du fait que Chapelle-Darblay était la seule et unique usine française de recyclage du papier ? Eh bien, il est exporté en Allemagne par camion, bien sûr, ou peut-être tout simplement enfoui en

[1] À revoir si possible : le reportage *Ascoval, la bataille de l'acier* paru sur la chaine Public Sénat le 19 août 2021. À lire également l'article de France 3 régions « Ascoval : reprise de l'usine de St Save par l'allemand Saarstahl » publié sur internet le 3 août 2021. Réf : https://france3-regions.francetvinfo.fr/hauts-de-france/nord.html.

décharge. Allez savoir ! Alors, où en est-on ? Après de nombreux mois de léthargie, il a semblé que l'état veuille écouter les messages d'alerte émanant de toutes parts et, entre autres, de l'Assemblée Nationale[1]. Aux dernières nouvelles se déroulent des tribulations sans fin autour d'un éventuel repreneur et d'une hypothétique recherche de fonds ! Une dernière remarque : ne peut-on pas, là aussi, promouvoir une reprise de l'entreprise par ses salariés, dans la mesure où ils sont les plus à même de proposer des filières de reconversion de l'entreprise.

Le groupe Lapeyre

Le groupe, spécialisé à la base dans la menuiserie de bâtiment (portes, fenêtres, escaliers, etc.) et du mobilier de cuisine, emploie plus de 4 000 personnes, dispose de dix usines en France, de treize filiales et d'un nombre important de points de vente. Or, la maison mère, le groupe *Saint-Gobain,* a organisé le déficit structurel des usines et des magasins grâce à une cession à bas prix de la production à des sociétés holdings qui récupèrent le différentiel entre le prix de vente et le prix de cession. Ces holdings ont uniquement pour objectif de transmettre à Saint-Gobain les bénéfices issus de ce différentiel. Et le tour est joué puisque, de ce fait, le groupe Lapeyre a été en déficit permanent depuis une quinzaine d'années ! [2]. Il a fait l'objet d'une cession à fonds négatifs (Saint-Gobain laisse une trésorerie de 300 à 400 M€) à un fonds d'investissement allemand aux pratiques très controversées, [3] *Mutares.* Il est soupçonné de vouloir siphonner l'entreprise avant de la pousser vers un redressement judiciaire et, à terme, vers la liquidation pure et simple et/ou la vente à la découpe. Ces réticences sont étayées par le comportement de *Mutares* vis-à-vis de plusieurs entreprises, entre autres, *Pixmania*, *Artmadis* et *Gros bill.* [4] Une vigilance s'impose pour éviter une pareille catastrophe ! Une fois de plus, aucune proposition de reprise par les salariés n'avait pas été prise en considération. Une offre de reprise avait été menée conjointement par le groupe algérien *Cevical* et la société française *Verdoso.* Il est permis de penser que cette offre paraissait beaucoup plus sérieuse, dans la mesure où le groupe *Cevical* avait permis de sauvegarder le groupe français *Brandt* et disposait de ce fait d'une meilleure crédibilité.

---

[1] Rapport d'information déposé à l'Assemblée Nationale par la mission d'information sur la filière de recyclage du papier le 27 janvier 2021.

[2] Article « les salariés de Lapeyre veulent récupérer 8 104 M€ siphonnés par Saint-Gobain » par Jacky Lesueur 13 juin 2017 (le Miroir social). Réf : https://www.miroirsocial.com

[3] Article « Saint-Gobain cède Lapeyre à un fond d'investissement controversé » par Laurent Mauduit 17 février 2017 Médiapart

[4] Article « Industrie : le laxisme du gouvernement est bousculé » par Laurent Mauduit 1er avril 2021 (Médiapart)

La société Samsonite

Elle a été achetée par le fonds d'investissement Bain Capital et revendue au décuple de sa valeur après mise en liquidation de l'usine d'Hénin-Beaumont et au licenciement de ses 200 salariés sans aucune indemnisation.

La société Arjowiggins

Elle a été mise en liquidation avec la fermeture de l'usine de Bessé-sur-Braye qui employait près de 600 salariés, victime d'une stratégie suicidaire de la part du groupe Sequana.

La société Peter Surgical

Spécialisée dans le matériel médical et tout particulièrement, dans la production de sondes essentielles aux services de réanimation des hôpitaux. Elle a été revendue à un fonds d'investissement et a délocalisé sa production en Inde, avec la mise en œuvre d'un plan de licenciement du personnel[1].

2.3.3. Une vision très étriquée de la transition écologique

Il est indéniable que la transition écologique n'a pas été et n'est toujours pas la préoccupation principale de l'exécutif. La nomination des différents responsables (dont Nicolas Hulot qui a surtout servi de faire valoir à Emmanuel Macron) au ministère d'appellation pompeuse « Transition écologique » n'a pas permis d'avancées significatives.

Entre autres :

L'insuffisance de la loi « Agriculture & alimentation »

Votée en 2018, cette loi dite aussi « loi Egalim » a subi nombre de modifications, d'Egalim 1 à Egalim 4, sans pour autant apporter les réformes souhaitables, qu'il s'agisse du revenu des agriculteurs, de l'emploi des pesticides (glyphosate et autres néonicotinoïdes), de l'élevage intensif et ses conséquences sur le bien-être de l'animal. Ajoutons que cette loi, aussi imparfaite soit-elle, n'est pas ou mal appliquée par les intéressés !

La persistance d'une politique de libre-échange intégral

Il s'agit des traités CETA avec le Canada et TAFTA avec les USA ainsi que les traités négociés sous le manteau par la Commission Européenne avec l'Amérique latine et le Japon.

La fin des hydrocarbures

Le projet de loi mettant fin à la recherche et à l'exploitation des hydrocarbures prévoit des exceptions à l'arrêt en 2040 de la production

---

[1] Article « Industrie : le laxisme du gouvernement est bousculé » par Laurent Mauduit 1er avril 2021 (Médiapart)

française de pétrole et de gaz, exceptions qui annulent en partie la portée de la loi. Et l'exploitation de nouveaux gisements continue en France.

La sauvegarde des sols

Ont travaillé dans ce domaine le Laboratoire d'Agroécologie de l'INRA et le Laboratoire d'Analyse Microbiologique des sols (LAM). Le constat qui en résulte est sévère : 48 % des sols européens sont épuisés.[1]

Le bradage des terres agricoles

Les causes : Une acquisition par des groupes financiers au détriment des agriculteurs, d'où une spéculation qui renchérit le prix de l'hectare. Avec une persistance de l'artificialisation des sols, de la suppression des zones humides, sanctuaire de la biodiversité animale et végétale et de la transformation de terres agricoles d'excellente qualité en zones urbaines. À titre d'exemples : le triangle de Gonesse et le plateau de Saclay en région Île-de-France.

La mise à l'index de l'agriculture biologique

Les pouvoirs publics subissent la pression de l'agro-industrie, soutenue par le syndicat majoritaire, la F.N.S.E.A, partisan acharné de l'usage intensif des pesticides et des engrais azotés. Avec des conditions de vie déplorables des animaux d'élevage, sources d'émissions de gaz à effet de serre.

Une politique insuffisante d'isolation des logements, des bâtiments administratifs et à usage collectif

Cette politique de restriction de crédits associée à une décision hâtive de frapper d'interdiction de location ces passoires thermiques conduit à une pénurie drastique de potentiel locatif. Ces sujets seront traités en détail dans la troisième partie de cet ouvrage.

2.3.4. La pratique de l'obsolescence programmée

Elle concerne la plupart de produits manufacturés « grand public » avec une politique des distributeurs qui consiste à vendre le produit sur lequel elle réalise la marge la plus importante, souvent au détriment de la qualité. Ceci avec une extension de la garantie payante dont l'efficience est fort discutable.[2]

2.3.5. La politique de santé

Elle est associée à une gestion catastrophique de l'hôpital.

---

[1] 2015, année internationale des sols : Philippe Le Manceau (INRA) et Claude & Lydia Bourguignon (LAMS) La tête au carré, 14 avril 2015 (France Inter)

[2] Les extensions de garantie sont inutiles selon « 60 millions de consommateurs » : le Figaro Economie Mathilde Golla (9 décembre 2017

Le constat

- Un endettement bancaire de 29,9 G€, dont le montant a triplé depuis 2003
- Un plan d'économies de plus de 3 G€ qui prévoyait la suppression de 22 000 postes,
- 57 000 lits d'hospitalisation ont été supprimés en onze ans,
- L'augmentation des consultations aux urgences, dont le nombre s'est accru de 75 % en quinze ans. Deux explications sont possibles : d'une part, une défaillance de la médecine de premier recours ; d'autre part, une fermeture de lit trop importante.
- La fermeture d'un certain nombre d'hôpitaux de moyenne importance, considérés comme non rentables et situés dans des métropoles de petite taille. Ce qui constitue un ajout complémentaire à l'exode rural.
- La suppression envisagée d'unités hospitalières considérées comme stratégiques au profit d'hypothétiques concentrations de moyens : l'Hôtel-Dieu, les hôpitaux Bichat et Beaujon, l'hôpital gériatrique Adélaïde-Hautval à Villiers-le-Bel, les hôpitaux de Longjumeau, Juvisy et Orsay, l'hôpital Jean-Verdier à Bondy, l'hôpital Henry-Gabrielle de Saint-Genis-Laval, près de Lyon. Sans parler de la situation des hôpitaux psychiatriques et des maternités, que ce soit celles qui sont déjà fermées ou celles qui sont menacées de l'être comme la maternité des Bluets.
- Un manque criant de matériels et de personnels, susceptibles d'entraîner des dysfonctionnements, voire des erreurs dans le déroulement des processus de soins et opératoires.
- Une dégradation des conditions de travail des personnels soignants, avec pour causes : augmentation de la charge de soins par patient, absence de reconnaissance et de valorisation des carrières et sentiment croissant de déclassement.
- Des infirmières, aides-soignantes et personnels d'entretien dont le salaire se situe au dernier rang de l'Europe.

Les causes

Elles sont multiples et sont la conséquence des réformes dont l'hôpital a été l'objet, en particulier en 2009 et 2016.

- En 2009, création des ARS[1] (Agences régionales de Santé) regroupant en tout ou partie les organismes actuellement chargés des politiques de santé dans les territoires, dont les ARH (Agences Régionales Hospitalières). En

[1] Les Agences Régionales de Santé (ARS) D.Balas & P.Pons Actualisation avril 2010

théorie, une mission claire : « définir et mettre en œuvre la politique régionale de santé, dans le respect des objectifs nationaux afin de répondre aux besoins de santé de la population ». En fait : une structure conséquente : un directeur général, un comité exécutif, des délégués territoriaux, des délégations départementales, etc. Ajoutons à cela : le profil des directeurs d'ARS. 8 % seulement correspondent à des médecins ou à des acteurs ayant eu l'expérience effective du terrain, au contact des bénéficiaires ou des malades. Le reste : des diplômés de l'ENA, des fonctionnaires de l'état et des managers du privé. Conclusion : Les ARS sont une réelle innovation. Mais laquelle ?

- En 2016, création des GHT (Groupements Hospitaliers de Territoires) prévus par l'article 107 de la loi Santé de 2016. Ce dispositif vise à mettre en place un nouveau mode de coopération entre les établissements publics de santé à l'échelle d'un territoire. Il s'agit de regrouper les 1 100 hôpitaux existants dans 150 GHT. Là encore, l'enfer est pavé de bonnes intentions, car on ajoute une couche supplémentaire au millefeuille existant et l'on renforce la centralisation bureaucratique.
- Les conséquences de ces réformes résident d'une part dans le coût de ces structures, mais surtout dans les perturbations du fonctionnement proprement dit de l'hôpital génératrices de gaspillage des deniers publics.

2.4. UN INTERMÈDE : L'ÉPISODE GILETS JAUNES ET SES CONSÉQUENCES

2.4.1. La genèse de ce mouvement

En novembre 2018 est né un mouvement spontané qui a surpris toute la classe politique, voire l'ensemble de la population. Il s'agit, bien sûr, du mouvement des « Gilets jaunes ». Qui étaient-ils ? Des gens de provenance très diverse : employés, retraités, personnels médicaux, autoentrepreneurs, petits patrons, beaucoup faisant partie de ceux qu'on a nommés plus tard les « premiers de corvée ».

Les causes de ce ras-le-bol :

Une détérioration de leur cadre de vie (services publics en déshérence, multiplication de zones sinistrées vides d'emplois et de moyens de transport en commun, etc.).

Une baisse de leur pouvoir d'achat (hausse du prix des biens de première nécessité, dont celui de l'énergie). L'augmentation du prix du carburant, sous prétexte de taxe carbone *écologique*, a été considérée à juste titre comme la mesure de trop et a motivé leurs actions.

Soit, des occupations de multiples ronds-points et des manifestations hebdomadaires durant plusieurs mois. Ce mouvement, qui se prévalait de n'avoir aucun porte-parole, a été, dans les premiers temps, investi fort habilement et discrètement par le Rassemblement National. D'où un certain discrédit, alimenté en outre par les violences qui avaient émaillé leurs manifestations, violences dont ils ne sont que partiellement responsables. Ces manifestations leur ont d'ailleurs coûté moult blessures et amputations irréparables. Ils ont également été accusés de n'être pas cohérents dans leurs revendications, ce qui est faux. À l'époque, les têtes de réseaux des principales pages Facebook faisaient remonter un *Cahier de doléances* dont les revendications, discutables pour certaines, montrent tout de même le profond caractère égalitaire de la base de ce mouvement. Ce cahier revendicatif, *pourtant publié sur le site Web de France Info*, a été très peu médiatisé et l'on comprend pourquoi. L'exécutif préfère diffuser l'idée d'un mouvement illisible, incompréhensible et sauvage[1].

2.4.2. Les conséquences

La prise en compte des manifestations orchestrées depuis novembre 2018 a entraîné à l'époque un certain nombre de réactions du pouvoir en place censé préfigurer un retour en arrière de la politique initialement adoptée par le gouvernement.

Quelques mesures de retour en arrière

Le blocage des taxes de carburants au niveau I poursuivies jusqu'à l'année 2022,

L'exonération des heures supplémentaires, mesure contestable, car elle confirme un transfert du « social » sur le « fiscal ». Elle entraîne aussi un manque de ressources pour la Sécurité sociale.

L'élargissement de la prime d'activité,

Une suppression progressive de la taxe d'habitation, programmée dans l'immédiat pour 80 % de la population. Il s'agit à mon avis d'une erreur, car *elle prive les municipalités d'une ressource essentielle*, garante de leur autonomie de gestion. Même si elle est compensée « à l'euro près » (promesse rarement tenue).

L'abandon de la majoration de la C.S.G. sur les retraites, dont le montant mensuel est inférieur à 2000 €.

La taxe de 3 % sur le chiffre d'affaires des GAFA, annoncée à grands sons de trompe par notre ministre de l'économie, et abandonnée piteusement en rase campagne… Sans commentaire.

La mise en sourdine de projets très contestés : le projet « montagne d'or » en Guyane française et le projet « Europa City » dans le Val-d'Oise.

Les retombées de ces quelques mesures

Une dépense supplémentaire de quelques dizaines de milliards d'euros concerne le coût de ces mesures.

---

1 – Passage extrait de « Les revendications des gilets jaunes : un vrai cahier de doléances » : Respublica n° 890 par Philippe Hervé (9 décembre 2018)

Les informations officielles en ont fait grand bruit pour proclamer une amélioration tangible du pouvoir d'achat. En fait, L'O.F.C.E. (Observatoire Français des Conjonctures Économiques) constate, chiffres à l'appui, que *la politique du gouvernement a profité surtout aux classes moyennes et aisées dont le niveau de vie est supérieur à la médiane des revenus.* Elle a privilégié le pouvoir d'achat des actifs les plus aisés au détriment des retraités et des chômeurs.[1]

La mise en place d'un « grand débat »

Une riche idée ! Pour ce faire a été créée à l'initiative d'Emmanuel Macron une Commission Nationale du Débat public (CNDP) avec mise en place d'une plateforme numérique qui orientait les consultations à partir de thèmes définis. Dispositif auquel se sont ajoutées des contributions libres (cahiers de doléances rassemblées par les municipalités). Ont eu lieu également un certain nombre de discussions locales auxquelles s'est invité régulièrement le chef de l'État. Celui-ci n'a pas hésité à piloter les débats et à les limiter dans le sens des orientations précédemment définies. D'ailleurs, le rétablissement de l'ISF et l'instauration d'un référendum d'initiative populaire revendiqué entre autres par les « *Gilets Jaunes* » sont restés les grands absents de ce « grand débat ».

À ce jour, il a disparu de l'actualité. On peut se demander ce que sont devenus le dépouillement et la synthèse de l'ensemble des propositions résultant des consultations. C'est *silence radio.*[2]

Une convention citoyenne pour le climat

150 citoyens censés constituer un panel représentatif de la population française avaient été tirés au sort pour constituer une convention citoyenne pour le climat. Leurs travaux ont débuté le 4 octobre 2019. Il était entendu que le bon fonctionnement de cette convention devait être garanti par une assistance pluridisciplinaire d'experts chargés d'élaborer le programme de travail, d'assurer le respect des règles d'indépendance et de déontologie des processus, ainsi qu'un appui technique et juridique. Les propositions de la Convention Citoyenne, rédigées sous forme de projets de dispositions législatives ou réglementaires, devaient être soumises soit au vote du Parlement, soit à référendum, ou donner lieu directement à des mesures réglementaires.

Que pouvait-on penser de cette initiative ?

Tout d'abord, qu'elle venait en complément du rôle de l'Assemblée Nationale, élue par le peuple et à qui doit revenir en principe ce rôle. On a pu aussi observer qu'un certain nombre de ces mesures n'étaient pas nouvelles et avaient déjà été envisagées par les précédents gouvernements, sans qu'aucune suite y soit donnée, d'ailleurs ! Le mérite du travail accompli par cette

---

[1] « Macron Emmanuel reste un robin des Bois à l'envers » : Romaric Godin 5 février 2020 (source : Médiapart)

[2] Film documentaire *Les doléances* réalisé par Hélène Desplanques

convention a été d'avoir explicité clairement ces mesures au travers de 150 propositions regroupées en six chapitres fondamentaux, avec un développement très détaillé des chapitres « alimentation » et « consommation ». Les détails de ces 150 propositions restent consultables sur internet. [1]

En revanche, on pouvait relever nombre d'insuffisances :

Pas de remise en cause véritable des institutions, excepté les alinéas rectificatifs au préambule et à l'article 1 de la Constitution de 1958.

Rien ou presque sur la politique fiscale à mettre en œuvre, qui comporte de nombreux domaines d'intervention.

Une date butoir de 2040 beaucoup trop lointaine.

Beaucoup de timidité sur la remise en cause des traités de libre-échange.

Quelle suite a été apportée à leur mise en œuvre ? Aucune ou presque ! Les propositions initiales de la convention citoyenne ont été édulcorées au maximum dans le cadre de la loi « climat » et détournées abusivement de leur objectif initial.

2.5. L'APPARITION D'UNE PANDÉMIE : COVID19

2.5.1. Le constat

L'actuel coronavirus n'était pas imprévisible. Rappelons l'historique (en se limitant au 20e et 21e siècle) :

- La grippe « espagnole » en octobre 1918 (20 millions de morts en Europe, 50 millions dans le reste du monde)
- La grippe asiatique de 1957 (15 000 à 20 000 morts en France)
- La grippe de Hong Kong de 1968 (40 000 morts en France),
- Le SRAS (2003)
- La grippe porcine H1N1 (2009-2010),
- Le MERS, coronavirus né en Arabie saoudite (2015)

Cela signifie concrètement qu'il convient de rester en alerte et que d'autres pandémies à venir sont probables. La question à se poser n'est pas de savoir quand elles auront lieu, mais si nous sommes prêts à affronter ses conséquences, pouvant s'avérer catastrophiques, y apporter les remèdes et lesquels…

2.5.2. Les causes

Elles sont diverses :

La propagation

Elle est due à l'accélération et la multiplication des échanges depuis le Moyen Âge depuis l'épisode de la grande peste de 1350 (responsable de

---

[1] Les 150 propositions de la convention citoyenne pour le climat : France Inter par Kévin

plusieurs millions de morts) jusqu'à la mondialisation actuelle (virus EBOLA en Afrique, virus du Sida et Covid19 dans le monde entier).

L'urbanisation de la surface terrestre

Elle s'est développée de manière accélérée tout au long du XXe siècle, grâce à une urbanisation liée à une augmentation des surfaces cultivables. Avec, en parallèle, une déforestation sauvage provoquée par une course effrénée au profit. Ces phénomènes provoqués par l'homme ont contribué à réduire le territoire de toutes espèces animales, souvent porteuses de virus et qui, de ce fait, se sont rapprochées de l'homme. Ceci avec le risque de transmissions de ces virus qui peuvent s'avérer dangereux pour la vie humaine et pour lesquels nous ne disposons pas de remèdes immédiats permettant de soigner les maladies correspondantes[1].

L'élevage intensif d'animaux domestiques

Il s'est développé en milieu confiné au milieu du XXe siècle dans les pays industrialisés et est en voie de développement. C'est un facteur aggravant de la transmission de maladies (grippes aviaires, maladies porcines, etc.). L'exemple chinois est typique de cette tendance caractérisée par l'augmentation du nombre de volailles élevées en vase clos (13 millions en 1968, 13 milliards en 1997).

Le réchauffement climatique en cours

Il est consécutif à la pollution due au développement non contrôlé de notre civilisation postindustrielle. On a constaté *un réchauffement progressif du permafrost,* terres gelées du Grand nord, de l'hémisphère sud et de nos montagnes. Les conséquences sont assez terrifiantes :

- Dégagement important de méthane : gaz à effet de serre 10 fois plus nocif que le dioxyde de carbone, provoqué par le pourrissement des végétaux emprisonnés dans le sol gelé,
- Libération de virus dont on est incapable d'anticiper la nuisance et de pouvoir se protéger efficacement,
- Détérioration de l'urbanisme en montagne, etc.

2.5.3. La prise en main du problème

La responsabilité de la Chine

La gestion de la crise par le Parti Communiste Chinois s'est révélée particulièrement désastreuse. Alors que les premiers cas de contamination

[1] Lire à ce sujet l'ouvrage publié par Marie Monique Robin « La fabrique des pandémies » aux Editions de la Découverte. Ce livre démontre la causalité étroite qui existe entre la destruction des écosystèmes par l'homme et l'apparition des pandémies qui menacent directement la santé planétaire.

remontaient au mois de novembre 2019, les autorités ont laissé des millions de Chinois prendre l'avion pour souhaiter le Nouvel An et attendu le 23 janvier pour confiner les habitants de Wuhan.

De ce fait, la diffusion très rapide du virus et sa puissance de contamination dans le monde entier n'ont été détectées et prises au sérieux que tardivement au niveau européen. À noter également le rôle trouble de l'OMS, sur laquelle la mainmise chinoise n'est plus contestable et qui n'a pris aucune mesure d'alerte sur le plan mondial[1]. Signalons le rôle de la Chine dans le trafic d'animaux de toutes sortes, qu'elle pratique depuis des années sans que quiconque puisse s'en émouvoir. Enfin, le doute persiste sur la perte de contrôle du virus SAR-Cov2, responsable de la Covid 19 et de sa propagation à l'extérieur du laboratoire de virologie P4 de Wuhan.

Le manque de réactivité initiale de la France face à la crise

Aucune prise en compte des alertes préalables

En décembre 2019, peu avant l'arrivée du Coronavirus en Europe, l'Élysée et le Quai d'Orsay avaient reçu des informations alarmantes de la part de l'ambassadeur de France à Pékin, [2] dont ils n'ont tenu aucun compte. D'autres informations, plus anciennes et plus générales, dès 2005, puis en 2008 et en 2013, faisaient état de l'apparition possible de pandémies massives dans les 15 ans à venir et recommandaient des mesures drastiques pour protéger les populations. Or, les pouvoirs successifs, Sarkozy, puis Hollande et enfin Macron ont laissé le stock de masques de protection, conséquent en 2009, s'amenuiser progressivement jusqu'à aujourd'hui.

Une gestion improvisée au début de la pandémie

Dans la mesure où la prise de conscience du danger de cette pandémie a été tardive, on a assisté à des décisions inconsidérées ou, au contraire, à un manque de réactivité dû en grande partie à la lourdeur bureaucratique et centralisée de notre organisation administrative.

En résulte un manque initial de moyens physiques (marques, respirateurs, tests de dépistage) pour faire face à la pandémie afin d'assurer la distribution de masques et de tests en priorité aux personnes à risque. Cela aurait permis d'éviter l'hécatombe survenue dans les EHPAD.

Cette gestion amène également des actions précipitées et désordonnées[3] d'achats de masques dans des conditions financières souvent déplorables sans respect des procédures d'appels d'offres nécessaires à la tractation de marchés d'une certaine ampleur. Ajoutons le constat d'un potentiel hospitalier en manque de moyens matériels et de personnels soignants. Lesquels se sont

---

[1] Organisation mondiale de la santé : institution en perdition et polémique perverse : Albert Herszkowicz 16 avril 2020 (source : Médiapart)

[2] « L'ambassadeur de France à Pékin avait alerté Macron » (le Canard Enchaîné 6 mai 2020)

[3] À réécouter dans l'émission « secrets d'info » diffusée sur France Inter le 5 décembre 2020

trouvés débordés lors de l'hospitalisation de milliers de malades dans un état parfois désespéré. En outre, certaines ARS ont poursuivi dans l'ombre leur politique antérieure de suppression des moyens hospitaliers.

Une dilution des responsabilités

On ne peut que constater la profusion des organismes chargés des problèmes de santé et le *millefeuille* administratif qui en a résulté ! Les créations les plus récentes : Haut Conseil de Santé Publique (HCSP), Haute Autorité de la Santé, Santé Publique France, Direction Générale de la Santé, Agences Régionales de Santé (ARS), soit, au total, pas moins d'une dizaine d'organismes qui n'ont pas facilité pas une gestion cohérente de la crise.

En conclusion : Peut-on envisager une politique pour remédier aux erreurs commises si nouvelle pandémie ?

3. LES PROPOSITIONS DONT JE SUGGÈRE TRÈS FORTEMENT LA MISE EN ŒUVRE

L'objectif de ces propositions est de sortir du cercle vicieux de l'austérité imposé par le syndrome du déficit et de la dette, sources d'inégalités et de recul social. Il est également de lutter de manière efficace contre le chômage structurel et d'œuvrer pour une transition écologique digne de ce nom. Rien de nouveau… Mais d'une cuisante actualité.

3.1. POUR UNE JUSTICE FISCALE

Certaines propositions sont inspirées de celles du mouvement ATTAC[1].

3.1.1. Rétablir et rénover l'ISF

Attac propose d'élargir l'assiette de l'imposition du patrimoine, soit d'asseoir l'ISF sur l'ensemble des actifs d'un contribuable (actifs immobiliers, mobiliers et financiers) et d'instaurer un barème progressif avec un abattement sur la résidence principale.

3.1.2. Supprimer les niches fiscales inutiles

Elles coûtent presque 100 G€ par an, et profitent surtout aux plus riches, excepté, bien sûr, les niches relatives au crédit d'impôt pour emploi d'un salarié à domicile et à la TVA réduite à 10 % sur les travaux de rénovation. Les deux niches les plus coûteuses, soit le Crédit d'Impôt pour la Compétitivité et l'Emploi (CICE) et le Crédit d'Impôt Recherche (CIR), doivent être supprimées ou, à tout le moins, réservées aux PME. Les entreprises non

[1] Nos propositions pour la justice fiscale et pour la transition écologique : Attac France (mardi 15 janvier 2019)

soumises à la concurrence internationale, dont les banques, n'ont rien à faire dans ce schéma. J'ajouterai en outre qu'il est important de combattre la fraude qui existe là aussi dans ce domaine et qui consiste à créer, à l'aide de laboratoires complices, de la fausse innovation afin de bénéficier de ce crédit d'impôt.

3.1.3. Rendre la TVA plus juste

La TVA prélève une part plus importante de leurs revenus aux ménages modestes (il s'agit d'un impôt *régressif*). Elle représente la moitié des recettes fiscales de l'État français ! Il serait intéressant de réduire son poids, en commençant par adopter un taux zéro sur les produits de première nécessité.

3.1.4. Renforcer la progressivité de l'impôt sur le revenu

Instituer des tranches supplémentaires sur l'IR. Il apparaît fondamental que cet impôt, le seul à être direct et progressif, soit payé par l'ensemble des contribuables, et ceci au détriment d'autres taxes à effet uniquement proportionnel.

3.1.5. Rétablir la progressivité de l'impôt sur les revenus du capital

Supprimons la flat tax, qui impose les revenus financiers au taux unique de 30 %.

3.1.6. Annuler l'augmentation de la CSG non imposable de 1,7 %

Elle constitue un manque important de revenus, en particulier pour les retraités des classes populaires et moyennes, et qui ont vu leur pension bloquée pendant plus de 10 ans. En outre, le mouvement ATTAC propose de faire de la CSG une contribution progressive (et non proportionnelle), et d'affecter celle-ci au budget de la Sécurité sociale, et non au budget de l'État.

3.1.7. Instaurer un écart d'imposition entre PME et multinationales

La réduction de l'impôt sur les sociétés concerne indifféremment tous types de sociétés, ce qui est anormal et profite indûment aux multinationales. En outre, il est indispensable d'imposer le bénéfice là où il est créé, afin d'empêcher les multinationales de déclarer artificiellement leur bénéfice dans des paradis fiscaux. Afin de *relocaliser* durablement l'impôt sur les sociétés, le projet européen d'Assiette Commune Consolidée pour l'Impôt des Sociétés (ACCIS) devait permettre de mettre un terme à la course au moins-disant fiscal. Sans attendre, la France aurait pu instaurer une taxation globale des multinationales, dont les GAFAM, afin d'imposer leur part d'activité réelle en France. Il était également possible de mettre en place un reporting public pays par pays, afin que les multinationales soient obligées de publier les informations concernant leurs activités et les impôts qu'elles payent dans tous les pays où elles sont implantées. On attend encore !

Cela nécessiterait que la direction du budget renforce ses effectifs, y compris ceux du pôle financier, afin de pouvoir effectuer ces investigations et recouper les informations concernant les revenus et bénéfices des multinationales avec des indicateurs complémentaires. Il s'agit du total et de l'identification des ventes, du nombre de salariés, de l'identification des clients usagers des plateformes, etc. Là encore, il est affaire de volonté politique qui consiste à investir dans ce domaine, au lieu de licencier des fonctionnaires utiles comme cela a été l'apanage de ces dernières années. Cela permettrait, en outre, de combattre plus efficacement la fraude fiscale.

3.1.8. Taxer les transactions financières

Cette taxe permettrait de lutter contre la spéculation, à l'origine des crises financières, et de lutter contre le réchauffement climatique dans les pays du Sud. *Il faut reconnaître que la France n'est pas particulièrement partie prenante face à ce type de réforme, et c'est peu dire !*

3.1.9. Instaurer une taxe kilométrique

Il est nécessaire d'augmenter les coûts de transport pour inciter à la relocalisation des activités et à la baisse du commerce international (et donc des émissions de gaz à effet de serre). Taxer un produit selon le nombre de kilomètres qu'il a effectué est une alternative aux droits de douane et permet d'atteindre l'objectif de façon coopérative.

L'impératif écologique impose également de réfléchir à une taxe sur les kilooctets. La mise en place de ces taxes globales permettrait de financer des biens communs mondiaux.

3.1.10. Harmoniser la fiscalité au niveau européen

La mise en place d'un *serpent fiscal européen* réduit progressivement les écarts entre systèmes fiscaux. Pour contourner le vote à l'unanimité en matière fiscale, une coopération renforcée entre États volontaires est à envisager. En effet, il n'est pas nécessaire, pour engager ce type de réforme, d'attendre le consensus de l'ensemble des pays de l'Union européenne pour entreprendre ces actions. Il est possible d'œuvrer avec les pays intéressés, à savoir, par exemple, l'Espagne, l'Autriche, l'Italie. En cours, la proposition d'un impôt mondial sur les sociétés de 15 %. C'est un premier pas, bien timide !

3.1.11. Basculer la fiscalité carbone sur les entreprises les plus polluantes

Taxons les carburants les plus polluants et largement exonérés : fioul lourd utilisé sur les cargos porte-conteneurs et kérosène pour les vols intérieurs au territoire.

3.1.12. Taxer les banques et compagnies d'assurances qui investissent dans les industries fossiles

Et il y a de quoi faire ! Le soutien des banques françaises aux énergies fossiles aurait atteint près de 300 G$ sur la période 2016 à 2020[1]. Cela peut et doit permettre de modifier leur attitude à cet égard. Il s'avère, à titre d'information, que l'épargne du LDD (livret de développement durable) est utilisée par un certain nombre de banques à subventionner du *fossile*, car c'est sans aucun doute plus rentable. Actuellement, on peut considérer que seul le Crédit Coopératif investit entièrement dans le *renouvelable* qui, par définition, n'assure pas des revenus aussi conséquents. Par contre, il a le mérite d'œuvrer pour la transition écologique. On s'écarte ainsi de la logique purement financière qui n'accepte que des retours sur investissement supérieurs à deux chiffres !

3.1.13. Revenir sur la suppression de la taxe d'habitation

Elle constitue une ressource importante, en particulier pour les petites communes. Remarque identique à propos de la suppression de la redevance audiovisuelle, facteur d'incitation à la publicité, donc à une perte d'indépendance du public.

3.1.14. Conditionner les aides à l'investissement

Ces aides, accordées aux sociétés étrangères susceptibles de s'établir en France, doivent impérativement pouvoir être remboursées en cas de délocalisations susceptibles de générer du chômage.

3.1.15. Mettre fin aux privilèges et au régime fiscal des fausses coopératives agricoles

En effet, certaines de ces coopératives, créées au départ par les agriculteurs dans le but de faciliter l'exploitation des domaines, sont devenues au fil du temps de véritables multinationales avec création de filiales étrangères non contrôlables.

Elles bénéficient en outre d'un régime fiscal privilégié : exonération totale ou partielle de l'impôt sur les sociétés (IS), de la taxe foncière sur les propriétés bâties, des impôts issus de la suppression de la taxe professionnelle, d'impôt forfaitaire annuel, de la taxe sur les salaires, de taxe d'apprentissage, etc. On dénombre, en France, 14 de ces coopératives dont le chiffre d'affaires dépasse parfois plusieurs G€ et qui regroupent souvent plusieurs milliers d'agriculteurs et de salariés.

L'ensemble de ces propositions, auxquelles on ajoutera d'autres taxes écologiques sur l'usage immodéré des plastiques (voir plus loin), devrait

---

[1] Référence article intitulé « Côté recherche : comment inciter les banques à ne plus financer les énergies fossiles » de Christian Chavagneux (Alternatives économiques 28 janvier 2022) et selon le rapport de plusieurs ONG, dont Reclam Finance.

permettre, à terme, de limiter drastiquement le déficit annuel et de financer la transition écologique et aussi un réarmement indispensable compte tenu de l'attitude de la Russie face à l'Ukraine. Il serait judicieux de profiter de ce répit *pour restructurer la dette* en diminuant l'importance des créanciers étrangers *au profit d'une dette purement nationale*, à l'instar de pays comme l'Italie et le Japon. Ceci afin de diminuer notre vulnérabilité en cas d'augmentation du taux d'inflation ou de dérive du déficit, ce qui est le cas à l'heure d'aujourd'hui. C'est d'autant plus vrai que la Covid-19 a aggravé considérablement notre déficit annuel, donc, par accumulation, les dettes souveraines et privées de notre économie.

3.2. CONTRE LE MOINS-DISANT SOCIAL ET SOCIÉTAL

La mise en œuvre d'une politique sociale doit permettre de revenir sur les mesures prises en début de quinquennat.

3.2.1. Emplois aidés

Ils favorisent le fonctionnement de nombreuses associations et collectivités et participent à la lutte contre le chômage.

3.2.2. Réforme du Code du travail

Elle privilégie une politique de l'offre, dont les résultats actuels sont plus que discutables. Il convient de recourir à une politique de la demande qui permet sous certaines conditions (produire davantage *français*) de relancer l'emploi face à la consommation.

3.2.3. Une participation accrue des salariés à la stratégie de leur entreprise

Cela se traduit, entre autres, par la nomination de salariés au conseil d'administration de leur société, comme cela a lieu en Allemagne fédérale. À la condition expresse, bien sûr, que les secrets industriels concernant, entre autres, l'innovation, la R&D et la stratégie *soient rigoureusement préservés*.

Une clause de confidentialité établie entre dirigeants et personnel employé dans des secteurs sensibles serait nécessaire, assortie d'une sanction, comme le licenciement pour faute lourde, voire des poursuites pénales en cas d'infraction.

3.2.4. Indexation des retraites sur l'inflation

Elle doit être rétablie pour limiter les pertes de pouvoir d'achat des retraités, très préjudiciable pour les pensions les plus modestes.

3.2.5. Réforme du statut de la fonction publique

Elle privilégie la diminution indifférenciée du nombre de fonctionnaires sans se soucier de l'impact sur le fonctionnement des services.

3.2.6. Réforme de la justice

Cette réforme confirme l'existence en France d'une justice au rabais, et, de surcroît, inégalitaire dans son fonctionnement. Elle doit être abandonnée et les crédits de fonctionnement considérablement augmentés. *Le groupe Casamayor* propose un renouveau pour la justice et une renaissance dans une démocratie refondée. D'où sa vision d'une nouvelle justice autour de trois principes fondamentaux : impartialité, efficacité et accessibilité.

Une impartialité absolue de l'État

Afin que soient clarifiés le statut et la fonction du parquet, un nouveau Conseil Supérieur de la Magistrature doit être instauré, à l'abri des pressions et influences indues. Celui-ci devra proposer toutes les nominations à des postes du parquet comme du siège et veiller au respect de l'indépendance et de l'impartialité dans l'organisation et le fonctionnement de la justice.

Indépendance de la justice pénale

Elle est aujourd'hui mise à mal. Il est urgent de confier le mode de nomination des procureurs à un organe pleinement indépendant. En matière de politique pénale, les grandes orientations doivent faire l'objet d'un débat parlementaire annuel. L'action des parquets doit être recentrée sur la délinquance en luttant contre les grands trafics et les organisations criminelles. Le juge d'instruction doit être maintenu, mais avec une procédure plus simple. Il convient enfin de revenir au principe essentiel d'individualisation de la peine à l'opposé du corset juridique des *peines planchers*.

Accès à la justice

Il devrait être possible, grâce aux nouvelles technologies, de saisir son juge en s'adressant, indifféremment parmi les sites judiciaires, à celui qui est le plus accessible.

Autres propositions : regrouper les juridictions de premier degré dans un tribunal d'arrondissement et réunir, à l'échelon local et à l'échelon régional, les représentants des juridictions et leurs principaux partenaires dans des *conseils de justice* afin de définir attentes et besoins, de déterminer et expliquer les objectifs, d'informer sur les pratiques et l'organisation. Ajoutons à cela le manque de moyens humains à disposition des tribunaux, en particulier les *greffiers*, ce qui explique en partie l'encombrement des tribunaux et la lenteur de la justice. *Leur fonction doit être prise en considération et revalorisée.*

3.2.7. Politique du secret

Loi sur le secret des affaires

Elle doit être profondément modifiée afin d'assurer une protection efficace des lanceurs d'alerte et de concilier à la fois la possibilité de révéler les scandales et la nécessité pour les entreprises de se protéger contre l'espionnage industriel.

Enquêtes d'utilité publique

Quoique contestables dans leur fonctionnement, elles ont l'avantage d'informer le maximum de citoyens sur la mise en place de projets susceptibles d'être contestés. Il est parfaitement inadmissible qu'elles soient supprimées et remplacées par de simples consultations sur internet qui risquent de passer inaperçues pour l'ensemble des citoyens. Ces enquêtes doivent au contraire être réhabilitées. Il importe que ses conclusions ne soient pas orientées de manière partiale en faveur de la réalisation d'un projet parfaitement contestable, ce qui est malheureusement souvent le cas.

3.2.8. Remise en cause du fonctionnement de la police nationale

Suppression de l'utilisation d'une clé d'étranglement

Il s'avère que ce procédé, utilisé parfois de manière abusive, présente des risques importants d'asphyxie et de décès de la personne objet de l'interpellation. C'est ce qui s'est produit encore dernièrement et défraie la chronique à juste titre.

Suppression de l'utilisation des armes létales

Elles sont considérées comme des armes de guerre. Il s'agit principalement des *Tasers* et des grenades d'encerclement, dont l'usage durant les dernières manifestations a causé des blessures irréparables chez nombre de personnes, dont la mort de l'une d'entre elles. L'utilisation des canons à eau reste très dissuasive vis-à-vis des manifestants violents et présente peu de risques de blessures invalidantes.

Suppression de contrôles au faciès

Ils ne facilitent pas l'intrusion des forces de l'ordre dans les cités sensibles dans la mesure o ils sont répétés et souvent injustifiés.

Suppression de l'IGPN

Il est nécessaire de le remplacer par un organisme *indépendant.* Cela existe dans de nombreux pays d'Europe. En France, lorsqu'un policier ou un gendarme est soupçonné d'avoir commis un acte grave, *l'autorité qui enquête est composée de ses pairs, d'autres policiers* accusés, à juste titre, d'être juge et partie et de ne pas fournir tous les éléments susceptibles de faire aboutir les enquêtes judiciaires.

Création d'une police de proximité

Avec pour objectifs de se faire accepter par les habitants des cités sensibles, d'anticiper les risques par le renseignement de terrain, de dissuader d'intervenir avec discernement afin d'éviter que les situations ne s'enveniment. C'est toute l'image du métier de policier qui est en jeu et son rapport avec la population.

Mise en œuvre de moyens d'action décents

À la demande du groupe parlementaire Les Républicains, le Sénat a créé une commission d'enquête sur l'état des forces de sécurité qui a mis en exergue le malaise traversé actuellement par les policiers et gendarmes. Cette commission a généré un rapport de 32 propositions présenté le 3 juillet 2018[1]. Une deuxième commission d'enquête, à l'initiative, cette fois, de l'Assemblée nationale, s'est achevée, là aussi, par la présentation d'un volumineux rapport présenté le 3 juillet 2019[2], soit un an après. Rapport qui reprend, pour l'essentiel, les doléances et les propositions précédentes. Un des points envisageait la suppression des taches qui ne relèvent pas du maintien de l'ordre et la simplification des tâches administratives dévolues aux agents de la sécurité publique et particulièrement aux officiers de police judiciaire. Ceux-ci souffrent d'une charge procédurale excessive qui nuit largement à l'efficacité de leur fonction.

Question : Quelle suite a été donnée aux préconisations de ces deux rapports de commissions d'enquête ?

3.2.9. Politique de privatisation du patrimoine

Nous avons montré précédemment (page 22) que cette politique était catastrophique pour les finances de l'état. Il convient donc de s'y opposer.

3.2.10. Mise en œuvre d'une véritable politique de santé

Un manifeste pour une réforme complète de notre système de santé

Il s'appelle *Santé : le programme des jours heureux* et a été réalisé conjointement par les professeurs André Grimaldi et François Bourdillon, avec le docteur Olivier Milleron. Certains aspects de ce programme sont considérés comme quasiment « révolutionnaires » aux yeux de certains, mais à mon sens parfaitement justifiés et susceptibles de réhabiliter notre système de santé. Malheureusement, c'est silence radio…

À titre d'information, il a figuré en intégralité sur le site internet de Là-bas si j'y suis ; et propose une refondation complète autour des cinq piliers suivants :

Le service public de l'assurance maladie

Il resitue celle-ci dans son éthique originale issue du Conseil de la Résistance et retrace le partage de ses pouvoirs et responsabilités avec le gouvernement et l'Assemblée Nationale lors du vote du budget annuel de fonctionnement. *Un des points clés est l'instauration du remboursement unique des soins* qui faisait partie intégrante du projet initial, mais avait été finalement rejeté par le gouvernement

---

[1] Le rapport choc sur le grand malaise des policiers et des gendarmes : Enquête de 6 mois d'une commission sénatoriale : Le Figaro par Christophe Cornevin (3 juillet 2018)

[2]http://www.assemblee-nationale.fr/dyn/15/rapports/ceforsec/l15b2111 rapport- enquête#

de l'époque. Il s'agit là d'une réforme importante faisant obstacle à la privatisation rampante de notre système de santé.

Le service public de soins et de prévention

Il met l'accent sur les réformes de fond indispensables : réorganisation de la gestion hospitalière avec remise en cause de la hiérarchie hospitalière, en particulier des GHT (Groupement hospitalier des territoires) et des ARS (Agences Régionales de Santé), le mode de financement des activités, etc....

Le service de la santé publique et de la sécurité sanitaire

Il préconise une remise en cause du « millefeuille administratif » : dispersion des responsabilités entre le ministère de la Santé, les ARS et une multitude d'agences sanitaires. D'où la nécessité d'une direction générale unique afin de pouvoir agir en connaissance de cause. À noter l'importance d'un accroissement des moyens accordés *à la prévention des causes multiples de dégradation de la santé.*

Le service de l'enseignement et de la formation continue

La pédagogie proposée remet en cause sur un certain nombre de points la nature même de l'enseignement dispensé actuellement. Elle met l'accent sur une trop grande spécialisation initiale. Elle privilégie aussi l'ouverture à des disciplines transversales, ainsi que la compréhension et l'usage des nouvelles technologies, dont l'apport de l'Intelligence Artificielle et du traitement des données (télémédecine, robotique, etc.).

Il convient également de mettre en œuvre une politique de formation permanente incluant un processus de recertification financé intégralement par le service public afin d'éviter le financement intrusif des industriels de la santé.

Le service public de la recherche en santé

La recherche est une composante essentielle de la médecine. D'où la *nécessité d'augmenter significativement le montant de son budget* qui devrait être au moins doublé (1 G€ par an) afin de revaloriser les salaires des chercheurs au niveau de la moyenne des pays de l'OCDE. À noter qu'une fraction du Crédit Impôt Recherche (plus de 6 G€ par an), souvent réduite à une forme de subvention déguisée aux entreprises, pourrait être utilisée à meilleur escient pour le soutien à la recherche publique.

La surconsommation de médicaments, principalement chez les personnes âgées

Certains seniors qui souffrent de plusieurs maladies chroniques consomment au moins 7 médicaments en même temps de façon régulière[1]. Cette surconsommation présente de nombreux inconvénients : chutes, autres accidents graves (hémorragies, etc.), voire hospitalisations, souligne le magazine *60 millions de consommateurs* dans son numéro d'octobre 2016. Il est naturel que certains traitements soient ordonnés du fait de maladies multiples (diabète, hypertension, Parkinson, etc.) provoquées par l'âge.

Sans pour autant que soient justifiés un excès et une prolongation de ces traitements dont les effets secondaires sont loin d'être négligeables. Entre autres des consommations abusives de psychotropes (benzodiazépines), hypnotiques divers, statines (pour un prétendu excès de cholestérol) et neuroleptiques. Il est aussi question de médicaments en vente libre, tels que les anti-inflammatoires non stéroïdiens et les paracétamols (Doliprane, Dafalgan, etc.), dont il est prouvé qu'une utilisation prolongée n'est pas souhaitable.

D'après une enquête de l'assurance maladie, les accidents liés aux médicaments occasionneraient 130 000 hospitalisations et 7 500 décès par an chez les personnes de plus de 65 ans, ce qui est énorme. Cela représente, au-delà de la prise en compte du facteur humain, une dépense supplémentaire pour l'assurance maladie et ne plaide pas pour la diminution de son déficit.

La mise en place d'un véritable *Dossier Médical Partagé*, comme le suggèrent les promoteurs du manifeste, devrait permettre une mise en ordre du traitement prescrit au malade et éviter tout superflu et tout gaspillage.

L'absence quasiment complète d'une politique de prévention dans la gestion de la santé des populations

L'épisode dramatique de la pandémie qui a ravagé le monde entier en est un exemple caractéristique. Il s'avère que la mortalité ou la gravité de la maladie concerne en priorité les personnes âgées, dont l'immunité diminue fortement avec l'âge, et les personnes à risque (diabète de type 2 et obésité, entre autres). La cause principale réside dans notre hygiène de vie et, en grande partie, dans une *alimentation à base de produits industriels ultratransformés.* Ceux-ci contiennent des sucres en grande quantité générateurs de prises de poids, des huiles hydrogénées, des édulcorants inutiles et parfois dangereux, dont certains supposés cancérigènes. Ajoutons à ce tableau une malnutrition due à l'appauvrissement des sols cultivés et la non-qualité de la viande selon les canons de l'agriculture et de l'élevage intensifs. Notons également l'ingestion forcée d'antibiotiques dans l'alimentation carnée, qui se justifie par les conditions artificielles d'élevage nécessitant de lutter contre les maladies

---

[1] Les seniors consomment trop de médicaments : le Figaro Santé 21 septembre 2017

générées par un confinement abusif des animaux. D'où une résistance accrue des bactéries aux traitements antibiotiques.

Le développement des maladies nosocomiales contractées à l'hôpital en est un exemple à méditer.

Dans le cadre du traitement de la Covid19, je reste pour ma part intimement persuadé qu'une démarche préventive efficace aurait permis de limiter les traitements intensifs et la mortalité de nombreux patients. Au lieu de cela : comment peut-on justifier le quasi-déremboursement de l'homéopathie en 2020 et le déremboursement total en 2021, remboursement préconisé par la HAS (Haute Autorité de Santé) et suivi intégralement par l'ex-ministre de la Santé, Agnès Buzyn ? Alors que les médicaments homéopathiques représentent seulement 0,29 % des remboursements de médicaments. 77 % des Français ont déjà pris de l'homéopathie dans leur vie, ce qui représente environ 50 millions de patients si l'on extrapole à l'ensemble de la population française. Il est facile, voire dérisoire, de parler de placebos, alors que les opposants se prévalent d'une logique exclusivement cartésienne qui prétend tout savoir. Il s'agit d'une médecine de terrain, complément indispensable dans une démarche préventive.

Ajoutons à cette mesure la suppression de la formation des médecins homéopathes, qui signe la mort à moyen terme de cette discipline.

Comment justifier que, en France, les bienfaits des plantes médicinales nous échappent, alors que le diplôme d'herboriste a été aboli depuis 77 ans, que nous ne comptons plus que 15 herboristeries, contre 23 000 pharmacies, et que seules 148 plantes sont en vente libre hors des officines ?

Une véritable chasse aux sorcières est lancée contre les herboristes qui prescrivent des plantes alors qu'à l'étranger, elles sont souvent la première solution.

Comment ne pas voir dans toutes ces décisions l'influence, pour ne pas dire plus, du lobby de l'industrie pharmaceutique ?

Il est pourtant reconnu que les oligo-éléments (sélénium, magnésium et zinc, entre autres) sont indispensables à une bonne immunité face aux agressions bactériennes et virales diverses.

De même pour les vitamines : vitamine D pour laquelle la carence des populations vivant en climat tempéré est reconnue (étant même un facteur de risques pour des maladies comme la sclérose en plaques), et vitamine C entre autres.

Il est également reconnu que la qualité de la flore intestinale joue, elle aussi, un rôle important dans l'obtention d'une bonne immunité face à un certain nombre de maladies. Ne dit-on pas que notre intestin est le deuxième cerveau de l'individu[1] ?

En outre, au fur et à mesure d'une avancée en âge, ces apports complémentaires restent indispensables et sont absents de notre alimentation

---

[1] Lire à ce sujet le passionnant ouvrage *Le charme discret de l'intestin, tout sur un organe mal aimé* par Giulia Enders (joliment illustré par sa sœur, Jill Enders) Editions Acte Sud.

industrielle. Ils doivent donc être compensés d'une autre manière. Pourquoi alors ne pas faire pratiquer des analyses systématiques et obligatoires faisant partie d'un bilan de santé afin de déceler les insuffisances et d'y pallier par une médication appropriée respectant les doses nécessaires (ni trop ni trop peu) ? Actuellement, il existe sur le marché une multitude de produits appelés improprement « compléments alimentaires » censés contenir les oligo-éléments et vitamines dont il a été question précédemment. Ces produits sont distribués par la plupart des pharmacies via des laboratoires.

Certains de ces produits, provenant de Chine par internet, sont au mieux complètement inefficaces, au pire dangereux pour la santé et, de surcroît, peuvent être consommés à des concentrations complètement inadaptées aux problèmes à résoudre. À signaler à titre d'exemple l'incompatibilité de nombreux compléments alimentaires avec, entre autres, la prise d'anticoagulants qui se comportent comme des voisins ombrageux face à toute autre médication. Cela nécessite bien sûr une autre approche, à savoir faire appel à une médecine douce et à la création d'un organisme indépendant des lobbies (ce que n'est pas la HAS).

Son rôle serait de sélectionner les laboratoires les plus compétents qui présentent dans les différents domaines de santé les « produits alimentaires » les plus performants susceptibles d'être utilisés par le corps médical. Et commencer par le commencement : rétablir le bien-fondé de l'homéopathie et de la phytothérapie, qui ont droit de cité à part entière.

Cela vaut en particulier pour les affections courantes survenant généralement en intersaisons et consécutives à l'agression de virus dont il est souvent difficile de se débarrasser. À noter également l'intérêt d'une détection par contact salivaire, qui doit permettre de détecter l'origine de l'infection, généralement virale, et d'éviter l'emploi intempestif des antibiotiques, encore trop facilement répandus pour soigner ces infections.

Une autre suggestion, peut-être utopique, mais pourquoi pas ?

La mise en œuvre d'une « cartographie » de la physiologie humaine. Ou comment chaque individu réagit face à une posologie déterminée et quelles sont les incompatibilités (dites « effets indésirables » ou effets secondaires nuisibles) propres à la personne.

Les controverses entraînées par une politique de vaccination contre la Covid19

Durant le mois de novembre 2020 sont apparues les mises en chantier de plusieurs vaccins contre le coronavirus. Il s'agit de vaccins d'un nouveau type, dont la conception et le principe d'action diffèrent totalement des vaccins classiques, qui sont soit à base de virus inactivés (polio, grippe), soit à base de protéines antigènes (hépatite B). Les premiers vaccins disponibles ont été élaborés par deux laboratoires, *Pfizer-BioNTech et Moderna.* La technologie utilisée consiste à injecter dans l'organisme des brins d'instructions génétiques, appelés ARN (Acide RiboNucléique) « messager » qui s'insèrent dans l'organisme et ordonnent la fabrication d'un antigène spécifique au coronavirus. Il s'agissait d'une technologie entièrement nouvelle sur laquelle, bien sûr, ses précurseurs travaillaient depuis de nombreuses années, mais qui n'avait pas été testée en grandeur réelle jusqu'à aujourd'hui.

L'introduction de ces vaccins a suscité dès leur apparition une levée de boucliers principalement en France, qui s'est traduite par une campagne virulente sur internet et, en parallèle, par un refus de vaccination d'une bonne partie de la population, dont un nombre non négligeable de soignants.

Quelle était l'argumentation développée par ces opposants ?

- Risques de réactions secondaires importants à court et à moyen terme avec le risque de développement de maladies auto-immunes graves ou de déséquilibre immunitaire chez les personnes à risque.
- Un vaccin élaboré en si peu de temps, ce n'est pas sérieux ! Il a fallu plusieurs années de mise au point pour tous les vaccins connus et éprouvés. On oublie simplement que les recherches de ce nouveau type se sont échelonnées sur une vingtaine d'années ! Trop de zones d'ombre subsistent, comme la durée de protection des vaccins, l'efficacité des vaccins sur la forme sévère du virus, l'effet sur la transmission des personnes asymptomatiques.
- La sensation d'une véritable « course au trésor » pratiquée par les développeurs de ces vaccins, car il faut bien reconnaître qu'il s'agit d'un véritable « jackpot » pour ces sociétés !

Ce refus initial a été la cause en France d'un certain flottement concernant l'approvisionnement de ces vaccins et les embouteillages constatés à l'époque dans les centres de vaccination.

Qu'en est-il aujourd'hui de cette controverse ?

L'opposition à cette vaccination, importante à l'origine, s'est considérablement réduite. Il s'est avéré dans le temps que le rapport bénéfice/risque était largement en faveur de la vaccination. Les cas graves ou mortels constituent une exception et sont principalement le fait de personnes atteintes de troubles graves ou en déficit d'immunité important (ce qui n'est pas une raison pour ne pas en parler).

Vu ce contexte, le gouvernement a choisi une voie moyenne qui est sujette à caution. Pas de vaccination obligatoire, mais un « Pass vaccinal » qui fait des réfractaires des citoyens de seconde zone, méprisés par le président de la République « qui veut emmerder les non-vaccinés… et jusqu'au bout »[1]. On peut comprendre que ce dispositif rencontre une désapprobation de la part de nombre de citoyens, à commencer par votre serviteur. Parce qu'une fois de

---

[1] Propos du chef de l'Etat prononcés lors d'une interview destinée aux lecteurs du Parisien le mardi 4 janvier 2022 et cité par France info le 5 janvier.

plus, le pouvoir fait montre d'un autoritarisme cassant, qui foule aux pieds le concept même de démocratie !

Un dernier point. Il est prouvé que les vaccins ne protègent pas contre l'acquisition du virus ni contre sa transmission à autrui. Il garantit, certes, contre les formes graves, voire mortelles, de la maladie. Il est donc censé minimiser le risque d'une hospitalisation grave des patients et la surcharge des différents services, mais ne peut pas l'empêcher complètement. Ce qui constitue un inconvénient majeur, amplifié par les mutations fréquentes du virus accompagnées souvent d'une augmentation de la contagion. D'où la difficulté d'acquérir une immunité collective hautement souhaitable[1].

Cela signifie deux choses :

- Que le vaccin est *nécessaire* pour faire obstacle à la transmission de la maladie, mais non *suffisant !*
- Que les compléments alimentaires (zinc, sélénium, vitamines C et D, magnésium, etc.), qui, sous réserve d'un niveau de qualité suffisant et d'une médication appropriée, permettent une augmentation de l'immunité de chacun face au risque de contagion. Cela me paraît constituer une barrière non négligeable à l'assaut du ou des virus. Pourquoi s'en priver ?

3.3. CONTRE UNE DÉSERTIFICATION DU TERRITOIRE

3.3.1. Lutter contre la désertification des villes moyennes et des villages

Un rappel de quelques réformes de base à mettre en œuvre :

Stopper purement et simplement la création et l'extension des zones commerciales

Elles sont excentrées et contribuent à la destruction du petit commerce.

Limiter les autorisations d'installation de la grande distribution dans les centres-villes

Il faut prendre l'exemple de la Grande-Bretagne et de l'Allemagne qui ont su créer une législation efficace pour contraindre ces extensions. Et aussi de réduire sensiblement la pression exercée par les lobbies sur les élus locaux et les tentatives de corruption.

Voici un exemple parmi d'autres à Lille, où le cœur de ville a perdu ses commerces de détail après l'ouverture d'un centre commercial (Euralille) et de son hypermarché Carrefour dans les années 90.

---

[1] Article « Covid 19 : arriverons-nous à vacciner 70 % de la population mondiale » publié le 12 février 2022 par l'Express.fr avec AFP https://www.lexpress.fr/actualite/societe/sante/covid-19-arriverons-nous-a-vacciner-70-de-la-population-mondiale_2167949.html

Redynamiser le centre-ville

Par le choix diversifié de moyens de transport qui permettent un accès facile en réduisant le stationnement en ville. Développons pour ce faire le transport à la demande, peu utilisé par les municipalités. À titre d'exemple, on peut citer, entre autres, la navette gratuite COXITIS, en service dans la ville de Pau[1]. Ce sujet fait l'objet d'un développement dans la troisième partie de l'ouvrage.

Limiter fortement la pratique abusive des locations de logements de courte durée

Ils connaissent un développement exponentiel. Les villes à vocation touristique sont victimes de cette pratique qui renchérit le prix des loyers et contribue à la désertification des cités par ses habitants. Elle touche de préférence les couches populaires à revenu limité. Les coupables : les plateformes numériques, dont *Airbnb*, qui emploient fort peu de personnel, pratiquent volontiers « l'optimisation fiscale » et sont de surcroît responsables d'un tourisme de masse nuisible à notre environnement. En outre, les propriétaires bénéficient d'un *impôt sur le foncier très allégé* par rapport à une location longue durée.

Favoriser l'usage de monnaies locales[2]

L'objectif principal est de favoriser le commerce et la production de proximité, qui simplifient les transactions particuliers-entreprises et interentreprises. Cela participe d'une volonté d'encourager des modes de production et de consommation plus écologiques. Les entreprises et commerces qui s'inscrivent dans le processus sont poussés à changer leurs pratiques, en utilisant davantage de produits locaux. Une manière de contribuer à retisser des liens de confiance entre particuliers, commerçants et entreprises. En outre, ces monnaies locales peuvent permettre aux communes de subventionner des associations.

3.3.2. Réhabiliter le réseau ferré local

- Rétablir l'écotaxe prélevée sur le transport routier, et prioritairement sur le transport international et les grandes structures de fret.
- Affecter une partie de la taxe sur les produits pétroliers.
- Développer le ferroutage : prendre exemple sur la Suisse dans ce domaine.

---

[1] Cette navette à propulsion électrique emprunte un parcours circulaire et dessert 16 points du centre-ville avec une fréquence moyenne de 6 passages par heure

[2] L'eusko basque devient la monnaie locale la plus utilisée en Europe : l'Obs (27 octobre 2018) Les monnaies locales, un moyen efficace pour lutter contre la spéculation financière et les délocalisations ? BASTA (10 novembre 2017)

- Densifier le maillage par une réouverture de lignes délaissées en favorisant des options économiques. (Voir Troisième Partie)
- Redynamiser le transport ferré national (Intercités) et régional (TER) avec la nécessité de bien redéfinir leur rôle, pas assez clair actuellement.
- Réhabiliter les trains de nuit dans le cadre d'un transport « transeuropéen » susceptible de remplacer l'avion.
- Sensibiliser les élus locaux (maires, conseillers généraux et régionaux) à ces problèmes de transport.
- Éviter l'ouverture systématique à la concurrence, avec les conséquences néfastes déjà évoquées.
- Réhabiliter le fret ferroviaire, menacé par une privatisation, afin de supprimer le monopole routier néfaste à tous points de vue.
- Revoir les politiques de prix de manière à favoriser l'utilisation du rail face à la route et l'aérien.

3.4. POUR UNE RÉINDUSTRIALISATION DE LA FRANCE

La part de notre production industrielle est tombée à 13 % du PIB (contre 25 % en 1970), en parallèle de la perte de 2,5 millions d'emplois depuis les années 80. Il semble possible d'enrayer cette hémorragie avec un changement complet de stratégie, basé sur 3 axes de développement :

3.4.1. Les secteurs de l'énergie et du bâtiment (voir Troisième Partie)

3.4.2. Le secteur manufacturier proprement dit

Il s'agit de mettre en œuvre une politique cohérente de réindustrialisation du pays. Elle comporte plusieurs aspects :

Développer le capitalisme coopératif et la reprise de l'entreprise par ses salariés

Il faut trouver pour chaque future coopérative les moyens de financer ses projets et son développement à son propre rythme. D'où la nécessaire création d'un fonds souverain capable de prendre des participations dans les entreprises et de faciliter la reprise de l'entreprise par ses salariés.

Autres options :

- Le développement du crédit en soutien au système coopératif : rendre accessible à ces coopératives les fonds structurels de l'Union européenne ou le crédit destiné aux PME/PMI, ce qui n'est pas le cas à l'heure actuelle.
- Permettre aux PME/PMI l'accession aux marchés publics monopolisés prioritairement par les grands groupes, et favoriser la possibilité de

reprendre en SCOP des sociétés viables, mais mises en faillite ou délocalisées. Ceci en apportant les fonds nécessaires, éventuellement par une nationalisation à titre provisoire.

Repenser les procédures de redressement judiciaire

Les entreprises en cessation de paiements et dépôt de bilan sont soumises à ces procédures. Elles subissent en permanence le contrôle d'un administrateur judiciaire omnipotent et de surcroît largement payé sur la trésorerie de l'entreprise (honoraires plus % sur les actifs de la société). Cette procédure accentue la lourdeur de gestion et de prise de décision. De surcroît, toute demande de fonds supplémentaires est pratiquement proscrite. En moyenne, un dixième des sociétés placées en redressement judiciaire évite la liquidation. Dans certains cas intervient une liquidation pure et simple avec cessation brutale d'activité. La cause : des décisions souvent contestables prises par les tribunaux de commerce avec un pillage organisé par des fonds d'investissement peu scrupuleux et dont le but est de récupérer à moindre coût le patrimoine incorporel et les équipements.

Ceci étant dit, il convient de se poser les raisons de ces mises en redressement judiciaire. Elles sont multiples :

- *Raisons externes* : Problèmes de trésorerie dus à des règlements tardifs de clients, comportements frileux des banques qui préfèrent investir dans la spéculation plutôt que dans l'économie réelle, comportement non coopératif des donneurs d'ordres, rigidité des créanciers publics, etc. Mais aussi, ne l'oublions pas, délocalisation interne ou externe à l'Europe provoquée souvent par des prises de position dominante des multinationales, positions argumentées par le différentiel de niveau de vie des pays concernés avec la France, et soutenues par le principe de libre-échange en Europe et hors Europe.

  Quelques exemples : Goodyear, Continental, Whirpool, Bridgestone, fonderie MBF de Saint-Claude et d'autres. Dans bien des cas, ces fermetures ont résulté, en partie, d'actions souterraines méconnues du public : falsification de chiffres, interventions d'intermédiaires peu scrupuleux qui se chargent de siphonner la société à leur avantage, etc....

- *Raisons internes* : Non-diversification de la clientèle, méconnaissance des coûts de revient et des marges par familles de produits, outil de production obsolète, etc.

Suivons l'exemple de la société *Pocheco*, sise dans la banlieue de Lille. Son activité consiste à concevoir et fabriquer des enveloppes de tous types. Elle est soumise à une concurrence internationale féroce avec, de surcroît, des marges très faibles par unité de production. Cette entreprise a réussi à concilier économies d'énergie (dont consommation d'électricité autonome), productivité, et gestion à visage humain grâce à une pratique judicieuse de l'écologie, un équilibre des rémunérations et le respect des valeurs dans le travail au quotidien. Elle pourrait servir de modèle de gestion à nombre de PME/PMI qui se plaignent des difficultés de toutes sortes, mais n'envisagent pas souvent les remèdes susceptibles de les surmonter[1]. À noter également que cette société pratique un éventail de rémunérations de 1 à 4, à comparer avec celui des multinationales américaines (1 à 300) vis-à-vis duquel la France n'a rien à envier.

Revoir le contenu de la loi Florange

Cette loi est destinée à permettre la reprise de sites industriels considérés comme rentables et en cours de démantèlement par leur employeur. Cette loi, votée sous le quinquennat de François Hollande, a été rendue parfaitement inefficace par une limitation drastique de ses éléments d'origine.

En particulier, seules sont concernées par cette proposition de loi les entreprises employant plus de 1 000 salariés. Alors que l'effectif de la plupart des sociétés menacées de fermeture ou de délocalisation est largement inférieur à ce seuil.

Restructurer un certain nombre de filières

Cela concerne à la fois des industries stratégiques et les filières des produits « grand public ». Il s'agit de faire un état des lieux précis de l'ensemble de ces filières afin de mettre en œuvre une dynamique susceptible de les réhabiliter à partir de pôles d'activités dans des régions devenues par la force des choses de véritables déserts industriels. Cet état des lieux est développé dans la troisième partie.

Réhabiliter une industrie de la réparation

Cette filière présente l'avantage de ne pas être délocalisable et donc de créer de nombreux emplois. Elle était en déclin depuis de nombreuses années.[2] Elle semble bénéficier depuis quelques années d'un regain d'intérêt de la part des pouvoirs publics. Ceci en particulier par la promulgation de la loi anti-gaspillage en date du 10 février 2020. Cette loi est à l'origine de la création d'un *indice de réparabilité* destiné principalement aux filières « grand public ». Cet indice prend en compte un certain nombre de critères (documentation technique, disponibilité et prix des pièces détachées, démontabilité) et attribue une note de 1 à 10 à partir de l'agrégation de chaque critère. Cet indice de réparabilité sera complété, à partir de 2025, par un indice dit de *durabilité* qui regroupe réparabilité et fiabilité.

---

[1] Voir le film *Demain* réalisé par Cyril Dion et Mélanie Laurent. À lire également plusieurs ouvrages d'Emmanuel Druon, dirigeant de la société POCHECO : travailler autrement, l'écolonomie, le syndrome du poisson-lune, etc.

[2] Panorama de l'offre de réparation en France : rapport complet et synthèse ADEME (octobre 2014)

Quelles réflexions nous inspirent ces évaluations qui concernent en priorité les filières de l'électroménager ?

Il s'agit a priori d'une mesure louable de lutte contre l'obsolescence programmée qui pollue une bonne partie des filières grand public.

La question qui se pose réside dans la fiabilité de ces notations liée à la nature de l'organisme qui en est chargé. Est-ce l'industriel fabricant ou un organisme indépendant ? Dans le premier cas, on notera que la plupart des équipements sont importés en majorité d'Asie du sud-est (Chine et Corée du Sud), des USA et en petite partie de concurrents européens, comme le montre l'analyse de la filière Électroménager dans la *Troisième Partie.* Il est alors permis de douter de la fiabilité des critères définis dans l'indice, dans la mesure où ils sont en partie invérifiables !

Il est donc nécessaire d'agir en amont et de ne pas se contenter d'effectuer un constat d'obsolescence.

Lutter contre l'obsolescence programmée

Elle sévit principalement sur les produits industriels « catalogue » des marchés grand public. Pour ce faire, il est nécessaire :

- *De prendre en compte l'analyse du cycle de vie* au niveau de ses 5 étapes (origine des matières premières et intrants utilisés, caractéristiques d'utilisation, nature du processus employé en fabrication et du conditionnement, optimisation de la fin de vie) en termes d'empreinte écologique (pollution et déchets générés) afin de la réduire, voire de l'éliminer.

- *De vulgariser la notion d'écoconception*, voire d'éco-innovation. Cela implique des produits durables, facilement démontables et réparables à moindre coût (pièces et main-d'œuvre), facilement utilisables (priorité à l'ergonomie). Et disposer de pièces de rechange à coût raisonnable, dont la garantie soit portée à 10 ans pour les équipements d'une certaine valeur.

- *De favoriser les industriels qui pratiquent une politique de qualité* et ont souscrit à une norme d'écoconception (écolabel européen, par exemple). Et pour ce faire, pratiquer une politique fiscale incitative (taux de TVA réduit, diminution de l'assiette de l'IS, etc.), voir exemple de la Suède dans ce domaine.

Actuellement, en France, une quinzaine de groupes précurseurs et quelques PMI pratiquent cette démarche[1], nécessitant un protectionnisme parfaitement ciblé :

- *Écologique* : taxer les produits non écoconçus, prenant en compte les coûts cachés générés par le produit tout au long de son cycle de vie, obligation de respecter *l'Écolabel Européen,*
- *Stratégique* : protéger de la concurrence internationale les « Startups » innovantes afin qu'elles puissent atteindre la taille critique leur permettant d'affronter cette concurrence,
- *Social ou sociétal* : interdire les importations de produits provenant d'entreprises ne respectant pas la RSE (Responsabilité Sociétale des Entreprises), intégrant des contraintes exigibles de la part des parties prenantes et explicitées dans la norme ISO 26 000.

C'est le cas de nombreuses industries textiles, délocalisées pour la plupart en Asie du Sud-est. Mais aussi de la Chine, qui exporte par le biais de sa « route de la soie » des produits bas de gamme fabriqués par les Ouïghours qui ne disposent d'aucun droit civique.

Il ne s'agit pas d'un protectionnisme *made in France*, tel que le préconise le RN, ou d'un protectionnisme tous azimuts, tel que l'a appliqué Donald Trump, de nouveau président des États-Unis.

La France devrait être beaucoup plus présente sur la scène européenne et défendre sa vision, y compris le protectionnisme décrit précédemment, en servant de modèle à cette démarche et en convainquant certains de ses partenaires européens de son bien-fondé. C'est le seul moyen pour lutter à armes égales au niveau mondial. Ce n'est malheureusement pas la tendance actuelle.

La mise en œuvre de ce projet nécessite

Une refonte complète des traités européens

Ils sont basés sur un libre-échange intégral. Voir la deuxième partie sur l'Europe.

---

[1] On citera les groupes précurseurs dans cette démarche en France : Areva T & D (fabrication de matériel électrique), Steelcase (fabricant de mobilier de bureau), Casino (grande distribution), Lafuma (articles de plein air), Rowenta (appareils électroménagers), SEB, Plastic Omnium, Renault, et Veolia Environnement. Participent également quelques PMI : Domena (centrales vapeur de repassage), Lobial (fabrication de détergents), Plas Eco (fabrication de mobilier urbain en plastique recyclé), Urban cycle (coursiers à vélos), 2F/Dinamoh (recharges de cartouches d'encres), Brunet Eco-Aménagement (aménagement du territoire et promotion immobilière) et Nature Cos (produits cosmétiques).

La remise en cause des prérogatives de l'OMC

L'abandon des traités transatlantiques CETA et TAFTA avec le Canada et les États-Unis, ainsi que d'autres traités de libre-échange en gestation au niveau européen.

Penser l'industrie du futur

Cela impacte *l'innovation proprement dite*, et nécessite de changer véritablement de paradigme et de se projeter au minimum dans les 2 prochaines décennies. Il est important de bien définir de quoi il s'agit. L'objectif de cette innovation doit être de concourir à un ajout global de valeur et donc être au service de tous et non de quelques privilégiés. En particulier, elle doit œuvrer au respect de l'environnement sous toutes ses formes, ainsi qu'à la *maîtrise du numérique*.

J'ai évoqué précédemment l'emprise du numérique sur nos sociétés et les risques inhérents à son développement anarchique. La question est : est-il possible de contrôler ce développement ?

Examinons d'abord le comportement des jeunes générations censées prendre la relève et préfigurer la structure de nos futures sociétés. Ne serait-ce qu'en France, il s'avère qu'un adulte de 18 ans a déjà possédé en moyenne cinq téléphones mobiles, dont une écrasante majorité de smartphones. Quant au temps passé sur internet, des estimations, divergentes par ailleurs, évaluent entre quatre et six heures par jour le temps passé par les étudiants[1]. C'est dire que la maîtrise du numérique et de son utilisation est loin d'être à l'ordre du jour.

À titre d'information, il existe un document qui a listé dans le détail l'ensemble des mesures permettant de réduire les impacts du numérique sur l'environnement et de se mettre à la « diète numérique »[2]. Une suggestion : il serait souhaitable que ce document serve de support à l'éducation des jeunes dans le cadre de leur scolarité qui comporte une part de formation à l'informatique. Ceci de manière à provoquer une prise de conscience du gigantesque gaspillage de nos ressources. Ce serait un premier pas !

Allons plus loin : on a proposé de remettre en cause la libre utilisation d'internet et de contingenter son emploi. Cela peut paraître utopique, car peu de personnes sont prêtes à remettre en cause leur comportement face à leur utilisation, mais cela peut s'avérer indispensable à court terme.

Par exemple, on peut envisager, comme cela a été proposé, la mise en place d'un *accès minimal gratuit au-delà duquel chaque utilisateur acquitterait un forfait dont le*

---

[1] Référence au site Air Of meltY qui publie deux articles qui, apparemment, se contredisent : « Les étudiants passent plus de 6 heures par jour sur internet » (Céline Pasteur 14 avril 2021) et « les Français passent plus de 4 heures par jour sur internet » (Céline Pasteur 21 juin 2021)

[2] Il s'agit d'un fichier PDF intitulé « la face cachée du numérique : réduire les impacts du numérique sur l'environnement » par l'ADEME, le ministère de la transition écologique et FAIRE, tous éco confortables, édition novembre 2019

prix serait fonction du volume de données consommées. Et, dans ce cadre, proportionner le prix à la nature des données consultées.

Car l'envoi de mails coûte beaucoup moins cher que la consultation et le téléchargement de vidéos. De même que certains modes opératoires sont plus énergivores que d'autres à requête identique et qu'il serait judicieux de les taxer en conséquence.

Le dépôt de brevet

La France souffre d'un manque important dans ce domaine. En outre, elle doit protéger ses innovations et éviter le rachat de ces innovations par des multinationales qui sont à l'affût et, pour cela, créer des cellules d'industrialisation permettant de rentabiliser les dépenses investies en R&D.

3.5. POUR UNE AGRICULTURE DURABLE

Cet objectif requiert une réforme profonde de notre politique agricole, ce qui n'est pas prévu ni en France ni dans l'Union européenne, où une tendance contraire prévaut. Les points clés sont largement développés dans la quatrième partie de l'ouvrage.

Citons pour mémoire :

3.5.1. Programmer le Grand remplacement

Il s'agit de changer de paradigme : agroécologie contre agro-industrie.

3.5.2. Permettre à nos agriculteurs de bénéficier des fruits de leur travail

- *Instaurer une protection* à l'extérieur des frontières contre le dumping de pays tiers.
- *Garantir une rémunération décente de leur travail* grâce à un élargissement de leur clientèle par la génération des circuits courts (proximité géographique et exclusion de tout intermédiaire physique) et la vente directe au consommateur de produits à haute valeur ajoutée.
- Offrir la *possibilité de postuler* au métier d'agriculteur

3.6. POUR UNE LUTTE CONTRE LES SOURCES DE POLLUTION ATMOSPHÉRIQUE

3.6.1. Limiter, voire éliminer à terme, les générateurs de pollution atmosphérique et terrestre

Il y nécessité de supprimer à moyen terme les incinérateurs et les décharges à ciel ouvert. En outre, l'abus de l'usage des méthaniseurs, considérés à tort comme un bienfait écologique, sont malheureusement encouragés par L'ADEME.

3.6.2. Revoir la réglementation des sites classés SEVESO

La commission d'enquête du Sénat sur la gestion des conséquences de l'incendie de Lubrizol a rendu ses conclusions en décembre 2019 dans un rapport de 286 pages, rendu public en juin 2020. La commission a dénoncé « *des angles morts inacceptables* » dans la politique de prévention des risques industriels en France. Le rapport souligne aussi l'« indulgence des pouvoirs publics vis-à-vis des industriels » et les « manquements dans la gestion des conséquences sanitaires de l'accident ». Depuis, silence radio !

Or, la société Lubrizol a été incapable d'identifier la nature, donc la toxicité et la quantité de produits qui ont brûlé. On peut légitimement s'interroger sur leur gestion de stocks.

Il existe plus de 1 300 usines classées Seveso en France, dont 700 en seuil haut.

L'actuel gouvernement a assoupli la réglementation des sites Seveso :

- *Juin 2018* : des décrets sont publiés afin d'assouplir les critères de soumission à l'évaluation environnementale des sites classés Seveso.
- *Août 2018* : la loi Essoc retire ces évaluations à l'autorité environnementale indépendante pour la remettre au préfet.
- *Janvier et juin 2019* : le préfet autorise l'extension des espaces de stockage à Lubrizol afin de stocker plusieurs milliers de tonnes de produits toxiques en plus. Ceci sans étude de danger ni évaluation environnementale.

La raison est simple : l'État ne débloque pas les moyens humains et financiers pour vérifier les normes et les sites. Seulement 1 500 inspecteurs pour vérifier les 500 000 installations classées ICPE pour l'environnement en France[2].

3.7. POUR UNE POLITIQUE DU ZÉRO DÉCHET

Un constat : le recyclage, trop coûteux, ne peut être généralisé (voir à ce sujet les études réalisées par l'ADEME[3]) et n'est pas très performant.

Il nécessite une logistique complexe avec la filière REP (Responsabilité Élargie du Producteur) qui intègre plusieurs parties prenantes (entreprises,

---

[1] Méthanisation : un digestat bien indigeste pour les sols et les eaux : Reporterre/Julie Lallouët-Geffroy (24 janvier 2019)

[2] Extrait de la pétition initialisée par le site « les lignes bougent.org et adressée à : Pierre-André Durand, Préfet de la région Normandie et Edouard Philippe, Premier ministre en date du 11 juin 2020

[3] Référentiel national des coûts du service public de prévention et de gestion des déchets ADEME (Edition 2017)

collectivités locales, sociétés de gestion, etc.). Se référer à *Sortir de la société du tout plastique* dans la 4e partie.

3.8. Pour une meilleure utilisation de l'argent public[1]

3.8.1. Remettre en cause l'inflation de personnel

Elle est en partie causée par la création de communautés d'agglomération, surtout dans celles formées par des communes importantes. Reste à savoir si la fusion pure et simple de communes dont les intérêts sont proches n'est pas préférable et, surtout, moins coûteuse ! Autre exemple, le millefeuille[2] créé par le schéma d'organisation du Grand Paris. Ajoutons à cela le découpage en 13 grandes régions, effectué en novembre 2014 et qui apparaît comme un véritable non-sens.

3.8.2. S'assurer du bien-fondé de certains projets

Ils sont souvent initialisés par l'état et les collectivités locales (communes, départements, régions) et sont objets de subventions publiques souvent généreuses. Cela nécessiterait d'exiger une obligation de résultat chiffrable ou tangible et non plus simplement une obligation de moyens.

Exemple : la construction de l'EPR de Flamanville, dont *le budget a plus que quintuplé* par rapport au devis initial (19,1 G€ en regard des 3,4 G€ initialement prévus) sans pour autant en assurer la mise en route.

Que penser aussi des fameux PPP (Partenariat-public-privé) qui n'ont de public que le nom et qui coûtent très cher à nos finances publiques. Ceci au bénéfice de grands groupes privés avec lesquels ont été négociés ces PPP. Et les coûts s'envolent !

Exemple : Le prix de la construction de la ligne TGV Paris-Bordeaux est de 9 G€, soit, pour une distance de 302 km, un coût de 30 M€/km. Celui de la ligne TGV Paris-Rennes est de 3,34 G€, soit 16 M€/km. À titre indicatif, celui du réseau Paris — Lyon construit en 1980 est de 5 M€/km (évaluation 2003 en euros), soit de 3 à 6 fois moins. Avec des destructions d'écosystèmes pour l'un et des nuisances sonores à la clé pour l'autre !

---

[1] Livre noir des gaspillages 2019 de Jean-Baptiste Léon édité par « Contribuables associés » : certains exemples cités peuvent porter matière à discussion, sous un angle exclusivement comptable et budgétaire. Cette énumération a néanmoins le mérite de mettre en exergue le désir de nos élus d'imprimer leur marque de fabrique au cours de leur mandat, sans se soucier de l'efficience du projet qu'ils imposent et du gaspillage qu'ils provoquent. Cela augmente le déficit public et la dette.
Le livre de Jean François de Closets, « Tant et plus » publié en 1992, reste aussi d'une brûlante actualité. Également la pétition de l'association internationale pour une santé naturelle « Du Ski en ville, en été ? Stop à la folie des grandeurs de nos élus ! » le 24 juin 2020.

[2] Article « Le grand foutoir du Grand Paris » paru dans le Canard Enchainé 28 juin 2017

3.9. Pour l'élimination de projets climaticides

Il s'agit souvent de projets anciens élaborés parfois depuis 20 ou 30 ans et qui ne tenaient à l'époque aucun compte des conséquences d'un dérèglement climatique et de la nécessité de lutter contre leurs conséquences : sécheresse, pénurie d'eau, chute de la biodiversité, etc. Dans ces projets figurent nombre de contournements d'agglomérations diverses et tracés autoroutiers.

Deux exemples très évocateurs :

3.9.1. Le projet ferroviaire Lyon-Turin

Il est né il y a plus de trente ans et sa gestation provoque une opposition importante, à la fois de mouvements écologistes, mais aussi de syndicats et partis politiques. Cette réaction a provoqué les réactions outrées des thuriféraires de ce projet qui ne comprenaient pas « qu'une l'amélioration du trafic ferroviaire puisse provoquer l'opposition des mouvements écologistes ».

Ce projet dispendieux, voire pharaonique, comporte près de 60 km de tunnel sous la montagne et 140 km de voie d'accès côté français, avec, à la clé, un coût de réalisation astronomique, estimé à 12 G€ en 2000 et actualisé à 26 G€ en 2023.

Éléments auxquels on ajoutera la mise à sec probable d'une vingtaine de captages d'eau potable et 1 500 ha de terres artificialisées. Tout cela pour un projet complètement surestimé en termes de trafic, constitué de surcroît pour l'essentiel de fret assuré par des poids lourds. Alors même qu'il existe une voie ferrée insuffisamment utilisée qui emprunte le tunnel du Fréjus par le Mont-Cenis.

L'ensemble de ces constats milite fortement en faveur d'un sursis, voire de l'arrêt définitif de ce projet. Il en est encore temps : seulement 15 % des forages ont été effectués de part et d'autre de la frontière franco-italienne et les divers financements semblent marquer le pas[1].

3.9.2. L'autoroute A 69

Il s'agit d'un projet autoroutier de liaison entre Toulouse et Castres. Il est notoirement évident que ce projet reçoit l'approbation du groupe pharmaceutique Pierre Fabre (qui en est à l'origine) avec la collaboration bienveillante de l'exécutif local, qui n'a rien à refuser à ce potentat industriel. Ceci avec la bénédiction de l'état. Ce projet nécessite l'expropriation de nombreuses terres agricoles alliée à la suppression de zones humides, la disparition d'espèces protégées et l'abattage de nombreux arbres centenaires. Il est l'objet de l'hostilité de nombreux agriculteurs et de plusieurs scientifiques,

---

[1] Tunnel Lyon-Turin : *Un serpent de terre qui date déjà d'une autre époque* par Eliana Patriarca (Alternatives Economiques 25 juin 2020). À consulter également l'article « Lyon-Turin Déraillements en série dans le tunnel » Le Canard Enchaîné 21 juin 2023.

et a reçu un avis défavorable de la part du Conseil de Protection de la Nature et de la Haute Autorité Environnementale.

Ajoutons que le contrat de concession comporte de nombreuses zones d'ombre et souffre d'un déni de divulgation auprès du public… Mais il est soutenu à bras ouverts par l'exécutif de notre gouvernement…

Question : l'amélioration du trafic, argument avancé par les promoteurs du projet, ne peut-elle pas se résoudre par une mise à niveau du réseau ferré de cette desserte ? Cela devrait faire partie intégrante d'un plan global « SNCF » dont on attend encore la promulgation.

3.10. Pour la création d'une nouvelle grille de lecture de l'évolution sociétale

3.10.1. Quelques considérations sur le PIB

Le PIB (Produit Intérieur Brut) constitue l'indicateur officiel pris en compte pour la croissance. Il se veut être un indicateur du revenu par personne ou du pouvoir d'achat. Il ne tient absolument pas compte des disparités entre les habitants et prend en compte uniquement le secteur marchand en laissant de côté d'autres richesses produites, dont les activités non rémunérées (travail domestique, bénévolat, etc.) et les activités rémunérées, mais non déclarées (travail « au noir »).

3.10.2. La nécessité de réfléchir à l'utilisation d'autres indicateurs [1]

C'est pour cette raison que la NEF (New Economics Foundation) a décidé de proposer cinq autres indicateurs complémentaires qui permettraient une meilleure mesure du changement sociétal et ne prennent pas seulement en compte la notion de croissance économique. Ce sont :

- *Le taux d'emploi* : C'est le nombre de personnes actives parmi celles qui sont en âge de travailler. Par contre, il ne prend pas en compte la qualité du travail fourni ni le niveau de rémunération.

- *Le bien-être* : En Belgique, un indice de bien-être a été mis au point par le Bureau du Plan, le BEIM. Cet indice comprend six critères représentant les principaux éléments du bien-être de la population :1. Le chômage, 2. la privation matérielle, 3. l'incapacité de travail, 4. l'état de santé, 5. Le décrochage scolaire et 6. Le support social.

- *L'environnement* : il s'agit du bilan carbone, représentatif de la pollution par gaz à effet de serre et calculé en tonnes équivalentes CO_2.

- *L'égalité des richesses* : qui n'est pas mesurée dans le PIB. Il peut effectivement être en croissance alors que le salaire moyen diminue pour une grosse partie

---

[1] Business AM 2 juillet 2018 | express.be 7 minutes de lecture

de la population et augmente pour une tranche infime. Par ailleurs, la part des salaires dans le PIB ne cesse de diminuer depuis 1970 : 72 % en 1975 contre 63 % en 2017.

- *La santé* : La NEF propose un indice qui serait déterminé par les « décès évitables ». Il refléterait la qualité des interventions de santé, pas seulement les traitements, mais aussi la prévention.

3.11. Pour la prise en compte des mutations sociétales indispensables

3.11.1. Réfléchir à d'autres sources de revenus que le travail rémunéré

La reconnaissance du bénévolat et du travail des associations

Il y a associations et associations ! Certaines associations largement subventionnées font état de relations privilégiées avec des élus pour utiliser indûment des fonds publics pour un usage privé. Un contrôle plus strict à base de critères d'efficience et de résultats s'impose. D'où les prescriptions apportées par la Cour des comptes, malheureusement peu suivies d'effet. Il est nécessaire d'identifier l'ensemble de ces associations dont le seul but est de toucher des subventions et de payer grassement des intervenants inutiles. Ceci au détriment d'associations *pratiquant souvent le bénévolat* dont l'utilité et l'efficacité sont unanimement reconnues alors qu'elles ne sont pas ou faiblement subventionnées. D'autant plus que la restriction programmée des emplois aidés vient encore noircir le tableau.

D'après une enquête du journal « Le Monde », 200 associations sur 1,3 million recensées en France empocheraient 60 % d'aides distribuées par l'état[1]. Une belle illustration de la loi de Pareto, dite aussi « loi des 20/80 » ! On est en droit de supposer qu'une bonne partie des associations qui se partagent les 40 % restants est utile, voire indispensable, et mérite un soutien financier substantiel de l'état.

Le revenu universel et ses variantes

Il existe un précurseur du revenu universel peu connu. Il s'agit de la théorie de *l'Économie distributive*, mise en œuvre par Jacques Duboin[2] et diffusée par Charles Lorient, avec lequel j'ai été en relation lors de l'élection présidentielle de 1974. Cette vision de l'économie anticipait un chômage de masse consécutif à une augmentation de productivité concernant tous les secteurs de l'économie. Elle préconisait une distribution uniforme des biens nécessaires (et non superflus) à l'existence de chacun, au moyen d'une nouvelle monnaie. Ceci sans

---

[1] Contrepoints : 21 février 2015

[2] *Demain ou le socialisme de l'abondance* : Jacques Duboin, Editions Ocia (février 1947) — *l'Economie distributive de l'abondance* : Jacques Duboin, Editions Ocia (janvier 1945)

considération du travail réel fourni, mais par la prise en compte de sa qualité de personne humaine qui dispose du droit de vivre confortablement. Cette démarche, dite de « l'Abondance » était tombée en désuétude, considérée comme irréaliste par notre système social (nos « bien-pensants ») imprégné de l'époque des « Trente Glorieuses ». Depuis quelques années, elle renaît sous une autre forme, sous l'application de « revenu universel » qui comporte plusieurs variantes :

Le revenu universel de base[1]

Ses caractéristiques sont les suivantes :

- *Universel* : tous les membres de la communauté le reçoivent, quels que soient leurs revenus ou situations professionnelles.
- *Inconditionnel* : aucune contrepartie n'est requise pour le recevoir.
- *Individuel* : Il est versé à chaque membre du foyer, sans considération des revenus de ses autres membres.
- *Permanent :* les enfants y ont également droit et il pourrait être versé aux responsables légaux jusqu'à leur majorité.
- *Inaliénable* : Le revenu universel est un droit fondamental pour tous les citoyens. Ses bénéficiaires ne peuvent pas en être dépossédés.
- *Cumulable* : il s'additionne avec tout autre revenu (salaire, allocations).

Que penser de ce dispositif ? À ma connaissance, il n'a pas reçu d'application de la part d'un quelconque gouvernement. Préconisé par Benoit Hamon dans sa première version, il a été aménagé avec un certain nombre de restrictions qui le fait s'apparenter dans la forme au *revenu universel d'activité.* Séduisante dans son principe, sous réserve d'organiser son financement, sa mise en œuvre peut s'avérer dangereuse si elle ne sert que de prétexte à l'*ubérisation* intégrale de la société.

En effet, la démarche des ultralibéraux serait de *donner automatiquement un minimum d'argent aux laissés-pour-compte (les « pauvres »),* afin qu'ils se tiennent tranquilles, et ne remettent surtout pas en cause l'économie la plus dérégulée, la plus aliénante qui soit. Cette société envisage sans complexe *un chômage de masse engendré par un développement tous azimuts du numérique et l'utilisation intensive des robots dans l'industrie.*

N'oublions pas que ce type de revenu universel d'un faible montant, remplaçant la plupart des allocations sociales, et que certains appellent « impôt négatif », a été défendu dès les années 1960 par l'un des économistes à l'origine de la dérégulation totale (« Welfare state ») : Milton Friedman.[2]

---

[1] MFRB (mouvement français pour un revenu de base)

[2] Revenu contributif et revenu universel : Multitudes 2016/2 n° 63ADEME (Edition 2017)

Le revenu universel d'activité

C'est un projet de l'exécutif visant à garantir le versement d'une allocation en dessous d'un certain seuil de revenu. Il n'est donc pas universel au sens strict du terme. C'est le choix adopté par l'Espagne afin de soutenir les personnes laissées sans ressources par la pandémie de Covid-19. Il pourrait également être étendu aux jeunes sans ressources suffisantes. En France, il a été question d'une mise en œuvre en 2023. En fait, il s'agit d'un RSA qui prendrait en compte les jeunes sans emploi et sans droit au chômage. Il a vocation à simplifier le maquis des prestations sociales. C'est le système qui a prévalu en Italie, contrairement au revenu universel intégral préconisé par le mouvement « cinq étoiles ».

Ce système a été également mis en œuvre en Finlande. Une somme forfaitaire remplaçait l'allocation de fin de droits de personnes sans emploi qui, âgées de 25 à 58 ans, avaient été tirées au sort pour faciliter leur reprise d'activité. Malgré son succès, l'expérimentation n'a pas été prolongée après les législatives du 14 avril 2019, car considéré comme trop onéreux pour les finances publiques par le gouvernement conservateur en place.

Le revenu contributif

Préconisé par Bernard Stiegler[1], il est inspiré du régime des intermittents du spectacle, qui favorise l'engagement des individus dans des projets collaboratifs (Création d'une chaire universitaire pour la recherche contributive avec des doctorants analysant l'impact des nouvelles technologies sur la discipline du chercheur). Cela englobe également toute activité non rémunérée génératrice de richesse et d'apport de valeur (bénévolat) et qui participe au bien-être social. Le revenu contributif, c'est un *revenu conditionnel*, qu'on ne peut renouveler qu'à la condition de « recharger » (comme on le dit chez les intermittents) ses droits grâce à l'acquisition, mais aussi à la transmission de savoirs, savoir-faire et savoir-être. La société investit donc dans la capacité même des individus, et ceux-ci investissent eux-mêmes en retour les capacités qu'ils ont acquises au sein de la société. Sinon, dès lors qu'il n'y a plus contribution mutuelle, le processus s'arrête, et les individus perdent leurs droits au revenu contributif.

Ce dispositif mérite, à mon sens, d'être pris en considération, car il a pour qualité d'être crédible moralement et financièrement, pour plusieurs raisons :

- Il concilie le principe du revenu universel, qui met en exergue l'ajout de valeur sociétale, qu'il s'agisse d'une activité rémunérée ou bénévole et substitue la notion de besoins essentiels à la notion d'emploi.
- Il constitue, contrairement au revenu universel classique, une obligation pour chaque citoyen, de participer à cet ajout de valeur, excepté, bien sûr, s'il ne dispose plus de ses capacités physiques et/ou intellectuelles. Auquel

[1] Bernard Stiegler, est un philosophe français qui a axé sa réflexion sur les enjeux des mutations sociales

cas il doit bénéficier de l'entraide du reste de la population avec l'allocation d'un revenu lui permettant de satisfaire ses besoins essentiels.

3.11.2. Les bouleversements sociaux provoqués par l'épisode « Covid 19 » ?

Cet épisode et le confinement quasi intégral qui s'en est suivi ont provoqué en France, mais aussi au niveau mondial, un certain nombre de conséquences, néfastes pour la plupart :

- Une atteinte à l'état de droit, car, c'est bien connu, à situation exceptionnelle, mesures exceptionnelles !
- La contrainte insupportable liée à l'isolement, subie principalement par les classes défavorisées, vivant dans des appartements souvent exigus et mal adaptés à un confinement prolongé.
- La rupture du tissu social imposée par un confinement prolongé et l'impossibilité de toute vie grégaire.
- Un risque élevé de faillites qui guette encore, malgré le « Quoi qu'il en coûte », nombre de petites entreprises principalement dans le secteur tertiaire (restaurants, hôtels, petits commerces divers).
- La baisse drastique de la pollution dans le monde entier provoquée par l'arrêt presque total du déplacement des personnes et la mise en veille des modes de transport correspondants. Aéronautique, transport routier et maritime ont été particulièrement concernés. Malheureusement, c'est reparti de plus belle !
- Le développement du télétravail qui s'est généralisé dans le secteur tertiaire. Cette évolution s'est faite de manière parfaitement désordonnée, dans des conditions matérielles parfois pénibles. On peut noter entre autres le manque d'espace pour travailler et la nécessité de concilier travail et obligations familiales. Le télétravail en lui-même est facteur de dissociation sociale et d'une pression accrue de l'employeur sur ses subordonnés.

Exemple : les applications développées pour la mise en œuvre d'activités dites « collaboratives » dans le but de contrôler à distance l'activité de leurs employés de manière parfaitement pusillanime (temps de pause, nombre de déplacements et temps passé aux toilettes, etc.[1]).

3.11.3. La revalorisation des métiers de base

La crise occasionnée par le Covid 19 a mis en évidence l'importance, voire la nécessité absolue de métiers méprisés par notre système productiviste (les

---

[1] Se référer à l'article « Le télétravail sous haute surveillance » par Clément Le Foll et Clément Pouré (Médiapart 21 avril 2022)

« premiers de corvée ») : les éboueurs, les livreurs, les transporteurs, les infirmières, les caissières, et bien d'autres, exposés à la contamination par le virus. Une revalorisation des salaires semblait à minimum nécessaire.

3.11.4. Le problème de la réduction du temps de travail

La hausse de la productivité n'a pas arrêté de croître depuis le début de l'ère industrielle. Elle a touché l'industrie (Taylor : Organisation Scientifique du Travail), puis l'agriculture et, en dernier ressort, le tertiaire. Cela s'est produit par le biais d'une deuxième révolution : l'introduction du numérique, complétée par l'IA (Intelligence Artificielle), laquelle est susceptible d'accroître la suppression de nombreux emplois, y compris dans le milieu industriel par l'introduction de la robotique. Mai 1968 avait évoqué une semaine de 10 heures. Dans le rapport « la limite écologique du travail d'autonomie en mai 2019 », le constat est qu'il faudrait travailler 9 heures/semaine en Grande-Bretagne (6 heures en France parce qu'on est plus productifs) pour éviter le réchauffement climatique.

Autres avantages : une meilleure santé et plus de temps pour l'associatif[1]. Or, un simple passage à 35 heures a déclenché une levée de boucliers. En effet, si la réduction du temps de travail peut s'appliquer sans trop d'inconvénients dans une industrie relativement automatisée (l'automobile, par exemple), elle pose davantage de problèmes pour son utilisation dans le tertiaire.

Un certain nombre d'applications ont montré qu'il était possible de mettre en œuvre sans incidence majeure une semaine de 32 heures sur 4 jours dans l'industrie avec, en parallèle, une diminution du chômage. Par contre, la réforme a été très mal conduite dans le secteur hospitalier où elle n'a pas été à l'origine de création d'emplois, mais au contraire, a provoqué la surcharge de l'ensemble du personnel, une des causes de la crise actuelle.

Enfin, une concurrence exacerbée amplifiée par la globalisation des moyens de production en Extrême-Orient a entraîné la multiplication d'emplois tertiaires (commerciaux, publicitaires, autres) qualifiés d'« improductifs » et d'obstacles supplémentaires à la réduction du temps de travail.

3.11.5. Travail et emplois

À toute activité d'origine marchande, qu'elle soit utile ou nuisible à l'action en faveur du climat, correspond la notion d'emploi. Toute tentative de suppression d'une activité « polluante » sera suivie d'une opposition de ceux qui en vivent (« fins de mois » contre « fin du monde »). Or, il faut impérativement que cette notion d'emploi soit associée à un ajout de valeur. Et la valeur, c'est le bien-être social, le respect de notre environnement et de la biodiversité et non pas une accumulation de biens superflus. D'où la nécessité, comme

---

[1] Atelier 4 d'intelligence collective : Après la crise, quel nouveau rapport au travail et pour quelles activités ? (Place publique 8 avril 2020)

développé précédemment, de se référer à d'autres moyens de mesure que notre sacro-saint PIB !

Dès lors se pose la question : comment redonner du sens à mon travail ?

Deux économistes ont mis en évidence trois dimensions fondamentales [1] :

- Un sentiment *d'utilité du travail accompli* quotidiennement, à savoir la satisfaction de besoins bien identifiés. C'est la question que se pose un certain nombre de cadres supérieurs qui préfèrent abandonner une carrière bien rémunérée pour un retour à la nature comportant certes des risques financiers, mais qui leur procure la satisfaction d'une utilité personnelle et sociale.
- La *cohérence avec une éthique professionnelle et morale.* « J'aime mon travail quand il est bien fait et il s'avère que ce n'est pas la préoccupation de mon employeur, qui vise une rentabilité maximale à l'encontre de ma conscience professionnelle ».
- *La possibilité de s'améliorer*, développer et mettre en œuvre des compétences, et, entre autres, de « gravir des échelons » dans la hiérarchie.

3.11.6. Que doit devenir l'ensemble de nos métiers et activités dans ce contexte ?

Il s'agirait d'adopter une véritable stratégie de rupture avec notre dynamique de croissance tous azimuts et de rompre avec le consumérisme actuel, qui privilégie le superflu à l'essentiel. Ce concept de « décroissance » a une connotation péjorative, prétexte de rejet par les tenants d'une croissance expansive. Je préfère le terme de « post-croissance » :

Les activités que nous devrions impérativement réduire

Les industries d'extraction

Elles concernent tous types de métaux, les terres rares et matériaux utilisés dans nombre d'industries (électronique, énergie, bâtiment, etc.) Nos ressources mondiales sont limitées et nécessitent des procédés d'extraction de plus en plus coûteux qui constituent une source importante de pollution des sols, voire de l'atmosphère. Une économie circulaire impliquant une réutilisation en fin de vie au plus haut niveau de valeur d'usage et surtout un moindre usage s'impose afin de pallier le gaspillage actuel.

Les industries de fabrication

Celles concernant les objets en plastique dit « à usage unique » (contenants et emballages).

---

[1] Se référer à l'ouvrage *Redonner du sens eu travail* de Thomas Coutrot et Coralie Perez Editions du Seuil La république des idées

L'industrie automobile (voitures particulières et poids lourds)

Elle devrait cesser à moyen terme d'être un facteur clé de notre économie, ceci au profit d'une réhabilitation du rail, à la fois pour le transport des personnes et du fret. Notons au passage que la fabrication des véhicules électriques est polluante, conséquence de l'utilisation massive du cadmium présent dans les batteries d'alimentation.

L'industrie agroalimentaire

Source de gaspillage, de détérioration de notre agriculture et de la santé des individus, industrie dans laquelle s'insèrent les grosses coopératives agricoles et les multinationales de la *malbouffe*.

Le transport aérien

Grâce à une limitation des échanges internationaux, donc une remise en cause des politiques de libre-échange et des déplacements professionnels. L'expérience vécue lors de l'épisode *Covid 19* montre qu'ils peuvent être remplacés dans un certain nombre de cas par l'utilisation de la visioconférence.

De même, l'utilisation de l'avion pour de courtes distances à l'intérieur du territoire, voire aux états de l'Union européenne si le parcours ne comprend pas d'obstacle maritime doit être proscrite et remplacée avantageusement par le ferroviaire, beaucoup moins polluant. Le moins que l'on puisse dire, c'est que notre politique nationale n'en prend pas le chemin ; en particulier pour les vols privés à usage d'affaires et de tourisme. Ils continuent à bénéficier de l'exonération des taxes sur le carburant, restent champions des émissions de gaz à effet de serre supérieures sans commune mesure à ceux émis par les lignes aériennes commerciales[1].

Reste le tourisme de masse, grand utilisateur de l'aviation et des mégapaquebots de croisière. Espoir déçu : la Covid 19, censée être un élément régulateur de cette industrie largement responsable de la pollution des sites, n'a pas empêché un redémarrage en fanfare !

Le transport maritime

Celui par cargos porte containers constitue le symbole même de la politique de libre-échange intégral et de globalisation effrénée en provenance du tiers-monde et de Chine. Ce transport est extrêmement polluant à la fois à cause du carburant utilisé (fioul lourd non taxé), mais aussi par le risque de dispersion en mer de containers de matières dangereuses en cas de gros temps ou de naufrage. Ce qui provoque à la fois des collusions avec d'autres navires et une pollution marine. Sans compter l'embouteillage créé par un afflux de cargos sur les lignes maritimes les plus fréquentées avec, là encore, le risque de naufrages et de

---

[1] Se référer à l'article « Le leader du jet privé brûle la planète en toute impunité » par Mickaël Correla (Médiapart 28 août 2022

pollution. D'où la nécessité d'une réduction drastique des activités portuaires concomitantes à ce type de transport.

Le tourisme de masse

Il est générateur de pollution dans tous les sens du terme : pollution de l'air, pollution de l'eau, pollution des sites.

Les activités d'import-export

Avec l'objectif d'une relocalisation des industries en France et en Europe.

Les activités qu'il convient de développer ou de revaloriser [1]

Les énergies renouvelables

Avec priorité au solaire, à l'hydrolien et à la géothermie.

Une agriculture à taille humaine

Elle est créatrice de nombreux emplois, et capable d'éliminer les intermédiaires inutiles.

La préservation du patrimoine…

… Et le maintien des écosystèmes, grâce à une réhabilitation de l'ONF.

Les métiers manuels en déshérence

En particulier ceux qui concernent le travail des métaux (usinage, travail de la tôle, métallerie, etc.) nécessaires pour satisfaire la demande dans le cadre d'une renaissance industrielle.

L'industrie de la réparation

En parallèle des filières industrielles, malheureusement en déclin et qui seront à terme à réhabiliter, il est possible d'agir à court terme au niveau local. Il existe actuellement en France un réseau de 156 ressourceries réparties sur le territoire national, qui ne demandent qu'à se développer et à être connues du grand public. À la fois vecteurs et outils de l'écologie urbaine, les ressourceries et recycleries sont des lieux de collecte, de réemploi et de revente des objets destinés à être jetés.

Au cœur de l'économie circulaire et de l'économie sociale et solidaire, elles développent des partenariats avec les acteurs du développement local, créent du lien social et des emplois durables en faveur d'un public éloigné de l'emploi ou en situation de précarité. Ceci avec une montée en compétences techniques

---

[1] Le texte ci-dessous fait référence à une approche simplifiée de la post croissance. Pour appréhender un schéma beaucoup plus structuré et documenté, se reporter à la lecture de l'ouvrage « Ralentir ou périr » ou « l'économie de la décroissance » de Timothée Parrique (éditions du Seuil)

indispensables à la réparation des produits concernés assortie d'un plan de formation adapté et conséquent.

Ces chantiers sont typiquement du ressort des collectivités locales (communes, départements, régions).

La nécessité de mettre en œuvre les moyens de ce transfert d'activités

Si l'on veut éviter un chômage de masse résultant de ces transformations, il est indispensable de mettre en chantier un vaste plan de formation des personnels impactés par l'évolution des métiers et des activités objet des mutations sociétales décrites ci-dessus.

3.12. Pour des institutions véritablement démocratiques

3.12.1. Que reproche-t-on aux institutions actuelles ?

L'instauration d'une monarchie déguisée

L'instauration de la constitution de la 5e République a été instituée par de Gaulle et pour de Gaulle. En sus, elle a subi de nombreuses modifications qui ont conduit à renforcer le pouvoir personnel du président de la République : élection du Président au suffrage universel direct, domaines réservés au même Président, inversion du calendrier des élections nationales, introduction du quinquennat. Ces différentes réformes établies au fil de l'eau ont transformé l'Assemblée Nationale en chambre d'enregistrement de l'exécutif, une « armée de Godillots », selon l'expression consacrée. Les pouvoirs dévolus au Président sont proprement exorbitants et dénotent un simulacre de démocratie et une orientation vers une monarchie de fait.

Une démocratie corrompue par le poids de l'argent privé

Cet état est dû au système en vigueur de financement privé des partis politiques. Cela permet à une catégorie de personnes à haut revenu de donner 30 à 40 fois plus que ce que peuvent donner la très grande majorité des Français. Ceux qui donnent aux partis politiques représentent moins de 1 % des Français. Parmi les 0,1 % des Français les plus riches, 1 sur 10 donne chaque année à un parti. Alors que la moyenne des dons pour les Français les plus modestes est de 120 €, celle des 0,1 % des Français les plus élevés est supérieure à 5 000 €. C'est donc un phénomène de classe. Au-delà même de la participation, le débat politique est capturé. De ce fait, les hommes et les femmes politiques élus ne s'adressent plus qu'à ceux qui les financent.

Une influence grandissante des intérêts privés dans la sphère publique

À l'image des PDG des entreprises du CAC 40 et de leur train de vie de plus en plus flamboyant, il s'avère que les élites de la nation (grands élus et hauts fonctionnaires) sont de plus en plus tentées vers le *toujours plus*.

Cette orientation ne date pas d'hier et a déjà sévi sous les précédents quinquennats et septennats. Selon Vincent Jauvert, l'auteur de l'ouvrage cité en référence[1], ce phénomène a pris davantage d'ampleur sous le quinquennat d'Emmanuel Macron.

Quels sont les hommes et les femmes qui bénéficient le plus de ces prébendes ?

- Des ministres qui bénéficient du *pantouflage* public privé et de la suppression de l'ISF par leur gouvernement.
- Des personnes politiques largement récompensées par le président de la République pour avoir troqué leur socialisme de façade contre une soumission à la nouvelle majorité en place.
- D'anciens ministres de droite ou de gauche qui négocient à prix d'or leurs carnets d'adresses et leur connaissance de la législation inhérente à leur domaine d'activité pour s'ériger en lobbyistes ou en avocats d'affaires.
- Des élus qui recherchent, en plus de leur fonction, une présence dans les conseils d'administration de grandes sociétés afin de bénéficier de jetons de présence et, de ce fait, d'une substantielle rémunération à peu de frais.
- De hauts fonctionnaires qui cumulent leur salaire dans un emploi public avec des indemnités d'élus et qui pantouflent dans des entreprises dont ils assuraient le contrôle au sein de leur précédente administration.

Pas moins de 80 noms de personnalités de *l'establishment* politico-administratif ont été cités dans ce livre. D'un autre côté, il est important de :

- Saluer des parlementaires de confessions politiques complètement différentes qui tentent, malheureusement souvent sans succès, de faire obstacle à ces dévoiements.
- Proposer des restrictions au pantouflage et au lobbying et des lois pour plus de transparence sur les rémunérations.

Il en résulte un sentiment d'injustice au sein de la population française, accompagné d'une décroissance notable de la notoriété de nos politiques.

Notre population adopte de plus en plus une attitude du *chacun pour soi*, motivée par l'argent et le désir du *toujours plus*, où seul l'argent compte au détriment de toute autre préoccupation.

---

[1] Il s'agit de l'ouvrage intitulé *Les Voraces* de Vincent Jauvert (Editions Robert Laffont). À lire et relire sans modération !

Une confusion notable dans le partage des responsabilités de chacun des éléments du pouvoir politique

On peut dire que ce partage entre exécutif, législatif et judiciaire a été allègrement foulé aux pieds durant l'exercice de la 5e République. Quelques exemples illustrant ce mélange des genres :

- Le pouvoir d'écrire les lois relève en théorie des assemblées législatives, Assemblée nationale et Sénat. Ce principe n'est actuellement pas respecté, d'autant plus que le pouvoir législatif n'en a pas les moyens logistiques. C'est donc à l'exécutif que revient cette primeur, qui en use et en abuse.

- Que dire aussi de l'empilage des lois, décrets, directives et normes diverses, se contredisant souvent les uns avec les autres. Que penser de cette tendance marquée à une boulimie législative[1] et procédurière, génératrice d'emplois inutiles ?

- Le pouvoir judiciaire est-il indépendant comme cela devrait être ? Nenni, là encore ! En effet, de qui dépendent les procureurs, juges du parquet, sinon de l'exécutif. D'où une tendance marquée à satisfaire le pouvoir politique en place plutôt que de rendre la justice[2]. À noter que les propositions visant à confier la nomination des procureurs non plus au ministère de la Justice, mais au Conseil Supérieur de la Magistrature ont toujours été repoussées.

Autre remarque : La Cour de justice de la République (CJR) a été créée dans le but de juger les membres du gouvernement pour des actes délictueux ou criminels commis dans l'exercice de leur fonction. Or, il semblerait qu'elle ait outrepassé ses droits, notamment lors de la mise en accusation des ministres de la Santé, Agnès Buzyn et Olivier Véran, ainsi que du Premier ministre, Edouard Philippe.

Ceci dans la mesure où :

- Il ne s'agissait pas d'actes délictueux, mais d'une gestion considérée comme déficiente de la crise occasionnée par le Covid 19.

- La mise en accusation de ces ministres relevait de l'autorité de l'Assemblée Nationale et non de la cour de Justice républicaine. Là encore, il y a eu confusion des genres !

---

[1] « La France malade de ses lois » : Daniel Martin 6 décembre 2006.
De nombreux exemples de cette boulimie législative sont également relatés dans l'ouvrage de Thierry Desjardins *Arrêtez d'emmerder les Français* paru en 2000. Loin d'être en accord avec les orientations politiques de Thierry Desjardins, je dois reconnaitre que cette énumération exhaustive de l'époque n'a pas pris une ride et se serait plutôt amplifiée sous l'actuelle législature.
[2] Se référer à l'article « La justice est malade de ses procureurs et c'est la faute des politiques » de Michel Deléan 24 juillet 2019 (Médiapart)

3.12.2. Quelques propositions de changement

Une véritable démocratie

Le challenge d'une véritable démocratie représentative est un concept largement développé dans l'ouvrage de Julia Cagé[1], *Le prix de la démocratie*, et dont je me suis inspiré.

Il repose sur deux piliers fondamentaux avec pour principe directeur « une personne, une voix » :

- La remise en cause totale du financement des acteurs politiques et des campagnes électorales.
- La participation de toutes les catégories sociales aux instances politiques chargées de la gouvernance de notre pays.

À ces deux fondamentaux pourront s'ajouter quelques éléments d'expression relevant de la démocratie participative, comme la procédure référendaire ou la nomination par tirage au sort de personnes amenées à participer à la conduite du pays.

Le financement des acteurs politiques

Il s'agit en fait de rendre égaux les citoyens face au financement de la vie politique. Loin d'être le cas actuellement : les montants de financement n'étant pas limités, cela crée une inégalité flagrante dans le choix de nos représentants.

Il est évident que les plus fortunés accordent leurs dons à de futurs élus qui défendent au mieux leurs intérêts. D'où un premier principe qui consiste à limiter fortement le montant des dons privés. Il est possible de se fixer une limite supérieure qui pourrait être de l'ordre de 100 ou 200 €. Au-delà de cette somme, il y aurait suppression de tout système de réduction fiscale.

On ajoutera à ce qui précède que ces financements devraient avoir le même impact fiscal pour les donateurs, et cela, quel que soit le montant de l'IRPP auquel sont soumis ces contribuables. Le système en vigueur de réduction d'impôt ne remplit pas cette condition. La personne qui ne paie pas ou peu d'impôts sur le revenu ne bénéficie pas ou peu de cette réduction. D'où la nécessité *de remplacer la réduction d'impôt par un crédit d'impôt* qui interviendra, quelle que soit la situation fiscale du donateur.

Ce financement de la vie politique ne doit pas se limiter à financer les campagnes relatives aux périodes électorales, mais *intervenir entre ces périodes*. Il doit permettre aux citoyens de peser sur le financement des partis ou des mouvements politiques indépendamment du résultat des élections. Par exemple, de disposer de la faculté de favoriser le dynamisme d'une force politique nouvelle qui n'a pas ou peu la faculté de s'autofinancer.

---

[1] Le prix de la démocratie : Julia Cagé (éditions Fayard)

D'où la proposition d'un financement citoyen sous forme d'un abondement. Julia Cagé propose d'allouer annuellement à chaque citoyen un bon d'une valeur à déterminer appelé « Bon pour l'Égalité Démocratique » (BED) qui permettrait à chaque citoyen d'attribuer son don au candidat ou au parti politique de son choix. Cette démarche correspondrait ainsi à l'ensemble des cadeaux fiscaux attachés aux dons qui subventionnent la vie politique.

Une représentation équitable du corps électoral

Un constat déplorable : les catégories sociales les plus défavorisées sont presque totalement exclues des rangs des élus. Actuellement, ces catégories sociales représentent près de 50 % de la population active, alors que 3 % de ces catégories seulement figurent parmi les députés de l'Assemblée Nationale. Ajoutons à cela le déclin du syndicalisme qui constitue un facteur de réduction de l'influence des catégories *employé et ouvrier* sur le courant de la vie publique. Julia Cagé propose la création dans le corps législatif de nouveaux sièges pour ces représentants sociaux. L'élection à la proportionnelle d'une partie conséquente des parlementaires (voire la moitié ou plus) serait attribuée à des représentants sociaux choisis sur des listes comprenant au moins la moitié d'employés, ouvriers, travailleurs précaires.

Ils pourraient être présentés par des partis politiques, des syndicats ou tous autres types de mouvements. Cette démarche aurait également l'avantage d'atténuer le modèle de séparation entre le rôle des syndicats. Cette séparation, institutionnalisée par la Charte d'Amiens promulguée en 1906, prônait une indépendance des syndicats vis-à-vis des partis politiques, considérés comme sources de *pollution*.

Séparation qui n'a plus lieu d'être aussi rigoureuse du fait de l'évolution de la société, marquée par l'apparition de certaines formes d'esclavagisme social (ubérisation). Et surtout de la désaffection d'une bonne partie de la population vis-à-vis de la classe politique. D'où l'intérêt d'une assemblée mixte où serait représenté l'ensemble des catégories sociales.

Il paraît également nécessaire de limiter le nombre de ces listes pour éviter de complexifier le processus électoral. Ceci avec un seuil d'acceptation des listes, possible de fixer à partir d'un pourcentage de voix au niveau national (1 à 2 %).

Quelques instruments d'une démocratie participative

Le référendum d'initiative populaire ou partagée

Il s'agit d'un référendum organisé à l'initiative d'une fraction du corps électoral. Ce référendum existe en France sous le nom de « référendum d'initiative partagée », introduit lors d'une révision constitutionnelle datant de 2008 sous le quinquennat de Nicolas Sarkozy et mis en vigueur en 2015. Cette réforme est purement et simplement inapplicable, car assortie de conditions draconiennes.

En effet, il faut qu'un cinquième des parlementaires dépose une proposition de loi dite *référendaire* et qu'elle soit approuvée par 10 % du corps électoral, soit environ 4,5 millions de citoyens. Quorum qui ne sera jamais atteint. On l'a vu lors du référendum proposé pour empêcher la privatisation d'ADP, qui bénéficiait de la faveur populaire et n'a recueilli qu'à peine un million de voix.

Ce système existe en particulier en Suisse. Il est pratiqué à l'échelon local sous le nom de *votation* et rencontre toujours un grand succès, malgré certaines critiques :

- La difficulté des citoyens à s'exprimer sur un sujet technique et à le traduire par le choix d'une alternative.
- Le risque de pressions des puissances d'argent qui peuvent faire capoter un projet et faire refuser la *votation*, a priori populaire. Cela s'est produit à plusieurs reprises.

Prenons pour exemple en France le référendum le plus récent qui concernait, en 2005, l'adoption d'un traité constitutionnel européen. La participation a été de près de 70 %, ce qui montrait à l'époque un intérêt non négligeable de la part du corps électoral. Et ceci nonobstant la complexité et le nombre de sujets traités. Or, il s'est avéré que, malgré une propagande gouvernementale très pesante pour le *Oui* menée à partir de l'ensemble des supports audiovisuels, c'est le *Non* qui l'a largement emporté.

En apparence pour deux raisons :

- L'impact positif d'une politique de terrain menée par les partisans du *Non* et basée sur la lecture et l'analyse du texte soumis au référendum.
- Les partisans du *Oui* ont objecté que le véritable enjeu du vote était une opposition à la politique gouvernementale de l'époque et non le contenu du traité, ce qui n'est pas complètement faux.

Cette illustration montre bien les difficultés d'application de ce type de consultation. Ce n'est pas une raison pour l'éliminer, mais il convient de canaliser les réponses obtenues, par utilisation d'un système apparenté à un QCM, pour s'assurer que les citoyens répondent correctement aux questions sans être influencés par des facteurs extérieurs à celle-ci.

Le tirage au sort

Il a été présenté par ses défenseurs comme le moyen idéal de mettre fin au déficit de représentation du système actuel.

L'argumentaire principal consiste, d'une part, dans la diversité des idées et des expériences des personnes choisies et d'autre part, dans le phénomène *d'intelligence collective*. Cet aspect tient compte de la diversité des provenances (un ensemble d'individus sera toujours plus intelligent que la somme des intelligences de chaque individu dans le groupe).

Le tirage au sort s'effectuerait parmi ceux capables d'exercer la charge du pouvoir et non l'ensemble du corps électoral.

Qu'opposent les détracteurs à cette argumentation ? Que le tirage au sort impose à l'ensemble des citoyens des représentants choisis sur lesquels ils n'ont pu porter de jugement et, entre autres, évaluer leur capacité à délibérer sur une grande diversité de questions, ce qui est le propre de la démocratie représentative.

Ce qui signifie, pour ses détracteurs, qu'on peut utiliser le tirage au sort comme un procédé auxiliaire d'un système représentatif afin éventuellement d'en corriger les effets négatifs et aussi dans le cadre de discussions portant sur des projets spécifiques. Cela pourrait être proposé lors des élections sénatoriales avec une partie des sénateurs tirée au sort à partir de listes représentatives de la diversité sociale.

L'avènement d'une 6e république

Je suggère vivement un retour à un régime parlementaire, à l'instar de celui pratiqué dans l'ensemble de la communauté européenne. Faut-il maintenir l'élection du président de la République au suffrage universel ? Ce n'est pas une obligation et ce dispositif risque de perdre beaucoup de son intérêt compte tenu d'une diminution tangible du pouvoir de ce président, transféré de ce fait au Premier ministre. Niveau législatif, il est souhaitable de disposer comme par le passé de deux assemblées :

- *Une Assemblée nationale,* dont le mode d'élection adopterait les impératifs d'une représentation équitable du corps électoral.

Une moitié des députés serait élue comme actuellement au suffrage universel direct uninominal majoritaire à deux tours. Ceci de manière à garantir une stabilité suffisante dans la gestion du gouvernement et de la future mandature.

L'autre moitié serait constituée de députés élus à la proportionnelle à partir de listes composées, comme expliqué précédemment, d'au moins 50 % d'ouvriers, employés, travailleurs sociaux afin de disposer d'une représentation sociale équitable.

Cette assemblée proposerait la nomination d'un Premier ministre issu de sa majorité, ce Premier ministre étant chargé de former le nouveau gouvernement. Elle devrait retrouver un pouvoir législatif au sens propre du terme, à savoir être à l'origine des lois et décrets d'application qui sont actuellement du domaine exclusif de l'exécutif.

Il s'avère également nécessaire de simplifier l'écriture des lois. Ceci dans le cadre des mesures de simplification administrative entreprises par les différents gouvernements sans pour autant que leur mise en œuvre soit suivie d'effet.

- *Un Sénat,* avec environ 75 % d'élus par les corps intermédiaires (plutôt des maires pour les revendications de terrain) et 25 % de citoyens tirés au sort parmi la population et représentant l'ensemble des strates de la société (ouvriers et employés, cadres, professions libérales, agriculteurs, retraités).

Je ne pense pas nécessaire, comme proposé par le pouvoir actuel, de réduire le nombre de parlementaires, avec le risque de favoriser les formations les plus importantes au détriment des autres.

Concrètement, plusieurs modèles ont été proposés dans le passé qui corroborent cette orientation. Citons *La République Moderne* de Pierre Mendès-France, édité en 1962, toujours d'une brûlante actualité, qui préconise un retour à un régime parlementaire à deux chambres et l'augmentation du pouvoir du CESE (Conseil Économique Social et Environnemental) qui pourrait participer au vote de nouvelles lois.

Un autre ouvrage, *La constitution de la 6e république*, écrit par Arnaud Montebourg et Bastien François, brosse, sur les traces de Pierre Mendès France, un projet de nouvelle constitution dont il est largement possible de s'inspirer.

Comment procéder ?

Il est possible d'envisager le changement des institutions par l'instauration d'un droit de pétition élargi par rapport au droit existant (moins d'obstacles à sa concrétisation). Une pétition pourrait être lancée pour proposer la désignation d'une Assemblée constituante chargée de construire les fondements d'une nouvelle constitution. Un référendum, analogue à celui de 2005, serait soumis à l'ensemble de la population française, afin de valider ou non cette constitution à l'issue des travaux de l'assemblée. Il est pour cela nécessaire de franchir les obstacles des articles 11 et 89 inscrits dans l'actuelle constitution.

En cas d'acceptation, le processus (rédaction de la constitution, désignation de l'assemblée, référendum de clôture) devra se dérouler dans un laps de temps raisonnable afin de ne pas perturber le fonctionnement des institutions.

Quelques points clés

Le contrôle périodique du fonctionnement des institutions

Il doit être exercé par l'ensemble des citoyens à intervalles réguliers. D'où l'instauration d'une procédure référendaire à définir et permettant à l'ensemble de la population de voter à partir d'un QCM traitant d'un sujet déterminé.

La concrétisation du vote nul et blanc

Il doit être comptabilisé afin de mesurer l'impact réel d'une élection, de mettre en évidence la légitimité d'un pouvoir légalisé par les urnes et de pouvoir justifier la participation de l'électorat aux différents scrutins.

L'obligation de participer aux scrutins

Ceci permet de lutter contre l'abstention, mal qui ronge toutes les démocraties et qui s'amplifie avec la perte de crédibilité des hommes politiques. Ce droit de vote a été acquis de haute lutte et il serait dommage de le perdre. Certains pays européens, dont la Belgique, pratiquent cette obligation, avec une amende suffisamment dissuasive pour toute abstention non justifiée.

Une évolution de l'origine sociale de nos dirigeants

Il paraît souhaitable que l'ensemble du corps social soit représenté à la fois dans l'appareil politique et parmi les hauts fonctionnaires qui constituent la charpente de l'état. Ce n'est pas le cas actuellement, aussi bien au niveau des professions (prédominance des professions libérales et des cadres supérieurs sur les salariés de classe moyenne ou populaire, ouvriers et employés) que des formations (prédominance de l'ENA, de Sciences Politiques, de l'École Normale Supérieure, de Polytechnique et des Mines/Ponts, par rapport à d'autres grandes écoles d'ingénieurs et d'universitaires).

D'où la persistance d'une monoculture préjudiciable à une évolution de la pensée politique et à la nécessité d'une remise en cause de notre gouvernance. Cela devrait être possible grâce à la modification du recrutement des instances législative déjà évoquée, permettant d'impacter le choix de nos gouvernants (hauts fonctionnaires, ministres, etc.)

L'avènement d'une autre société ?

Et tout d'abord, quelles leçons peut-on tirer des dernières élections municipales, cantonales, régionales ?

Un réel danger, avec un taux d'abstention record, amplifié lors des dernières élections municipales, taux très inhabituel dans ce genre d'élection. Quant aux régionales, il est évident qu'elles n'ont jamais passionné les foules. En grande partie, selon moi, parce que nos dirigeants, imprégnés d'esprit jacobin, n'ont jamais su nous expliquer leur raison d'être et aussi leur donner le pouvoir d'exister réellement.

Il est évident que la Covid19 et la peur d'une contamination ne constituent pas la seule cause. Il est nécessaire d'aller plus loin dans ce constat d'une désaffection des urnes qui affectent la quasi-totalité des élections. C'est avant tout la prise de conscience *d'un système politique usé jusqu'à la corde, incapable de répondre aux attentes de nos concitoyens et vis-à-vis duquel les Français n'attendent plus rien.*

Cela s'est vérifié lors des dernières présidentielles et législatives, là où le même scénario, amplifié de surcroît, s'est reproduit. Avec une configuration du second tour qui s'est avéré similaire à celle issue du scrutin de 2017. Assortis également d'une exception notable a priori non reproductible : les législatives anticipées de 2024 !

Comment lutter contre cette abstention galopante ? Une note émanant du Conseil d'Analyse Économique (CAE), qui s'est attaché à l'aspect purement formel des scrutins et sachant en outre que les freins matériels ne constituent que l'un des aspects du niveau de participation, propose, entre autres, deux mesures simples :

- *Généraliser l'inscription automatique* de tous les Français ayant déménagé entre deux participations, mesure adoptée d'ailleurs dans la plupart des pays voisins. Or, il s'avère qu'en 2017, plus de 23 % des individus en âge de voter étaient non inscrits ou mal inscrits, critère non négligeable dans le taux de participation de la population.

- *Rationaliser le calendrier électoral* avec pour objectif de regrouper le même jour les scrutins d'un même niveau. Un exemple pourrait consister dans le regroupement des élections présidentielle et législative, regroupement susceptible de favoriser fortement la participation et limiter l'influence des résultats de la première élection sur ceux de la seconde.[1]

3.12.3. En conclusion

J'ai l'espoir de croire que le contenu de cette *première partie* ne reste pas lettre morte. Mais j'ai également des craintes, liées notamment à :

- Un changement complet de paradigme, en France et en Europe, avec un retour en force du *climatoscepticisme.*
- L'attitude irresponsable de notre président favorisant l'arrivée du Rassemblement National à nos portes avec une perte d'influence au niveau européen et mondial.

S'agit-il d'une conclusion définitive ? Non, je l'espère !

[1] Se référer à l'article « abstention, des économistes proposent une réponse graduée » de Fabien Escalona (Médiapart, 8 juillet 2022)

2e PARTIE : POUR UNE EUROPE POLITIQUE, SOCIALE ET ÉCOLOGIQUE

1. LE CONSTAT

Il est nécessaire de comprendre l'historique de la fondation de l'Europe. L'Union européenne (UE) a été créée dans le but de mettre fin aux guerres qui ont régulièrement ensanglanté le continent, et qui ont culminé avec la Seconde Guerre mondiale. Les six pays fondateurs de cette Communauté sont l'Allemagne de l'Ouest, la Belgique, la France, l'Italie, le Luxembourg et les Pays-Bas.

À partir des années 1960, ces six pays ont décidé l'abandon des droits de douane dans les échanges commerciaux entre les États membres et la création d'un marché unique. Lors de l'intégration d'autres états, la logique de libre-échange a perduré sans que l'Union européenne ait tenté de se doter des moyens d'une coopération efficace, à l'exception de la mise en œuvre de quelques grands projets (Airbus, Ariane).

Au contraire, elle a mis en place des traités contraignants (Maastricht et suivants) qui ont été des facteurs d'immobilisme. Ce facteur s'est aggravé avec l'agrégation de nouveaux états qui ont poursuivi leurs intérêts particuliers, rarement convergents. La disparition de l'U.R.S.S. et l'affranchissement de ses satellites ont marqué la prédominance de l'Allemagne réunifiée. Celle-ci a imposé à l'Union européenne un euro qui est apparu comme une réplique fidèle du mark allemand imprégné de la même rigueur budgétaire. Avec, pour conséquences, une stagnation de l'investissement à ajouter aux divergences de chacun des États membres.

S'est greffé sur tout cela ce que l'on a appelé à tort la *mondialisation*, terme à propos duquel on a entretenu une confusion. Parce que ce qui s'est produit principalement, c'est une recherche d'un profit immédiat qui a conduit à délocaliser (et cela continue) l'ensemble de la production dans les pays à bas coût, principalement en Asie du Sud-est. D'où une désindustrialisation massive des pays d'Europe et d'Amérique du Nord, synonyme de chômage et d'augmentation de la pauvreté. Le terme à employer ne devrait pas être *mondialisation*, mais *globalisation*. La mondialisation devrait, à mon sens, être synonyme d'échanges fructueux entre ce qu'on appelle les pays du Nord et les pays du Sud, afin d'accompagner ces derniers dans un développement harmonieux incluant principalement le respect de l'environnement et de la biodiversité.

Ce n'est malheureusement pas le cas. Au contraire, cette *mondialisation*, (qui s'établit de façon progressive entre les années 70 et 90), ajoutée à une déréglementation financière et à la libre circulation des capitaux, a provoqué la crise de 2007/2008 dite des *subprimes*.

Cette crise risque à tout moment de se reproduire dans la mesure où aucune mesure contraignante n'a été prise depuis cette date. Autre conséquence de cette déréglementation : l'effacement d'un capitalisme industriel aux mains des dirigeants de sociétés, *au profit d'un capitalisme financier aux ordres exclusifs des actionnaires* (investisseurs institutionnels, fonds de pension, compagnies d'assurances, *Hedge Funds*[1], etc.) exigeant une rentabilité à deux chiffres[2].

Conçue au départ comme un grand marché d'échange, l'Europe n'a pas su évoluer vers la création d'une entité politique capable de tenir tête aux grandes puissances (USA, Chine, Russie) et en paye le prix. De surcroît, elle a subi une intégration de nouveaux membres peu aptes à assurer une cohésion, compte tenu des différentiels de niveau de vie et de valeurs avec les membres fondateurs. D'où des effets récurrents de dumping social qui se manifestent par des délocalisations industrielles et l'emploi de travailleurs détachés, causes de concurrence déloyale.

De plus, son éthique n'est pas celle d'une démocratie vu le fonctionnement de ses institutions[3] :

La Commission européenne

Dont la désignation de son (sa) président (e) fait l'objet d'une procédure complexe avec intervention du Parlement européen et du Conseil Européen. En fait, il s'agit d'une désignation pure et simple du candidat issu de la formation arrivée en tête lors des élections parlementaires, donc, en l'occurrence, du Parti Populaire Européen. C'est ce qu'on a appelé la procédure du « Spitzen Candidat » (chef de file).

Les commissaires européens, eux, sont proposés par le conseil Européen et adoptés après audition par le parlement. Ce mode de désignation n'augure pas d'une démocratisation de la procédure dans la mesure où elle ne tient compte que du seul parti majoritaire élu au parlement et non d'une coalition éventuelle issue des minorités parlementaires. On constatera que cette majorité n'a pas évolué depuis des années.

On ajoutera que cette Commission Européenne détient seule *le pouvoir d'initiative législatif* (et donc, la totalité du pouvoir exécutif) et est, en outre, sous influence des lobbies industriels et financiers. Elle propose des directives amendées et adoptées par le Conseil des ministres de l'Union européenne (qui rassemble les ministres concernés des États membres) seule ou en codécision avec le Parlement européen. Autant dire que la commission use et abuse de ses prérogatives. C'est tout au moins ce qui apparaît au regard des tractations sous

---

[1] Hedge Funds : fonds d'investissement domiciliés principalement dans les paradis fiscaux et dont les caractéristiques sont les suivantes : utilisation intensive du recours à l'effet de levier et usage illimité des produits dérivés ou des techniques financières leur permettant des ventes à découvert (caractéristiques de la spéculation).

[2] *La crise de trop* Frédéric Lordon (2010) Editions Fayard

[3] Se référer à l'article « Institutions européennes : une refonte radicale est nécessaire » mardi 22 avril 2014, par Aurélie Trouvé, Fréderic Lemaire Attac %

le manteau et du sceau du secret visant à la signature de traités de libre-échange donnant tout pouvoir aux multinationales face aux états. Ceci à partir de tribunaux arbitraux et hors de tous débats publics : à titre d'exemple, l'introduction masquée des OGM nouvelle génération dont le processus aurait commencé dans les années 2010.

Le Conseil européen

Il rassemble chefs d'État et de gouvernement, arrête les grandes décisions et orientations politiques pour l'Europe et *détient, seul, le pouvoir d'engager le processus de modifier les traités.*

Le Conseil de l'Union européenne

Également appelé « Conseil des ministres de l'Union européenne » ou « Conseil », il défend les intérêts des États membres de l'UE et non l'intérêt général de l'Union. Il réunit les ministres des États membres de l'Union européenne par domaine d'activité. Il est, avec le Parlement européen, le colégislateur de l'Union européenne. La présidence du Conseil de l'UE est assurée, à tour de rôle, par les pays de l'UE pour une période de 6 mois.

Le Parlement européen

Seule assemblée élue au suffrage universel, elle devrait pouvoir intervenir dans le processus législatif. Ce n'est pas le cas. De plus, il fait lui aussi l'objet d'un lobbying forcené et apparaît comme le vecteur des intérêts des industriels et des lobbies agricoles. Pour preuve : la difficulté d'adoption de la directive REACH sur l'enregistrement des produits toxiques, l'opposition à la suppression du glyphosate, etc.

Les autres institutions

Banque Centrale Européenne et Cour de justice de l'UE ne font pas, elles non plus, preuve d'un excès de démocratie dans leur comportement. En effet, la crise que traverse l'Europe depuis 2009 a contribué à une montée en puissance de ces institutions, en particulier de la Commission et de la Banque centrale européenne. Entre autres exemples, la BCE a acquis un pouvoir considérable en ces temps de crise de l'Euro. Outre sa participation à la mise sous tutelle de plusieurs États de la zone euro, elle dispose à sa guise de la politique monétaire. D'un côté elle châtie les États, jugés dépensiers et, de l'autre, elle déverse sur les banques des flots intarissables de liquidités dont celles-ci bénéficient sans condition ni contrepartie.

Et, pour couronner le tout, un manque navrant de stratégie à long terme. Je citerai ici le refus d'un commissaire, dont personne ne discute les prérogatives, d'accepter en 2019 une fusion entre Alstom et Siemens afin de créer un pôle industriel susceptible d'affronter le marché mondial du transport ferroviaire. Ceci sous prétexte d'atteinte à la concurrence sur les marchés des systèmes de signalisation.

Elle a manifestement sous-estimé l'offensive fulgurante du géant chinois CRRC, et cette décision est désormais perçue comme un exemple de la limite de la politique européenne de concurrence.

En outre, l'Europe est en grand danger de désintégration : en effet :

- La sortie de la Grande-Bretagne n'a pas été maîtrisée. Aucune des parties n'a réussi à se mettre d'accord sur une évolution viable. D'où l'adoption d'un *Brexit dur* avec toutes les conséquences que cela implique.

- Le comportement d'une partie des pays d'Europe centrale (Hongrie, Slovaquie, etc.) qui manifestent des tendances centrifuges alliées à l'irruption des partis d'extrême droite dans les institutions et une fâcheuse inclination envers la Russie de Vladimir Poutine.

- Les tendances séparatistes (Catalogne, Écosse, Italie du Nord) fragilisent l'Union européenne.

Une action de prosélytisme de la part de la Chine (développement tous azimuts des *routes de la soie*) rencontre un certain succès au niveau de la Grèce (qui a déjà vendu le Port du Pirée aux Chinois), de la Hongrie, et, plus récemment, du Portugal et de l'Italie (un des pays fondateurs). D'où un risque supplémentaire de déstabilisation de l'Europe.

Au vu de tous ces aspects, l'Europe actuelle apparaît aux yeux de l'ensemble de ses membres comme un système mâtiné de technocratie rigoriste et de libéralisme échevelé. À ajouter l'absence de positions claires face aux puissances autocratiques, comme la Chine de Xi Jinping et la Russie de Vladimir Poutine.

Ce qui laisse subsister en son sein des disparités fiscales et sociales sources de dumping et d'évasion fiscale. D'où un désintérêt croissant des pays membres qui se traduit par une désaffection du corps électoral (% de participation au plus égale à 50 %) et une montée de l'extrême droite qui milite pour une sortie pure et simple de l'UE ou sa transformation en « Europe des nations ».

On notera un point positif imposé d'ailleurs par la crise du coronavirus. La BCE a rompu avec son dogme d'austérité budgétaire par une mise à disposition des États membres de 540 M€ pour lequel l'Union européenne s'est mise d'accord le 9 avril 2020.

Cette démarche est en opposition flagrante avec les statuts initiaux, qui n'autorisait que des prêts aux banques des États avec les résultats que l'on sait. Les sommes en jeu sont destinées à pallier les problèmes de santé générés par la pandémie, mais ne couvrent pas les déficits dus à l'effondrement économique qui s'en est suivi.

Un plan de relance de 750 M€ a été proposé par la Commission Européenne le 27 mai 2020, plan fermement défendu par Emmanuel Macron et Angela Merkel. Cette proposition a été loin d'avoir recueilli l'unanimité des pays membres. On a noté à cet effet l'avis au vitriol du Tribunal constitutionnel allemand de Karlsruhe sur la politique monétaire de la B.C.E.

On peut objecter que cette même B.C.E. a débloqué des milliards d'Euros pour soutenir les banques en grande difficulté en 2008, largement coupables de légèreté, voire d'avidité, dans la gestion des crédits accordés aux particuliers et à la titrisation de ces crédits. Résultats : à partir de la crise des *subprimes*, un accroissement non négligeable de la dette publique de nombreux pays.

Et aucun état n'a trouvé à redire devant cette prodigalité !

De surcroît, des oppositions à ce plan de relance se sont manifestées dans les pays dits *frugaux* (aussi surnommés plus justement les pays *radins*) : Pays-Bas, Autriche, Irlande, pays scandinaves, pays d'Europe centrale qui considèrent comme néfaste une mutualisation de la dette.

À cet effet, le Conseil européen s'est réuni pendant quatre jours et quatre nuits pour aboutir à un accord le mardi 21 juillet 2020 au matin. Et quel accord ! Applaudi comme un véritable succès par nos politiques (il est indéniable qu'il s'agit d'une avancée), il peut être considéré comme une victoire à la Pyrrhus grâce à la règle de l'unanimité, qui a prévalu une fois de plus. [1]

Le projet initial prévoyait une enveloppe de 750 G€, dont 500 de dons et 250 de prêts. La transaction finale à l'arraché s'est conclue par 390 G€ de dons et le reste sous forme d'emprunts auprès des pays demandeurs assortis de conditions draconiennes qui rappellent dans une moindre mesure la troïka imposée à la Grèce en 2015. À savoir : respect de critères fixés par les traités, réformes structurelles d'étiquettes néolibérales (retraites, marché du travail, Sécurité sociale, santé, etc.). Le grand plan de relance risque à ce prix de se transformer en un programme dédié au secteur privé en excluant toute politique publique.

Les véritables mesures, qui sont d'ailleurs préconisées ci-après et connues de longue date (harmonisation fiscale, budget européen digne de ce nom, lutte contre l'optimisation et la fraude fiscale, etc.) ne sont pas à l'ordre du jour. Elles sont refusées avec la dernière énergie par les *frugaux* et les derniers nés de l'Union européenne. *Un comble, dans la mesure où les Pays-Bas, paradis fiscal par excellence, met son veto à toute harmonisation fiscale et, entre autres, à la taxation des GAFAM.*

Ajoutons à cela que ces mêmes frugaux (Danemark, Autriche, Suède, Pays-Bas) ont obtenu, malgré le retrait de la Grande-Bretagne de l'UE et de sa participation au budget européen, de nouveaux rabais sur leur participation au financement de l'Union.

Les carences actuelles et le manque de représentativité et de crédibilité de l'Europe vis-à-vis des puissances mondiales (USA, Chine, Russie) sont une source d'inquiétude et de désintérêt de la part de ses partenaires. Le risque est toujours aussi important d'une décomposition de l'Union européenne, ce qui serait grave pour notre équilibre politique.

---

[1] Deux articles qui cernent les conditions d'attribution du plan de relance européen : Europe, un plan de relance pour sauver la face, par Martine Orange Médiapart (21 juillet 2020) et « Sommet européen, une réussite en trompe-l'œil » Communiqué de presse de la délégation de la gauche sociale et écologique — 21 juillet 2020

Face à la mobilisation industrielle des États-Unis, Il est plus que jamais indispensable que l'Europe retrouve une autonomie de production et de gestion, en particulier pour la fabrication et la commercialisation de produits stratégiques. On pense évidemment au médical (médicaments, hygiène de sécurité, matériels chirurgicaux divers) et à l'armement face à la Russie. Mais il persiste d'autres filières qui peuvent, elles aussi, faire l'objet d'une réindustrialisation. Problème traité en détail au 3e chapitre de cet ouvrage.

2. Ce qui est proposé face au précédent constat

L'objectif de ces propositions est :

- De sortir du cercle vicieux de l'austérité imposé par le syndrome du déficit et de la dette, sources d'inégalités et de recul social
- D'instaurer une dimension politique,
- De lutter de manière efficace contre l'évasion fiscale et le dumping social,
- De prendre en compte la transition écologique (source de mieux-être et de création d'emplois) et la lutte contre le dérèglement climatique.

2.1. Donner à l'Europe une dimension politique

2.1.1. Promouvoir une mise à plat radicale des institutions européennes

L'objectif est d'introduire plus de démocratie dans la gestion des grandes options et un équilibre des pouvoirs entre ces différentes institutions. Cela signifie, entre autres, renforcer le pouvoir du parlement et modifier le mode de désignation des membres des autres institutions. Trois propositions visent à pousser le processus de parlementarisation à son terme.

- Octroyer au Parlement européen le droit d'initiative législatif.
- Élargir le périmètre d'application de la procédure législative ordinaire à tous les domaines, notamment la fiscalité, mais aussi la politique étrangère.
- Lui donner le pouvoir de ratifier la nomination par le Conseil européen des dirigeants exécutifs de la BCE, mais aussi le pouvoir de les destituer.

2.1.2. Instaurer une refonte des traités

- Il s'agit d'abolir une politique de libre-échange intégral face aux USA et à la Chine qui pratiquent eux-mêmes sans toujours l'avouer, un protectionnisme de leurs activités industrielles et agricoles. Cessons de louer une politique de *concurrence libre et non faussée* complètement illusoire au demeurant.

- Dans ce cadre, les négociations en cours sur les traités de libre-échange (Amérique latine, Japon, Australie, etc.) doivent être interrompues. Il en est de même avec le CETA concernant le Canada et le traité avec la Nouvelle-Zélande (importation massive de mouton).
- Une directive appropriée se doit de ne pas instaurer de nouveau traité sans référendum effectué dans l'ensemble des pays de la zone euro susceptible d'approuver ou de réfuter cette décision.

2.1.3. Poursuivre une politique de grands projets

Elle s'est avérée bénéfique dans le passé (voir Airbus, Ariane, Galileo qui tarde à se généraliser). Il est donc indispensable de transposer cette politique dans d'autres domaines stratégiques (matières premières, transport maritime, aérien, ferré, etc.). En effet, il convient de ne plus considérer l'Europe sous l'angle d'un grand marché unique et de *remplacer une concurrence exacerbée par une coopération entre états.*

2.1.4. Structurer et coordonner plus efficacement la politique européenne

Ceci dans la mesure où L'UE et ses États sont les plus grands donateurs d'aide mondiale et fournissent près de la moitié du total de l'aide apportée aux pays en cours de développement. D'où la nécessité de faire intervenir massivement l'investissement public, dont la BEI (Banque Européenne dans le financement de la transition écologique).

2.1.5. Préciser les limites de souveraineté entre les États membres et l'administration européenne.

En théorie, ces limites de souveraineté sont définies dans les différents traités qui ont jalonné les évolutions de l'UE et définissent le partage de compétences entre l'UE et les États membres, à savoir [1] :

- Les compétences exclusives, du domaine d'action de l'UE, via le Conseil de l'Union européenne
- Les compétences partagées, pour lesquelles s'applique le principe de subsidiarité
- Les compétences *d'appui*, à propos desquelles l'union est censée appuyer les actions des États

[1] Toute l'Europe — Comprendre l'Europe — synthèse — 7 avril 2020, mise à jour 4 juin 2024 https://www.touteleurope.eu/l-europe-et-moi/3-minutes-pour-comprendre-l-europe/

- Les compétences *particulières*, à propos desquelles on peut se poser des questions sur ce qu'elles sont censées représenter.

En pratique, ces différents chapitres de compétences sont à revoir et en particulier, à propos :

- De l'émergence d'une fiscalité européenne irréprochable
- De la création d'une politique étrangère commune,
- De la notion de préférence communautaire,
- De l'efficience du contrôle de l'usage des crédits et subventions accordées aux pays membres,
- Des problèmes posés par les écarts de revenus entre pays membres, facteurs de nombreux dysfonctionnements (problème des travailleurs détachés, abus de positions dominantes, etc.).

2.1.6. Pratiquer une politique étrangère qui prend en compte les spécificités de chaque grande puissance

Il a été longtemps souhaitable que l'Europe cesse de se ranger, sous l'impulsion allemande et de manière inconditionnelle, derrière le géant américain et qu'elle pratique une politique de non-alignement, chère au Général de Gaulle du temps de l'existence de l'Union soviétique.

Cela n'a pas été possible, du fait d'une part du comportement de présidences américaines. Elles ont, à l'époque et pendant un certain nombre d'années, considéré la Russie comme quantité négligeable, la majorité des Occidentaux faisant d'ailleurs l'écho de ce comportement purement *atlantiste*.

Ajoutons à cela la mise à l'écart de Mikhaïl Gorbatchev, seul capable de faire évoluer son empire vers un système démocratiquement acceptable et qui a finalement échoué dans sa volonté de transformation. Ceci à cause de l'attitude des Occidentaux, et en particulier des USA, de la Grande-Bretagne et en partie de l'Allemagne, qui ont refusé de soutenir financièrement le dirigeant soviétique dans son action de normalisation. Ce qui a favorisé le coup d'État des militaires opposés à toute réforme et précipité de ce fait la fin de l'URSS et la démission de Mikhaïl Gorbatchev.

Son remplacement, après l'épisode peu glorieux de Boris Eltsine, par l'apparatchik Vladimir Poutine, a favorisé le recours à un pouvoir totalitaire qui n'a rien à envier aux exactions perpétrées sous l'ère stalinienne.

Sa soif de revanche vis-à-vis des Occidentaux n'a été perçue par aucun dirigeant du *monde libre*. D'où les conséquences dramatiques qui en ont résulté : atrocités commises par la Russie en Syrie et en Ukraine, risques larvés de troisième guerre mondiale, etc.

À propos de l'Ukraine

Le moins qu'on puisse dire, c'est que l'attitude de l'ensemble des pays qui constituent l'Union européenne inhérente aux difficultés rencontrées par l'Ukraine face à la Russie de Poutine est loin d'être cohérente. En effet, si les pays proches de la Russie, dont la Pologne et les pays baltes, redoutent à juste titre une extension du conflit à leurs frontières, d'autres se montrent beaucoup plus réservés. Ils constituent, comme la Hongrie et la Slovaquie, des interlocuteurs favorables aux visées actuelles manifestées par le Kremlin. La France, après avoir déclaré « ne pas vouloir humilier la Russie », s'est lancée par la voix de son président dans une escalade verbale exprimée brutalement sans aucune concertation. Elle a été perçue globalement comme une rodomontade et a paru d'autant plus malvenue que la participation française à l'aide ukrainienne se situe loin derrière celle des autres belligérants.

Quel est l'intérêt de formuler de telles propositions, alors que l'Europe n'est pas en état de suppléer l'aide américaine menacée à court terme ? Il est évident que l'Union européenne n'est pas en économie de guerre et risque de le rester, car incapable de lever les fonds nécessaires pour le devenir.

Si une comparaison doit être menée avec le passé, c'est dans l'attitude des USA face au désastre de Pearl Harbor infligé par les Japonais en décembre 1941. L'Amérique a été capable, grâce au New Deal instauré par Franklin Roosevelt, de disposer de l'argent nécessaire grâce à une mise au pas de la finance internationale et à une politique d'imposition conséquente des multinationales. Ce n'est pas le cas de l'Europe, avec son cortège d'évasions fiscales et de paradis du même nom qui se trouvent dans son sein.

Côté chinois maintenant !

La question de l'unité européenne face au prosélytisme chinois et à sa quête d'hégémonie mondiale, tant économique que politique, soulève des enjeux complexes. Bien que l'idée d'une Europe parlant d'une seule voix soit essentielle pour peser sur la scène internationale, la réalité est bien plus fragmentée.

L'attitude du Portugal, de l'Italie et de la Grèce peut s'expliquer par les relations économiques développées avec la Chine, souvent dans un contexte de fragilité financière, notamment après la crise de la dette. Ces pays ont bénéficié des investissements chinois via des initiatives comme les *Nouvelles Routes de la Soie*, parfois perçues comme une alternative aux politiques austères imposées par l'Union européenne à l'époque.

Cependant, cette position contraste avec celle des pays d'Europe centrale et orientale, qui, bien qu'eux aussi bénéficiaires d'investissements chinois, affichent souvent une méfiance plus marquée envers Pékin. Cette divergence s'explique par leur alignement plus étroit avec les États-Unis et leur expérience historique face aux hégémonies étrangères, notamment celle de l'Union soviétique, qui les rend sensibles aux questions de souveraineté.

Pour surmonter ces divisions, l'Europe devra développer une stratégie commune, combinant fermeté sur les principes démocratiques et dialogue pragmatique. Cela passe par une réflexion sur les dépendances économiques, mais aussi par un renforcement de la solidarité intraeuropéenne, pour éviter que certains États ne se sentent contraints de chercher des soutiens extérieurs faute d'alternatives crédibles. L'unité européenne, face à des puissances comme la Chine, reste à construire.

2.1.7. Respecter le multilinguisme

Le 26 septembre 2020 a eu lieu la journée du « multilinguisme ». En pure perte, hélas. Ceci dans la mesure où on constate une domination croissante de l'anglais. Ceci alors que, paradoxalement, le Royaume-Uni s'est détaché de l'Union européenne et que 3 % environ des eurodéputés ont l'anglais comme langue natale. On objectera que l'anglais est pratiqué par une quasi-majorité d'élèves européens.

Mais il s'avère que son usage est souvent réduit, dans la pratique à une forme souvent fonctionnelle qui nuit à la langue elle-même avec un recours à des éléments de langage plus ou moins standardisés. D'où la nécessité de pouvoir traduire et interpréter les textes dans plusieurs langues parlées dans l'Union européenne.

Ce constat est valable à la fois pour les parlementaires et autres politiques qui doivent pouvoir travailler et s'exprimer dans leur propre langue. Et aussi pour les citoyens européens qui ont le droit de pouvoir suivre les travaux et être informés dans leur langue natale[1].

2.1.8. Faire respecter la primauté du droit européen

Il s'est avéré que, le 7 octobre 2021, le Tribunal constitutionnel polonais — institution sous contrôle du parti populiste Droit et Justice (PiS) — a rejeté l'autorité de la justice européenne. Or, il s'avère que, depuis peu l'Europe dispose d'une arme budgétaire, la conditionnalité liée à l'état de droit, constituée par un mécanisme qui conditionne le versement des fonds européens au respect de l'état de droit. Il s'avère que la Commission Européenne a longtemps hésité à remettre en cause les recours effectués par la Pologne et la Hongrie qui contestent la primauté européenne dans ce domaine. Il faut savoir de quelle Europe nous voulons et, globalement, une épuration dans son sein nous apparaît hautement souhaitable[2], d'autant plus que ce genre de comportement a tendance à faire école. Voir en exemple la position de pays comme la République tchèque, l'Autriche, la Slovénie et surtout la Slovaquie. Il est donc nécessaire d'agir avant qu'il soit trop tard.

---

[1] Référence : Lettre d'information de la Délégation de la Gauche Sociale et écologique du Parlement européen n° 45 (2 octobre 2020).

[2] Fort heureusement ; les dernières élections polonaises ont chassé du pouvoir les dirigeants d'extrême droite et instauré un régime pro-européen.

2.1.9. Créer une entité fédéraliste susceptible de s'imposer en force politique face au reste du monde

L'Europe doit se doter d'une structure fédéraliste capable de s'imposer sur la scène internationale. Cette entité devra intervenir dans des domaines stratégiques clés, tels que la défense, la justice internationale des affaires, la santé publique, la gestion des frontières et des flux migratoires, ainsi que l'intelligence économique.

Aujourd'hui, l'Europe subit l'hégémonie du dollar et les contraintes imposées par les sanctions commerciales américaines contre certains pays. Il est donc impératif de construire une véritable capacité de réponse, permettant de rivaliser à armes égales avec les grandes puissances mondiales.

2.1.10. Quelques points complémentaires pour renforcer l'Union européenne

Développer des coopérations flexibles

Mettre en place des partenariats à géométrie variable, adaptés aux intérêts divergents des États membres dans certains domaines.

Suspendre l'élargissement

Geler temporairement l'entrée de nouveaux membres afin de favoriser l'intégration effective des derniers entrants, encore insuffisamment consolidée.

Simplifier les processus de décision

Étendre le recours au vote à la majorité qualifiée, y compris pour les politiques fiscales, afin de contourner le blocage systématique lié à l'unanimité.

Rééquilibrer l'économie interne

Rétablir une équité économique et financière entre les membres de la zone euro. La surévaluation ou la sous-évaluation de l'euro selon les pays (18 % pour l'Allemagne, -7 % pour la France selon le FMI) accentue les disparités, notamment pour les pays du sud (Italie, Espagne, Portugal, Grèce). Une révision régulière des parités s'impose pour refléter les évolutions économiques.

Créer des pôles de compétitivité européens

Favoriser des concentrations industrielles à l'échelle continentale dans des secteurs stratégiques comme le rail, l'énergie, ou l'automobile. Encourager l'harmonisation des normes européennes (brevets, normes environnementales, etc.) pour stimuler l'innovation et la compétitivité.

En renforçant ces aspects, l'Europe pourra non seulement affirmer sa souveraineté, mais aussi se positionner comme un acteur central dans le nouvel ordre mondial.

2.2. Reprendre la main sur la finance

2.2.1. Obtenir une séparation stricte des activités bancaires

Pour limiter les conséquences d'un tsunami financier sur l'économie réelle, une véritable séparation des banques de dépôt et des banques d'affaires doit être promulguée, notamment en appuyant et en renforçant le texte européen existant[1].

2.2.2. Interdire les produits financiers toxiques

Une autorisation de mise sur le marché doit être instituée pour les produits financiers, comme pour les médicaments[2].

Interdire le trading haute fréquence

Il est essentiel de limiter l'utilisation de robots financiers pour la spéculation massive, car ces algorithmes peuvent passer des ordres en quelques microsecondes, bien plus rapidement que l'humain. Cette capacité à réagir instantanément peut entraîner une volatilité excessive des marchés, déconnectée des fondamentaux économiques. Ces robots peuvent également exploiter les failles du système et manipuler les prix, créant des distorsions artificielles.

Pour limiter ces risques, des régulations doivent encadrer l'utilisation de ces technologies, comme imposer des seuils de vitesse ou des pauses automatiques en cas de fluctuations excessives, afin de garantir des marchés plus stables et transparents. L'objectif est de rééquilibrer les transactions spéculatives avec les principes d'une économie réelle.

Instaurer un bonus/malus

Il s'agit de favoriser les placements de long terme et de dissuader ceux de très court terme. Le but est d'encourager l'épargne tournée vers les investissements productifs, lesquels créent véritablement de l'emploi[3].

Contrôler les affectations de crédits et de subventions aux États membres

Il est crucial de contrôler plus strictement l'affectation des crédits et des subventions aux États membres. Par le passé, certains fonds ont été utilisés de manière inefficace, comme les versements au Kosovo, censés améliorer le niveau de vie, mais qui n'ont pas eu les résultats escomptés. Dans l'Union européenne, des pays comme la Roumanie et la Hongrie ont aussi été pointés du doigt pour une mauvaise gestion des fonds européens. La Roumanie, par

---

[1] Propositions empruntées au « programme pour les élections européennes 2014 » de « Nouvelle Donne »

[2] Idem

[3] Idem

exemple, a échoué à résoudre le problème des Roms malgré les aides, tandis que la Hongrie est souvent citée pour son gaspillage et sa corruption dans l'utilisation des subventions.

Un contrôle plus rigoureux est nécessaire pour garantir que l'argent public serve réellement à améliorer les conditions économiques et sociales.

2.3. Sortir de l'austérité

2.3.1. Donner la possibilité à la BCE de prêter directement et à faible taux aux États membres

Ces prêts peuvent leur permettre de résorber une partie de leur dette, et en particulier celle engendrée par la crise financière de 2009. Il faut reconnaître que cette attitude est en voie d'évolution, ainsi que le principe de mutualisation de la dette, et ceci malgré l'opposition tenace des milieux conservateurs.

2.3.2. Supprimer la clause de limitation du déficit structurel à 3 % du PIB

Dans le cadre de la remise en cause des traités initiaux, cette clause ne correspond à aucune mesure tangible.

Cette remarque vaut également pour l'évaluation de la dette, qui constitue un passif auquel doivent être comparés (par exemple pour la France) les actifs constitués par la valeur de notre patrimoine.

2.3.3. Doter l'Union européenne de ressources propres

Mettre en œuvre la taxe TOBIN

Cette taxe doit imposer les transactions financières avec un taux plus élevé que dans le projet actuel. À noter la position de la France, confortée par l'Allemagne et l'Irlande, qui *freine des quatre fers contre l'adoption de cette taxe* grâce en partie à l'attitude de notre président et à son ministre de l'économie, Bruno Lemaire[1].

Créer un impôt européen sur les bénéfices non réinvestis des entreprises

Ce sera une première étape importante vers l'harmonisation fiscale, ce qui permettra la mise en œuvre d'un budget crédible.

2.3.4. Récupérer l'argent de la fraude et de l'évasion fiscale

Harmoniser la fiscalité au niveau européen

En mettant en place un *serpent fiscal européen* qui réduise progressivement les écarts entre systèmes fiscaux. Pour contourner le vote à l'unanimité en matière

[1] Se référer à l'article « la taxe Tobin fait son énième retour à Bruxelles » par Ludovic Lamant Médiapart 12 octobre 2020

fiscale, une coopération renforcée entre États volontaires est à envisager. En effet, il n'est pas nécessaire d'attendre le consensus de l'ensemble des pays de l'Union européenne pour entreprendre ces actions. Il est possible d'œuvrer avec les pays intéressés, à savoir, par exemple, l'Espagne, l'Autriche, l'Italie et la Grande-Bretagne. Action à mener en particulier auprès des GAFAM.

Basculer la fiscalité carbone sur les entreprises les plus polluantes

- Taxer les carburants les plus polluants et exonérés : fioul lourd utilisé sur les cargos porte-conteneurs et kérosène pour les vols intérieurs au territoire. Il est également possible de taxer les banques qui investissent dans les industries fossiles.
- Refuser l'accès des marchés publics aux entreprises utilisant les paradis fiscaux.

Le code des marchés publics doit être modifié pour qu'aucune banque, aucune entreprise industrielle ou de service ne puisse concourir à un marché public si elle utilise les paradis fiscaux pour échapper à l'impôt.

Lever le secret bancaire

Ajouter un FATCA (Foreign Account Tax Compliance Act ou Acte de mise en conformité fiscale des comptes étrangers) extra-européen. Il s'agit, sur le modèle de la loi américaine, d'obliger les banques à transmettre systématiquement leurs informations, sous peine d'interdiction d'activité sur le territoire européen[1].

Réglementer strictement les prix de transfert

Il s'agit des prix des biens et services échangés entre sociétés d'un même groupe situées dans des pays différents. Or, les entreprises sont tentées de tirer profit des disparités fiscales nationales souvent importantes. La loi existante ne prévoit aucune sanction. D'où la nécessité d'une réglementation stricte, avec sanction pénale en cas de triche [1].

2.4. Mettre en œuvre une Europe sociale

2.4.1. Créer des critères de convergence sociale

Il est temps de rééquilibrer la construction européenne en négociant un traité imposant 5 critères de convergence sociale :

- Taux de chômage inférieur à 5 %
- Taux de pauvreté inférieur à 5 %

[1] Propositions empruntées au « programme pour les élections européennes 2014 » de Nouvelle Donne

- Taux de mal-logés inférieur à 3 %
- Taux d'illettrisme à l'âge de 10 ans inférieur à 3 %
- Une aide publique au développement supérieure ou égale à 1 % du PIB [1]

2.4.2. Créer un salaire antidumping social

Dans la logique inverse à celle des détachements de travailleurs, la course aux bas salaires doit être freinée. Une entreprise qui délocalisera dans un pays de l'UE où le salaire minimum est inférieur à celui de son pays d'origine sera tenue d'y appliquer un salaire minimum au moins égal à la moyenne des deux[1].

2.4.3. Créer un contrat d'apprentissage européen

Chaque jeune pourra effectuer plus facilement un apprentissage dans une entreprise de l'Union, grâce à un contrat unique, valable dans tous les pays d'Europe [1].

2.4.4. Modifier la loi sur le secret des affaires

Il est nécessaire d'assurer une protection efficace des lanceurs d'alerte et de concilier à la fois la possibilité de révéler les scandales et la nécessité pour les entreprises de se protéger contre l'espionnage industriel.

2.4.5. Rétablir un protectionnisme

Les pays les plus pauvres, tout comme les pays développés, ont droit à la souveraineté alimentaire, c'est-à-dire la capacité de définir leur propre politique agricole pour garantir l'accès à une alimentation saine, produite localement. L'Europe et le Japon ont utilisé le protectionnisme pour protéger leur agriculture, en soutenant leurs producteurs locaux et en régulant les importations, ce qui leur a permis de renforcer leur autosuffisance alimentaire.

Pour les pays les plus pauvres, rétablir ce type de protectionnisme est essentiel pour leur développement et leur sécurité alimentaire. Cela permettrait de soutenir l'agriculture locale, de créer des emplois et d'assurer l'autosuffisance.

En protégeant leur agriculture, ces pays seraient mieux préparés à affronter la concurrence mondiale et à nourrir efficacement leurs populations tout en préservant des pratiques durables adaptées à leurs besoins locaux.

2.4.6. Assister les pays en développement

Cette assistance concerne en particulier les démocraties naissantes en difficulté (par exemple la Tunisie). Malheureusement, cette démarche est rendue presque impossible du fait de l'évolution autoritaire du pays symbolisée par son président, Kaïs SaÏed. À l'inverse, il faut impérativement cesser de

---

[1] Propositions empruntées au « programme pour les élections européennes 2014 » de « Nouvelle Donne »

soutenir les potentats qui érigent des fortunes au détriment de leur population et des dictateurs sanguinaires qui les oppriment. Cela aidera à maintenir dans leur pays les candidats à l'immigration et à lutter contre les passeurs qui tirent parti de cette situation.

2.4.7. Mettre en œuvre une politique commune d'aide à l'accueil des réfugiés

On fera en sorte que chaque pays de l'union participe à cette politique. On usera de sanctions (suspension des subventions, par exemple) vis-à-vis des réfractaires (Hongrie, Slovaquie, voire Italie)

2.5. ADOPTER UNE POLITIQUE COHÉRENTE FACE À L'IMMIGRATION

2.5.1. L'état des lieux

On n'a pu que constater une profonde divergence de comportement des pays membres de l'UE face aux immigrés en provenance de pays tiers.

D'un côté, le front du refus dans lequel on peut classer : l'Italie, la Grèce, les pays d'Europe centrale et d'Europe de l'est et même, dans une certaine mesure, la France, compte tenu de la politique menée aux frontières.

De l'autre, les pays qui ont largement rempli leur devoir d'assistance : l'Allemagne, les pays du nord et la Scandinavie (Norvège, Suède, Finlande).

On peut comprendre les comportements italien et grec du fait qu'ils ont dû supporter seuls la contrainte de flux migratoire sans aucun soutien des instances européennes. Par contre, l'attitude de la Hongrie, la Slovaquie et la Pologne, qui ont refusé obstinément de prendre leur part d'assistance, est parfaitement inexcusable. Ce qui montre, une fois de plus, la faiblesse des instances européennes et leur manque de pugnacité face à l'usage des sanctions appropriées, notamment en termes de subventions.

2.5.2. Les causes

Elles sont multiples :

- Le comportement des instances européenne et mondiale face aux pays en voie de développement ou en difficultés financières, ce qui est le cas, entre autres, d'un certain nombre d'États africains. Le manque d'accès au financement les oblige à se tourner vers le FMI et/ou la Banque mondiale pour l'octroi de prêts qui s'effectuent à des conditions draconiennes. Cet octroi est assorti de l'obligation de mesures relevant de la politique néolibérale en vigueur dont nous citons quelques caractéristiques : libéralisation intégrale des échanges commerciaux, spécialisation des exportations de matières premières, privatisation de l'exploitation des richesses, importation forcée des surplus des pays industrialisés au détriment des activités locales non concurrentielles, ouverture à la concurrence mondiale, etc. Quelques exemples : la gestion des exportations du pétrole au Congo et le partage de la rente pétrolière au profit intégral des multinationales imposées par les organismes de financement[1]. En Europe, la Grèce s'est vue imposer par l'UE (la troïka Commission européenne, BCE et FMI) un plan d'austérité et de privatisations qui a engendré une augmentation de la pauvreté et du chômage.

- Les conflits armés qui sévissent au Moyen-Orient et en Afrique (Syrie, Mali, Yémen, Soudan, Libye, Érythrée) et qui sont soigneusement entretenus par les ventes d'armes de plusieurs pays européens (dont la France) et par l'implication armée de pays tiers.
- Le réchauffement climatique, qui se profile à l'horizon dans les années à venir et qui est déjà perceptible à l'heure actuelle. C'est un préalable à l'exode de populations qu'il sera difficile de contenir.

De ce fait, peut-on reprocher aux populations concernées de fuir leur pays contre leur plus profond désir, là où elles côtoient en permanence la misère et l'insécurité et acceptent ce déplacement au péril de leur vie ?

2.5.3. Le constat

Il s'impose : *l'inexistence de l'Europe en termes de politique étrangère* et plus particulièrement face au phénomène d'immigration. Le budget européen ne permet pas une assistance conséquente aux pays en voie de développement (principalement le continent africain) et le condamne à se tourner vers des organismes financiers avec le résultat que l'on sait !

Quelques cas de figure :

- *La Tunisie*, seul pays ayant bénéficié du « printemps arabe » et qui avait réussi à maintenir l'ébauche d'une démocratie. Mais ce pays est en grande difficulté financière et est menacé par le terrorisme. Il mériterait une aide conséquente pour lui permettre de développer ses activités, réduire un chômage endémique et limiter l'émigration de ses citoyens vers l'Europe. Malheureusement, on le répète, l'évolution de cette démocratie, chèrement acquise, vers un régime autoritaire sous l'impulsion de son président ne facilite pas les choses.
- *Le Mali*, là où Emmanuel Macron avait favorisé la réélection en 2018 de Ibrahim Boubacar, notablement corrompu, comme président du pays. L'intervention dans la politique du pays semblait donc justifiée. Une démarche complexe, mais incontournable, visant à combattre la corruption à tous les échelons, y compris au sein des forces armées, ce qui favorisait

[1] *Les délaissés* Thomas Porcher Editions Fayard (février 2020) chapitre « prendre la question de l'immigration par le bon bout »

l'enracinement des groupes terroristes comme Al-Qaïda, Daech et Boko Haram.

Faute d'avoir pu prendre ces décisions, au demeurant délicates il est vrai, et d'avoir prolongé l'intervention française au-delà du supportable, l'intervention *Barkhane* assurée par la France seule sans un concours européen s'est soldée par un échec. Cette intervention, bien accueillie à l'origine, s'est trouvée désavouée par une frange importante de la population, principalement urbaine d'ailleurs, et sommée de « faire ses bagages » par une faction militaire arrivée au pouvoir à la suite de deux coups d'État successifs.

Depuis, c'est l'arrivée de la milice russe *Wagner* appelée par les nouveaux maîtres du Mali. Avec, à la clé, des massacres de civils perpétrés à la fois par cette milice et par le pouvoir en place. D'où le risque accru d'une recrudescence d'immigrés maliens en Europe et principalement en France.

L'inertie européenne en Afrique et le refus de la *France Afrique* par la quasi-totalité des pays francophones ont laissé place aux influences grandissantes de la Chine et de la Russie, qui ne s'embarrassent pas de la nature des pouvoirs en place et au contraire, en prennent avantage.

L'Europe n'a fait preuve d'aucune influence dans les différents conflits armés en vigueur en Afrique ou au Moyen-Orient, qu'il s'agisse de la Syrie, de la Libye ou du Yémen, auprès desquels chaque pays intervient pour soutenir l'un ou l'autre des belligérants avec pour résultat d'envenimer les hostilités. L'absence d'une armée européenne et notre dépendance à l'OTAN entravent toute intervention dans ces conflits.

Cela a été particulièrement visible lors de l'offensive turque contre les Kurdes de Syrie, qui n'ont été soutenus par personne et n'ont pas été récompensés pour leur lutte contre les terroristes de Daech.

Un autre exemple : une pression européenne sur l'Ouganda pour ne pas poursuivre le projet pétrolier lancé par Total Énergie n'aurait-elle pas été bénéfique, ne serait-ce que pour défendre le climat ?

2.6. METTRE EN ŒUVRE LA TRANSITION ÉCOLOGIQUE

Les points clés en ont été abordés lors de la première partie de cet ouvrage et sont transposables à l'échelle européenne. À savoir :

2.6.1. Mettre en œuvre le pacte Finance-Climat

Ce pacte, appelé « mille milliards pour le climat » a été préconisé par Pierre Larouturrou et Jean Jouzel. Il permettrait à chaque État d'emprunter chaque année l'équivalent de 1 % de son PIB à taux zéro auprès de la BEI, pour financer à la fois les travaux et investissements d'économies d'énergie et la mise en œuvre d'une véritable restructuration industrielle.

2.6.2. Protéger la biodiversité :

Elle revêt plusieurs aspects :

- La limitation drastique de la pêche industrielle sous toutes ses formes (bateaux-usines, pêche électrique, filets de ratissage en bas-fonds, etc.),
- L'arrêt de la déforestation sauvage pratiquée à l'échelle industrielle en Europe (voir forêt polonaise), en Amazonie et en Indonésie, contrairement à ce que pense le peuple brésilien, *la forêt amazonienne est un bien commun de l'humanité tout entière* dont ils ne disposent que de l'usufruit et qu'ils se doivent de ne pas détruire. Contrairement d'autres pays, dont la Bolivie et l'Indonésie, des menaces de sanctions relatives à toute modification des échanges commerciaux devraient pouvoir être envisageables si ces pays ne modifient pas leur comportement destructeur.
- La gestion saine de nos ressources forestières, ce qui est loin d'être le cas, y compris en Europe (voir développement en troisième partie de l'ouvrage).

2.6.3. Promouvoir un objectif « zéro déchet »

À titre indicatif, chaque année, l'Europe produit à elle seule 49 millions de tonnes d'emballages plastiques… et moins de 30 % seront recyclés !

2.6.4. Relocaliser en Europe les énergies renouvelables

L'Europe devrait appliquer un protectionnisme écologique appliqué à la conception et à la fabrication des équipements liés aux énergies renouvelables, et principalement le solaire.

Nous en sommes loin.

2.6.5. Réintégrer en Europe une partie non négligeable de l'industrie du médicament

Cette industrie concerne la conception et la réalisation des principes actifs et a été majoritairement délocalisée dans les pays d'Asie du Sud — est et principalement en Chine. Dans cette éventualité, il convient par contre d'être exigeants *sur le respect des normes environnementales* et n'accepter que les sociétés qui respectent les objectifs d'émission carbone définis par les accords de Paris en 2015. Actuellement, seules trois sociétés respectent ces accords et sont susceptibles d'être relocalisées en Europe.

Il faut savoir que l'industrie pharmaceutique rejette 49 tonnes d'équivalents carbone par million de dollars, soit 55 % de plus que l'industrie automobile[1].

---

[1] Article « Les entreprises pharmaceutiques émettent plus de CO2 que le secteur automobile » : Futura Planète Céline Deluzarche, journaliste (29 mai 2019)

Le cas échéant, il conviendrait d'appliquer une taxe carbone aux sociétés importatrices ne respectant pas les quotas.

2.6.6. Économiser l'énergie

Il est impératif de privilégier le transport ferroviaire (voyageurs et fret) au détriment de moyens plus énergivores, comme la route ou l'aérien, réservé exclusivement à l'international.

Les lignes aériennes à courte distance devraient donc être supprimées, le kérosène taxé comme les autres carburants et les modes de tarification optimisés en faveur du rail, ce qui n'est pas le cas aujourd'hui.

Le transport ferroviaire européen est à la limite du délabrement, car laissé à l'abandon depuis de nombreuses années. D'après une étude de la Commission européenne sur « les liaisons ferroviaires transfrontalières manquantes » (juillet 2018), *plus de 40 % de ces lignes transfrontalières existantes en Europe ne sont plus opérationnelles.*

2.6.7. Lutter contre l'obsolescence programmée

Un certain nombre de mesures doivent être imposées pour pallier un énorme gaspillage :

En priorité, faire cesser le trafic de déchets en direction de pays sous-développés en :

- Facilitant leur transfert vers des continents tiers.
- Imposant une directive, à effet de norme internationale, qui vulgarise la notion d'écoconception, voire d'éco-innovation dont les modalités ont été développées dans la première partie de ce manifeste.

2.6.8. Interdire la prolifération des lobbies

Les lobbies bloquent toute initiative en faveur du climat et interviennent auprès de toutes les instances européennes[1] :

Trois principes

Transparence, Intégrité, Équité, à appliquer pour des recommandations à l'attention des décideurs publics, des institutions, et de tous les représentants d'intérêts (entreprises, fédérations professionnelles, associations et ONG).

Trois leviers

- Renforcer le cadre légal
- Mobiliser les acteurs en faveur d'un lobbying responsable

---

[1] Extraits du rapport de Transparency International France *Pour un meilleur encadrement du Lobbying* (2019)

- Créer les conditions d'une vigilance citoyenne

Trois recommandations clés

- Rendre officiels les rendez-vous des responsables publics avec les représentants d'intérêts.
- Renforcer la pertinence des informations qui doivent figurer dans les registres du lobbying, que ce soit en France (décret) ou au niveau européen (réforme en cours).
- Obtenir des représentants d'intérêts qu'ils soient transparents sur les positions défendues auprès des décideurs publics, veiller à ce que ces positions soient cohérentes avec leurs autres engagements et que les informations transmises aux décideurs soient toutes fiables, à jour, pertinentes et non biaisées.

2.7. Une option : souscrire au traité de démocratisation de l'Europe (TDEM)[1]

2.7.1. Le manifeste

Ce traité de démocratisation de l'Europe et le projet de budget associé avaient été approuvés par un manifeste signé en mars 2017 par plus de 120 personnalités venues d'horizons politiques très différents. Dont Olivier Faure, député et premier secrétaire du Parti socialiste, Yannick Jadot, député européen, Christian Chavagneux, éditorialiste à Alternatives Économiques, Dominique Meda, sociologue et professeure à l'Université Paris Dauphine, Thomas Porcher et Thomas Piketty, économistes, Pierre Rosanvallon, historien et professeur au Collège de France, et bien d'autres.

2.7.2. L'objectif

L'objectif du Traité de démocratisation (TDEM) était de donner aux citoyens les moyens de réduire les inégalités et de mettre en place une véritable *justice sociale, fiscale et environnementale* en Europe.

Le problème est que les institutions européennes actuelles, à cause notamment du droit de veto de chaque pays sur les questions fiscales, ne permettent pas d'avancer vers une plus grande justice fiscale.

---

1 – Dossier « Pour la Démocratisation de l'Europe » (décembre 2018) consultable sur internet. Ce projet a également fait l'objet d'un ouvrage écrit par plusieurs co-auteurs dont Thomas Piketty et paru aux Editions du Seuil en mars 2017. https://tdem.eu/le-traite/

2.7.3. La démarche

Ces propositions reposaient sur la création d'un Budget de démocratisation discuté et voté par une Assemblée européenne souveraine, qui permettrait enfin de doter l'Europe d'une puissance publique capable à la fois de faire face sans attendre aux urgences européennes et de produire un ensemble de biens publics dans le cadre d'une économie durable et solidaire.

La proposition du TDEM visait à se donner les moyens d'agir sans qu'aucun pays ne puisse apporter son véto, par exemple, à une réforme fiscale d'envergure.

2.7.4. La mise en œuvre

Ce projet pouvait-il tre adopté rapidement ? Oui, en quelques mois, d'après ses promoteurs ! En créant une Assemblée Européenne, les États qui le souhaitent se seraient donné la possibilité d'imposer à leur juste part les acteurs les plus prospères. Et aussi de financer un budget commun permettant de mettre en place un modèle européen fondé sur un développement équitable, social et environnemental.

Ce projet, comme bien d'autres, a malheureusement été abandonné et aurait mérité d'tre réexaminé, d'autant qu'il avait reçu un accueil favorable de nombreuses personnalités. C'est pourquoi j'ai pris la liberté d'en parler en détail.

2.8. QUEL AVENIR POUR L'EUROPE ?

C'est un véritable cri d'alarme que je me permets de lancer face à l'évolution, selon moi préoccupante, de la situation politique, à savoir la montée, semble-t-il inexorable, de l'extrme droite dans le paysage européen. Une progression dont, d'ailleurs, les dirigeants actuels, issus de la droite traditionnelle, portent une part de responsabilité, ayant, malgré tout, facilité cette expansion.

Je redoute que les propositions énoncées ci-dessus demeurent lettre morte, mais rien m'empêche de les publier !

3e PARTIE — POUR UNE RENAISSANCE DE L'INDUSTRIE FRANÇAISE

1. QUEL OBJECTIF ET QUELS ENJEUX ?

On parle beaucoup de relocalisation et d'un renouveau de l'industrie française. Il m'a paru nécessaire, avant toute autre considération, de connaître où l'on en est afin de savoir où l'on peut aller, quelles sont les conditions à remplir et les obstacles à surmonter (et Dieu sait qu'ils sont nombreux).

Ceci dans la mesure où aucune politique cohérente n'a été menée depuis près de trente ans !

C'est ce que je tente de faire à partir des éléments d'information dont je dispose pour l'ensemble des filières qui méritent d'être examinées et réhabilitées. Et les enjeux ne sont pas négligeables.

2. UN RAPIDE ÉTAT DES LIEUX

Si l'on compare la part industrielle dans le PIB de quelques états types choisis en référence, on constate que cette part est de :

- 37 % en Corée du Sud,
- 28 % en Allemagne,
- 21 % en Italie
- … et seulement 13 % en France.

Ceci grâce à nos gouvernements ultralibéraux successifs, dont la politique a suivi l'orientation financière des années 1980 et adopté la spécialisation des activités. Le corollaire : le développement de la désindustrialisation et la captation de nos secteurs stratégiques.

Corroboré à ce constat, le déficit de la balance commerciale des biens a atteint un niveau record historique de 190 G€ en 2022. La baisse de prix de l'énergie de 50 G€ a permis une réduction pour 2023 à 140 G€ *sans évolution notable concernant les biens manufacturés.* Le total de ce déséquilibre s'élève à 50 G€ avec la Chine et 57 G€ avec les pays de l'Union européenne. Ces chiffres font apparaître de manière brutale à la fois notre retard dans le développement des énergies renouvelables et les carences de notre politique industrielle.

3. LES AXES MAJEURS D'UNE RÉFORME INDISPENSABLE

Plusieurs impératifs définissent les pôles d'action de la réindustrialisation.

3.1. Les industries « stratégiques »

Citons pour mémoire : le médical, la production de l'énergie, les moyens divers de transport et certains composants.

Ces industries nécessitent une autonomie, afin de ne pas être entièrement dépendantes des approvisionnements extérieurs.

3.2. Les innovations

Elles se doivent d'œuvrer pour des économies d'énergie et pour la lutte contre la dégradation du climat (pollution numérique, climatiseurs, hyperusage de terres rares, etc.).

3.3. Les industries « grand Public »

Nous examinerons un certain nombre d'entre elles, vis-à-vis desquelles l'enjeu est de proscrire l'obsolescence programmée, génératrice de gaspillage et productrice de déchets. D'où l'analyse de chaque filière afin d'estimer la possibilité de réussite d'un redéploiement, voire d'une relocalisation. Cette démarche inclut bien sûr le développement de la réparation avec la notion plus générale d'« économie circulaire » qui *signifie une réutilisation du produit en fin de vie ou de ses composants à leur plus haut niveau de valeur.*

3.4. Les industries non délocalisables

Elles sont génératrices de nombreux emplois. Il s'agit de la rénovation des bâtiments : logements de particuliers, bâtiments à usage public (écoles, administration, collectivités locales).

4. La démarche adoptée

Elle s'effectuera selon les grands axes définis précédemment et à partir des informations dont je suis susceptible de disposer.

4.1. Les industries « stratégiques »

4.1.1. Le médical

Cette filière couvre plusieurs aspects.

Les médicaments

Ce sujet a déjà été abordé dans les parties 1 et 2 de ce livre. Le problème se situe à la fois au niveau de l'Europe et de notre territoire dans la mesure où nous ne disposons plus actuellement des principes actifs à la base de l'ensemble de médicaments indispensables.

Un projet de *reconquête sanitaire* a été annoncé par Emmanuel Macron en juillet 2020.

Or, qu'en est-il à l'heure d'aujourd'hui ?

Force est de constater, malgré l'initiation d'un plan de relance et l'appel à manifestations d'intérêt associés à des dispositifs d'aide, que les résultats sont loin d'être concluants.

Des 106 projets labellisés « France relance », seuls 18 concernant réellement une relocalisation de la production de principes actifs sur le territoire sont en passe d'être réalisés.[1] Affaire à suivre, donc.

Autre exemple, la mise en vente *discrète* de Biogaran par sa maison mère, les laboratoires Servier. Or, Biogaran utilise pour ses fabrications plus de 8 000 salariés en sous-traitance.

La délocalisation entraînerait donc à la fois une perte d'emplois et de souveraineté du marché de médicaments les plus usités. La question est donc de savoir si le gouvernement à l'intention de s'opposer à cette délocalisation et quels sont les moyens qu'il compte mettre en œuvre. L'utilisation de la procédure IEF envisagée s'applique aux investissements étrangers et non à une procédure de délocalisation.

Alors ! Va-t-on, comme d'habitude, laisser faire ? Affaire à suivre de près.[2]

Autre affaire qui monopolise l'attention : la vente de la filiale Opella de Sanofi à un fonds d'investissement américain CD&R qui reprend toutes les activités des médicaments vendus sans ordonnance. Selon le schéma imposé par Sanofi, la banque publique d'investissement (BPI) entre au capital à hauteur de 1 à 2 % « pour être pleinement associée et informée sur le futur de l'entreprise », selon les propos du ministre des Finances.

D'après les syndicats, concernés au premier chef par la viabilité de cet accord, il s'avère qu'il n'existe aucune garantie fiable concernant le maintien à long terme des acquis sociaux, de la pérennité des sites et des emplois et de la possibilité de produire en France.

Ils considèrent, une fois de plus, que le gouvernement a capitulé devant la multinationale, dont on sait pertinemment qu'elle a été grand bénéficiaire de subventions publiques avec, en regard, une forte diminution de ses activités de recherche en France[3].

---

[1] Extrait de l'article « produire des médicaments en France, une difficile conquête sanitaire » par Zeliha Chaffin (le monde 9 janvier 2023— Publication de l'AFMPS (Agence Fédérale des Médicaments et des Produits de Santé).

[2] En dernier ressort, il semblerait que les laboratoires Servier ont renoncé à délocaliser leur filiale Biogaran en Inde. Ceci sous la pression du gouvernement. Si cette nouvelle est vérifiée, c'est un bon point pour Monsieur Roland Lescure, ex-ministre de l'industrie.

[3] Pour de plus amples informations, consulter l'article « Vente du Doliprane : les annonces placebo du gouvernement » de Martine Orange (Médiapart 21 octobre 2024)

À lire également, « Doliprane : Sanofi s'est soigné aux frais du contribuable » paru dans le Canard enchainé le 23 octobre 2024

Un exemple qui devrait faire réfléchir : le comportement de General Electric face à Alstom qui a traduit ses engagements en termes de maintien de l'emploi.

Les masques

La production a porté principalement sur les masques FFP2 et accessoirement sur les masques chirurgicaux. On peut considérer que la France est capable d'autonomie et sait faire face avec succès à une prolongation importante de la présence du coronavirus. Devrait-on, dans ce contexte, réhabiliter le site de Plaintel, dont la capacité de production pouvait atteindre 200 millions de masques par an ? D'après les estimations d'un ancien dirigeant de l'entreprise, cette remise en route coûterait de 20 à 30 M€.

Par contre, on consoliderait notre indépendance nationale dans ce domaine. On favoriserait également la création d'emplois industriels. Apparemment, à ma connaissance, aucune décision n'a été prise à ce sujet et plus personne n'en parle.

Reste le problème de la protection de la population qui nécessite l'usage de masques « grand public » dont les caractéristiques d'étanchéité au virus sont beaucoup moins draconiennes.

Actuellement, on continue à importer de Chine des masques conçus en polypropylène, à « usage unique » jetés après utilisation et responsables d'une aggravation de la pollution. Il est indispensable de proscrire l'usage de ce type de produit qui, de surcroît, n'est pas recyclable.

Il existe sur le marché français une filière de masques textiles. Près de 400 entreprises textiles, dont la société Tenthorey et Le Slip français, ont breveté des masques et investi à la hâte pour fournir les Français.

Ces masques sont à usage durable (20 à 50 fois) et reviennent somme toute moins chers que les masques jetables qui constituent une source supplémentaire de pollution de l'environnement.

Or, il s'avère paradoxalement que les Français continuent à privilégier les masques chirurgicaux à usage unique, majoritairement importés de Chine et que les entreprises font le choix des masques jetables pour équiper leurs salariés.

Ce qui signifie que, dans le cadre de l'apparition d'une nouvelle pandémie, il sera indispensable de prendre à court terme un certain nombre de mesures radicales :

Interdire purement et simplement l'usage de masques grand public à usage unique.

Cela consiste en premier lieu à stopper l'importation en provenance d'Asie du Sud-est en taxant fortement les produits de ce type et, si nécessaire, en pénalisant les sociétés importatrices à partir d'une amende dissuasive.

Promouvoir au niveau gouvernemental l'usage des masques à usage durable

Ceci grâce à une campagne de publicité adéquate

Rechercher la possibilité d'une réutilisation des masques chirurgicaux et FFP

Ces masques sont conçus à base de polypropylène et destinés à être éliminés après un seul usage. L'option de réutilisation est hautement souhaitable dans la mesure où elle évite l'incinération de ces masques, source de pollution supplémentaire et de perte de valeur. Elle permet en outre de minimiser les stocks nécessaires à prévoir. Plusieurs actions avaient été envisagées :

- Élaboration d'une directive belge sous l'égide d'un groupe de travail (Task Force Shortages)[1].
- Recherche de plusieurs pistes émanant d'un consortium interdisciplinaire impliquant des médecins, scientifiques et industriels issus du CNRS, du Commissariat à l'énergie atomique (CEA), du IMT Atlantique, de l'INSERM et de l'Université Grenoble Alpes. Ce consortium participe à un groupe de travail interministériel piloté par l'Agence nationale de sécurité sanitaire de l'alimentation, de l'environnement et du travail. L'étude porte sur la collecte, le traitement et la remise en service des masques. Il avait été prévu de tester la combinaison du lavage et d'autres méthodes de désinfection : vapeur de peroxyde d'hydrogène, plasma d'oxygène, stérilisations bêta (avec des faisceaux d'électrons) et traitement à l'oxyde d'éthylène, par l'industriel Ionisos[2]. Quelle suite a été donnée à ce projet ?

Les respirateurs

Il existe 4 types de respirateurs :

Le respirateur de réanimation

Il est assorti d'un répartiteur qui permet le pilotage simultané de plusieurs appareils, d'où un gain de temps qui permet de pallier le manque de ressources humaines.

Le respirateur de bloc opératoire

Il est similaire au premier en termes de performances, mais non équipé d'un répartiteur.

Le ventilateur de transport

Conçu à turbine ou à piston, il est utilisé principalement dans les ambulances.

---

[1] Publication de l'AFMPS (Agence Fédérale des Médicaments et des Produits de Santé)

[2] Extrait de l'article « Lavage, stérilisation, irradiation : plusieurs pistes à l'étude pour recycler les masques » paru dans Le Quotidien du Médecin par Coline Garré — publié le 7 avril 2020

Le respirateur (SSPI)

Ils équipent les salles de surveillance post-interventionnelles et permettent de garder le patient sous respiration lorsqu'il est encore sous anesthésie.

Or, chaque patient a besoin d'un mélange de trois gaz (de l'air, de l'oxygène et de l'azote) qui lui est propre. Les cas les plus critiques nécessitent un apport d'azote et de l'air enrichi en oxygène. Et tous les respirateurs n'ont pas la même efficacité. Ceux de réanimation et ceux de blocs opératoires sont adaptés pour les patients les plus critiques, mais pas forcément les autres. Ceux qui sont conçus pour les transports, notamment, ne permettent pas d'envoyer de l'azote, pourtant indispensable[1]. Avant l'apparition du coronavirus, les hôpitaux français disposaient d'environ 5 000 ventilateurs médicaux et en commandaient entre 1 000 et 1 500 par an.

Néanmoins, un certain nombre de projets ont vu le jour et étaient susceptibles, à court terme, de déboucher sur une industrialisation.

Les ingénieurs du CNES ont eu l'idée de développer un système en forme de Y capable de se brancher sur un seul appareil, mais qui peut ensuite permettre d'incuber plusieurs patients (2 voire 3). La contrainte de ce système est que les patients doivent avoir des problèmes similaires et donc des besoins en oxygène identiques.[2]

Notons l'apparition d'un prototype nommé « MakAir » créé à l'initiative d'une Start-Up niortaise *Innovabox*.

Ce prototype a été élaboré à partir de moyens simples (composants disponibles, imprimante 3D) et a été pensé pour le traitement du coronavirus.

Chaque MakAir est conçu pour fonctionner sans arrêt pendant un mois et deux semaines, soit un peu plus que le temps moyen de traitement d'un patient atteint du Covid-19 en insuffisance respiratoire.

Après industrialisation, il était prévu un prix de vente d'environ 1 000 €. Cela constituait une approche compétitive et permettrait des débouchés importants en France et à l'extérieur de notre territoire[3].

Qu'en est-il de ce projet novateur et à bas coût ? Fabriqué en open source, il a été récupéré par les Indiens très intéressés par ce produit.

Quid de son industrialisation ? Ce problème montre bien la difficulté d'une réponse de la France dans ce domaine et de la mise en œuvre d'une filière apte à répondre aux besoins actuels.

---

[1] – Extrait de l'article paru dans « Industrie et Technologie » de Kevin Poireaux le 25 mars 2020

[2] Extrait de l'article « Les respirateurs : l'industrie au secours des médecins réanimateurs ? » paru dans « Parcours Médecin » par Monika Bourderioux (21 mai 2020)

[3] Extrait de l'article « Le MakAir traitera le Covid-19 comme les respirateurs à 40 000 €, mais sans les écrans LCD dernier cri », assure Baptiste Jamin, l'un de ses créateurs, paru dans Industrie et technologies par Kevin Poireault (22 avril 2020)

Les purificateurs d'air

L'emploi des purificateurs d'air en tant que protection contre le Covid 19 a été l'objet de nombreuses polémiques. Il est évident que c'eut été la solution idéale de protection dans les lieux clos, en permettant, entre autres, de limiter l'usage du masque.

Qu'en est-il en réalité ?

Un purificateur classique est composé de trois filtres [1] : un préfiltre, qui retient les grosses poussières, un filtre à charbon actif, un filtre HEPA, qui retient les particules les plus fines, de diamètre égal ou supérieur à 0,3 µm. Or, la taille du coronavirus est très faible et ne dépasse pas 0,1 µm, ce qui fait qu'un filtre HEPA ne peut retenir ce virus. Il existe, indépendamment de ces appareils « Grand public » (Dyson, Philips, Rowenta, etc.) des constructeurs professionnels. *Nateo Santé* a mis au point des appareils capables de capter le virus par le biais d'un filtre spécial qui retient des particules de 0, 0001 µm.

Cet appareil, compte tenu de son prix (plus de 3 000 € pièce), est destiné au milieu médical, aux entreprises et aux collectivités. Un des obstacles à une utilisation généralisée de ce type de matériel est son prix d'achat et, aussi, la surface traitée par ce purificateur, surface qui ne dépasse pas 120 m^2 pour le modèle le plus important.

D'où une difficulté d'emploi dans de lieux publics conséquente. Il n'en est pas moins dommage que cette démarche de purification n'ait pu être mise en œuvre et n'ait pas été poursuivie là où cela était possible.

Je pense en effet qu'elle aurait évité nombre de contaminations, d'hospitalisations et peut-être de morts d'individus, voire d'une nécessité de confinements.

Sans parler des coûts engendrés bien supérieurs à l'achat de quelques purificateurs « haut de gamme ».

Les équipements d'électronique médicale

Depuis 1987, la France ne possède plus d'outil industriel concurrentiel face aux Américains et Allemands dans ce domaine. En effet, la Compagnie Générale de Radiologie (CGR), un des fleurons du matériel d'imagerie médicale en France, a été vendue à General Electric en 1987. Ou plus exactement échangée contre le secteur grand public RCA, dont l'évolution s'est avérée un échec cuisant de stratégie. On peut considérer que l'abandon de la CGR fut une erreur majeure pour l'entreprise et pour l'économie nationale. Actuellement, la France dépend en grande partie des Américains et des Allemands pour les appareils médicaux de toutes sortes, particulièrement dans l'imagerie médicale,

---

[1] Extrait de l'article « Coronavirus : tous les purificateurs d'air ne sont pas efficaces pour éliminer le virus » paru dans Numériques par Valentine de Brye (6 mars 2020)

mais aussi dans la dialyse, les appareils de dentisterie, etc. Alors que, du fait du vieillissement de la population, ces marchés s'élargissent sans cesse[1].

La question qui se pose : la France est-elle capable de retrouver une place sur ces différents marchés, alors qu'elle a été absente depuis nombre d'années et que la concurrence internationale s'est accrue avec l'irruption de nouveaux entrants, dont le Japon et Israël ?

Il est malheureusement permis d'en douter, si l'on se réfère à ce cas d'école. Il s'agit d'un hold-up effectué en 2018 sur une recherche de plusieurs années initiée par l'INSERM et le *Généthon,* laboratoire de recherche du *Téléthon.* Cet effort portait sur la création d'un médicament, remède à une maladie génétique des nourrissons[2]. Faute de disposer des moyens nécessaires pour favoriser le développement et l'industrialisation de ce médicament, le téléthon a cédé à prix coûtant (15 M€) les droits de son brevet à une Start-Up, *Avexis,* brevet racheté par *Novartis* pour 8 G€. Cerise sur le gâteau : la France, par le biais de la Sécurité sociale, doit payer au prix fort (estimé à 800 K€ au minimum, en réalité 1,90 M€) le coût du futur médicament appelé « Zolgensma ». Tout cela par manque d'une filière qui prendrait en charge la démarche allant de la recherche à l'industrialisation et permettrait de maîtriser les coûts. Il s'agit d'une demande maintes fois formulée par la présidente de l'AFM Téléthon aux gouvernements en place, demande restée sans effet. Voilà en outre de quoi satisfaire les milliers de donateurs du Téléthon. En clair, de savoir que leur obole est destinée à engraisser le portefeuille des multinationales et à accroître le déficit de la Sécurité sociale !

Si l'on fait le point sur l'état des lieux aujourd'hui, où en est-on ? Il existe nombre de start-ups dans plusieurs domaines :

L'imagerie médicale

Celle-ci recouvre trois types d'imagerie et différentes modalités et axes thérapeutiques. Les recherches portent à la fois sur une miniaturisation des dispositifs, la combinaison de plusieurs techniques d'imagerie dans un même appareil et la diminution des doses de radioactivité pour raisons de sécurité.

L'instrumentation médicale (medtechs opératoires)

Cette filière œuvre dans différentes disciplines : bras robotisés, cœurs artificiels, exosquelettes, traitement du glaucome, de la maladie de Parkinson, etc.

Or, il s'avère que très peu de ces start-ups qui œuvrent dans cette filière atteignent un certain stade de développement. Elles se font racheter ou deviennent les sous-traitantes des grands industriels étrangers qui dominent le

---

[1] « Des *grands* patrons qui ont désindustrialisé la France ! » Par Jean Matouk L'Obs rue 89 (25 janvier 2017)

[2] « Le casse d'un géant pharmaceutique sur une merveille de la recherche française » par Isabelle Barré — Le Canard Enchaîné (5 juin 2019)

marché. Ou bien, elles périclitent du fait d'une croissance trop faible pour pouvoir se rentabiliser. [1].

Ce que je crois comprendre : c'est que ces sociétés sont structurées pour la recherche, mais ne disposent pas ou incomplètement des outils, des dirigeants et responsables, des partenaires et des levées de fonds suffisants qui impliquent de multiples fonctions. Citons pour mémoire : dépose et exploitation de brevets, prototypages multiples, essais d'investigation et d'homologation, industrialisation et stratégie de commercialisation (budget de publicité, recherche de marchés et de distributeurs agréés, lobbying à l'international, etc.).

Ajoutons à cela, pour compléter ce schéma, le désir de nombre de ces start-ups d'un profit immédiat et confortable au détriment d'un choix et d'une vision industrielle et *Franco Française*. Cela rejoint le cas précédemment exposé sur la spoliation des travaux financés par le téléthon.

Il faut citer le groupe Thalès, spécialisé dans les dispositifs de sécurité et de défense nationale, qui est issu de Thomson CSF, constructeur de radars à usage militaire. Il dispose en outre d'une branche d'imagerie médicale, représentée par deux filiales, Tixel et Thalès Electron Device (TED) Xris, spécialisées dans la production de détecteurs à usage d'équipements d'imagerie médicale (Scanners, IRM, etc.).

Or, le groupe a envisagé en 2012 de se séparer de cette activité pleine d'avenir et rentable[2], activité qui occupe près de 800 permanents et génère plus de 2000 emplois indirects.

Il y a finalement renoncé grâce à une action syndicale forte, à l'initiative de l'UGICT-CGT, qui lutte pour une évolution des métiers de Thalès et un développement plus important de cette branche médicale [1]. De ce fait, Thalès pourrait peut-être reconquérir, grâce aux moyens dont elle dispose, une place conséquente sur le marché des équipements lourds.

Je crois fermement *que l'état et les régions ont un rôle important à jouer, en termes de stratégie industrielle bien comprise, dans la création d'un pôle santé.* Il pourrait regrouper l'ensemble des acteurs concernés (start-up) et le groupe Thalès et bénéficier de leurs efforts de recherche pour mener à bien la mise sur le marché de produits complets et compétitifs face à la concurrence mondiale.

4.1.2. La production de l'énergie

Examinons tout d'abord la part de l'industrie française dans la conception et la fabrication des équipements dédiés à la production de l'énergie.

---

[1] – « Start-up scientifiques : imagerie et medtech opératoires » par Olivier Ezratty FW 500 Edition 2000 (14 février 2017)

[2] À voir *Imagerie médicale — radiographie d'une industrie d'avenir* par Marie Claude Lamour CGT Thalès et lettre info UGICT-CGT dossier spécial Actus et référence (7 janvier 2019) disponibles sur internet

L'éolien

Comment se comporte la filière française de l'éolien ?

Le moins qu'on puisse dire, si l'on se réfère à l'historique, c'est qu'elle a rencontré depuis sa création un certain nombre d'obstacles à son développement. Résumons : en janvier 2014, le groupe Areva, leader supposé de la filière, a annoncé la création d'une joint-venture avec la société espagnole Gamesa pour développer leurs activités dans l'éolien offshore en commun. Ce projet ne verra pas le jour : entre-temps, Gamesa fusionnera avec Siemens en juin 2016 et, de ce fait, Areva cessera son activité *verte*. La vente de la branche Énergie d'Alstom à General Electric en 2018 clôturera la fin d'une partie importante de la filière française dans la fabrication d'éoliennes de gros calibre.

La France a accusé un retard important face à ses concurrents européens, et principalement l'Allemagne. À cela, plusieurs causes [1] :

- Les hésitations des gouvernements successifs à prendre en main les appels d'offres face à une avalanche de recours juridiques en provenance le plus souvent des élus locaux. D'où des délais de 3 à 5 ans nécessaires à l'instruction d'un dossier.
- Le coût du rachat de l'électricité par EDF considéré comme trop élevé par les industriels.
- L'opposition des riverains des différentes éoliennes implantées massivement. Près de 60 % des cas sont concentrés dans 2 régions : les Hauts-de-France et le Grand Est, ce qui entraine un niveau de saturation. Des opposants qui contestent (à juste titre, d'ailleurs) ces implantations massives avec l'appui des élus locaux. On notera que l'opposition à l'implantation massive de ces éoliennes s'est manifestée également de manière fort véhémente en Allemagne.

Quels sont les inconvénients reprochés à cette technologie ?

Les principaux points : impacts sur le paysage, problèmes sanitaires, atteinte à la biodiversité, pollution sonore et lumineuse, impact sur la propagation des ondes. En effet, les éoliennes sont accusées d'interférences potentielles avec les radars militaires dans le cadre de la détection d'un avion volant à basse altitude et météorologiques pour la détection des précipitations.

Sont également citées :

- Les morts suspectes de plusieurs centaines de bovins et, au mieux, comportement anormal de ces animaux à proximité immédiate d'une

[1] « Eoliennes en mer : quinze ans à brasser de l'air pour un projet à 15 milliards » par Odile Benyahia-Kouider et Jean-François Julliard. Le Canard enchaîné

éolienne. Il semblerait d'ailleurs que ce fait soit dû au champ électromagnétique provoqué par le câble souterrain de raccordement de cette éolienne au réseau électrique.

- Des nuisances qui affectent le cadre de vie des oiseaux et surtout des chauves-souris provoquées par l'implantation massive d'éoliennes en milieu marin.

Une argumentation plus substantielle et très plausible :

- L'encombrement : l'emprise au sol est importante : 1 000 m², soit 200 m² de fondation et 800 m² de *grutage* (nécessaire pour installation et maintenance)
- L'artificialisation des sols : le socle nécessite le coulage de 800 à 1500 tonnes de béton armé, d'où un impact important lors du démantèlement dans la mesure où ce socle n'a pas obligation d'être enlevé. D'où l'impossibilité d'utiliser la surface pour tout usage agricole ou forestier.
- Une faible recyclabilité : Il n'existe que peu de possibilités de récupération des pales, constituées d'un matériau hybride à base de fibre de verre, de carbone et de résine polyester. Seul le mât, constitué par un assemblage de viroles en acier, est recyclable sous réserve qu'il ne soit pas construit en béton.
- Le volume important de matériaux nécessaires. Afin d'augmenter le facteur de charge, les mâts atteignent des hauteurs de plus de 100 m, voire plus de 200 m en éolien marin, d'où la quantité importante de matériaux mise en œuvre ! Compter, en version offshore, environ 130 tonnes d'acier (mât et fondation) pour un mât de 85 m de hauteur et 1 000 tonnes de béton pour les fondations. Total à réajuster pour des mâts de 150 et 200 m de hauteur[1].
- Une quantité importante d'aimants, donc de terres rares et de métaux rares, principalement dans les éoliennes pourvues de variateurs de fréquence. Compter 200 kg pour une éolienne terrestre, 1 000 kg pour l'éolien marin.

L'industrie de l'éolien en France

Actuellement, il ne subsiste qu'un seul fabricant d'éoliennes de moyenne puissance : le groupe Vergnet, implanté dans le Loiret, qui a frôlé la faillite en 2012 et fort heureusement, a renoué avec des résultats positifs à partir de 2019, ceci dans le cadre d'un marché intérieur poussif.

On notera que ce groupe est détenteur d'un certain nombre de brevets et de technologies de pointe (éoliennes adaptées aux zones cycloniques et

---

[1] Référence : WikiEolienne https://eolienne.f4jr.org/energie_grise_d_une_eolienne

systèmes hybrides éolien/solaire). Ce groupe devrait pouvoir remporter des marchés à l'export et en particulier, dans les pays en voie de développement.

Il semblerait que l'on assiste à une renaissance de la filière depuis les années 2020, principalement dans l'éolien off-shore. Trois sites français (Nantes, Saint-Nazaire, Cherbourg) développent de l'éolien sous la houlette de General Electric. Il existe une usine de fabrication de pales sous contrôle d'une société d'origine danoise.

Dans le domaine de l'éolien off-shore, la France, qui a échoué dans le développement de l'éolien posé, tente de se créer une place sur le marché de l'éolien flottant.

Il est loisible de se féliciter de cet état de choses, mais il reste qu'il n'existe pas à proprement parler d'assembleur français ni de filière française de l'éolien.

Quelle stratégie proposer pour l'éolien ?

Je suis pour une limitation très nette du développement de l'éolien et particulièrement de l'éolien terrestre, qui apparaît comme un élément extrêmement perturbateur de l'environnement.

En outre, la consommation importante de matières premières et l'artificialisation des sols constituent des arguments à prendre en compte. La faiblesse du facteur de charge en est un autre.

Le solaire

L'énergie issue du soleil requiert deux aspects distincts : la production d'énergie électrique par le soleil, à origine photovoltaïque, la plus répandue à notre connaissance, et la production de chaleur à usage de production d'eau chaude sanitaire, voire de chauffage.

Nous passerons en revue chacune de ces deux filières, à la fois en termes de constats, d'enjeux et de stratégie eu égard au devenir de notre industrie.

La filière photovoltaïque

Le développement en France de la filière photovoltaïque a été plus que laborieux. Elle a subi jusqu'en 2016 les hésitations de gouvernements en place face à l'opportunité d'une mise en œuvre des énergies renouvelables, alimentée de surcroît par l'omniprésence du lobby nucléaire dans les débats à l'échelon national et territorial.

Depuis 2016, la France s'est engagée plus fermement dans la transition énergétique, en particulier au niveau d'installations photovoltaïques afin de réduire la consommation d'énergie d'origine fossile, d'où un objectif ambitieux de 18 à 20 GW en 2023 et de 45 GW en 2028. Or, la production en 2020 est de l'ordre de 13 GW, soit 2,5 % de la production totale d'électricité en France. On peut donc se poser la question de savoir si ces objectifs seront atteints et dans quelles conditions.

On distinguera la production des panneaux solaires des autres éléments constitutifs d'une installation photovoltaïque (onduleurs, traqueurs, transformateurs, batteries, câblage électrique).

Les panneaux : il existe actuellement 3 fabricants français :

- Photowatt, racheté par EDF EnR en 2018 et de nouveau en règlement judiciaire et en recherche de repreneur
- Voltec Solar, société domiciliée en Alsace et spécialisée dans le haut de gamme.
- Dualsin et Systovi (qui a cessé ses activités face au dumping chinois) se positionnent sur l'innovation multi-énergie avec la conception et la fabrication de panneaux hybrides pour production simultanée d'électricité et d'eau chaude.

Malheureusement, il s'agit de marchés de niche. L'essentiel de la production est concentré en République de Chine, qui détient la quasi-totalité du marché face à l'Allemagne. Celle-ci a perdu sa suprématie depuis que les mesures antidumping, qui visaient à protéger l'industrie solaire européenne des panneaux chinois, ont été supprimées en 2018. Elles ont été jugées contre-productives par les installateurs de panneaux qui ne pouvaient pas profiter de produits meilleur marché. Et aussi, ne nous voilons pas la face, par l'influence de l'Allemagne, qui désirait ne pas perturber ses parts de marché avec la Chine. Celle-ci est en effet capable *de vendre à 30 % moins cher que ses concurrents européens des panneaux de qualité équivalente,* ce qui vaut, bien sûr, pour un certain nombre de marques répertoriées et non pour l'ensemble de sa production.

Les éléments d'installation : il s'agit, indépendamment des panneaux, des éléments permettant le bon fonctionnement de l'installation et la transmission du courant aux utilisateurs, soit :

- *Les onduleurs ou convertisseurs de courant* transforment le courant continu délivré par les panneaux solaires en courant alternatif monophasé ou triphasé moyenne tension selon les besoins. Plusieurs options existent : un onduleur central, qui réceptionne le courant de l'ensemble des panneaux ou des micro-onduleurs placés à proximité immédiate des panneaux et affectés à un ou plusieurs panneaux (2 en général).

La durée de vie d'un onduleur est en moyenne de 10 ans. Ce choix s'impose pour des installations puissantes, supérieures à 2 KWc et pour son coût relativement faible. Il n'est pas recommandé pour des installations domestiques. L'emploi d'une batterie de micro-onduleurs s'impose dans ce cas. Cette solution est plus chère que la précédente, mais permet d'éviter la panne totale en cas de défaillance.

Concernant le marché mondial, deux fabricants chinois, Huawei et Sungrow, sont en tête, devant l'allemand SMA. La quatrième place est dévolue à Power Electronics Group et la cinquième au fabricant italien Fimer. Ces cinq sociétés couvrent, à elles seules, près de 60 % du marché.

La France fait piètre figure avec la présence modeste de deux grosses structures, Legrand et le groupe Comeca, et de plusieurs PMI, dont Aunilec, qui développe des onduleurs hybrides, et Ineon Energy. Celui-ci présente sur le marché des onduleurs multifonctions qui savent gérer plusieurs sources d'énergie : le réseau, les panneaux solaires et le stockage en batteries. Il s'agit là, à mon sens, d'initiatives intéressantes qu'il convient d'aider à développer afin de disposer de produits français de qualité et de minimiser ainsi nos importations, en particulier en provenance d'Asie du Sud-est.

- *Les traqueurs ou suiveurs solaires* permettent, par une orientation adéquate en fonction de la position du soleil, d'optimiser les performances de l'installation. Ces éléments concernent des centrales solaires indépendantes de toute habitation. L'installation de traqueurs peut permettre une augmentation de 25 à 40 % du rendement de l'installation qui justifie le prix élevé de ce système.

Le marché mondial des traqueurs est dominé par les États-Unis et la Chine.

La France, là encore, occupe une place plus que modeste. La société Soltec, cinquième fabricant mondial jusqu'en 2010, s'est retirée du marché du solaire. Exosun, en redressement judiciaire jusqu'en 2017, a été repris par le groupe Arcelor Mittal en 2018, avec un risque latent de délocalisation. La société Optimum Tracker sort, elle aussi, d'un redressement judiciaire en 2018 et constitue la seule entreprise conséquente dans le domaine des traqueurs,

Quelle stratégie proposer pour la filière photovoltaïque ?

Face à l'invasion chinoise, il convient de *sortir d'une politique de libre-échange intégral* poursuivie jusqu'à présent par l'Union européenne, donc par la France.

Une politique de protectionnisme écologique comme définie ci-devant devrait imposer a minima le respect des normes environnementales pour l'ensemble des éléments de cette filière.

- *Les panneaux* : un certain nombre d'innovations mettent en œuvre d'autres matériaux que le silicium cristallin et ont vu le jour depuis 2 ou 3 ans. Citons les cellules solaires pérovskites, à couche mince fabriquée à partir d'une classe de matériaux artificiels appelés pérovskites. La *pérovskite* est un matériau composé d'oxyde de calcium et de titane qui peut être produit à faible coût. Les cellules solaires pérovskites sont capables de surpasser les rendements des cellules traditionnelles. Par contre, elles se dégradent rapidement sous l'effet de l'humidité, de la chaleur et des ultraviolets. En outre, elles contiennent du plomb en faible quantité, ce qui nécessite une filière spécifique de recyclage[1]. Evolution à suivre. Les cellules à base de

[1] Extrait de l'article « Un polymère nano-structuré pour augmenter son rendement photovoltaïque » Daze le magazine de l'actualité industrielle

polymères ont fait, elles aussi, l'objet de nombreuses recherches. Trois groupes de chercheurs français [1] sont parvenus à mettre au point un procédé qui augmente la performance des cellules à base polymère. Il serait donc possible, dans l'optique d'une industrialisation de ce produit, de mettre en œuvre en France une production à grande échelle de panneaux solaires susceptibles de concurrencer efficacement la Chine et de s'affranchir de leur domination du marché mondial.

- *Les onduleurs* : là encore, il est possible de limiter l'importation de matériels chinois en France et en Europe. En priorité, par l'exigence du respect des normes de sécurité : DIN VDE 0126 1.1 et CEI NF 61000 3-2. Ces normes définissent les contraintes relatives à la protection de découplage de l'onduleur photovoltaïque. Le respect de ces normes est obligatoire pour le raccordement au réseau de tous panneaux photovoltaïques. La Chine les respecte-t-elle ?

Une orientation vers des principes d'écoconception pour les matériels fabriqués en France devrait pouvoir être envisagée.

On peut optimiser la réparabilité avec :

- Un accès facilité aux composants des circuits imprimés (dont la carte mère) avec une optimisation des tests de fonctionnement de ces composants (par exemple, arbre de défaillance), si possible, facilité de démontage et de remontage des composants, etc.
- La prise en compte du coût écologique du transport, facteur de pollution et susceptible d'être intégré dans la taxe carbone.
- Une optimisation du prix et de la disponibilité des composants (facteurs de proximité), associée à la fabrication française de ces composants et de leur assemblage sur les différents circuits.

Le chauffage solaire

- *Principe de fonctionnement* : Un chauffe-eau solaire se compose d'un capteur constitué d'une plaque et de tubes métalliques noirs posés sur la partie du toit orienté au soleil et d'un ballon de stockage relié aux capteurs par un circuit (serpentin) dans lequel circule un fluide caloporteur. Un accélérateur de flux (pompe ou système par gravité) complète l'installation.
- *Différents types de chauffe-eau solaires.* Le chauffe-eau à pompe électrique est le plus répandu et le plus commode, mais aussi le plus coûteux. Il nécessite de ce fait une maintenance suivie et efficace et du matériel de qualité. Le

[1] L'institut de chimie et des procédés pour l'énergie, l'environnement et la santé (ICPEES), l'institut de physique et de chimie des matériaux de Strasbourg (IPCMS), le laboratoire des sciences de l'ingénieur, de l'informatique et de l'imagerie (ICube)

chauffe-eau à thermosiphon apparaît comme la meilleure solution sur le plan qualité prix avec une variante, le chauffe-eau monobloc. Autre variante, les panneaux aérovoltaïques, qui produisent de l'électricité, mais sont aussi équipés d'un système de récupération de chaleur, d'où une meilleure rentabilité.

- *Avantages et inconvénients du chauffage solaire :*

Les avantages : Le chauffe-eau solaire permet de ne plus chauffer l'eau à l'aide de l'électricité ou d'une chaudière pendant plusieurs mois et d'obtenir entre 40 et 70 % des besoins en eau chaude au cours de l'année.

Les inconvénients : la nécessité d'un chauffage d'appoint et surtout, un investissement important qui se situe entre 5 000 et 10 000 €.

- *L'industrie française du chauffage solaire :* Contrairement à la filière photovoltaïque, la France dispose de nombreuses entreprises dans le domaine du chauffage et de l'eau chaude sanitaire par voie solaire.

Quatre grandes marques françaises se partagent le marché : de Diétrich, Chaffoteaux, Saunier Duval et Giordano. Citons aussi Elm Leblanc, les sociétés Solosart et Hélio France de factures récentes, et la société Sonnenkraft. Viessmann et le groupe Bosch, disposent de filiales de fabrication en France,

- *L'essor mondial du solaire thermique :* Là encore, la France fait piètre figure en comparaison du reste du monde et aussi de l'Europe. Face à une capacité mondiale d'une puissance développée de près de 500 GWth, elle ne dépasse pas 3 GWth. Dans ce contexte, la Chine arrive largement en tête avec 70 % de la puissance mondiale. Viennent ensuite les États-Unis et la Turquie avec 4 %. L'Allemagne représente 3 % de la puissance mondiale et domine très nettement le marché européen de cette filière.

L'hydrolien

Ce vocable englobe différentes formes d'énergie disponibles :

- L'énergie hydrolienne proprement dite (énergie des courants marins et fluviaux) et dont le potentiel est estimé à 400 TWh/an.
- L'énergie marémotrice (énergie des marées) pour laquelle la prévision est d'environ 500 TWh/an.
- L'énergie houlomotrice (énergie des vagues). Le potentiel énergétique prévisible varie de 10 000 à 80 000 TWh/an. On notera que, pour cette énergie, l'estimation est aussi immense qu'imprécise.
- L'énergie thermique des mers utilise le gradient thermique entre surface et grande profondeur. L'estimation potentielle est d'environ 10 000 TWh/an. Les zones intertropicales sont les territoires cibles principaux de cette technologie.

- L'énergie osmotique utilise le gradient de salinité à l'embouchure des fleuves. Le potentiel énergétique est estimé à environ 2 000 TWh/an.

Actuellement, seules ont été l'objet d'une exploitation les deux premières formes d'énergie. Les trois autres restent en devenir. À noter néanmoins que des projets ETM (Énergie Thermique des Mers) ont été lancés à la Réunion, en Martinique et à Tahiti. [1]

L'état des lieux

Il existe plusieurs types d'hydroliennes :

- *La turbine à axe vertical* : Ces turbines ont l'avantage de pouvoir extraire la puissance indépendamment de la direction de l'écoulement et de fonctionner, quel que soit le sens du courant. Ces systèmes, par leur modularité et leur faible coût, sont aussi bien adaptés au milieu fluvial.
- *La turbine à axe horizontal à écoulement libre* : ce type d'hydrolienne reprend le même principe que pour l'éolien.
- *La turbine à axe horizontal à « Effet Venturi »* : il s'agit d'une variante du type précédent. L'eau pénètre dans un conduit en forme de double entonnoir, ce qui décuple la vitesse de rotation de l'hélice, placée au point où le diamètre est le plus étroit.

Ces deux dernières familles concernent généralement des hydroliennes de grande dimension avec des turbines de 3 à 10 m de diamètre et de masse importante (plusieurs tonnes). La puissance de ces types de turbine varie de quelques watts à plusieurs mégawatts et n'est rentable que pour des courants supérieurs à 2,5 m/s.

- *L'hydrolienne à membrane ondulante* : cette option a été développée en version marine, puis en version fluviale. Sous l'effet du courant, l'ondulation de la membrane est transformée directement en électricité par des convertisseurs électromagnétiques linéaires. Selon ses concepteurs, elle peut être installée à faible profondeur, à proximité des côtes, mais aussi dans les fleuves. La puissance installée peut varier de quelques KW à plusieurs MW suivant le modèle.
- *La vis d'Archimède* : Il s'agit d'une vis sans fin. Ce mécanisme peut être utilisé pour produire de l'électricité à partir de l'eau au niveau d'une petite chute de 1,5 m à 4 m. Ce dispositif est simple à mettre en œuvre, peu coûteux, robuste et durable (de 20 à 40 ans). Il présente l'avantage de ne pas avoir d'impact négatif sur la biodiversité du cours d'eau où il est installé.

---

[1] Extrait de l'article « Énergies marines » écrit par Marine Praillet, étudiante à Centrale Supélec (13 mai 2019)

- *L'hydrolienne au fil de l'eau* : le système est intégré dans une barge flottante et comprend une turbine installée directement sous la barge. Certains modèles comportent un dispositif de relevage de la turbine permettant l'entretien, le nettoyage éventuel et la réparation en cas de panne de la turbine.
- *Le houlomoteur*: L'énergie houlomotrice tient son nom du fait qu'elle est produite à partir de la houle, nom donné aux vagues. Il existe un vaste inventaire de solutions qui ont généré une multitude de projets, mais aucun d'entre eux n'est arrivé au stade de la maturité industrielle. Un des projets les plus avancés, le Pelamis, a été créé par la société écossaise Ocean Power Delivery, d'une puissance de 750 kW et est installé au large de la côte portugaise.

Quelles sont les caractéristiques de la filière hydrolienne ?

Au chapitre des avantages, on notera un excellent rendement, en particulier par rapport aux éoliennes du fait de la masse volumique de l'eau largement supérieure à celle de l'air, d'où un encombrement réduit. De ce fait, la puissance d'une hydrolienne varie en fonction de la surface du rotor et du cube de la vitesse du courant marin ou fluvial. En outre, contrairement à l'énergie du vent et du soleil, la disponibilité permanente de l'énergie marine laisse entrevoir un facteur de charge estimé au minimum à 50 %, voire 70 à 80 % dans l'optique d'une rationalisation des équipements. D'où une production d'énergie optimisée.

Par contre, un des inconvénients actuels de l'hydrolienne est son coût d'exploitation, estimé au double, voire au triple de celui de l'éolien. Ce coût d'exploitation comprend à la fois celui de la construction et le coût de maintenance. Celui-ci prend en compte l'extraction du matériel pour nettoyage et remplacement des pièces d'usure causées par la corrosion marine et les incrustations diverses. Sans compter le dépannage en cas de rupture d'un élément stratégique. Il s'agit d'estimations basées sur la réalisation de prototypes. Et que, malheureusement, l'industrialisation est encore en devenir. On remarquera en outre que certains types d'hydroliennes, de par leur conception, échappent en grande partie à ces critiques.

Question subsidiaire : À partir de quel facteur de charge le coût du MWh a-t-il été estimé ?

Comment se situe la France dans le développement de l'hydrolien ?

On peut dire qu'elle a fait figure de pionnière en installant en 1966 l'usine marémotrice de la Rance, composée d'un barrage de 750 m de long et de 24 turbines de puissance unitaire de 20 MW, animées par les mouvements de marée entre l'embouchure du fleuve et la mer.

Au début des années 2000, la nécessité de développer les énergies renouvelables met un coup de projecteur sur les énergies marines et en particulier sur l'énergie hydrolienne. D'où le démarrage simultané d'études techniques et environnementales en France et à travers le monde.

En France, la société Sabella a construit en 2008 un prototype d'hydrolienne à axe horizontal alimentée par une turbine de 3 m de diamètre appelée « D03 », suivie, en 2015, d'un second modèle plus conséquent (Ø :10 m) appelé « D10 » d'une puissance de 1 MW. Ont suivi d'autres réalisations sans qu'on ait, à l'heure actuelle, dépassé le stade du prototype. Une des causes consiste dans l'attitude pusillanime des pouvoirs publics français face à la filière hydrolienne.

Pour l'illustrer, il convient de citer l'aventure désastreuse de Naval Énergies qui a failli être fatale à cette filière : cette société, filiale du constructeur français Naval Group (ex-DCNS) avait inauguré à la mi-juin 2018, à Cherbourg, la première usine française de fabrication d'hydroliennes. Elle représentait un investissement de 10 millions d'euros financé en partie par les collectivités locales. Cinq semaines plus tard, Naval Energy annonçait mettre fin à ses investissements dans l'hydrolien, avec mise en liquidation de tout le matériel.

Explication : l'entreprise attendait des appels d'offres de l'État qui ne sont jamais arrivés et en a tiré les conséquences de l'absence de soutien public. Cette annonce a suscité, à juste titre, la colère des élus normands qui y voyaient une filière prometteuse d'emplois. Colère contre le manque de soutien du gouvernement et de son ministre de l'écologie, Nicolas Hulot, qui avait estimé que la filière, même à moyen terme, n'était pas rentable. Constat appuyé par ADEME qui n'avait prévu que 100 à 150 MW installés d'ici 2028, soit 50 turbines de 2 MW, ce qui est peu.

Quelles conclusions peut-on tirer de ce cas d'école ? Un manque de vision à long terme de nos responsables et de leurs *experts*. Ceci d'autant plus que d'autres expériences, menées par différentes sociétés françaises, étaient en passe de réussir leur pari et d'aborder la phase d'industrialisation et de commercialisation de leurs prototypes.

L'essor de l'hydrolien en France

Une remarque d'ordre général : le développement des énergies renouvelables en France accuse un *train de retard* en regard d'autres pays d'Europe, voire d'autres puissances mondiales. Ce constat est valable au centuple pour l'hydrolien qui est encore, à ce jour, ignoré des pouvoirs publics et des ministères en charge des problèmes d'énergie. Cependant, nous disposons de nombre d'entreprises, principalement des PMI, qui œuvrent dans cette filière et dont certaines ont déposé des brevets qui méritent d'être exploités. Malgré ce manque de soutien, un signe encourageant tout de même :

À l'échelle de la planète, les turbines françaises restent à la pointe.

Quelles sont-elles ?

- *Les hydroliennes de forte puissance*, de l'ordre de plusieurs MW, étaient développées par deux structures : la société Sabella (mise en liquidation judiciaire en janvier 2024 faute d'appels d'offres du gouvernement) et

Hydroquest, assisté par son actionnaire majoritaire, Constructions Mécaniques de Normandie (CMN). La nouvelle étape de ce développement a consisté en une levée de fonds destinée à la mise en place d'une ferme hydrolienne marine pilote au Raz Blanchard. L'entreprise iséroise installe également de *petits* modèles fluviaux, qu'elle a notamment déjà testés à Orléans, sur le Rhône à Caluire, près de Lyon.

- *Les hydroliennes de puissance moyenne* développent de l'ordre de quelques KW et concernent un certain nombre de PMI :

  - EEL Energy a conçu un modèle d'hydrolienne totalement différent des modèles classiques à turbine. EEL Energy, dont l'équipe est basée à Boulogne-sur-Mer, s'est vue attribuer par la région Hauts de France une aide dans le cadre des fonds européens FEDER. Il est envisagé à terme de concevoir des machines de forte puissance, allant jusqu'à 10 MW. Le système a le mérite de la simplicité de conception dans la mesure où il élimine les inconvénients de fonctionnement des turbines à hélice. D'après son constructeur, il peut couvrir des zones d'exploitation accessibles à ce modèle largement supérieures aux modèles à turbine, ceci pour plusieurs raisons. Un travail en surface éliminant tous problèmes d'accessibilité et la possibilité d'une production de courant à partir de 1 m/s,
  - La technologie Hydro-Gen est développée par la SARL l'Aquaphile, dont l'usine est située dans le Finistère. L'ensemble du dispositif est intégré dans une barge flottante autopropulsée et une turbine située sous la barge en position de fonctionnement et qui peut être relevée rapidement par un dispositif approprié. Cela permet une mise en œuvre aisée et toutes les opérations d'installation, d'entretien ou de maintenance effectuées en quelques heures par une personne seule, et bien sûr sans intervention extérieure. D'où une maîtrise optimale des coûts et un prix du kWh abordable. L'équipe d'Hydro-Gen commercialise 2 hydroliennes de puissance 20 kW et 70 kW. Cette technologie est particulièrement pertinente pour les sites isolés, l'électrification rurale, les zones non interconnectées. L'entreprise a bénéficié de l'aide de différents partenaires, dont : Schneider Electric (ADEME), Chantiers navals META & OCEA, Marine Nationale, etc.
  - D'autres entreprises s'intéressent également au développement de la filière hydrolien, dont Bertin technologies et Guinard Énergies. Cette PMI conçoit et réalise une gamme d'hydroliennes de type *venturi* munies d'une tuyère pivotante et dédiées aux estuaires et aux cours d'eau de très basse chute.

Comment se situe le marché mondial de l'hydrolien et quelle est l'incidence de la concurrence ?

L'Europe reste encore leader mondial des installations marines fondées sur l'énergie des courants et sur le houlomoteur (énergie des vagues), [1] mais l'écart se réduit avec le reste du monde. C'est au Canada, en Chine et aux États-Unis que la plupart des projets sont en cours de développement et où les installations ont été supérieures au potentiel européen pour la deuxième année consécutive. Les États-Unis et la Chine commencent à récolter les fruits de leurs investissements.

Quelle stratégie devons-nous adopter ?

La France ne manque pas d'atouts. Elle a breveté le plus de technologies d'hydroliennes au monde, après les États-Unis, ceci selon le SER (Syndicat des Énergies Renouvelables). Quelques chiffres : 71 % de la surface du globe sont recouvertes par les mers et les océans, tandis que le littoral français s'étend sur environ 8 000 km. Les énergies marines sont donc un véritable potentiel à l'échelle de la planète. La France, en particulier, dispose d'atouts considérables pour développer ces technologies. Elle profite à elle seule de 80 % du potentiel hydrolien d'Europe, principalement en Bretagne et dans le Cotentin. Sans compter l'étendue du littoral de DOM-TOM. Le potentiel français d'énergies marines a été estimé de 2,5 à 3,5 GW pour l'hydrolien et de 10 à 15 GW pour le houlomoteur. Ce qui peut paraître peu si l'on considère que cette estimation ne prend en compte que la mise en place d'hydroliennes à turbine. Or, l'apparition des hydroliennes biomimétiques à membrane, sa possibilité d'emploi pour des puissances de plusieurs mégawatts, son emploi pour des courants faibles et sa simplicité de conception laissent entrevoir *une possibilité de développement bien supérieure à l'estimation actuelle.* Elle permet d'envisager à moyen terme la production d'une énergie vouée en totalité au *renouvelable* et absente de toute pollution. Face à ces possibilités, la France se doit de se départir de sa méfiance envers cette filière alimentée par une incapacité supposée de réduire ses coûts face à la complexité de mise au point d'une implantation sous-marine. Soulignons, une fois de plus, que ces coûts sont issus de prototypes unitaires qui portent les dépenses de premiers développements et ne bénéficient pas d'effet de série. À titre indicatif, l'hydrolien devrait afficher à terme des LCOE[2] inférieurs à 100 €/MWh selon différents modèles publics ou privés.

Ce qui bloque actuellement en termes de financements, ce n'est pas la R&D en tant que telle, mais l'étape ultérieure, à savoir la maturation technologique de la filière devant conduire à une industrialisation bien comprise. D'où la

---

[1] Extrait de l'article « L'Europe toujours en pointe sur l'hydrolien, le marémoteur… » Publié par Joel Spaes Énergies de la mer (25 mars 2020)

[2] **LCOE** est le sigle anglais de **Levelized Cost of Energy**, signifiant coût actualisé de l'énergie. Il correspond au prix complet d'une énergie (l'électricité dans la plupart des cas) sur la durée de vie de l'équipement qui la produit.

nécessité de développer les projets de premières fermes permettant de démontrer la fiabilité, la maintenabilité, les performances et la compétitivité future de l'hydrolien. Et, par conséquent, d'effectuer un tri judicieux parmi toutes les solutions proposées afin de ne retenir que celles porteuses d'un avenir industriel conséquent.

Le développement de l'hydrolien domestique n'est pas à négliger. L'utilisation dans nos cours d'eau de systèmes comme la vis d'Archimède (possibilité de 500 kW par turbine). Elle est fabriquée depuis de nombreuses années par un constructeur néerlandais, *Spaans Babcock*. Elle permet de remplacer avantageusement certains petits barrages en supprimant les inconvénients non négligeables de ceux-ci. Ce sont des obstacles pour la circulation des espèces migratrices et des sédiments (sable, vase, etc.) et des problèmes d'érosion qui modifient les milieux aquatiques, effondrent les berges ou grignotent les plages.

Dans le choix et la réalisation des appels d'offres en collaboration avec l'état, *les régions constituent un pôle incontournable* de la réussite de cette approche. À noter que plusieurs régions ont compris cet intérêt majeur : la Normandie, la grande Aquitaine et la région Rhône-Alpes, en particulier, se sont investies dans certaines actions pilotes et ont aidé à leur financement.

Les banques doivent être partie prenante dans ces financements et l'état doit les inciter à investir, voire à s'intégrer dans les structures existantes.

La géothermie

De quoi s'agit-il[1] ?

La géothermie permet de produire différents types d'énergie en fonction de la température et de valorisation de la chaleur géothermique :

La géothermie de surface

Elle implique un prélèvement à faible profondeur. Le chauffage et la climatisation (refroidissement) s'effectuent par pompe à chaleur géothermique sol-sol. Celle-ci puise la chaleur dans la terre par l'intermédiaire de capteurs horizontaux implantés à une profondeur de 0,5 à 2 m et la diffuse dans la maison via un plancher chauffant. On récupère une puissance moyenne de 35 W par m² de terrain.

Ce système convient parfaitement à un habitat pavillonnaire disposant d'un terrain suffisant pour implanter la zone de captage (surface nécessaire = 1,5 fois la surface à chauffer).

Les températures obtenues sont de l'ordre de 15 à 20 °C. Il est également possible d'utiliser un captage vertical dans le sol ou sur nappe phréatique implanté à une profondeur de 10 à 15 m.

---

[1] Extraits d'articles de vulgarisation : géothermie haute température (connaissance des énergies 21 juin 2011), Géothermie (ministère de la transition écologique 13 mai 2019), Tout ce vous devez savoir sur la géothermie (Lendopolis 18 décembre 2019)

La géothermie basse énergie

Elle nécessite un captage vertical, plus performant, mais aussi plus coûteux. Elle requiert du matériel de forage conséquent, pour enfouir des sondes à une profondeur de 30 à 100 mètres, en garantissant alors une source de chaleur plus stable qu'à proximité de la surface. Les températures obtenues sont de l'ordre de 15 à 30 °C. Ce système trouve des applications principalement dans l'habitat collectif et le tertiaire.

La géothermie moyenne énergie (entre 30 et 150 °C)

Elle utilise des ressources plus profondes, de 1 000 à 1 500 m, voire jusqu'à 2 000 m de profondeur. Cette source d'énergie convient parfaitement pour le chauffage urbain (immeubles d'habitation conséquents, collectivités diverses, utilisation industrielle, thermalisme, balnéothérapie, etc.).

Exemples d'utilisation : la maison de la radio à Paris, l'aéroport d'Orly. En France, seulement trois territoires disposeraient de cette possibilité de développement : bassin parisien, aquitain et alsacien.

La géothermie haute température

On utilise des fluides dont les températures sont comprises entre 180 et 350 °C. Les profondeurs d'exploitation sont supérieures à 2 000 m et peuvent atteindre 3 500 m, voire 5 000 m dans les zones volcaniques au gradient géothermal élevé (jusqu'à 30 °C par tranche de 100 m). Ce type d'exploitation est utilisé principalement pour la production d'électricité ou, éventuellement, pour un usage mixte (cogénération).

La France dispose de deux centrales électriques : une installation de 16 MW de puissance à Bouillante en Guadeloupe exploitée depuis plus de 20 ans et la centrale de Soultz-Sous-Forêts (1,5 MW) en Alsace. Celle-ci est en mesure de produire 12 000 MWh d'électricité par an, correspondant à la consommation électrique d'environ 2 400 logements. Trois projets de centrale de géothermie ont été lancés sur le territoire : à Vendenheim, Eckbolsheim et Illkirch-Graffenstaden.

Les installations géothermiques requièrent l'utilisation de différents types de matériels :

- Pour la production de chaleur, on emploie des *pompes à chaleur géothermique* sol-sol ou sol/eau (puisage sur nappe phréatique). La performance énergétique d'une pompe à chaleur se traduit par le rapport entre la quantité de chaleur produite par celle-ci et l'énergie électrique consommée par le compresseur. Ce rapport est le Coefficient de Performance (COP) de la pompe à chaleur. Le COP est de l'ordre de 5 sur les modèles de pompe à chaleur géothermique installés actuellement (cela signifie que pour 1 kW d'électricité consommée, la maison recevra 5 kW de chaleur). Le COP d'une pompe à chaleur géothermique est largement supérieur à celui d'une PAC aérothermique.

- La production d'électricité nécessite l'installation de *centrales géothermiques* composées d'une pompe à chaleur, d'une turbine et d'un alternateur. Actuellement, la production d'électricité d'origine géothermique n'est possible qu'à partir de formations géologiques naturellement perméables (zones aquifères). L'investissement est variable en fonction des gisements et des techniques : de 1 000 à 3 900 €/kW installé selon les données du ministère de l'énergie américain (US DOE), de 1 000 à 10 000 €/kW selon la Commission Européenne, estimations très divergentes au demeurant. La technologie des systèmes géothermiques stimulés devrait à terme arriver à des coûts de 2 000 à 3 000 €/kW. Les coûts de production varient aussi en fonction de la qualité des réservoirs géothermiques et de la localisation géographique : entre 12 à 40 €/MWh dans les zones favorables (Islande, Philippines, Indonésie, Italie, côte Ouest des États-Unis ; de 40 à 120 €/MWh en Europe continentale).

Le rendement d'une centrale géothermique est certes inférieur à celui d'autres énergies renouvelables (éolien, solaire, hydrolien, barrages), mais comparables à celui d'autres centrales thermiques (nucléaire, gaz ou fuel). Les restrictions d'emploi de ce procédé consistent en une utilisation limitée à certaines régions caractéristiques et un coût élevé d'investissement dans les phases à risque d'exploration. Par contre, il s'avère rentable d'investir dans ce type de centrale dans les régions géodynamiques actives et en particulier, dans les DOM-TOM, là où une production classique d'électricité coûte cher.

Comment se situe la France dans le développement de la géothermie ?

Le constat est malheureusement le même que pour les autres énergies renouvelables, si ce n'est pire !

En effet, le soutien est limité à l'heure actuelle à la production de chaleur, mais bien loin derrière les programmes en cours dans d'autres pays. Par contre, le désengagement est manifeste dans la production d'électricité à partir de l'énergie du sous-sol. Excepté un timide redémarrage à partir de 2015. Et pourtant, il s'agit d'une énergie parfaitement renouvelable, sans effet de serre ni pollution de toute nature. À ce titre, priorité au nucléaire, qui persiste à réunir nombre de partisans, et au solaire et à l'éolien qui représentent, à eux seuls, 96 % de la croissance de l'énergie verte et présentent, en outre, le *considérable inconvénient de l'intermittence.*

Enfin, la géothermie est un mode de production d'énergie ayant un *impact très limité sur l'environnement* en comparaison des autres dispositifs de production de chaleur. À ce titre, je fais état d'un article au vitriol paru dans le journal Transition Énergies le 6 juillet 2020[1].

---

[1] Extrait de l'article « la géothermie est victime d'un véritable ostracisme » Transition énergies 6 juillet 2020

Ces objectifs définis par le BRGM (Bureau des Recherches Géologiques et Minières) en 2013 au travers du PPE (Programme Pluriannuel de l'Énergie) étaient de 53 MW pour l'électricité et de 400 à 500 Ktep [1] pour la géothermie basse et moyenne énergie.

Malgré leur peu d'ambition, ces objectifs seront-ils atteints ?

Il est vrai que l'aventure géothermique avait enclenché des débuts prometteurs. De 1976 à 1986, le BRGM a programmé un certain nombre de mises en œuvre de chauffage urbain qui ont représenté, vers la fin des années 1980, l'équipement de près de 300 000 logements, dont la moitié en Île-de-France. Mais le contrechoc pétrolier et, surtout, l'avènement du nucléaire civil, considérés par nos instances politiques et par EDF comme la seule source d'énergie à prendre en considération, ont stoppé net ce développement. Enfin, il faut bien avouer qu'aucun ministre de l'écologie n'a pris en compte cette source d'énergie durant leur passage dans les différents ministères. Et cela continue ! Personne n'en parle au jour d'aujourd'hui dans les médias. Le seul défenseur (peu) connu a été Monsieur Jacques Varet, ancien Directeur du Service Géologique National au BRGM[2].

Et c'est loin, tout ça !

Les équipements français en géothermie

Concernant les pompes à chaleur (PAC), un certain nombre d'entreprises françaises semblent être en pointe dans ce domaine : la CIAT (Compagnie Industrielle d'Applications Thermiques) compte plus de six sites industriels, dont quatre en France et a été rachetée, ainsi que le groupe Carrier, par l'américain UTC Building & Industrial Systems en 2015. Le groupe Atlantic, créé en 1968, possède 16 sites de production, dont 9 sont situés en France.

La société Sofath, créée en 1981 et reprise par de Dietrich Remeha, présente 4 gammes de PAC géothermiques (sol/eau ou sol/sol) par captage horizontal avec option eau chaude sanitaire et une gamme destinée au chauffage de piscine version eau/eau par captage horizontal et vertical. La SDEC est une entreprise spécialisée depuis 30 ans dans la thermodynamique au service des armées, de l'industrie et du grand public. Elle conçoit, fabrique et commercialise depuis 2001 des pompes à chaleur, dont certaines, à usage géothermique.

Indépendamment de ces marques françaises, quelques constructeurs européens, en particulier allemands, disposent de filiales et produisent sur plusieurs sites en France : le groupe Bosch et la société Viessmann.

Les turbines ne sont plus fabriquées en France depuis la vente du département Énergies d'Alstom à General Electric (GE). La totalité des fabricants de turbines à vapeur est dévolue aux États-Unis ou, en Europe, à l'Allemagne et à l'Italie. La France devenait de ce fait totalement dépendante

---

[1] tep signifie « tonne d'équivalent pétrole ». 1 TWth (térawatt thermique) = 860 ktep.

[2] « La France peut-elle se passer de la géothermie ? » par Jacques Varet paru dans Connaissance des énergies (6 mars 2012)

des industries étrangères. Cependant, il a été négocié une reprise partielle des activités de GE en France, ce qui a permis d'éviter un démantèlement du site de Belfort.

Une ombre au tableau : on a vendu l'ensemble de la maison pour 800 M€ et on en rachète une petite partie pour 1,6 G€. Nos félicitations pour cette négociation hors pair !

Le développement de la géothermie dans le monde

Sur le podium des grands producteurs, on trouvera les USA (19 TWh/an), l'Indonésie (11 TWh/an), la Nouvelle-Zélande (8 TWh/an) et l'Italie (7TWh/an). La France qui situe loin derrière ces quatre pays avec 1,5 TWh/an, soit 0,3 % de la production totale française d'électricité. Je ne dispose pas de statistiques plus récentes, mais il ne semble pas que l'évolution soit significative en termes de pourcentages.

La production annuelle mondiale de chaleur par géothermie est estimée à plus de 6 millions de tonnes d'équivalent pétrole (ktep). Répartie dans 70 pays, cette activité a connu ces dernières années un taux de progression d'environ 5 % par an qui devrait s'accroître dans les années à venir.

Infléchir durablement notre politique face à la géothermie

- *La production de chaleur* : Il est nécessaire de s'inscrire dans ce vaste chantier de rénovation des logements et de l'ensemble des bâtiments qui constituent actuellement de véritables passoires thermiques et mener de front les opérations d'isolation de ces bâtiments et la modification des modes de chauffage actuellement basés sur le tout électrique. La géothermie par production de chaleur constitue un vecteur idéal de changement. [1] :

- *La production d'électricité* : Pourquoi ne pas s'inspirer de l'expérience qui a été menée en Guadeloupe avec la *Bouillante* pour l'introduire dans les DOM-TOM à incidence volcanique (Martinique, Réunion, Polynésie, Mayotte) ? Cela permettrait de remplacer la production d'électricité par voie fossile, génératrice d'effets de serre et nuisible pour l'environnement. En outre, contrairement à la métropole, elle paraît plus immédiatement rentable outre-mer, où son coût de production est désormais équivalent, voire inférieur, à l'éolien et au photovoltaïque. On peut néanmoins envisager un développement moins timide de la géothermie électrique en France, car l'objectif de 53 MW pour 2023 nous apparaît très limité (et sera-t-il atteint ?).

Il est à noter que les réseaux géothermiques de production de chaleur peuvent être utilisés l'été, sous certaines conditions, comme réseaux de froid pour climatiser les locaux desservis par ce procédé.

---

[1] Extrait de l'article « Géothermie, principes et perspectives » par Mélissa Petrucci 21 novembre 2017 — Les Smartgrids

La biomasse

En quoi consiste-t-elle ?

La biomasse désigne l'ensemble des matières organiques d'origine végétale ou animale pouvant se transformer en énergie. Elle ne peut être considérée comme une source d'énergie renouvelable que si sa régénération est au moins égale à sa consommation. Sa valorisation énergétique peut produire, comme toute énergie renouvelable, plusieurs formes d'énergie utile : chaleur, électricité ou énergie mécanique.

On distingue trois procédés de valorisation de la biomasse :

- La voie sèche
- La voie humide
- La production de biocarburants

La voie sèche

Elle recouvre plusieurs procédés de transformation. Le plus simple, c'est la combustion, qui s'effectue par le biais des incinérateurs, produit de la chaleur par l'oxydation complète du combustible en général en présence d'un excès d'air.

L'eau chaude ou la vapeur sont utilisées, soit dans les réseaux de chauffage urbain, soit dans une turbine à vapeur pour la production d'électricité. On prend en compte de cette manière une bonne partie des déchets générés par notre système de consommation.

Cela regroupe à la fois les déchets ménagers en provenance des poubelles domestiques, les *incinérables*, (dont des plastiques non recyclables issus des déchèteries), tous autres déchets d'origine organique (hôpitaux, abattoirs, etc.) et en partie les collectes de végétaux. Ce procédé présente de nombreux inconvénients : dégagement de fumées toxiques (dioxine en particulier) et rejet de particules fines (diamètre inférieur à 2µm) qui ne sont pas prises en compte par les techniques de filtrage et sont très dangereuses pour la santé.

D'où l'importance, contrairement à la tendance actuelle, de limiter l'incinération à sa stricte nécessité. Ce qui impose une politique de réduction drastique des déchets non valorisables par d'autres procédés. Par ailleurs, on constate que ces centrales biomasse doivent impérativement rentabiliser leur fonctionnement, d'où une tendance à abuser des coupes claires en forêt pour les alimenter. Les Parcs naturels régionaux du Luberon et du Verdon seraient directement concernés par cette évolution.

En effet, la première étude d'impact ne concernait qu'une zone restreinte autour de la centrale. Par contre, la coupe de bois soi-disant *local* était susceptible d'intégrer le massif du Lubéron, le parc du Verdon ou encore le Parc national des Cévennes (jusqu'à 300 km autour de la centrale).

À noter que le préfet de haute Provence a rétabli l'autorisation d'exploitation qui avait été annulée par le tribunal administratif de Marseille, ce qui montre bien à quel point l'état se moque littéralement du respect de l'environnement.

Pour plusieurs ONG environnementales, le développement industriel à grande échelle de la filière *bois énergie* remet en cause le caractère renouvelable de la forêt. L'association Reporterre met l'accent sur cette orientation et le risque de disposer de forêts entièrement dédiées à la bioénergie. À titre indicatif, la centrale de Gardanne, située en Provence, consommerait 850 000 tonnes de bois transportées à la fois par route et par voie fluviale à partir d'un rayon d'action dépassant les 250 km[1].

Un opuscule présenté conjointement par l'ONF, le Syndicat des énergies renouvelables et France Bois Forêt et intitulé *Questions Réponses Bois Énergie* s'inscrit en faux face aux précédents constats et développe toute une argumentation en faveur de cette filière. Il considère que le capital de la forêt française n'est absolument pas entamé par la production actuelle de bois à usage énergie et que les appareils de fabrication récente à usage domestique offrent toutes garanties en termes de pollution de l'air et de filtrage des particules fines.

À vérifier !

Il est vrai que les matériels de combustion à utilisation domestique les plus récents ont permis une diminution notable de la pollution par rapport aux appareils anciens. C'est exact sous réserve que l'utilisation et la maintenance soient effectuées correctement, et que la combustion soit complète, ce qui peut varier en fonction du tirage, du temps, de l'humidité extérieure et de la qualité du combustible.

D'où la nécessité d'un taux d'humidité minimum. On notera que les combustibles élaborés en bois aggloméré ont un meilleur rendement que les bûches classiques, d'où, là aussi, une pollution moindre. L'absence de ces conditions peut conduire à une augmentation de la pollution dans l'atmosphère.

Quels sont les équipements les plus utilisés pour le chauffage au bois et quels en sont les principaux fabricants ?

Citons en premier la chaudière à chauffage central. Il existe une cinquantaine de sociétés européennes de matériels de ce type.

En France, nous avons identifié trois constructeurs. Ce sont, en leaders, Atlantic et De Dietrich. En retrait, une PMI familiale, l'entreprise Perge, qui pratique l'écoconception, dans la production de ses équipements.

L'usage de chaudières à bois peut remplacer avantageusement le chauffage au fioul ou au gaz du fait qu'il permet d'éviter la consommation de produits d'origine fossile. Cela permet également de réduire fortement le coût

---

[1] *Le développement des centrales biomasse, un remède « pire que le mal » face au réchauffement climatique* de Pierre Isnard-Dupuy 28 septembre 2018 (Basta). Mis à jour le 4 octobre 2018. Réf : Observatoire des multinationales : social, écologique, politique https://multinationales.org. Voir également l'article « L'ONF encourage la biomasse industrielle au détriment des forêts et du climat » par Pierre Isnard-Dupuy Reporterre le 9 mai 2018 et mis à jour le 12 juin 2018 https://reporterre.net.

d'exploitation par l'emploi d'un combustible renouvelable et relativement bon marché.

Par contre, le choix d'un équipement de ce type nécessite un investissement élevé (pouvant dépasser 10 K€), un entretien régulier obligatoire et un encombrement important afin de tenir compte du stockage du combustible à proximité immédiate de la chaudière.

En complément, *les appareils de chauffages d'appoint* (poêles et inserts de cheminée) ont la faveur de nombreux utilisateurs.

Les principaux opérateurs français, Cheminées Philippe (plus de 1000 salariés), France Turbo et Seguin, Supra (environ 180 à 200 personnes) rencontrent une concurrence étrangère assez vive.

Autres voies sèches :

- *Les procédés thermochimiques* : Il s'agit de la pyrolyse et de la gazéification qui sont des moyens appliqués aux déchets afin de les convertir en liquides et en gaz combustibles. Ils consistent à les chauffer en l'absence ou en manque d'oxygène afin que les substances générées sous l'effet de la température (solides, liquides et gazeuses) ne s'enflamment pas spontanément, ce qui donne la possibilité de les valoriser dans un second temps.

- *La pyrolyse des déchets* consiste à les chauffer à des températures généralement comprises entre 350 et 650 °C en l'absence d'oxygène destiné à apporter, par combustion très partielle, l'énergie nécessaire au processus de pyrolyse. Il en résulte une production d'un gaz combustible, d'un liquide (huile ou mélange d'hydrocarbures), et d'un sous-produit (souvent désigné *coke* ou *biochar* si les déchets sont de la biomasse). Une variante de la pyrolyse, la thermolyse (pyrolyse à basse température, environ 350 °C) est développée actuellement pour le traitement des déchets organiques ménagers ou des biomasses contaminées.

- *La gazéification des déchets* consiste à les chauffer à des températures comprises généralement entre 900 et 1 200 °C en présence d'une faible quantité d'oxygène. L'ensemble du déchet est ainsi converti en un gaz que l'on appelle gaz de synthèse (également désigné syngas ou syngaz). Il est constitué principalement de monoxyde de carbone, d'hydrogène, de méthane et d'une proportion plus ou moins importante de dioxyde de carbone et d'azote. Ce gaz, après épuration et filtration, est brûlé dans un moteur à combustion pour la production d'énergie mécanique ou d'électricité.

Il existe de nombreux procédés de valorisation énergétique des déchets par voie thermochimique. Ils ont fait l'objet d'études approfondies sur les avantages, inconvénients, échecs et réussites résultant de retours d'expériences[1].

Il s'avère que, d'une manière générale, certaines filières de gazéification/pyrolyse, parmi l'ensemble des solutions proposées, offrent des possibilités d'amélioration d'une valorisation énergétique des déchets. Mais elles en sont encore au stade des prototypes et demandent un appui financier important pour poursuivre leur développement, surmonter les difficultés de mise au point et atteindre le stade de l'industrialisation. *La question qui se pose est de savoir si l'enjeu en vaut la peine dans la mesure où, là encore, l'objectif prioritaire reste une stricte réduction des déchets de tous types.*

La voie humide

Elle met en œuvre plusieurs techniques :

La plus simple est la *valorisation organique* par compostage, procédé de transformation de matière. Le compost permet d'amender les sols en améliorant leur structure et leur fertilité. Il est cité ici pour mémoire, car non générateur d'énergie à proprement parler. Mais il permet de valoriser les déchets verts (petits branchages, tontes de végétaux, feuilles mortes, etc.) et déchets ménagers (si végétaux) qu'on ne peut réduire d'une autre manière.

La *valorisation énergétique* est rendue possible par la méthanisation. Ce procédé de décomposition de la matière organique est régi par les micro-organismes en l'absence d'oxygène expédié dans une unité de production de biogaz. Après décomposition, les déchets organiques permettent de produire du fertilisant agricole et du biogaz servant à générer de l'électricité ou de la chaleur.

La *méthanisation* s'est répandue à grande échelle dans nombre de pays. Ses thuriféraires, dont l'ADEME d'ailleurs, préconisent cette filière. Ils vantent la récupération intelligente des déchets (déchets verts ou déchets organiques de toutes sortes, dont fientes issues de l'élevage intensif de bovins ou de porcins).

Contrairement aux discours officiels, ce procédé présente un risque pour l'environnement. Les raisons ? Elles sont multiples.

Tout d'abord, la composition même du digestat : il est le résultat de la fermentation qui s'effectue dans le méthaniseur à des températures variant de 40 °C à 70 °C. Il est répandu au sol en tant que fertilisant et sa composition est loin d'être neutre pour l'environnement. Il est truffé de contaminants organiques, de résidus d'antibiotiques et de bactéries antibiorésistantes (dont l'évolution est confirmée par ce procédé) avec des conséquences néfastes pour la reproduction des lombrics, artisans de la bonne santé de nos terres

---

[1] « Valorisation énergétique des déchets par voie thermochimique (pyrolyse, dépolymérisation, gazéification) » Etude Record n° 14-0245-1A par G. Antonini juin 2017 (Procetech) site www.record-net.org

cultivables. Le digestat est consommé par le sol et s'infiltre vers les cours d'eau et les nappes phréatiques, là où est pompée l'eau potable.

On notera que l'implantation d'un méthaniseur relève du régime des ICPE (installation classée pour la protection de l'environnement), mais que la réglementation a été assouplie en juin 2018.

Il existe désormais trois niveaux de réglementation :

- *L'autorisation*, la plus contraignante et la plus contrôlée, implique des installations qui consomment plus de 100 tonnes par jour. Dans ce cas, une enquête publique d'un mois est nécessaire.
- *L'enregistrement* en préfecture concerne un volume compris entre 110 et 30 tonnes par jour,
- *La déclaration* couvre les sites inférieurs à 30 tonnes/jour.

Mais, dans la mesure où un gros méthaniseur de 610 kW consomme 30 tonnes par jour et qu'il est possible d'augmenter le volume au-delà de 30 tonnes sans en avertir qui que ce soit, peu de projets sont désormais concernés par un enregistrement, voire une enquête publique. Or, des risques de fuite existent à la fois au niveau des bâches de protection, des soupapes de sécurité et des canalisations. En outre, il s'avère que le digestat dégage de l'ammoniac qui, au contact de l'air, s'oxyde et développe du protoxyde d'azote (N2O), gaz à effet de serre, 300 plus puissant que le CO2[1].

La production de biocarburants : Il existe 3 générations de biocarburants :

- *1re génération* : biocarburants créés, soit à partir de céréales (blé, maïs), huiles (colza, tournesol) ou betteraves sucrières. Ces biocarburants semblent présenter un certain nombre d'avantages. On notera en particulier une diminution de la pollution atmosphérique par rapport aux carburants d'origine fossile (CO_2 et autres polluants). Ajoutons un prix plus intéressant et la possibilité de se passer (un peu) d'importation de pétrole, puisque cette production peut être française. Par contre, leur développement restera limité, dans la mesure où l'extension des cultures allouées aux biocarburants impliquerait immanquablement de monopoliser des surfaces importantes actuellement affectées aux cultures vivrières et à la forêt. Aujourd'hui, la surface occupée par l'exploitation des biocarburants est de l'ordre de 10 MHa en France et il paraît difficile d'aller au-delà. Ces biocarburants sont classés en deux catégories :

---

[1] « Méthanisation : un digestat bien indigeste pour les sols et les eaux » par Julie Lallouët-Geoffroy (Reporterre 24 janvier 2019). Du même auteur, l'article « En Bretagne, des méthaniseurs hors de contrôle » (Médiapart, 13 septembre 2022). En outre, je recommande vivement à mes lecteurs éventuels de regarder l'émission intitulée « Sur le front : biocarburants, biogaz, le grand enfumage » réalisée par Hugo Clément et diffusée le 2 mai 2022 sur France 5 et disponible jusqu'au 30 août 2022. Explosif !

- *L'éthanol* (alcool éthylique) issu de la fermentation de sucres de plantes (betterave, blé, maïs) qui est incorporée à l'essence. La production mondiale est de 230 M tonnes, partagée à 95 % par les USA et le Brésil. La production française est faible (environ 80 K tonnes/an).
- *Le bio diesel*, à base d'huile de colza ou de tournesol incorporé au diesel. La production mondiale est de 20 M tonnes, dont 20 % environ pour la France

▪ *2e génération* : biocarburants créés à partir des résidus non alimentaires des cultures (paille, tiges, bois),

▪ *3e génération* : biocarburants créés à partir d'hydrogène produit par des micro-organismes ou à partir d'huile produite par des microalgues.

À l'heure actuelle, seuls, les carburants de 1re génération ont été développés de manière industrielle.

Compte tenu de ce qui précède, il n'apparaît pas que la biomasse peut être considérée comme une source d'énergie renouvelable d'importance stratégique.

Ceci parce que les deux procédés les plus employés de manière industrielle, à savoir l'incinération et la méthanisation, comportent plus d'inconvénients que d'avantages et qu'il est fortement souhaitable de restreindre leur utilisation et, en particulier, de *soumettre à autorisation et enquête préalable tous les méthaniseurs*. En particulier, ceux d'origine agricole pour lesquels les normes de qualité sont notoirement insuffisantes. La production de biocarburants, version actuelle, reste limitée, car fonction des surfaces cultivables susceptibles de leur être accordées. Quant aux procédés de gazéification et de pyrolyse, nous avons vu que l'état actuel des investigations ne permettait pas de juger objectivement de l'intérêt de leur développement.

L'hydrogène

L'hydrogène, produit miracle, qui va révolutionner notre politique énergétique et constituera le palliatif indispensable à nos besoins actuels et futurs ? C'est le credo entonné par nos responsables. L'hydrogène va réhabiliter nos moyens traditionnels de transport, esclaves du pétrole. Vivement les camions, les voitures, les avions alimentés par l'hydrogène, carburant exempt de toute pollution atmosphérique !

Oui, mais que dire à propos d'autres types de pollutions ? Les encombrements, le bruit et d'autres nuisances n'en seront pas réduits pour autant !

Et ce n'est pas tout ! La question principale est de savoir quels sont les sources et les procédés d'obtention de cet hydrogène miracle. Ils sont actuellement au nombre de deux : le *vaporéformage* du méthane, technique très émettrice de CO_2, et l'électrolyse de l'eau, très gourmande en électricité. Je fais ici mention d'un blog publié par l'Atécopol (Atelier d'écologie politique de Toulouse) qui publie une critique en règle de la présentation d'Airbus relative à l'avion à hydrogène. Il assène quelques chiffres qui laissent rêveur ! Pour l'aéroport Paris–Charles-de-Gaulle, les chercheurs ont calculé qu'il faudrait entre 10 000 et 18 000 éoliennes, soit l'équivalent d'un département français, 1 000 km² de panneaux photovoltaïques, ou 16 réacteurs nucléaires[1]. Rien que ça !

On pourrait ajouter que l'hydrogène est un gaz, tout comme le méthane, qu'il faut manier avec de grandes précautions, car très facilement explosif. En outre, ne pas oublier que sa température de liquéfaction est de — 252 °C à la pression atmosphérique (nous sommes proches du zéro absolu) et qu'il est donc nécessaire de le comprimer fortement pour toute manipulation avant usage. D'où un supplément énergétique non négligeable et des précautions draconiennes pour pallier le risque de fuites dans l'atmosphère. Voilà bien de quoi refroidir l'enthousiasme débordant de nos responsables.

Un bémol cependant qui tempère cet océan de critiques. En effet, des ingénieurs belges de l'université néerlandophone de Louvain, la KU Leuven, viennent de présenter une invention qui constitue une avancée majeure. Il s'agit d'un panneau qui produit de l'hydrogène à partir de l'énergie solaire et que le rédacteur de l'article de Médiapart, cité ici en référence, a nommé panneau « photohydrogénique ».

Le génie de cette invention n'est pas seulement de produire directement de l'hydrogène, mais aussi de ne plus faire appel à aucun des procédés décriés ci-dessus. C'est « simplement » l'eau contenue dans l'air qui est scindée en oxygène et hydrogène. Cette découverte, *si cette invention tient ses promesses*, (c'est-à-dire si, produits en série, les panneaux photohydrogéniques deviennent bientôt aussi bon marché que les panneaux photovoltaïques) risque de bouleverser la donne du marché de ces panneaux photovoltaïques classiques, voire l'ensemble des modèles économiques en matière d'énergies renouvelables.

En effet, les panneaux photovoltaïques ne seront plus utiles que là où l'électricité produite peut être consommée immédiatement, sans être stockée, donc principalement dans le cadre d'une utilisation individuelle ou domestique. D'autres bouleversements technologiques sont à prévoir. *Le modèle économique des voitures électriques à batterie serait bousculé par une production d'hydrogène plus efficace et moins chère.*

Là encore, affaire à suivre[2] !

Iter ou la fusion nucléaire

Il s'agit d'un des projets les plus conséquents au monde mené conjointement par 35 pays. Le réacteur expérimental en cours de fabrication

---

[1] « Toulouse : des chercheurs critiquent Airbus pour sa promotion de l'avion à l'hydrogène » France info le 30 septembre 2020. À consulter également l'article paru le 19 août 2021 dans Médiapart « Hydrogène : rêve industriel, cauchemar climatique » de Mickaël Correia.

[2] « Le panneau photohydrogénique : une invention belge qui mériterait un Prix Nobel » par Jean-Lucien Hardy — Médiapart (27 mars 2019).

consiste à faire de la fusion nucléaire une nouvelle et inépuisable source d'énergie et à reproduire en vase clos le phénomène de fusion des atomes d'hydrogène, sources d'énergie qui alimentent le soleil et les étoiles. Dans des conditions de température et de pression extrêmes, les noyaux d'hydrogène fusionnent en libérant des quantités d'énergie considérables.

La technologie que l'on essaie de développer est celle d'une cage magnétique appelée *Tokamak* qui constitue la base du réacteur. C'est une machine expérimentale à l'intérieur de laquelle on tentera de déclencher les réactions possibles de fusion entre deux isotopes[1] de l'hydrogène, le deutérium et le tritium. Le Tokamak est constitué d'une gigantesque cage magnétique de 23 000 tonnes positionnée à l'intérieur d'une enceinte à vide de 16 000 m2 dont le rôle est d'isoler ce tokamak dans un environnement cryogénique. Le problème auquel est confronté ce projet est de reproduire les conditions de température et de pression existantes au cœur d'une étoile. Avec la transformation du gaz en plasma à une température de 150 millions de degrés Celsius. L'assemblage du réacteur avec toutes ses composantes (tokamak, base du cryostat et enceinte à vide) a commencé et devrait, *en théorie*, être terminé vers la fin de l'année 2025 avec le démarrage du réacteur. *Iter* devrait être en état de produire 500 MW d'électricité pour une puissance de consommation de 50 MW, soit un rapport de 1 à 10. Ceci après bien des péripéties, car Iter a subi un certain nombre d'incidents de fonctionnement interne qui ont failli provoquer son abandon en cours de déroulement. On notera que le budget initial de 5 G€ lors du démarrage en 2007 a été multiplié par quatre depuis le démarrage du projet avec un coût journalier d'environ 800 K€. Ce qui est peu compte tenu de l'enjeu énergétique en présence, puisque la réussite de ce projet permettrait l'obtention d'une énergie pratiquement inépuisable et dépourvue d'incidents nuisibles, sans production de déchets ni d'effets de serre. Ceci bien sûr, *en admettant que les conditions rigoureuses de sécurité tenant compte que les conditions de fonctionnement extrêmes soient satisfaites.*

Cette réussite d'Iter, qui reste malgré tout très problématique, soulève un certain nombre d'interrogations :

Comment se comporteront les états participants au projet pour se partager ce *filon* ? On pense en particulier aux grandes puissances, la Chine et les USA en particulier, mais aussi bien d'autres. Ne risque-t-on pas une guerre de l'énergie ?

L'énergie *à gogo*, est-ce la bonne solution pour préserver le respect de l'environnement et de la biodiversité ? Avec une fuite en avant et une course au gigantisme qui sont déjà bien engagées !

---

[1] Les isotopes sont des atomes qui possèdent le même nombre d'électrons — et donc de protons, pour rester neutre — mais un nombre différent de neutrons.

L'historique

La création du Commissariat à l'énergie atomique se situe en 1945 et constitue la base de la recherche et de l'industrialisation de l'énergie nucléaire en France. EDF était chargée de mettre en place le programme électronucléaire français. D'où la construction de 9 réacteurs de *1re génération* appartenant à la filière UNGG (Graphite Gaz).

En 1974, le Président Georges Pompidou décide d'abandonner la filière développée par le CEA et de choisir la filière d'uranium enrichi et à refroidissement par eau pressurisée. Il lance le programme PWR qui comprend la construction et la mise en service de 58 réacteurs d'une puissance unitaire de 900 MW à 1450 MW et qui se répartira entre 1970 et 1999. À cette date, la France dispose d'une puissance installée de près de 62 GW et l'énergie thermonucléaire représente 72 % de la consommation française d'électricité.

Depuis les années 2000, elle a entrepris la construction d'un générateur appelé EPR (Evolutionary Power Reactor). Il s'agit d'un réacteur à eau pressurisée de *3e génération* et dont la construction a débuté à Flamanville en 2007 et la mise en exploitation prévue en 2012. On notera que deux réacteurs EPR sont en cours d'usage en Chine avec de nombreux problèmes de fonctionnement, qu'un exemplaire est en construction en Finlande et que deux autres sont en projet à destination de la Grande-Bretagne.

Quels sont les points clés de la filière thermonucléaire ?

Le coût du kWh, qui demeure actuellement l'un des plus compétitifs, l'absence (toute relative) de la pollution face aux énergies fossiles (pétrole, gaz, charbon) et sa disponibilité permanente (hors périodes de maintenance et incidents divers) face à certaines des énergies renouvelables constitue l'argumentaire principal de ses partisans indéfectibles. Les statistiques énoncées ci-dessus ont montré à l'évidence la prédominance française du choix d'une monoénergie qui a éliminé pendant de nombreuses années toute autre orientation. Or, l'argumentaire présenté par les tenants du nucléaire, qu'il s'agisse d'EDF ou des industries qui lui sont liées, présente de nombreuses failles :

- *Le coût :*

Cela a été longtemps un des avantages comparatifs de la filière par rapport aux autres sources d'énergie. Il s'avère qu'actuellement, ce n'est plus tout à fait exact et que le solaire et l'éolien (dont on a pu souligner par ailleurs de multiples inconvénients) concurrencent le nucléaire sur ce point bien précis.

La balance risque encore de s'incliner en défaveur de celui-ci compte tenu de la nécessité de remise en état des centrales vieillissantes dont la durée risque d'être prolongée au-delà de la normale si l'option est de conserver loin dans le temps cette source d'énergie. Et de la perte de savoir-faire échelonnée dans le temps qui constitue un handicap non négligeable pour la conception de nouveaux modèles.

Une preuve : les difficultés de mise au point de l'EPR de Flamanville entraînant une dérive vertigineuse des coûts de réalisation. Devis de base : 3,4 G€, budget actuel : 19,1 G€ !

Qui dit mieux ? Autant d'argent perdu pour développer le renouvelable !

- *La pollution*

Ne sont pas pris en compte, voire délibérément ignorés, les problèmes environnementaux avec trois aspects fondamentaux de la pollution du nucléaire :

Pollution due à l'extraction du minerai d'uranium : comme toute industrie minière, d'ailleurs. Il suffit d'examiner dans quel état se trouvent les parties des territoires dans lesquelles l'extraction a eu lieu, aussi bien au Niger qu'au Gabon. Et aussi en France, d'ailleurs, dans l'usine Orano Malvési de purification de l'uranium sise à Narbonne. Sans parler des conditions de travail inhumaines auxquels sont soumis les ouvriers chargés de l'extraction et de la purification.

Pollution fluviale et marine : rejet de radioactivité, et j'en passe…[1]

Pollution occasionnée par la manipulation, le transport et le projet de stockage des déchets à grande profondeur, dont on ignore le comportement à long terme et dont la période de radioactivité peut durer plusieurs milliers d'années pour les déchets les plus dangereux.

- *Le refroidissement des centrales nucléaires :*

Il ne faut pas oublier que la quantité de chaleur produite par le cœur du réacteur impose la nécessité d'un refroidissement très important. Citons aussi, en corollaire, l'obligation de disposer d'un volume conséquent d'eau, alors que le débit des cours d'eau tend à diminuer avec le développement de la sécheresse.

Le problème se pose d'ores et déjà avec le changement climatique, y compris dans nos régions tempérées. Là encore, aucune solution concrète en vue pour pallier ce déficit.

- *La montée progressive des mers et des océans :*

Elle est occasionnée par l'évolution du climat et entraîne un risque de fermeture prématurée des centrales construites en bordure de littoral (Flamanville, Paluel, Penly, Gravelines). Et la difficulté d'en construire de nouvelles face à ce processus d'évolution.

---

[1] Voir à ce sujet :
https://www.actu-environnement.com/ae/news/pollution-radioactive-fleuves-reseau-sortir-nucleaire-etude-sanitaire-suivi-tritium-40469.php4

- *Les incidents et accidents survenus depuis la mise en route des centrales nucléaires*

Les risques afférents à cette forme d'énergie demeurent à mon avis l'un des points les plus importants qui sont susceptibles de motiver son rejet pur et simple. L'autorité de sûreté nucléaire (ASN a mis en place en 1991 l'échelle INES de classement de gravité des événements nucléaires. Une mise à jour a été effectuée en 2002 et un manuel d'utilisation a été publié en langue française en 2011. Ces événements ont été classés de 0 à 7 depuis l'arrêt motivé (niveau 0) jusqu'à l'accident grave (niveau 7) synonyme de catastrophe.

À la lecture des documents publiés par l'ASN et par l'association Négawatt[1], il s'avère que les risques engendrés par cette filière sont loin d'être négligeables. On relève une dizaine d'accidents de niveau 7 à 4 à l'échelle mondiale avec contamination des populations et des régions entières rayées de la carte. Tous ont en mémoire les retombées catastrophiques des accidents survenus à Tchernobyl en Ukraine et à Fukushima au Japon. En France, nous sommes passés très près d'une catastrophe à la centrale de Saint Laurent des eaux en 1980 (endommagement du cœur d'un réacteur et fuite de plutonium).

D'autres problèmes sont survenus, heureusement moins importants et considérés, suivant les cas, d'anomalie (niveau 1 à incident grave (niveau 3. Cela représente près d'une quarantaine d'incidents de niveau 2 et 3 survenus en France et pour lesquels on a frôlé parfois la catastrophe. Sans compter ceux, très nombreux, qui ont eu lieu dans le reste du monde et principalement aux États-Unis.

Environ une centaine d'*anomalies* ont été répertoriées par an et classées en niveau 1 (et parfois, d'ailleurs, sous-qualifiées par EDF. Il s'agit dans la plupart des cas de défaillances des matériels, d'erreurs humaines et d'insuffisances dans l'application des procédures de conduite et de maintenance. La cause principale : le recours à la sous-traitance d'un personnel mal payé, mal formé et souvent peu qualifié. Avec pour conséquences, entre autres, une pollution des eaux aux hydrocarbures.

- *Le risque terroriste*

Plusieurs articles parus tout au long des années 2000 (en particulier après le 11 septembre 2001) ont mis en garde contre le risque d'une attaque terroriste susceptible de viser les centrales nucléaires (dont la densité sur le territoire français est sans équivalence). Sans que cela paraisse d'ailleurs émouvoir les autorités compétentes, persuadées de l'impossibilité d'un danger de ce type.

Or, ces malversations, qui mettent en danger la survie même de notre territoire, sont de plusieurs natures[2] :

---

[1] « Des accidents nucléaires partout » (Réseau Sortir du nucléaire site : www.sortirdunucleaire.org)

[2] « Nucléaire : un reportage pointe du doigt les vulnérabilités au risque terroriste » par Sophie Fabrégat (Actu environnement — 5 décembre 2017)

- Le survol des centrales par des drones. Cela a eu lieu à plusieurs reprises, sans qu'il en ait résulté à ce jour un quelconque dommage. Cela ne veut pas dire que nous sommes à l'abri d'une attaque à l'explosif. Quoi qu'on puisse en dire, certains organes sont vulnérables à ce genre d'agression, en particulier les piscines de refroidissement du combustible irradié. Sans aller jusqu'à une attaque à l'arme lourde, un drone est susceptible de déstabiliser le fonctionnement normal d'une centrale avec quelques kilos d'explosif.
- Autre possibilité, l'interception des trains de matière fissile, dont la sécurité peut laisser à désirer et l'itinéraire être reconnu à terme. Cela permettrait aux terroristes éventuels le vol de ces matières et la fabrication d'une bombe *sale*.
- Enfin, n'oublions pas le risque d'une attaque informatique de grande ampleur susceptible de paralyser les organes de fonctionnement des centrales ou des ouvrages situés en amont ou en aval de ces centrales.[1]

▪ *L'état de guerre*

Il est malheureusement présent sur notre continent du fait du conflit ukrainien. Les centrales de Pivdennoukraïnsk, dans le sud du pays, et surtout celle de Zaporijjia, à l'est de l'Ukraine, ont été l'objet de bombardements. Avec le risque toujours présent de l'atteinte du cœur d'un réacteur par un missile susceptible de provoquer une destruction complète du milieu de vie et des populations attenantes aux territoires concernés par cet accident.

Dernier avatar et non le moindre : la quasi-immobilisation de plus de la moitié du parc de nos réacteurs nucléaires, dont 12 d'entre eux ont été à l'arrêt pour des risques de corrosion et de fissures importantes des tubulures d'alimentation du réseau RIS (Réseau d'Injection de Secours). En effet, ce réseau sert à inonder le cœur du réacteur en cas d'urgence afin de limiter la réaction en chaîne et de circonscrire un accident grave analogue à celui de la centrale de Tchernobyl.

Croisons les doigts pour que ce phénomène, s'ajoutant à d'autres aléas inhérents à la station de traitement des déchets de la Hague, n'impacte pas la totalité des 56 réacteurs existants. Sinon, c'est le retour aux centrales à charbon et le risque d'un manque criant d'énergie à l'horizon de prochains hivers !

Quel challenge pour notre énergie de demain

Questions ?

Parmi toutes les filières, dont celles passées en revue, quelles sont celles qui, à mon avis, mériteraient d'être développées, celles dont le développement demande à être limité et celles qui devront être impérativement supprimées ?

---

1 – À revoir : le reportage *Sécurité nucléaire : le grand mensonge* paru sur Arte le 4 août 2021.

Pour permettre de répondre à ces questions, il convient de prendre en compte un certain nombre de critères :

- Lutte contre la dégradation du climat et de la biodiversité avec, à court et à moyen terme, une aggravation des conditions de vie,
- Risque de destruction complète du milieu de vie et des populations attenantes sur un certain nombre de territoires,
- Incidents divers et problèmes posés par l'exploitation de la filière,
- Degré de disponibilité (ou d'intermittence) de la filière (facteur de charge),
- Coût de l'exploitation (dont amortissement de l'investissement, incidence des arrêts de fonctionnement, rendement énergétique de l'équipement), coût qui se traduit généralement par le prix du MWh,
- Faculté de création d'emplois dans l'industrie développée par la filière et d'emplois dérivés dans les services associés.

Il est évident que les industries fossiles (charbon, pétrole, gaz) correspondent au premier critère et, que de ce fait, une diminution drastique est nécessaire à moyen terme, si l'on veut impérativement réduire l'émission des gaz à effet de serre. Or, que constate-t-on ? Selon les statistiques de l'AIE (Agence Internationale de l'Énergie)[1], la consommation d'énergie primaire pour les industries fossiles représenterait 47 % de l'énergie totale consommée en 2019. On notera que ces valeurs restent stables pour le pétrole et pour le gaz naturel et sont en légère diminution pour le charbon. Tout cela n'est pas de bon augure pour la suite et corrobore entièrement les inquiétudes formulées par l'Agence Internationale de l'Énergie qui estime, à juste titre, que « l'action des gouvernements et des industriels pour sauver le climat est insatisfaisante » et pointe, entre autres, la France.

Or, qu'en est-il actuellement ? Comme je l'ai souligné précédemment, *la suppression du nucléaire à terme me paraît indispensable* compte tenu des dangers potentiels auxquels nous expose ce type d'énergie. Or, compte tenu de la politique menée depuis plus de 40 ans, le poids du nucléaire dans la production d'électricité est encore très lourd, puisque supérieur à 70 % avec une puissance installée de 60 GW (en tenant compte de la mise à l'arrêt des deux réacteurs de Fessenheim d'une puissance unitaire de 900 MW)[2]. Ceci alors que la production d'électricité par voie fossile avoisine les 8 % du total de production d'électricité (dont 7 % pour les centrales au gaz).

Face à ce constat, le nucléaire constitue l'option choisie par le président de la République, option qui prévoit sur 15 ans la fabrication de 15 EPR *de nouvelle*

---

[1] Référence « Énergie en France » (Wikipédia) : tableau production d'énergie primaire en France

[2] Référence « Électricité en France » (Wikipédia) : tableau évolution nette de la production d'électricité (données du ministère de la Transition écologique)

génération, dont 6 dans un premier temps. Chaque réacteur est susceptible de développer une puissance installée de 1670 MW. Le coût estimé par la Cour des comptes pour ces six unités serait de 46 G€[1]. Il s'agit de choix entrepris, bien sûr, sans tenir compte d'une l'enquête publique réalisée sous le manteau et superbement ignorée par Emmanuel Macron.

Quel avenir pour les énergies renouvelables et lesquelles développer en priorité ?

Actuellement, l'éolien terrestre ou marin et le photovoltaïque semblent compétitifs en termes de coûts de production. Néanmoins, on peut remarquer que les facteurs de charge sont respectivement de 24 % pour l'éolien terrestre, d'un peu plus de 30 % pour l'éolien marin et de 15 à 25 % pour le photovoltaïque en climat tempéré. Cela limite leur possibilité de suppléer l'énergie nucléaire, pour laquelle le taux de charge est beaucoup plus élevé. En outre, les possibilités d'une industrie florissante sont plus que problématiques compte tenu de la concurrence mondiale et principalement chinoise. Enfin, on a vu que l'éolien présente beaucoup d'inconvénients d'exploitation et est cause de nombreux incidents face à son environnement[2]. En outre, il a été l'objet d'une commission d'enquête parlementaire et d'un rapport de la Cour des comptes concernant un prix d'achat surévalué par rapport au prix du marché. D'où une rente indue accordée aux industriels de l'éolien de l'ordre de 2 G€ sur un an. Et surtout, l'éolien est gros consommateur de matières premières très partiellement recyclables.

Par contre, l'hydrolien offre d'importantes potentialités, à la fois sur le plan d'un développement industriel en gestation, d'un facteur de charge beaucoup plus important et d'un excellent rendement énergétique, largement supérieur à celui des éoliennes. L'inconvénient consiste dans le coût de production estimé et pour lequel on ne dispose pas de données suffisamment fiables compte tenu du manque de maturité de la filière.

La géothermie *électrique* offre elle aussi de nombreuses possibilités. Elle est disponible à temps complet ou presque. Un inconvénient, le coût d'investissement élevé, mais susceptible de s'amortir sur de nombreuses années.

Concernant la production de chaleur, la géothermie *thermique* reste très compétitive face aux modes de chauffage classiques (bois, gaz naturel) et à la biomasse. Elle se doit de remplacer le chauffage à base d'électricité et contribuer de ce fait à réduire notre consommation d'électricité domestique. Ce qui induit, par conséquent, la part du nucléaire dans cette consommation. Le solaire *thermique* est plus cher en termes d'investissement, mais les coûts devraient baisser avec le développement de la filière.

---

[1] « Estimations » à ajouter à la construction de l'EPR de Flamanville, lui aussi « estimé » et gouffre financier amplement répertorié

[2] Se référer à l'article paru sur internet le 27 octobre 2020 publié par l'Observatoire International du Pouvoir d'Achat et qui porte un jugement positivement « meurtrier » sur les retombées de l'exploitation et de la commercialisation de l'éolien.

Schéma de développement proposé à moyen terme

Évolution des capacités des énergies renouvelables			
Filière concernée	Puissance installée		
	Actuelle	Prévision 2023	Prévision 2028
Éolien terrestre	17 GW	24 GW	Non connu
Éolien marin	1,5 GW	3 GW	5 à 6 GW
Voltaïque	13 GW	20 GW	45 GW
Solaire thermique	2,5 GW	Non connu	Non connu
Géothermique Électrique	Non connu	53 MW	Non défini
Géothermique chaleur	Non connu	0,5 à 0,6 TWth (énergie)	Non défini
Hydrolien	Non défini	Non défini	150 MW ?

À titre d'observation, nous résumons dans le tableau ci-dessus les objectifs déclinés par la programmation pluriannuelle de l'énergie (PPE) (période 2018-2023) et mis en forme par la loi relative à la transition énergétique. Ceci dans l'attente d'un 3e PPE (période 2024-2033).

Au vu de ce tableau, il apparaît qu'un certain nombre de cases relatives aux informations de différentes filières ne sont pas renseignées. Il s'agit d'informations dont je n'ai pu trouver trace dans les statistiques.

On a vu plus haut qu'un des objectifs était de remplacer la totalité de l'énergie nucléaire (puissance installée : 60 GW) et une grande partie des énergies fossiles (en particulier le charbon, à éliminer entièrement) par des énergies renouvelables. D'où la nécessité, pour ce faire, de favoriser les filières dont le taux de charge est maximal (et si possible proche de 100 %) au détriment de celles qui présentent une intermittence conséquente.

Le développement préconisé est le suivant :

En priorité, privilégier la géothermie *chaleur* et *électricité*, qui a souffert depuis longtemps d'un désamour profond. Les objectifs prescrits par le PPE nous paraissent bien timides ! Il faut cesser de chauffer nos logements à l'électricité et *de transformer notre électricité en chaleur* (rendement défectueux de la production d'électricité par voie thermique et, en particulier, par l'énergie nucléaire[1]). D'où la nécessité d'investir massivement dans la géothermie de surface et, aussi, dans la basse et moyenne énergie.

Est-il possible de multiplier par 8 ou 10 les prévisions pour 2023 qui plafonnent à 0,5 à 0,6 TWth (400 à 500 Ktep) et de suivre pour cela l'exemple du reste du monde ? Concernant la géothermie « électrique », la question se pose un peu différemment au vu des événements survenus en Alsace et qui ont amené à suspendre l'exploitation de site de Vendenheim.

La cause : le tremblement de terre du 4 décembre 2020 considéré comme « induit » par l'exploitation du site par la société Fonroche. Il m'apparaît que le B.R.G.M. est particulièrement qualifié pour apporter son expertise en la matière, identifier et supprimer les risques de séisme et éviter de ce fait l'arrêt pur et simple de l'exploitation de ce site. Je reste optimiste, car il serait souhaitable d'envisager sur 10 ans un objectif de 20 à 25 GW de puissance installée, sur le territoire français et aussi dans les DOM-TOM. Il s'avère qu'il n'est pas décliné actuellement.

Même remarque concernant l'hydrolien pour lequel il n'existe aucune projection à court et à moyen terme. Il faudrait mettre en œuvre l'industrialisation et être en état de proposer des objectifs en puissance installée de 40 à 50 GW d'ici 15 à 20 ans si possible. Ceci de manière à remplacer en grande partie la part du nucléaire avec une production d'énergie d'origine renouvelable. Le développement de l'éolien, quoique privilégié encore par nombre d'écologistes, doit prendre en compte les nuisances qui lui sont associées. D'où la nécessité de limiter la croissance de l'éolien terrestre à la puissance installée actuelle, soit de l'ordre de 17 GW, de ne pas remplacer les unités en fin de vie et d'obliger les propriétaires à réhabiliter le terrain d'emprise dans son état initial.

L'éolien marin, en particulier l'éolien « posé », nécessite là aussi une emprise importante en mer qui perturbe le développement de la faune marine et l'exploitation des zones de pêche. D'où l'intérêt de limiter l'implantation des éoliennes au strict minimum, soit de l'ordre de 1 à 2 GW. Ce qui n'est pas du tout la tendance actuelle. Par contre, l'éolien dit flottant ne présente pas les mêmes inconvénients et serait susceptible d'être développé davantage, sous réserve qu'il ne soit pas imposé de manière brutale et sans concertation préalable aux populations riveraines

Un exemple type : dans la baie de Saint-Brieuc, un projet d'implantation d'éoliennes a été imposé sans aucune concertation et confié en totalité à une

---

[1] En effet, le rendement énergétique de production d'électricité par voie thermique est estimé à 0,387 (soit 2,58 kWh thermiques pour 1 kWh électrique). Si je transforme cette électricité en chaleur, j'obtiens un 1 kWh de chaleur (rendement de 100 %). Donc, le rendement énergétique global sera de 0,387 (2,58 kWh d'énergie primaire pour 1 kWh d'énergie thermique finale). Se référer à l'article « comparer l'efficacité thermique des radiateurs électriques : généralités sur les déperditions thermiques » sur le site http://www.radiateur-electrique.org/comparaison-radiateurs.php.

société espagnole, la société Iberdrola. La réputation de cette société en tant que fournisseur d'électricité est plus que contestable ! Il faut aussi savoir que ce groupe envisage de se séparer des activités du secteur de l'éolien offshore pour valoriser en bourse ses actifs et réaliser une plus-value financière importante par la vente de ces actifs.[1]

Les objectifs proposés pour le photovoltaïque par la PPE pour la période 2019-2028 sont les suivants : de 7 GW en 2019 à environ 45 GW en 2028, soit une progression de plus de 4 GW par an. Or, au cours du premier semestre 2022, la production d'électricité d'origine photo voltaïque s'élève à 15 GW, soit une progression de 8 GW en 3 ans. Nous sommes loin de l'objectif précédemment défini par la PPE. Il s'avère que ce calendrier de réalisation impossible à respecter se traduit par la difficulté à faire aboutir les projets. Ce qui conduit à vouloir pratiquer ce qu'on appelle *l'agrivoltaïsme.* Cela consiste, faute de toits disponibles ou utilisables, à implanter des panneaux solaires n'importe où et en particulier sur des terres cultivées ou réservées aux pâturages des cheptels. Autre conséquence : on favorise la spéculation foncière qui limite l'installation de petits paysans. Attention donc à ne pas développer, comme pour l'éolien, une artificialisation des terrains par une implantation massive de panneaux solaires rendant inutilisable le sol pour une culture maraîchère. Ou offrir l'occasion d'un déboisement intempestif, comme cela s'est produit dans la forêt landaise.

Ceci alors qu'il reste encore de nombreuses surfaces de bâtiments à couvrir (entrepôts, grandes surfaces, etc.). En parallèle, il convient de privilégier les petites structures afin d'opter pour une politique de décentralisation de l'énergie et que chaque foyer puisse utiliser l'électricité produite sans passer par une obligation de revente à EDF. Autre remarque : essayons d'être un peu plus autonomes et de « booster » notre industrie face à la Chine. Nous avons vu que plusieurs possibilités existent.

Je me suis exprimé également vis-à-vis de la biomasse et considère qu'il est nécessaire d'en limiter l'emploi, compte tenu des atteintes qu'elle impose à l'environnement.

Restent la fusion nucléaire et la production massive d'hydrogène qui constituent des sources d'énergie en devenir et pour lesquelles il est bien difficile d'établir des projections.

Un dernier point et pas le moindre : il est utile de repréciser que *l'énergie la plus performante est celle que l'on n'utilise pas.* D'où la nécessité en premier lieu d'inventorier nos besoins réels (et non virtuels) afin de se fixer des limites d'exploitation de nos ressources et de production d'électricité, de chaleur et de froid. À défaut de plus amples informations, je ne pense pas que cela soit fait, ou du moins pas avec une optique d'économie !

---

[1] Se référer à l'article « La colère des cirés jaunes gronde en baie de Saint-Brieuc » par Laurent Mauduit-Médiapart (23 juillet 2021)

Quelques remarques inhérentes aux différents scénarii proposés

Le président de la République, lors de la présentation de son plan de réindustrialisation, a fait la part belle à l'industrie du nucléaire en réhabilitant la construction en nombre d'EPR. Alors que la France est actuellement incapable d'en sortir un seul et, par surcroît, avec des coûts de réalisation démentiels !

Ceci étant dit, nous disposons à l'heure d'aujourd'hui, d'un certain nombre de scénarii qui ont fait l'objet de recherches approfondies :

L'étude réalisée par RTE

Elle a proposé six scénarii, à propos desquels la puissance installée varie de 344 GW (seul scénario sans intervention de l'énergie nucléaire) à 186 GW (scénario pour lequel est prévu un apport nucléaire de 51 GW, réparti entre nucléaire classique et nucléaire nouvelle génération). L'apport important de puissance installée pour le premier scénario s'explique par le rendement plus faible des énergies renouvelables utilisées par rapport au nucléaire. C'est mis en évidence par des facteurs de charge très inférieurs. Il faut savoir que la puissance installée actuelle en France est de 135 GW, dont 60 GW pour le nucléaire. Bien entendu, aucun de ces six scénarii n'est acceptable tel quel, mais ils ont le mérite de mettre en exergue la difficulté de disposer d'une option viable sans nucléaire en prenant uniquement en compte le solaire et l'éolien. Avec le risque de doubler la puissance installée nécessaire.

D'autres options

L'association Négawatt propose une sortie du nucléaire à l'horizon 2050 avec un arrêt des centrales vers 2035.

Les deux scénarii précédents sont l'objet d'une critique sans complaisance qui émane du journal Respublica[1]. Un autre article passe au crible trois scénarii : Négawatt 2017, Cired 2020 et ADEME 2020-2060[2].

En quoi consistent toutes ces critiques et sont-elles justifiées ? Elles portent sur plusieurs points :

- Un calendrier de réalisation impossible à respecter qui se traduit par la difficulté à faire aboutir les projets. Même préoccupation pour l'éolien pour lequel les différents scénarii prévoient de 8 000 à 12 000 machines à comparer au rythme actuel de pose. Sans parler du recensement des surfaces disponibles pour implanter l'ensemble de ces matériels. Or, il s'avère que cette préoccupation, qui rejoint nos précédentes remarques, conduit à vouloir, en particulier pour le photovoltaïque, pratiquer ce qu'on

---

[1] « Sortir du débat religieux sur l'énergie » par Jean Claude Boual. Respublica 19 décembre 2021 https://www.gaucherepublicaine.org/a-la-une/sortir-des-debats-religieux-sur-lenergie.

[2] « Trois regards sur une transition » par Jacques Rigaudiat, conseiller maître à la Cour des comptes ATTAC 23 septembre 2021

appelle *l'agrivoltaïsme.*[1] D'ailleurs, le même genre de remarque prévaut pour la production intensive de bioénergie, pour laquelle l'objectif d'un établissement agricole n'est plus l'élevage, mais la production en grande quantité de méthane.

- Des facteurs de charge surestimés pour l'éolien terrestre et offshore et pour le solaire, à la fois pour les études de Négawatt et de Cired
- Des coûts de réseau très importants générés par la nécessité d'une forte puissance installée (certainement largement supérieure à la valeur actuelle de 135 GW) et une reconfiguration à examiner à cause de l'intermittence des énergies utilisées (solaire et éolien)
- Une mésestimation des besoins d'énergie compte tenu de la réindustrialisation du pays.

Je suis en partie en accord avec ces critiques.

D'une part, ces trois projets ne mettent pas en évidence la puissance installée nécessaire qui constitue un *a priori* indispensable à la validité d'un projet. Il me semblerait souhaitable de ne pas dépasser de manière conséquente la puissance installée actuelle, soit 135 GW.

Un dernier point : l'obstacle avancé d'une réindustrialisation du territoire qui provoquerait une augmentation très importante des besoins en électricité. Il s'agit de la réintroduction d'un certain nombre de filières pour lesquelles nous dépendons en grande partie de l'extérieur, filières pour lesquelles existe souvent un déficit commercial important. Par contre (et c'est un point que nous avons largement développé dans la première partie de ce livre), il existe un certain nombre de filières que j'ai considéré comme indésirables et dont une perte d'influence serait hautement souhaitable.

Entre autres :

- Les industries liées à l'agriculture et à l'élevage intensif : fabrication d'engrais azotés, de pesticides, nourriture artificielle pour animaux, semenciers, etc.
- L'industrie du ciment, forte consommatrice d'électricité, à réduire grâce à une utilisation croissante de matériaux biosourcés.
- L'industrie agroalimentaire, génératrice de *malbouffe*,
- Une résorption importante du trafic routier, qu'il s'agisse de véhicules particuliers et du trafic poids lourds, au profit de différents modes de transport collectif et en priorité, du ferroviaire.

---

[1] « Énergies renouvelables : le solaire sur terres agricoles suscite craintes et divisions » par Amélie Poinssot (Médiapart 29 octobre 2022). À lire également l'article « Le soleil a rendez-vous avec la thune » paru dans le Canard Enchaîné du 2 novembre 2022.

- Une réduction de trafic aérien actuel, d'où un ralentissement programmé de la construction aéronautique de gros-porteurs,
- La diminution du trafic maritime à partir de porte-containers, donc corrélativement de l'activité portuaire
- La diminution de la consommation d'électricité sous forme de chaleur destinée au chauffage des habitations grâce à l'utilisation massive de la géothermie, voire, dans une moindre mesure, de l'aérothermie (pompes à chaleur air-eau)
- Attention aux activités liées au numérique, facteurs importants de consommation énergétique (nous en avons déjà parlé, en particulier à propos de la 5G) et de la création de serveurs géants qu'il faudra bien refroidir. Constat renforcé par l'apparition de l'intelligence artificielle qui s'avère un gouffre de consommation électrique. Que penser du slogan répété à longueur de temps sur les ondes : « l'énergie est notre avenir, économisons-la » !

Je sais que, pour beaucoup cette énumération n'est qu'utopie et je suis moi-même sceptique quant à leur possibilité de réalisation dans un délai court, soit au mieux *10 ans*. Mais il s'agit bien et je le répète, d'une *stratégie de rupture* qu'il faudrait mettre rapidement en place si l'on veut limiter un accroissement de la température du globe à 1,5 °C.

4.1.3. Les moyens de transport

Les orientations imposées par la transition écologique

Je me suis inspiré du rapport *The Shift Project*, étude réalisée avec le concours de plusieurs organisations françaises et étrangères (ADEME, ASFA, Kéolis, UTP)[1]. Ce rapport préconise, face à un *système voitures*, un *système alternatif* qui prendrait en compte les facteurs coopératifs *véhicule, infrastructures, services, fiscalité, campagnes de sensibilisation.*

Ceci afin de définir les politiques à mettre en œuvre pour un report vers des modes de déplacement plus sobres en carbone, avec trois axes principaux :

Déconstruire le système voiture

Cette option implique :

---

[1] « Guide pour une mobilité quotidienne bas carbone » étude pilotée par Laura Foglia pour le Think tank *The Shift Project* février 2020 disponible sur internet. *The Shift Project* a également édité une autre étude intitulée « décarboner la mobilité en vallée de la Seine », étude qui a porté sur les régions Île-de-France et Normandie desservies par la Seine. L'objectif a été de chiffrer les enjeux réalisables à partir de propositions d'action concrètes touchant divers domaines. Rapport paru en décembre 2020 et consultable également sur internet.

- Un aménagement du territoire, dont un urbanisme qui réduit les distances de déplacement en limitant l'étalement urbain et en recréant de la proximité dans la vie quotidienne. D'où la nécessité absolue de proscrire le développement de zones commerciales et entrepôts en périphérie et de reprogrammer la reconversion des zones actuelles.
- La création d'une fiscalité qui pénalise suffisamment les véhicules puissants et polluants. Certaines mesures existent, mais elles restent insuffisantes. Exemple : la construction des véhicules SUV se poursuit sans ambages, assistée par une publication effrénée sur les ondes !
- Une utilisation de la voiture en solo rendue moins attractive, d'où la nécessité de connaître et de limiter l'offre de stationnement, de réduire la vitesse, particulièrement en ville, et de restreindre la circulation automobile.

Ces recommandations sont en bonne voie de réalisation, surtout à Paris et dans de grandes agglomérations dirigées par des maires écologistes ou de mouvance telle.

Plusieurs remarques s'imposent :

- Il existe différents types de limiteurs de vitesse : les ralentisseurs, souvent calibrés de différentes manières. Certains sont sans pitié pour les suspensions de véhicule (existe-t-il une norme et est-elle correctement appliquée ?). Autre système qui a largement ma préférence, car plus efficace et moins destructeur : les chicanes, sous réserve qu'elles soient suffisamment signalées, surtout de nuit, ce qui n'est pas toujours le cas !
- Il ne faut pas oublier que ces mesures ne seront acceptées par les usagers des transports que lorsqu'une contrepartie en termes de qualité de vie et de transports adaptés aura été mise en place. Ce qui est loin d'être le cas en particulier en Île-de-France où le réseau ferré est loin d'être opérationnel.

Développer un système de modes actifs et partagés

- *La marche et le vélo* constituent effectivement un moyen de locomotion accessible en ville et en milieu périurbain, dans la mesure où ils participent à une hygiène de vie indispensable à la conservation en bonne santé de l'individu. L'emploi du vélo, en usage courant dans de nombreux pays d'Europe, principalement d'Europe du Nord, a connu en France un succès non négligeable. Il souffre largement d'un manque important d'aménagements sécurisés et continus en termes de voiries, de possibilités de stationnement et de conditions d'intermodalité avec les moyens de transport public. Par ailleurs, marche et vélo restent d'usage limité en milieu rural, lors de conditions hivernales sévères et à usage de personnes handicapées à mobilité réduite.
- *Le covoiturage* s'est développé principalement sur des distances relativement longues ou pour des trajets domicile-travail entre des personnes faisant

partie d'une même entreprise ou dont le trajet s'inscrit dans une zone de transport commune. Ce moyen de transport souffre, après une période de succès, d'une certaine méfiance entre conducteurs et passagers. Cela fait suite à une gestion laissant à désirer de la part des plateformes d'intermédiation (non-respect des règles entre contractants, problèmes d'organisation, etc.). Il reste de ce fait un moyen de transport assez limité.

- *La location de véhicules longue durée* : C'est une application directe du concept de l'économie de la fonctionnalité qui s'inscrit pleinement dans la démarche de transition vers une économie verte. Elle consiste à remplacer la notion de vente du bien par celle de la vente de l'usage du bien. Cela a entraîné le découplage de la valeur ajoutée et de la consommation d'énergie et de matières premières. Ce système présente en outre pour l'utilisateur un certain nombre d'avantages financiers. Un tarif mensuel tout inclus, un coût d'usage moins élevé que pour une location avec option d'achat, pas de démarches d'acquisition ni de déclaration de cession. En outre, cette mesure, si elle était adoptée massivement (ce qui n'est pas le cas aujourd'hui), permettra de réduire le volume du parc automobile à la fois en circulation et surtout en besoins de stationnement. Elle s'inscrit parfaitement dans le schéma de la transition écologique. Ces avantages valent à la fois pour les particuliers et pour les entreprises. Les inconvénients : la rigidité des contrats et les frais élevés en cas de dégâts provoqués par le client.

- *Le transport à la demande :* Il s'agit d'un moyen assez peu connu et utilisé, qui a le mérite de mutualiser les demandes de déplacement. Elle constitue, grâce à sa souplesse, un complément utile du transport collectif classique. Cette démarche est née du constat d'une insatisfaction des moyens classiques de transport en commun. En effet, ceux-ci utilisent des parcours déterminés à l'avance, des points d'arrêt (départ et arrivée) fixes, et des horaires fixes.

Ce qui signifie que *l'usager est au service de son moyen de transport et non l'inverse.* D'où l'insatisfaction de cet usager due à une inefficacité du service, conséquence d'une réponse mal adaptée en milieu rural ou périurbain. Là où la demande de transport est souvent diffuse et insuffisante face à une urbanisation galopante.

Qu'est-ce que le transport à la demande (TAD) ? C'est un mode de transport public qui utilise des véhicules collectifs de petite capacité (vans et minibus), mais également les taxis (traditionnels ou collectifs). Ce concept concerne le transport par voie ferrée par utilisation de rames autonomes à pilotage automatique et à l'image des métros en usage dans plusieurs métropoles.

Ce mode de transport satisfait à la demande d'un transport au service de l'usager, car, *dans sa forme la plus élaborée :*

- Il n'emprunte pas d'itinéraire fixe (notion de desserte d'une zone et non d'une ligne),

- Il ne respecte pas un horaire précis,
- Les points de départ et de destination peuvent être fixés par le gestionnaire du système ou choisis par l'usager

Les véhicules utilisés (voitures particulières, vans ou minibus) peuvent accueillir entre 4 et 20 personnes. Le TAD peut inclure la nécessité pour l'usager d'effectuer une réservation qui varie d'une journée à quelques heures à l'avance. Cette réservation s'effectue via une centrale informatique qui communique nécessairement avec les chauffeurs. Le service peut soit s'adresser à tous types d'usagers, soit être réservé aux personnes à mobilité réduite (PMR). Enfin, on notera que le TAD peut être conçu, défini et géré par une collectivité locale qui sous-traite le service à une ou plusieurs sociétés spécialisées suite à appel d'offres et par délégation de service public. Il nécessite de manière générale l'usage pour l'opérateur d'un logiciel de gestion prenant en compte les réservations, la planification et l'optimisation des parcours des véhicules utilisés par les usagers.

Les modes de fonctionnement ont été classés par ordre de flexibilité croissante :

- *Ligne virtuelle* : Il s'agit d'une ligne régulière dont tout ou partie de l'itinéraire est desservi soit par réservations, soit par arrêt demandé par l'usager. Cette solution est adoptée lorsque la demande est faible, mais géographiquement concentrée. Ce système existe dans plusieurs agglomérations.
- *Desserte zonale à horaires fixes :* La prise en charge s'effectue au domicile pour des destinations et des horaires garantis à l'avance. Ce type de service est particulièrement bien adapté pour des « rabattements » sur lignes régulières ou sur gares pour des horaires fixes de passage des trains. L'enjeu peut être important quand on constate la saturation des parkings de gare (parfois payants) en moyenne et grande banlieue des grandes métropoles. On pense en particulier à Paris et sa banlieue (desserte de la plupart des gares RER), mais aussi à des métropoles importantes et moyennes. Ce service peut compléter avantageusement les lignes régulières d'autobus qui ne desservent que partiellement un habitat de plus en plus dispersé et dont la desserte n'est pas toujours cohérente avec les horaires des trains. On peut imaginer que le système fonctionne à l'inverse, pour ramener les voyageurs de la gare jusqu'à leur domicile ou à un point fixe déterminé près de ce domicile.
- *Desserte zonale à horaires variables :* La prise en charge s'effectue à domicile pour des destinations fixes avec des horaires à la demande et en fonction des capacités des transporteurs. Cette solution paraît convenir pour la desserte de marchés périodiques, entre autres. Par contre, elle nécessite l'utilisation d'un logiciel incluant un module d'optimisation des véhicules disponibles afin de réduire les coûts de fonctionnement.

- *Desserte zonale, porte à porte, horaires libres* : La destination et l'heure ne sont pas définies de manière rigide. La seule limite est la tranche horaire. Il s'agit d'une solution qui peut être intéressante pour l'usager, puisqu'elle introduit la notion de *taxi collectif*, de coût moindre qu'un taxi individuel. Elle est susceptible d'être adoptée dans les grandes agglomérations pour des déplacements intra-muros, là où la densité des transports classiques est faible et en particulier dans les arrondissements périphériques. Là aussi, l'utilisation d'un module d'optimisation (gestion des déplacements *à la volée*) est nécessaire à une gestion correcte du système.

Susciter et accompagner le changement de comportement

De multiples mesures développées dans le rapport *The Shift Project* sont source d'inspiration ; il s'agit, entre autres :

- De développer des actions de communication et de pédagogie dans les territoires et de mettre en œuvre les moyens suffisants pour ce faire,
- D'accompagner la mise en place de Plans de Mobilité Employeurs (PDM) qui sont obligatoires pour les entreprises de plus de cent salariés. Elles demeurent actuellement une vue de l'esprit, faute d'intérêt des parties concernées, du manque de moyens et d'absence de contrôle de l'état.

S'ajoute à cet ensemble de mesures la nécessité d'évaluation des politiques détaillées ci-dessus par rapport aux objectifs initiaux, *sous réserve qu'ils soient correctement explicités, ce qui n'est pas, d'une manière générale, la préoccupation de nos gouvernants.*

Quel avenir pour l'industrie automobile française ?

La France se situe en 2020 au 5e rang des pays producteurs avec un total de deux millions de véhicules, soit une part de 7 % de la production automobile en Europe contre 14 % en l'an 2000 et avec une perte de 120 000 emplois en quinze ans. Cette tendance s'est renforcée avec la crise sanitaire provoquée par l'apparition du coronavirus et l'arrêt des usines et des structures de vente durant le confinement.

Du fait des politiques passées et présentes qui ont favorisé la désindustrialisation de notre pays, l'automobile constitue encore un des piliers de notre économie. L'objectif est de conserver cette politique alors qu'il serait judicieux d'amorcer une décroissance de cette filière au profit d'un système *alternatif* à usage de liaisons douces et de transports collectifs. Cette politique s'est traduite par l'aide de l'état au constructeur Renault en l'absence d'une véritable volonté d'amorcer une véritable transition écologique et de cesser de pratiquer le « tout voiture ».

Ceci étant dit : comment faire pour conserver cette filière contre vents et marées ? Tout simplement, en la faisant évoluer vers la conception et la réalisation de voitures électriques afin de respecter (ou de faire semblant) les normes antipollution édictées par l'Union européenne. Le facteur essentiel de la logistique d'approvisionnement en carburant devient l'équipement du territoire en bornes d'alimentation électrique.

Cette évolution va transformer durablement la conception des véhicules dont l'organisme central devient la batterie. En outre, cette modification de la conception des véhicules rejaillit sur les équipements de production, du fait de la simplification de la gamme de fabrication par rapport aux moteurs à combustion interne. D'où une incidence sur la capacité de main-d'œuvre nécessaire avec, à la clé, la nécessité de requalifier le personnel concerné vers d'autres activités. Lesquelles ? Personne n'est actuellement en état de le dire ! D'où un risque de chômage supplémentaire à moyen terme.

Actuellement, deux options sont développées sur le marché pour ce type de véhicule :

- *La voiture « tout électrique »*, dont le prix reste élevé et n'est pas accessible aux petits revenus. L'autonomie reste de l'ordre de 200 à 250 km en ville avec des potentiels énergétiques de 80 kWh et des durées de mise en charge qui peuvent demander plusieurs heures. Donc, pas question d'un déplacement longue distance sur autoroute, ce qui signifie qu'un certain nombre de progrès sont encore à réaliser avant de rivaliser avec les moteurs thermiques classiques.
- *La voiture « hybride »*. Cette appellation recouvre plusieurs options. Cela s'étage d'une aide au démarrage (MHEV) à une hybridation classique (HEV) permettant une conduite électrique en ville et à la PHEV (hybride rechargeable) à grosse capacité de batterie et à consommation nulle en essence si recharge quotidienne. L'intérêt de la version hybride est de pallier le manque d'autonomie d'une voiture électrique classique, le déficit en bornes de recharge et le temps de chargement de la batterie. L'avantage de cette version risque donc de disparaître lorsque ces différents handicaps seront surmontés, ce qui n'est pas acquis dans l'immédiat.

Quel qu'en soit le type, la voiture électrique (classique ou hybride) est considérée comme non polluante et amenée à remplacer à moyen terme les moteurs thermiques. Ce schéma idyllique ne s'applique (et encore avec certaines réserves) que sur une seule étape du cycle de vie : *l'utilisation*. Or, le composant principal de ces véhicules reste la batterie qui atteint, en particulier sur le haut de gamme, des volumes et des masses hors de proportion avec celles utilisées sur les véhicules thermiques. Ces augmentations de poids peuvent être compensées, en partie, par l'utilisation de métaux plus légers sur le reste de la structure, dont l'aluminium. D'où une demande en quantité importante de métaux (lithium, cuivre et aluminium) dont l'extraction extrêmement polluante va à l'encontre des objectifs en matière de climat et de développement durable.

Pour terminer ce tour de piste, citons pour mémoire *le développement du véhicule autonome*, à propulsion électrique, du moins, on le suppose, qui perpétue le mythe du véhicule personnel et la prolongation d'une société « tout bagnole » avec un corollaire qui est un développement explosif en parallèle de la 5G vis-à-vis de laquelle j'ai suffisamment exprimé ma désapprobation dans les paragraphes précédents.

Un Organe clé : la batterie

Le développement de la voiture électrique sous-entend la maîtrise du composant essentiel de ce type de véhicule, à savoir la batterie qui peut être considérée comme une filière stratégique. La production des batteries reste, jusqu'à présent, le monopole des pays d'Asie du Sud-est et principalement la Chine, la Corée du Sud et le Japon.

La France et, plus généralement, l'Europe sont-elles capables de reprendre la main et ne pas se laisser inonder par des importations à bas prix ? Pour ce faire, il serait fortement souhaitable de se démarquer de la version classique Lithium-ion. Inventée en 1980, elle présente plusieurs inconvénients. Ce sont le manque d'autonomie, un temps de recharge trop long, un coût environnemental élevé dû aux conditions d'extraction et de traitement des minerais des métaux qui entrent dans sa composition : lithium, cobalt et graphite.

Plusieurs innovations d'origine française et européenne méritent d'être suivies et encouragées dans leur développement :

- Une nouvelle génération, la technologie Lithium-fer-phosphates, a été développée par la start-up Limatech. Elle est utilisée actuellement en aéronautique pour le démarrage des avions de ligne et pourrait être étendue à d'autres usages, dont l'automobile à moteur thermique et, peut-être, aux voitures électriques qui nécessitent des tensions de fonctionnement et des puissances beaucoup plus élevées.

- La société Kemiwatt, start-up issue de travaux de recherche conduits à l'université de Rennes I (institut des sciences chimiques), a développé une technologie *Redox flow*. Elle utilise deux électrolytes stockés dans des récipients externes. Ceux-ci sont mis en contact dans un convertisseur dans lequel s'effectue l'action d'oxydoréduction au niveau des électrolytes et qui permet la charge et la décharge de la batterie. Cette technologie n'utilise aucun minerai rare et les électrolytes sont parfaitement biodégradables. La durée de vie est très longue et peu s'étendre sur plusieurs milliers de cycles. L'objectif est de construire une batterie capable de délivrer une puissance compatible avec les applications industrielles, soit plusieurs dizaines de KW. Ceci afin de couvrir un marché essentiellement orienté vers le développement des systèmes de stockage et de régulation de réseaux. Peut-on adapter ce type de batterie à l'emploi sur véhicules électriques ? La question n'a pas été posée jusqu'à présent compte tenu du volume nécessité pour le stockage des électrolytes et, de ce fait, peu propice à un système embarqué.

- Autre innovation d'origine européenne : Skeleton Technologies est une entreprise estonienne spécialisée dans les super condensateurs. Elle entreprend de développer une nouvelle batterie au graphène qui lui permettrait de se charger en moins d'une minute. Cependant, sa capacité de chargement atteint seulement moins de la moitié d'une batterie Lithium-ion, ce qui paraît incompatible avec une utilisation sur véhicule électrique.
- L'architecture *batterie lithium-ion à électrolyte solide et électrode négative en lithium métal* est présentée comme la batterie du futur. Elle présente par rapport à la batterie classique lithium-ion l'avantage de la sécurité et permet une augmentation de la capacité de charge (plus de 400 op Wh/kg). Par contre persistent un certain nombre d'inconvénients susceptibles de provoquer des courts-circuits et des défaillances de fonctionnement. Ce qui tend à considérer que cette technologie est loin d'être au point et nécessiterait de nombreux aménagements avant industrialisation. Et puis, quel est le progrès en termes de pollution de l'environnement ?

Il s'avère que l'ensemble de ces recherches peut être largement bénéfique dans nombre d'applications industrielles, mais ne permet pas d'envisager une application à court terme dans la filière du véhicule électrique. Ce qui signifie que nous sommes revenus, après ce tour de piste, à la classique batterie lithium-ion avec son cortège d'inconvénients de toutes sortes, y compris, bien sûr, son coût environnemental dénoncé précédemment.

Ce qui devrait freiner l'enthousiasme de nos politiques vers cette évolution à marche forcée qu'ils préconisent !

Les véhicules à deux roues

La bicyclette

- *Le marché français du cycle*

Le volume des ventes sur le territoire français a pratiquement doublé depuis le début du siècle et se situe aux environs de 1,5 G€. On ajoutera à ce chiffre 800 M€ de pièces détachées et d'accessoires. On constatera qu'environ 800 000 vélos sont fabriqués en France contre quelque 3 millions quelques années auparavant. En outre, les fabricants de vélos sont avant tout des assembleurs, excepté pour quelques pionniers spécialistes de matériel haut de gamme élaboré sur mesure. L'ensemble des composants et une partie importante des cycles proviennent d'Asie du Sud-est, fabriqués pour l'essentiel, en Chine et, accessoirement, à Taïwan et en Corée du Sud. À noter également la montée en puissance du vélo électrique, dont le prix est plus de deux fois supérieur au vélo classique. D'où un accroissement de la valeur des ventes face à une stagnation en volume, due en partie au manque d'infrastructures adaptées à ce type de véhicule. À noter également la montée en puissance des *vélos-cargos* avec environ 40 000 exemplaires vendus en France, dont seulement 22 % fabriqués sur le territoire.

- *L'industrie française du cycle*

Il existe plusieurs catégories d'entreprises fabricantes de cycles :

- *Les assembleurs* constituent la quasi-totalité du chiffre d'affaires français et produisent le bas et milieu de gamme dans les différents types de cycles (VTT, VTC, vélos de ville, vélos à assistance électrique VAE, routiers, randonneurs, etc.). Ceci dans des fourchettes de prix de 300 à 1 500 €.
- Quelques représentants : Manufacture Française du Cycle (MFC), implantée à Machecoul (Loire-Atlantique) avec une production annuelle de près de 500 000 unités, Décathlon, dont une partie de la production est implantée dans le nord de la France, Gitane, dont les vélos sont assemblés dans l'aube, Groupe Easybike, spécialisé ans le VAE bon marché, vélos fabriqués en Normandie, Lapierre, société implantée à Dijon.
- *Les intégrateurs* se sont spécialisés dans le haut de gamme, voire du cycle sur mesure pour les artisans de la profession. On distinguera deux catégories :
- *Les start-up*, qui sont à ma connaissance au moins au nombre de trois et dont le domaine couvre une clientèle ciblée d'utilisateurs et de professionnels du cyclisme et du cyclotourisme haute performance (cyclo-cross, randonnée longue distance, piste, compétition, etc.). Deux de ces sociétés, Origine, implantée dans le nord de la France, et S1néo, originaire de Sablé/Sarthe, proposent à leurs clients l'usage d'un configurateur[1]. Celui-ci personnalise le vélo à partir de ses mensurations, de ses postures et de ses choix en termes de coloris et d'accessoires. Leurs spécialités : les cadres en fibre de carbone conçus et fabriqués dans leurs usines.
- *Les artisans* : Ils ne sont pas moins d'une cinquantaine répartie sur tout le territoire. Il s'agit là du très haut de gamme avec des procédés de fabrication purement artisanaux et, de ce fait, hors de toute industrialisation. À titre d'exemple, des cadres usinés à partir de tubes d'épaisseur inférieure au millimètre et en provenance de fournisseurs d'aciers réputés (Colombus, Reynolds, etc.). D'où les ordres de grandeur de prix qui oscillent entre 2 000 et 7 000 € et qui ne sont pas à la portée de toutes les bourses. Ces achats sont donc réservés à une clientèle spécifique de sportifs amateurs et professionnels de la « petite reine ».

---

[1] Le configurateur est une application présente dans un ensemble informatique complexe appelé ERP (Enterprise Resource Planning) ou Progiciel de Gestion Intégré.
Cette application contient les caractéristiques essentielles d'un produit déterminé, dont les options et variantes. Ce configurateur va générer automatiquement les nomenclatures et gammes nécessaires à sa fabrication en fonction des caractéristiques demandées par le client.

- *Quelle évolution doit-on attendre pour cette filière dans les années à venir ?*

Je crois nécessaire de citer le réquisitoire sans appel de Paul-Adrien Cormerais paru le 13 juin 2020 dans l'Usine Nouvelle [1] et qui milite pour la reconstruction d'un tissu industriel dédié au cycle en France.

Tout est dit dans ce manifeste ! Alors, à quand un *Plan vélo* ?

Quelles sont les mesures à prendre pour amorcer une résurrection de la filière ?

En premier lieu, il faut une volonté politique. Existe-t-elle ?

Tout d'abord, le savoir-faire existe encore. Il est même réparti dans toute la France, à la fois au niveau des start-up innovantes et des artisans constructeurs[2]. Il est donc nécessaire de créer un véritable *pôle cycles* chargé de développer une osmose entre l'ensemble des industriels (assembleurs et intégrateurs) et les artisans détenteurs d'un véritable savoir-faire qu'il est possible, du moins en partie, d'industrialiser pour acquérir la compétitivité souhaitable.

Là encore, l'influence des régions à la fois pour recenser ces savoir-faire, aider à générer les financements nécessaires me paraît un préalable incontournable.

Enfin, l'ensemble de la filière cycles bénéficie, vis-à-vis de la Chine, d'une taxe antidumping de 48,5 % sur les vélos importés, mais qui ne s'applique pas aux composants et accessoires. L'extension de cette taxe à l'ensemble des pièces détachées serait susceptible de faciliter la renaissance de cette filière. La France doit militer pour cette extension au niveau de la Commission Européenne et la décréter unilatéralement en cas de refus caractérisé de celle-ci.

La trottinette électrique

Il me paraît utile de consacrer un chapitre à ce produit synonyme d'un énorme gaspillage. En effet, on a assisté depuis dix ans à un déferlement de ces trottinettes sur l'ensemble des voies de circulation (chaussées, trottoirs) avec les risques d'accidents et de collisions que cela comporte. Et le dépôt après usage à n'importe quel endroit, y compris au fond de l'eau, comme cela a été constaté dans plusieurs grandes villes. Dépôt dans la Seine, le Rhône ou la Méditerranée avec le risque de pollution que cela représente grâce aux batteries au lithium.

Comment un tel gâchis a-t-il pu se produire ? L'explication en est fort simple. La location de ces trottinettes s'effectue selon deux types d'offres :

- La station de stockage, analogue à celles qui existent pour les vélos et autos en libre-service, système qui nécessite de récupérer et de déposer son moyen de transport à un emplacement bien défini.

---

[1] « Avis d'expert : remettre l'industrie du vélo en selle » par Paul-Adrien Cormerais (Usine Nouvelle tribune 13 juin 2020)

[2] « Ou trouver un fabricant de cycles près de chez soi ? » par Martin Péneau (http://www.endanseuse.com/carte-velos-cycles-made-in-france/ le 27 janvier 2017)

- Le *Free Floating*, qui ne nécessite pas de station ou borne et permet la dépose à n'importe quel endroit après utilisation. Compte tenu du manque de stations de stockage, un certain nombre de sociétés se sont engouffrées dans ce deuxième mode et, en particulier, des sociétés américaines (Lime S, Bird, Spin). Et d'autres abordent un marché qui s'avère juteux. Français et Européens entrent dans la danse ! Comment fonctionne le système ? Certains recourent à des petites mains, les *juicers*[1] qui opèrent avec un statut d'autoentrepreneur. Leur travail : repérer les trottinettes déposées par l'utilisateur après usage, les reposer sur place définie par l'application pour un nouvel usage. Avec une concurrence effrénée qui fleurit dans ce type d'activité.

Face à cette loi de la jungle, le gouvernement a créé une réglementation mise en vigueur par la ministre des Transports en septembre 2019 [2] qui porte sur un certain nombre de points : limitation de la vitesse à 25 km/h, obligation d'assurance pour l'utilisateur, interdiction de rouler sur les trottoirs, obligation d'emprunter les pistes cyclables, etc. De surcroît, l'usage des trottinettes en libre-service a été interdit à Paris à partir du 1er septembre 2023. Ce qui est la moindre des choses et devrait être appliqué dans d'autres municipalités.

Le réseau ferré

Historique

Le réseau ferré français s'est développé à partir de 1830 durant le reste du 19e siècle et jusqu'en 1937 à partir de cinq grandes compagnies de statut privé. Jusqu'en 1930, le réseau ferré comportait environ 62 000 km de voies, dont 42 000 d'intérêt général à voie normale (1,44 m) et 20 000 d'intérêt local à voie métrique. Ce qui représentait un total de 1585 lignes. La nationalisation des compagnies sous le giron de la SNCF en 1937 a marqué le début de la fermeture d'un certain nombre de lignes fortement déficitaires, d'où un total de 42 500 voies en 1945, total qui n'a pas cessé de décroître, avec un effectif de 29 000 km de voies, soit environ 490 lignes, recensé en 2016.

État actuel du réseau

Une carte de l'état réel de notre réseau ferré a été établie par deux journalistes de l'association Reporterre en février 2018[3]. Elle fait apparaître une détérioration du réseau qui est loin de constituer un ensemble homogène. En

---

[1] « Trottinettes électriques : le grand n'importe quoi » par Marie-Sandrine Sgherri (Le Point, 3 mai 2019)

[2] « La nouvelle réglementation 2020 des trottinettes électriques en France » par Richard (https://trottinette-lab.fr/reglementation-loi/ le 16 décembre 2018)

[3] « Exclusif — La carte de l'état réel des trains du quotidien » par Marie Astier et Pierre-Isnard Dupuy (Reporterre 5 février 2018)

grand danger, les lignes classées dans la catégorie *UIC 7 à 9*[1]. Elles représentent plus de 40 % du réseau ferré français, soit 12 000 km de lignes pour la plupart à voie unique, dont 9 000 km sur lesquels circulent des voyageurs et 3 000 km dédiés au fret. Il s'agit souvent de petites lignes desservant parfois des régions montagneuses peu peuplées et difficiles d'accès. Avec des ouvrages d'art en quantité importante par rapport au reste du réseau (plus de 50 % de tunnels et 30 % d'autres types d'ouvrages) qui nécessitent un entretien régulier.

Le trafic moyen est de l'ordre de 13 trains par jour, avec des disparités importantes, y compris territoriales puisque 60 % de ces lignes desservent des zones moins denses que la moyenne nationale. L'état du patrimoine de ces lignes reste préoccupant, du fait que leur âge moyen est de près de quarante ans pour *les lignes voyageurs* et de soixante-quinze ans pour le fret.

Ces lignes sont réparties inégalement sur l'ensemble du territoire. Quatre régions sont particulièrement concernées. En priorité, la Nouvelle Aquitaine, suivie de l'Occitanie, du Grand Est et de la région Auvergne Rhône-Alpes.

Parmi cet ensemble, une trentaine de lignes pour un total de 1 250 km, en état de mort cérébrale et pour lesquelles aucun travail de régénération n'est programmé, se retrouvent pratiquement à l'arrêt sans espoir de réouverture.

Le scénario est des plus classiques : manque d'entretien, d'où réduction de la vitesse et du nombre de trains, auxquels s'ajoutent souvent des horaires inadaptés et parfois une mauvaise perception du trafic réel par la SNCF. Conséquences : moins de voyageurs et un déficit trop important pour un enjeu considéré comme négligeable, d'où pas d'investissements jugés inutiles. C'est d'ailleurs l'objet du rapport de Jean-Cyril Spinetta qui préconise la fermeture de ce qu'il appelle par dérision les *petites lignes*. Cette désaffection touche également des lignes d'intérêt général, mais délaissées au profit de liens avec la capitale, favorisée par l'implantation ou la prolongation de lignes LGV. Conséquence : une densification du trafic grandes lignes en Île-de-France. En exemples : les lignes Nantes-Lyon et Bordeaux-Lyon, dont le trafic pour cette dernière a été interrompu sur un certain nombre de tronçons, avec pour conséquence, un isolement aggravé des régions traversées par cette ligne.

Le reste du réseau n'est pas à meilleure enseigne, car il capitalise des retards importants et des suppressions permanentes de trains,[2] compte tenu d'un manque criant d'infrastructures adaptées au trafic. C'est le cas, entre autres, du nœud ferroviaire de Lyon, complètement saturé, et des réseaux transiliens et

---

[1] Le sigle *UIC* constitue l'indicatif du classement *de l'Union Internationale des Chemins de fer* qui répertorie l'ensemble des lignes en neuf groupes à partir d'un trafic théorique qui s'échelonne de plus de 120 000 unités (groupe 1) à moins de 1500 (groupe 9). Ce coefficient de trafic prend en compte différents paramètres, dont la qualité de la voie, le tonnage journalier du transport, de celui du fret et des engins de traction, assortis entre autres de coefficients tenant compte de la vitesse autorisée.

[2] Élisabeth Borne, alors ministre des transports, estimait à 5 300 km de ralentissement les perturbations sur le réseau ferré pour insuffisance d'entretien (interview au JDD en septembre 2017)

RER qui desservent l'Île-de-France où, des travaux d'infrastructures demeurent indispensables.

Ce qui est prévu à moyen terme

La réforme de la SNCF qui a été votée en 2017 réduit considérablement sa marge de manœuvre en termes d'investissements et de choix. Je me suis référé, à défaut d'informations plus récentes en ma possession, aux éléments figurant dans le rapport du *Conseil d'Orientation des Infrastructures* et détaillés dans le *paragraphe 63* dédié aux investissements ferroviaires. Ces informations concernent en quasi-totalité les parties du réseau à utilisation intensive. Les propositions de mise à niveau constituent en fait un rattrapage d'investissements qui auraient dû être effectués depuis nombre d'années. Ils ont été occultés au profit d'un *tout TGV*. Énuméré très sommairement : il s'agit des nœuds ferroviaires des grandes capitales régionales (Paris, Lyon, Marseille, Bordeaux et Toulouse, entre autres), de l'amélioration de l'axe Paris-Normandie avec la prolongation d'Éole (RER E) jusqu'à Mantes, de l'aménagement de la ligne Paris-Orléans-Limoges-Toulouse, de l'axe Dijon-Modane pour le transport de fret. Le tout pour un investissement évalué à 40 G€, échelonné à partir de trois scénarii couvrant une période de 2018 à 2037. C'est insuffisant pour remettre à flot l'ensemble du réseau.

Un seul bon point : la remise aux calendes grecques des lignes à grande vitesse !

Quelles orientations souhaitables pour nos chemins de fer ?

- *Le réseau principal*

Que penser des éléments développés dans le rapport du conseil d'orientation des infrastructures ? Ce rapport date de 2018. Existe-t-il depuis des contre-propositions susceptibles de réduire les délais de réalisation associés à un budget considérable ? Ce serait hautement souhaitable. J'ai eu personnellement l'occasion d'examiner, dans une étude intitulée « Amélioration des transports en Île-de-France » et relative au réseau sud-est,[1] la nécessité de supprimer le plus rapidement possible les cisaillements existants en sortie de gare de Paris-Lyon et en entrée du triage de Villeneuve-Saint-Georges en édifiant à la fois des *terriers* et des *sauts-de-mouton* afin d'améliorer la vitesse et la régularité des RER et transiliens. Ces aménagements devraient être réalisés le plus rapidement possible. Cela n'est pas prévu à court terme, du moins à ma connaissance !

---

[1] Un terrier désigne dans le langage ferroviaire un aménagement permettant de faire passer une voie ferrée sous une autre voie ferrée par enfouissement de la première et un saut-de-mouton, un aménagement permettant de faire passer une voie ferrée au-dessus d'une autre voie ferrée par dénivellation de la première, ceci, dans les deux cas de figure, pour éviter qu'elles ne s'entrecroisent (cisaillements)

- *Le sort des « petites lignes »*

Il est souligné dans le rapport Spinetta que le coût annuel total engendré par les dépenses publiques inhérentes aux lignes de dessertes fines du territoire s'élève à 1,7 G€, dont 750 M€ consacrés à l'entretien et à la modernisation des lignes et 1 G€ nécessaire à l'exploitation du réseau. Or, on sait, compte tenu de l'état de délabrement de nombre de ces lignes[1], que ces investissements ne sont pas à la hauteur des enjeux. Ils devraient être financés par le plan de relance dédié à la transition écologique, *mais ce n'est pas le cas.*

Quelle serait la marche à suivre ? Il convient de classer ces lignes en fonction de leur usage, qui peut revêtir différents aspects. Il peut s'agir de maillons de grands axes nationaux (Exemple : la ligne Bordeaux-Lyon), des lignes à caractère périurbain, des lignes de maillage purement local desservant des agglomérations de taille moyenne ou petite et amenées de ce fait à compléter le réseau routier.

D'où différents scénarii envisageables, qui devraient tenir compte des hypothèses de trafic et du classement précédent :

- Conserver le principe classique d'utilisation du TER. Pour tenir compte de l'élimination programmée des énergies d'origine fossile, peut-on envisager une électrification du réseau ou utiliser une autre source d'énergie ?
- S'orienter vers la démarche *tram-train*, plus économique en termes d'infrastructures et de poids du moyen de locomotion.

Reste le cas d'une desserte purement locale, dont l'objectif est la suppression du *tout routier* et ne nécessite pas des vitesses de déplacement importantes.

L'utilisation de navettes autonomes ou non, alimentées par exemple par des batteries de forte puissance, avec possibilité de recharge rapide, paraît être une solution applicable à moindres frais. Pourquoi ne pas s'orienter vers des véhicules sur pneus, utilisés avec succès sur différents modèles de métro parisien et autres, voire à des véhicules à usage mixte, utilisables à la fois sur fer et sur route ? Signalons qu'il existe un projet, *Taxi Rail* porté par une start-up, la « Costarmorica » créée par M. Régis Coat. Elle consiste dans la réalisation d'une navette autonome, à propulsion électrique ou hybride, destinée aux lignes dont la vitesse de fonctionnement est limitée à 50 km/h et susceptible de transporter jusqu'à 40 passagers.

L'économie réalisée porte à la fois sur la conception et l'entretien des infrastructures, motivées par le gain de poids de modules notablement inférieur à celui d'une rame classique et par une autonomie significative de gain en personnel (utilisation de transport à la demande gérée par une application informatique).

---

[1] Extraits de Territoires et infrastructures Dossier économique n° 162, avril 2019 par Romain Guillet

À ce schéma se superpose un scénario financier, exposé dans le rapport du préfet Philizot et présenté au secrétariat d'État aux transports en février 2020[1]. Ce rapport a le mérite d'introduire la notion d'innovation dans le choix même du matériel de transport, des infrastructures à adopter et des moyens de signalisation modernes à introduire dans l'ensemble de ces réseaux. Ceci dans le but de permettre des économies substantielles de gestion. Il introduit en outre un principe de différenciation dans le refinancement de ces petites lignes qui consiste à répartir l'ensemble de ces lignes en trois blocs :

- Une première partie d'entre elles est considérée comme un réseau structurant et financée à 100 % par SNCF Réseau,
- Une deuxième partie des lignes à moindre impact serait financée par contrats de plans avec une répartition à négocier région par région entre État, SNCF et régions,
- Une dernière partie, qui concerne la desserte locale et financée en totalité par les régions.[2] Ces lignes pourraient être exploitées par différents opérateurs, avec une délégation de service public, sous réserve d'un cahier des charges strict qui protège la notion de service public et de droit social dans le cadre d'une gestion équilibrée et à l'image de ce qui se pratique en Allemagne.

Que penser d'une extension du réseau ferré ? Il est envisageable à terme de faire une extension du réseau ferré local à partir des lignes abandonnées à partir de 1945. Dans la mesure où la mise en œuvre de la dernière partie du plan est un succès et permet une réhabilitation des villes et des villages en déshérence et une renaissance du tissu local. On disposerait ainsi d'un maillage très fin du territoire, lié à une renaissance industrielle à entreprendre, ce qui signifierait la fin du désert industriel français. Cela nécessite bien sûr de nombreuses enquêtes auprès des habitants concernés par cette approche. Ceci afin de ne pas investir à fonds perdu sans pour autant raisonner de manière purement comptable, comme nos dirigeants ont l'habitude de fonctionner. Affaire à suivre, dans le temps, donc.

- *Quelle énergie choisir pour ces petites lignes ?*

Il convient évidemment d'éviter de faire appel aux énergies fossiles et d'éliminer l'usage du gazole pour les motrices des futurs trains.

On peut envisager l'alimentation par le réseau électrique à partir de caténaires. Il s'agit là d'un investissement important et dont le coût d'une installation à 50 000 volts est loin d'être négligeable. D'où la nécessité de

---

[1] Dossier de presse « Petites lignes ferroviaires : des plans d'action régionaux » février 2020 (ministère de la Transition Écologique et Solidaire)

[2] À signaler l'initiative concernant la remise en route de la ligne Bordeaux — Lyon par Limoges, Guéret et Saint Germain des fossés prônée par une association des amoureux du chemin de fer, l'association Rail Coop

réserver cette option à certaines des lignes d'intérêt national financées et gérées par SNCF mobilités avec utilisation des TER classiques.

Pour les lignes d'intérêt moindre existe la possibilité d'utiliser l'hydrogène, sous réserve que ce dernier puisse être obtenu de manière économique et écologique, ce qui n'est pas le cas à l'heure actuelle. D'où la nécessité d'une expérimentation de brevets dont nous ne sommes pas certains d'une possibilité d'industrialisation[1].

Reste l'utilisation de batteries de forte puissance non polluantes à rechargement rapide pour lesquelles il existe des prototypes,[2] avec un pilotage numérique effectué par le sol avec utilisation de la fibre optique.

- *L'avenir du fret*

L'apogée de ce trafic remonte à 1974. Depuis, le transport de fret par rail a laissé la place à la route et a donc subi une désaffection parallèle à la désindustrialisation progressive du territoire. Le succès de la route réside dans sa capacité à transporter de petites quantités à moindre coût, sa souplesse lui permettant de s'adapter aux fluctuations de la demande. D'où une décroissance du transport par rail, puisque sa part de marché est passée de 40 % à 10 % des tonnes-km transportées. Par contre, il est important de mettre en exergue les inconvénients de ce type de transport et son coût réel : encombrement des voies rapides de circulation, détérioration des chaussées, pollution des gaz d'échappement et consommation d'énergie largement supérieure à celle engendrée par le réseau ferré.

À partir de ce constat, on distingue trois types de situations [3] :

Pour un transport de grandes quantités, le client dispose généralement d'un raccordement à une voie ferrée appelée aussi « Installation Terminale Embranchée (ITE) ». Il est donc susceptible de charger un train entier avec un transport pour une seule destination sans transit intermédiaire. D'où un coût parfaitement compétitif du rail par rapport à la route, qui nécessiterait dans ce cas l'utilisation de nombreux camions.

Dans le cas d'un transport de marchandises adressées à plusieurs destinataires, il existe deux possibilités :

- Le client dispose d'une ITE : le chargement s'effectue dans ce cas par *wagon isolé* un transport par lot de wagons. Il nécessite une logistique plus complexe et plus chère : collecte, tris avec plusieurs passages

[1] Se référer au chapitre Énergie et au sous-chapitre Hydrogène dans lequel est mentionnée la production d'hydrogène à partir de l'énergie solaire et qui suscite nombre d'espoirs en ce domaine.

[2] Se référer au chapitre Moyens de transport et aux développements relatifs aux batteries et aux innovations française et européenne dans ce domaine.

[3] Extrait de l'article « comment améliorer le transport de marchandises par train » par Patrick Niéral, chercheur en économie des transports (Ifsstar Espace Science et Société-dossiers thématiques décembre 2018.

successifs en triages (par destination et par client), livraison, d'où des délais et un coût plus important.

- Le client ne dispose pas d'une ITE : le transport s'effectue par un combiné rail-route avec un mode d'action dit de « ferroutage ». La marchandise est chargée dans une unité de transport intermodal (UTI) (conteneur, caisse mobile) chez l'expéditeur. L'UTI est transportée par camion jusqu'à un terminal rail-route où elle est transbordée sur un wagon. Un train assure le déplacement de longue distance jusqu'à un second terminal, puis l'UTI est conduite par route jusqu'au destinataire.

Des algorithmes existent pour calculer la rentabilité de chacune de ces options de transport par voie ferrée [1] face à un transport 100 % routier. Ils permettent d'identifier, dans chaque cas de figure et à partir du volume transporté, le point mort au-delà duquel ce type de transport est bénéficiaire par rapport à la route. Par contre, cette analyse reste purement comptable, n'insère pas le coût du carbone dans le total des frais de transport et nécessite de ce fait une autre approche dans le calcul des coûts fixes et variables de chacune des options.

Pour une réhabilitation du fret, plusieurs pistes pourraient être envisagées.

Dans le cadre d'une réindustrialisation du territoire, au demeurant hautement souhaitable, il est indispensable d'implanter les usines et les entrepôts de stockage et de réception des marchandises ainsi que les UTI près des voies ferrées existantes et à venir. Dans ce cadre, une analyse fine des transits et de la typologie des marchandises transportées à l'intérieur du territoire et aux frontières de l'Europe est à mettre en œuvre afin de tester les solutions acceptables.

La question se pose, comme pour le transport de voyageurs, d'une miniaturisation des équipements avec la possibilité d'utiliser des navettes autonomes ou non dédiées à une seule destination et éventuellement à un seul client, ceci afin de limiter le nombre de tris, donc le coût et le délai de livraison. Cette option serait à examiner afin de tester sa crédibilité.

Par contre, il ressort que l'option *train entier* ne correspond que rarement à la demande compte tenu de la variété et des destinations multiples des produits transportés. Citons à titre d'exemple le train de fruits et légumes qui acheminait jusqu'à récemment ces primeurs de Perpignan au marché international de Rungis.

L'industrie française du matériel ferroviaire

L'industrie ferroviaire disposait à son origine de nombreux équipementiers et sous-traitants, dont une bonne partie a disparu dans le temps, accompagnant

---

[1] « Report modal : un problème de réseaux ou une question de services » par Patrick Niéral (https://www.researchgate.net/publication, décembre 2011)

de ce fait la suppression de nombreuses lignes équipées principalement en voies métriques. Actuellement, ne subsistent que cinq ou six entreprises, plus un certain nombre de PMI de petite taille. La plus importante est la société *Alstom branche ferroviaire*, dont le domaine principal d'activité est la conception et la réalisation de matériel roulant.

Elle devient le numéro deux mondial avec un chiffre d'affaires de près de 16 G€ derrière le géant chinois CRRC, ceci grâce à l'acquisition de la branche ferroviaire du Canadien Bombardier.

La France dispose en outre de quelques entreprises de taille intermédiaire, depuis l'absorption de Faivelay Transport par le groupe américain Wabtec Corporation (dommage !). Ce sont, entre autres, Les Chemins de fer départementaux (locomotives diesel, locotracteurs, funiculaires), Delachaux (infrastructures et signalisation ferroviaire), Lohr Industries (wagons de ferroutage et systèmes porte-voitures), Socofer (engins pour maintenance de voies et caténaires, locotracteurs divers et traction de fret).

Globalement, nous disposons donc en France d'un arsenal industriel complet, amplement capable de participer à une résurrection de notre réseau ferré. Et surtout, à une renaissance du fret si l'état veut bien s'en donner les moyens avec la participation de toutes les forces vives du pays.

La construction navale

La navigation de plaisance

La production de navires de plaisance représente 40 % de la construction navale, aussi bien en France qu'en Europe. La France demeure le premier pays européen dans ce domaine, avec un chiffre d'affaires de l'ordre de 1,5 G€. Il se répartit entre la fabrication de voiliers (environ 60 %), de yachts à moteur (35 %) et d'autres types de bateaux : pneumatiques, hors-bord, bateaux à rames (5 %). Il existe près d'une centaine de constructeurs, répartis pour la plupart sur la façade atlantique. Le groupe *Bénéteau Industries* se taille la part du lion avec un chiffre d'affaires proche de 1,5 G€ et réalise de ce fait plus de 80 % de la production française.

La navigation de croisière

Depuis les années 1990, le secteur de la croisière a connu un développement impressionnant avec un nombre de passagers qui a presque doublé en moins de vingt ans et la construction de paquebots de plus en plus gigantesques qui s'apparentent à de véritables villes flottantes. L'expansion de ce tourisme de masse n'est pas, tant s'en faut, *favorable à la biodiversité.*

La pandémie de coronavirus qui a atteint l'Europe au début de l'année 2020 a entraîné un arrêt quasi total des compagnies de croisière. D'où un impact prévisible sur l'activité des entreprises du secteur et, en particulier, *des Chantiers de l'Atlantique*, sis à Saint-Nazaire. Ce qui n'a pas empêché un redémarrage en fanfare lors de la rémission de ce virus.

Quoi qu'il en soit, l'entreprise devra s'engager vers la construction de navires moins polluants et remplacer le fioul lourd par une propulsion au gaz naturel liquéfié (GNL) ou peut-être à l'hydrogène, si… Est également envisagée l'utilisation de voiles souples en composites, plus légères, plus résistantes et aussi plus performantes en termes de vitesse que la voilerie classique. Et susceptibles d'équiper des navires de croisière de moindre importance que les navires actuellement en circulation. Les navires à énergie hybride [1] (mixte diesel-électricité) ont fait également leur apparition grâce au développement des batteries à forte puissance. Autres innovations à signaler : le projet *Archisolar*, développé il y a une dizaine d'années par un architecte, Yves Kinard, qui s'inscrit dans la démarche *navire du futur* et a été soutenu en son temps par l'ADEME. Il consistait en un prototype conçu pour récupérer l'énergie des vagues à partir de flotteurs latéraux et complété par une éolienne et des panneaux solaires.

Plus récemment, le projet développé par l'*Ifremer* et la start-up *Blue Fins* consiste à équiper tout type de navire d'une nageoire articulée. Elle utilise[2] aussi l'énergie houlomotrice (la houle des vagues) pour aider à la propulsion de navires. Le challenge : une économie de carburant pouvant atteindre 30 % de la consommation normale. Ce prototype est susceptible de faire prochainement son apparition sur le marché. Là encore, affaire à suivre.

À noter que les remarques relatives à l'évolution des navires de croisières s'appliquent également à la navigation marine de transport de fret (cargos porte-conteneurs, méthaniers et tankers)

La navigation fluviale

Il s'agit là du parent pauvre de notre politique de transport. À titre indicatif, la France possède, avec 8 500 km de voies navigables, le plus grand réseau navigable d'Europe. Ces canaux couvrent principalement le nord et l'est du pays, avec la Seine, le Rhône, la Moselle, avec une ouverture importante à l'international, avec le Rhin et le canal du Nord. Une modernisation des voies navigables a été lancée en 1950, mais n'a concerné qu'un cinquième de la longueur totale du réseau. En effet, seuls 2 000 km sont accessibles aux bateaux de grande taille. De ce fait, la modernisation du réseau reste un chantier à mener.

Or, le transport fluvial utilise un réseau non saturé, ce qui garantit une grande fiabilité dans les délais de livraison des marchandises transportées. De surcroît, il permet un acheminement massif de ces marchandises. À titre indicatif, un convoi de barges propulsées par un pousseur peut véhiculer l'équivalent de 200 semi-remorques. D'où un coût de transport très compétitif

---

[1] – Lire à ce sujet l'article « propulsion électrique : une énergie pleine de promesses » (Le marin, publié le 18 septembre 2018. Réf : hrttps://lemarin.ouest-france.fr)

[2] Article du communiqué de presse de l'**Ifremer** (**I**nstitut **F**rançais de **R**echerche pour l'**E**xploitation de la **Mer**) publié le 24 février 2021.

par rapport à la route et beaucoup moins polluant du fait d'une faible consommation de carburant. Ce mode de transport est particulièrement adapté à des marchandises lourdes et denses (matériaux de construction, produits agricoles, carburants divers).

Malheureusement, il s'avère que ce type de transport ne bénéficie pas en France d'un traitement de faveur. Il a subi, comme le réseau ferré, le désamour de nos gouvernants, obsédés par le souci d'une rentabilité à tout prix et qui ne tenaient jusqu'à présent aucun compte de la donne environnementale. On remarquera que, malgré le potentiel de notre réseau fluvial, le transport par voie d'eau est moins développé en France que dans d'autres pays européens, dont l'Allemagne, la Belgique et les Pays-Bas. Par ailleurs, pourquoi avoir supprimé la Chambre Nationale de la Batellerie Artisanale (CNBA) qui constitue la seule instance représentative des artisans du transport de marchandises par voie fluviale ?

Il est indéniable que la partie du plan de relance affectée aux voies navigables constitue un progrès par rapport au budget de 2019. Mais il reste insuffisant face aux enjeux de modernisation et de la prise en compte de nouvelles filières porteuses générés par la navigation fluviale. En effet, nos voies navigables font l'objet, indépendamment du transport de marchandises par péniches et par barges, d'un tourisme fluvial. Celui-ci est beaucoup moins invasif que le tourisme maritime de croisière et mérite de se développer, sous réserve d'un aménagement des canaux de moyenne importance. Reste aussi et surtout à envisager de manière sérieuse le transport fluvial comme mode de déplacements journaliers.

Ces déplacements sont actuellement dédiés aux transports en commun d'usage courant et à la sacro-sainte automobile. Nos fleuves et nos canaux sont loin d'être saturés et pourraient être utilisés comme réseaux de transport journaliers en milieu urbain et périurbain. Pour Paris, par exemple, on peut envisager un transport régulier sur la Seine et ses affluents, Marne et Oise et l'utilisation du canal Saint Martin et du canal de l'Ourcq en prolongement du nord-est de la métropole. Même démarche pour d'autres grandes villes et certaines cités d'importance moyenne pourvues d'un réseau fluvial suffisamment développé. Prenons exemple sur Venise, là où les *vaporetto* constituent dans cette ville le principal moyen de transport !

Il m'apparaît, compte tenu de ce qui précède, qu'une étude sérieuse devrait être envisagée afin d'évaluer l'efficience des solutions proposées : degré de fréquentation estimé, intermodalité avec les autres modes de transport (vélos, trains, métros, bus, etc.).

La mise en œuvre de ce mode de transport devrait permettre le développement de l'industrie de transport fluvial, là où existent de nombreuses petites entreprises qui ne demandent qu'élargir leur part de marché et à créer de nouveaux modèles.

4.1.4. Les composants stratégiques

Les composants électroniques

L'état des lieux

Il a fait état, dernièrement, de défauts d'approvisionnement de composants électroniques, dénommés dans les milieux industriels EMS (Electronics Manufacturing Services soit, en français, Fabricants de Composants Electroniques). Cela peut vouloir dire qu'il est temps, au niveau français et européen, de renforcer notre potentiel industriel dans ce domaine.

Qu'en est-il concrètement ? On peut estimer, sommairement, qu'il existe un potentiel d'environ 300 à 400 entreprises dans ce domaine, dont une majorité de PMI et de TPI. Seules quatre sociétés qui se placent dans le top 50 mondial réussissent à émerger du lot. *Asteelflash, All Circuits, Eolane, et Lacroix Electronics.* Ces sociétés emploient de 3 000 à 5 000 personnes, dont 400 à 800 en France. Leurs activités sont externalisées dans différents pays, dont la Chine, le Maghreb et le Mexique.

Le constat

Ces quatre structures, que l'on peut classer dans la catégorie des ETI (entreprises de taille intermédiaire) constituent un potentiel industriel que l'on peut qualifier de conséquent, *mais qui reste dérisoire par rapport aux géants asiatiques chinois et taïwanais.*

Le leader mondial taïwanais, *Hon Hai Fox Conn*, réalise un volume d'activité équivalent à plus de 100 G€. 24 de ces sociétés se placent dans le Top 50 mondial et sont capables d'inonder le marché français et européen.

Remarquons au passage que la société *Asteelflash* est passée depuis 2020 sous pavillon chinois suite au départ en retraite de son PDG. On ne peut donc plus considérer que cette société fait partie du fleuron national !

On constate également que ces quatre entreprises, ou du moins trois d'entre elles, se sont orientées principalement vers une croissance externe. Cela constitue un atout non négligeable en termes de volume d'activité, mais s'exerce au détriment de la création d'emplois et aussi de la production nationale en laissant ainsi le champ libre à la concurrence asiatique.

Les enjeux sont loin d'être négligeables, en particulier dans les secteurs liés à l'électronique professionnelle, dont les filières stratégiques évoquées dans les précédents chapitres : médical, énergies renouvelables, transports. On y ajoutera tout le secteur voué à la signalisation (en particulier dans les transports) et aux fonctions *contrôle commande.*

Mentionnons également l'usage de l'intelligence artificielle dans le domaine de la santé, l'automatisation de l'outil de production industrielle et la protection par une mise à niveau indispensable du potentiel informatique de nos entreprises. D'où un certain nombre de faiblesses :

- L'âge moyen des équipements de production estimé à huit années environ se doit d'être renouvelé, avec la nécessité d'une montée en compétences et d'une automatisation de plus en plus poussée du parc machines. Ceci afin d'acquérir la compétitivité souhaitable face à la concurrence européenne et asiatique,
- La relative faiblesse du positionnement des EMS dans la chaîne de valeur de la filière électronique.
- La vétusté du tissu industriel composé à 80 % de petites structures comme cela a été précédemment évoqué.

L'évolution souhaitable

Elle est résumée à partir de trois grands thèmes explicités dans l'étude intitulée *Enjeux et perspectives pour la filière française de la fabrication électronique*[1] :

- *Le premier thème* prend en compte la promotion de la filière au travers de la création d'une marque. L'étude préconise ainsi la création d'une marque et d'événements français d'envergure internationale avec un renforcement de la place des industriels français du secteur dans les salons en France et à l'international.
- *Le second thème* met en exergue la notion de coopération à différents niveaux : tout d'abord, rapprochement des EMS avec d'autres métiers, comme la plasturgie ou la mécatronique,[2] afin de proposer une réponse complète aux clients en aval. Notons également une coopération étroite en amont des projets de la part des donneurs d'ordres avec les EMS et, en particulier, avec les fabricants de composants, notamment dans le cas des circuits imprimés et des composants passifs. Cette coopération se justifie par un impératif de qualité avec un respect strict des impératifs environnementaux. Cela vaut bien sûr pour l'électronique professionnelle, mais aussi pour l'électronique grand public. Celle-ci est de plus en plus présente dans l'architecture des produits. Or, sa qualité laisse souvent à désirer. Elle demeure une source de non-durabilité de ces produits et souvent du coût de leur réparation. Tout cela va de pair, bien sûr, avec une relocalisation des EMS en France et en Europe afin de se départir autant

---

[1] Rapport *Enjeux et perspectives pour la filière française de la fabrication électronique* publiée à l'initiative du PIPAME (Pôle Interministériel de Prospective et d'Anticipation des Mutations Economiques) dont des extraits sont publiés par Global industrie sur le site https://www.global-industrie.com

[2] Définition extraite de Wikipédia : La mécatronique constitue une symbiose entre la mécanique, l'électronique, les automatismes et l'informatique dans la conception et la fabrication d'un produit en vue d'optimiser sa fonctionnalité (norme NF E 01-010). L'ingénierie de tels systèmes mécatroniques nécessite la conception simultanée et pluridisciplinaire de 4 sous-systèmes :_une partie opérative, une partie commande, une partie interface Machine/Machine, une partie interface Homme/Machine

que possible de l'omniprésence des produits d'origine asiatique. Cela implique aussi, pour les fabricants français, de respecter les principes d'écoconception. Ce qui signifie : concevoir les composants électroniques et les circuits imprimés de manière à permettre la récupération maximale des matières premières constitutives de ces composants. Ceci d'autant plus que les Occidentaux, contrairement à la Chine, n'ont pas accès à ces matériaux, ce qui renchérit leur coût.

- *Le troisième thème* concerne le financement. L'étude met en avant le fait que la situation financière des acteurs ne leur permet pas toujours d'engager seuls les investissements à la hauteur des enjeux, et en particulier pour la mise à niveau de l'outil industriel. Un exemple de cette action est donné par la société Lacroix Electronics qui a inauguré sur le site de Beaupréau (Maine-et-Loire) l'installation de l'usine du futur appelée *Symbiose*, exemple qui se doit d'être suivi par ses concurrents. Cette transformation nécessaire de la filière doit s'appuyer sur des impératifs de ressources financières ambitieuses impliquant public et privé. Il faut aussi mobiliser plus de fonds européens par une action concertée avec d'autres pays et réactiver le dispositif d'amortissement exceptionnel, qui a fait ses preuves par le passé, pour favoriser l'investissement nécessaire au développement des entreprises.

Les batteries

Ce sujet a déjà été traité précédemment dans le cadre de l'avenir de l'industrie automobile. Il doit être étendu à tous autres moyens de transport : moyens légers de locomotion, transport ferroviaire et en particulier, navettes autonomes à venir, transport fluvial et maritime, aviation et autres véhicules et objets volants (drones, *taxis volants* à venir, etc.).

D'où la nécessité d'explorer tous les brevets relatifs aux batteries qui ont trait à une augmentation de la puissance, de la diminution du temps de charge et à une réduction drastique de la pollution engendrée par ses composants, et d'en assurer après étude de faisabilité le développement et l'industrialisation.

4.2. LES INDUSTRIES « GRAND PUBLIC »

4.2.1. L'industrie du meuble

L'état des lieux

La France produit environ 5 G€[1] de meubles toutes catégories à partir d'un potentiel productif de près de 2000 entreprises. Ce potentiel est constitué à plus de 50 % de petites structures implantées sur l'ensemble du territoire, dont le chiffre d'affaires annuel est inférieur à 500 K€ et un effectif moyen par

[1] Statistiques INSEE 2018

employeur d'environ vingt salariés[1]. L'emploi généré par cette filière est en constant déclin depuis dix ans et a été divisé par deux depuis l'année 2010 avec des variantes selon les régions. Certaines (Auvergne-Rhône-Alpes, Pays de Loire) ont résisté mieux que d'autres à cet effritement. Une dizaine de sociétés plus importantes qui réalisent plus de 100 M€ sont implantées principalement dans quatre régions : Auvergne Rhône Alpes, Grand Est, Bourgogne Franche-Comté, Hauts-de-France. Ces entreprises recouvrent plusieurs typologies de produits :

Les meubles sur mesure

Il s'agit de cuisines, de salles de bains, de dressings ou de tous types de meubles (salles de séjour et chambres à coucher) généralement conçus en bois plein. Ils sont livrés clés en main et personnalisables par les clients à partir d'un configurateur. Deux sociétés réalisent des chiffres d'affaires annuels supérieurs à 400 M€, emploient plus de 1000 salariés en France et couvrent entre 15 et 20 % du marché français du meuble. Il s'agit de *Schmidt*, 1er fabricant de cuisines en France, précurseur de la norme *«NF Environnement Ameublement»* et le groupe *Fournier*, qui a obtenu *l'Eco Label européen* et commercialise les marques SoCoo'c, Mobalpa et Perenne en haut de gamme.

Les meubles en kit

Deux fabricants français subsistent dans ce domaine du fait de la mise en liquidation du *Groupe Parisot* et de la reprise de la société *Demeyere* par un fabricant marocain :

- *Les meubles Gautier*, cette société à forte dominante familiale, a réussi à ne pas délocaliser sa production et maîtrise sa chaîne de distribution, orientée vers le choix de la Camif et le développement de magasins intégrés. Ceci avec la volonté affichée de produire du *Made in France.*
- *Alsapan* réalise en kits des cuisines avec plans de travail et une spécialité en sols stratifiés. Ikea, Leroy Merlin, Bricoman et Weldom absorbent plus de 60 % de sa production.

La literie

Cette rubrique regroupe la confection de sommiers et matelas. Trois structures en plein essor sont présentes sur le marché français : *Adova* (marques Simmons, Treca et Hotelys), *Cofel* (marques Bultex, Epida et Mérinos) et *Finadorm*, propriétaire des marques Biotex et Technilat et détenteur des labels

[1] Quelques PMI ont une excellence notoriété : citons entre autres l'entreprise Arthur Bonnet. Cette société, spécialiste des cuisines aménagées sur mesure, s'est positionnée sur la qualité et l'origine de ses produits et a obtenu le label *Origine France Qualité.* Elle s'est engagée dans une double démarche de responsabilité sociétale des entreprises (RSE) et de développement durable dans un recyclage intégral de ses déchets

« Belle Literie » et « Belle Literie Excellence ». Ce dernier a repris la marque *Dunlopillo*, placée en règlement judiciaire et remis en état de marche les deux usines fabricants de cette marque situées dans le département des Yvelines.

Ces sociétés réalisent des chiffres d'affaires annuels de l'ordre de 200 M€ et emploient de 8 à 900 personnes sur le territoire national.

La position de la France face au marché international

La production française représentait en 2018 6 % de la production européenne (dernières statistiques publiées par l'INSEE), loin derrière l'Allemagne, l'Italie et la Pologne et à égalité avec l'Espagne. De ce fait, la balance commerciale, comme dans nombre de produits grand public, est largement déficitaire. En effet, les importations de la filière meuble se montent à plus de 7 G€ et ont augmenté de plus de 20 % en dix ans. La Chine, l'Allemagne et la Pologne représentent, à elles seules, avec plus de 4 G€, plus de la moitié du total de ces importations.

L'emploi généré par cette filière est en constant déclin depuis dix ans et a été divisé par deux depuis l'année 2010 avec des variantes selon les régions. Certaines (Auvergne Rhône, Alpes, Pays de Loire) ont résisté mieux que d'autres à cet effritement.

Dans la mesure où l'exportation française est de l'ordre de 2 G€, le déficit commercial se monte à 5 G€ et a pratiquement doublé depuis dix ans.

La Chine se taille la part du lion avec 1,5 G€ de mobilier exporté en France, essentiellement des sièges et mobiliers de séjour. Il en est de même pour l'Italie (1 G€). L'Allemagne (900 M€) exporte surtout des cuisines sur notre territoire.

Les causes probables de ce déséquilibre

Le rôle de la grande distribution

Trois éléments dominent le marché français du meuble. En tête, le suédois *Ikea*, avec un C.A. en France de près de 3 G€ en 2020, suivi de *Conforama*, (2,1 G€) et de *But* (1,7 G€).

D'autres structures (Maisons, Gifi, Alinéa, Fly) pèsent beaucoup moins lourd et ne présentent que peu d'incidences sur l'évolution du marché français du meuble.

Par contre, les trois premières enseignes ont été en grande partie une des causes principales du déclin français de l'industrie du meuble, en particulier depuis le début du 21e siècle. En effet, le désintérêt de notre pays pour l'industrie, en particulier grand public, la recherche pour le consommateur du prix minimal au détriment de la qualité et de la durabilité du produit, ont milité en faveur de cette évolution.

Examinons tout d'abord le champion toutes catégories, *Ikea*, largement représenté par ses magasins sur le territoire national. Il possède une force de frappe redoutable caractérisée tout d'abord par sa politique commerciale très agressive et très ciblée avec une image de produits simples, dépouillés, des prix bas. Ils sont obtenus par une réduction systématique des coûts et une politique sociale assez contestable malgré les apparences, une présentation attractive de ses produits et le principe d'une vente en kit, qui transfère chez le client les coûts de montage. Ajoutons à cela la possession d'une production intégrée par le biais de sa filiale *Ikea Industrie*. Cette filiale s'est développée dans huit pays européens et un pays d'Extrême-Orient, la Chine. La Pologne vient largement en tête avec treize sites de production. Ceci peut expliquer qu'elle se place, après la Chine, comme le deuxième exportateur de mobilier vers la France.[1]

La conjoncture est fort différente en ce qui concerne l'enseigne *Conforama*. Un déclin largement amorcé avec la menace en 2019 de la fermeture de 42 magasins en France, un rachat par *Mobilux*, principal actionnaire de *But* et un sursis (pour combien de temps ?) accordé à l'entreprise[2]. Signalons qu'indépendamment de ses fournisseurs français, *Conforama* importe nombre de mobiliers de Chine. Ces mobiliers sont très loin de respecter les normes environnementales, comme l'ont attesté en 2008 les problèmes d'intoxication générés par la diffusion de fauteuils et de canapés contenant une quantité non négligeable de diméthylfumarate (DMfu), antifongicide utilisé pour prévenir des moisissures.

La faiblesse structurelle des entreprises de la filière

Si l'on fait le point sur les forces en présence, on s'aperçoit que, sur les sept ETI (Entreprises de Taille Intermédiaire), seules deux d'entre elles présentent un C.A. supérieur à 400 M€ et cinq seulement disposent d'une structure commerciale autonome et indépendante de la grande distribution.

Quant aux PMI qui constituent l'essentiel du tissu industriel, inutile d'en parler, car leur assujettissement aux distributeurs de la profession a toujours existé. Notons aussi la difficulté pour la plupart de ces sociétés de réunir les fonds nécessaires pour investir dans les équipements leur permettant d'améliorer leur productivité afin de faire face efficacement à la concurrence européenne et mondiale.

Ce constat peut-il être amélioré ?

Je le souhaite vivement et je pense, à l'instar de certains dirigeants des sociétés de la filière meuble, que cela est possible. Un point positif : l'attrait grandissant du consommateur pour des produits de qualité, durables, réparables, même s'il doit faire un effort sur le prix et les départir du syndrome « bon marché à tout prix ». Et on pense bien sûr au « Made in France », sous réserve, bien sûr, que ces produits estampillés respectent cet ukase. Cette tendance est encore bien timide.

À nous de la favoriser par un certain nombre de mesures ! Que peut-on proposer ?

---

[1] Référence Wikipédia Ikea
[2] Référence Wikipédia Conforama

Deux actions me paraissent prioritaires :

- *Le remaniement de l'ensemble du potentiel productif autour de quelques leaders de la profession*

Cela paraît indispensable. Comme la création de G.I.E. (Groupements d'Intérêt Économique) dont l'objectif est de faciliter le développement économique d'entreprises par la mutualisation de ressources, matérielles et/ou humaines. Cette création permettrait à l'ensemble des PMI de petite taille qui constitue une partie importante du tissu industriel de la filière de pouvoir mettre en commun un certain nombre de fonctions défaillantes, voire inexistantes.

On pense en particulier à la R&D, à l'innovation en termes de marketing *produit*, à la fonction commerciale avec la mise en place d'une distribution intégrée à base de magasins personnalisés, voire de franchises, et de plateformes de vente en ligne dont elles maîtrisent l'usage. Citons également la mise en œuvre d'un S.A.V. efficace, à l'écoute permanente du client, ce qui est loin d'être toujours le cas et permet de se démarquer de la concurrence.

Toutes ces recommandations valent aussi pour les ETI qui n'ont pas encore franchi le pas et restent dépendantes de structures de vente dont elles subissent les ukases. Je veux parler ici non seulement des classiques cités précédemment, mais également de la menace d'*Amazon*, qui est en passe d'investir également ce secteur.

Les régions ont un rôle important à jouer dans la mise en œuvre de ce schéma, afin de personnaliser un plan d'action dont les grandes lignes se doivent d'être définies par un ministère de l'Industrie digne de ce nom. Et aussi et surtout d'assurer les financements nécessaires à partir des organismes existants, dont la BPI, à qui il appartient de jouer pleinement son rôle. Ce qui, là aussi, n'est pas toujours le cas.

- *L'accès de l'ensemble des sociétés de la filière française à une certification environnementale*

Il existe deux labels officiels en France, délivrés par l'AFNOR Certification : l'écolabel français NF Environnement Ameublement et l'Écolabel Européen qui existe depuis 2007, a été mis à jour en juillet 2016 et qui est pratiquement identique au premier. L'Écolabel européen est un label écologique officiel européen utilisable dans tous les pays membres de l'Union européenne. Il vise à concevoir et promouvoir des produits (biens et services) respectueux de l'environnement et de la santé tout au long du cycle de vie. Il permet d'encourager la production et la consommation durable des produits, ainsi que la fourniture et l'utilisation durable des services[1].

---

[1] « L'Écolabel Européen : un écolabel connu et reconnu en France » Ademe, le 10 février 2021 https://www.ademe.fr/expertises.

Ces normes sont proches de la démarche d'Eco conception, dont le standard normatif est la norme ISO 14062[1]. Elles concernent tous les secteurs de l'ameublement[2] et nécessitent une certification qui requiert un certain nombre de points clés : satisfaction aux essais réalisés par le FCBA[3], exigences techniques et environnementales, mise en place d'un système de management de la qualité, durabilité du produit, assujettissement à des audits périodiques permettant de vérifier l'application des procédures, etc.

Au-delà de cette certification, on peut également souhaiter que certains critères puissent être améliorés. La quantité de formaldéhyde admissible dans la norme est de 20 µg/m³ nous paraît élevée et devrait être inférieure à 5µg/m³. Mieux encore ! Pourquoi ne pas privilégier l'emploi d'additifs bio sources fabriqués, entre autres, par la société *Evertree*[4].

On peut également souhaiter que des exigences de démontabilité des composants (panneaux, portes, tiroirs ou quincaillerie) puissent être intégrées dans le cahier des charges des fabricants. Cette démontabilité peut être nécessitée, soit par une réparation, un remplacement de pièces défectueuses ou un tri adapté en fin de vie en vue de réutilisation de composants ou de recyclage intelligent.

Elle implique la notion d'une standardisation des structures de meubles, associée à une diversification des façades. On peut également substituer, pour la conception de meubles en kit, l'utilisation de bois plein à celle des panneaux agglomérés ou stratifiés, pour des motifs de solidité à l'assemblage et de pollution due aux composés organiques volatils (COV).

Notons encore :

- L'application d'une garantie décennale, ce qui nécessite pour chacun des fabricants de disposer de distributeurs intégrés, pour éviter tout risque de déréférencement de la part de la grande distribution.[5]
- Le prix acceptable des pièces détachées,

---

[1] D'autres normes existent dans ce domaine : la norme NF X 30-264 (adaptée particulièrement aux TPE/PME du secteur manufacturier et des industries mécaniques), la norme NF 14006-2020. Bref, de quoi s'y perdre dans ce maquis de recommandations !

[2] Certification ameublement (FCBA) voir sur site https://certification-ameublement.fcba.fr

[3] Le FCBA est un centre technique industriel français qui est né de la fusion du **CTBA** (Centre Technique du Bois et de l'Ameublement) et de l'**AFOCEL** (Association forêt-cellulose). Il est au service des entreprises des secteurs bois et ameublement, œuvrant aussi bien dans les domaines de la recherche et du développement que dans ceux de l'information, de l'assistance technique, de la formation, de la normalisation et de la certification. Concernant l'Ameublement, FCBA dispose également d'équipes spécialisées dans l'ergonomie, l'agencement, et l'écoconception.

[4] Batiactu « Un additif biosourcé pour remplacer le formaldéhyde des panneaux de bois » article paru le 11 juillet 2017 sur site https://www.batiactu.com.

[5] « Dyson perd sa place dans les rayons Darty » par Sandra Nicoletti et Philippe Michel (Noemag Digital Retail Innovation 30 janvier 2009. Il s'agit du déréférencement de Dyson par Darty sur un des produits disposant d'une garantie constructeur (gratuite) de 5 ans.

- La nécessité d'exiger des fournisseurs d'équipements utilisés sur les mobiliers la marque *Made in France*, dans l'attente d'un label d'une garantie d'écoconception pour ces équipements.

Dans le contexte du *Made in France*, il importe donc que l'ensemble des sociétés françaises de l'ameublement adhèrent à un de ces écolabels, que l'on peut considérer comme la démarche minimale à accomplir pour le respect de l'environnement et l'accès à un produit performant. D'où inévitablement un coût de production plus important, considéré souvent comme un obstacle au développement de l'excellence, face au dumping exercé par les fabricants et/ou les importateurs de ces produits *bas de gamme* qui ne respectent pas ces exigences environnementales.

Et par là même *la nécessité de leur faire payer le prix de la pollution, à partir de l'évaluation du coût du carbone.* Il s'agit principalement de produits d'origine extraterritoriale, soit en provenance de certains fournisseurs européens, en particulier la Pologne, soit d'Asie du Sud-est.

D'où la nécessité d'un rééquilibrage. Le montant de ces taxes antidumping devra être affecté aux entreprises françaises certifiées par l'un des écolabels agréés, soit sous forme de subventions pour l'environnement, soit sous forme d'une imposition allégée sur leurs bénéfices éventuels, soit encore par l'application d'une TVA à taux réduit. Cela leur permettrait de disposer d'un appel d'air financier afin d'accélérer leur développement et leur hégémonie par rapport aux géants de la grande distribution qui seraient eux aussi dans la nécessité de s'adapter.

4.2.2. L'électroménager

Le gros électroménager

La position de la France face à l'international

Le marché du gros électroménager affiche depuis 2015 une progression en valeur, sensible en particulier en 2019 (plus de 5 G€) et qui devrait repartir à la hausse après une année 2020 plus difficile du fait de la pandémie causée par le Coronavirus. Face à ce constat, la position de la France est loin d'être reluisante.

Il faut savoir que depuis une quarantaine d'années, la quasi-totalité des marques françaises a été rachetée par les concurrents européens et américains[1].

Dans ce contexte, dominent sur le marché français et international la Suède (Electrolux), l'Allemagne (BSH), les États-Unis (Whirlpool)[2], la Corée (LG) et

---

[1] Nombre de marques françaises ont disparu au cours de 40 dernières années. Citons : Airlux absorbé par l'italien Gleen Glass, Scholtès, absorbé par l'italien Indesit, Laden, absorbé par l 'américain Whirlpool,

[2] On notera au passage que les entreprises suivantes : BSH (Bosch, Siemens, Viva, Neff), Eberhardt frères (Liebherr), Electrolux (AEG, Arthur Martin) Indésit (Ariston, Scholtès), Candy Hoover et Whirpool ont été condamnées en décembre 2018 par la France agissant au travers de

surtout la Chine, qui exporte en masse et s'implante progressivement en Europe[1].

En outre, après la délocalisation de la production de Whirpool en Pologne, la fermeture conséquente de l'usine d'Amiens et la fermeture de l'usine de production de Rosières en 2021, il ne reste plus en France que le groupe *Brandt*, la société allemande *Gaggenau* qui a relocalisé une partie de sa production à Lipsheim (68) et quelques petites structures.

D'où une production globale française évaluée, en l'absence de statistiques précises en ma possession, à moins de 1 G€ de chiffre d'affaires dont une partie non négligeable est exportée. Avec pour effet un *déficit important de la balance commerciale* qui se monte à plus de 4 G€.

État des lieux de la production française

Disons que la situation de cette filière est grave, mais non désespérée. En effet, quelques pionniers renaissent, grâce en particulier à une politique de qualité en parfaite symbiose avec la transition écologique et, aussi à une mode *made in France* qui semble concerner un nombre croissant de consommateurs. Ce sont quelques points d'ancrage qu'il convient d'encourager, car il s'agit d'une convalescence semée d'embûches.

Deux structures sont à prendre en considération :

- *Le groupe Brandt*

Seul rescapé de la désindustrialisation, il est passé en 2014 sous contrôle du groupe algérien *Cevital,* qui constitue son unique actionnaire. Avec un chiffre d'affaires de 500 M€, il est l'un des derniers grands acteurs français du gros électroménager. Il emploie environ un millier de salariés en France (dont 700 en production et R&D). Il produit dans ses usines de Saint-Jean-de-la-Ruelle (Loiret) et de Vendôme (Loir-et-Cher) la quasi-totalité de ses tables de cuisson, de ses fours et de ses hottes sous les marques *Brandt, Sauter et De Dietrich* qui représentent l'ensemble des niveaux de gamme de ces produits.

Le froid et le lavage de ces trois marques ainsi que les produits de marque *Vedette* (principalement lave-linge à ouverture sur le dessus) sont, eux, fabriqués par l'usine algérienne de Cevital.

Malgré des coûts plus élevés que ses concurrents, implantés en Pologne ou en Turquie, il s'avère que le Made in France et le label Origine France Garantie[2] lui permettent de mettre en avant son savoir-faire (c'est à Orléans qu'ont été

---

l'Autorité de la Concurrence à une amende de 189 M€ pour entente commerciale visant à augmenter ensemble les prix de vente de leurs appareils. Ce qui n'est que justice !

[1] De facture plus récente, on notera : La reprise de l'italien Candy Hoover par le géant chinois Haier, Le rachat de l'italien Indesit par l'américain Whirlpool, Le rachat du slovène Gorenje par le chinois Hisense.

[2] Pour qu'un produit soit certifié Origine France Garantie, il doit respecter 2 critères :1/Le lieu où le produit prend ses caractéristiques essentielles est situé en France 2/50 % au moins du prix de revient unitaire est acquis en France

inventées l'induction et la pyrolyse) et constitue un avantage compétitif. Il table sur l'innovation et souhaite augmenter le nombre de ses références, développer les appareils connectés en complément de la marque *De Dietrich* et lancer sous la marque Brandt un four vapeur. Par contre, son ascension a été freinée en partie par les problèmes rencontrés par son partenaire Cevital du fait d'une difficile montée en puissance de la production dans sa nouvelle usine et aussi par les démêlés du président de Cevital avec le gouvernement algérien. [1]

- *Daan Tech, nouveau venu dans la filière*

Cette société a été créée en 2016 afin de concevoir, fabriquer et commercialiser une gamme d'appareils et de services permettant de relever les grands enjeux du 21e siècle. Son premier produit *Bob*, mini lave-vaisselle, correspond à tous les critères de la transition écologique, donc des principes d'éco-conception et d'éco-responsabilité. Il a pour ambition de devenir le plus économe en eau et en énergie, le plus rapide (temps de lavage : 20 minutes), d'être compact, donc destiné aux logements à espace limité et d'être bien adapté à une clientèle de célibataires et de ménages sans enfants. Avec, en sus, une option de désinfection UV afin de se débarrasser des virus et bactéries de manière simple et efficace. Son savoir s'appuie sur l'expérience issue de l'usine de *Fagor-Brandt.*

L'objectif est de poursuivre l'ouverture de la marque Daan Tech à l'international, principalement en Europe, mais aussi, dans d'autres pays, dont le Japon et les USA. Son prochain défi : *un grille-pain mini-four tout-en-un,* destiné à devenir *un couteau suisse de la cuisine*, utilisé par les célibataires et couples urbains sans enfant du petit-déjeuner jusqu'au dîner.

L'entreprise poursuit son développement avec le lancement du four multifonction *Joe* et la création d'une nouvelle unité de production de 11 000 m^2 en Loire Atlantique qui devrait être opérationnelle en 2025.

Indépendamment de ces deux pionniers, il convient de mettre l'accent sur quelques PMI qui se sont spécialisées dans les équipements haut de gamme. Ces sociétés survivent, car elles ont échappé à la « tourmente » et conservent un marché de niche, qui est celui des professionnels de la cuisine (hôtellerie, restauration, collectivités)

Les pianos de cuisson *Lacanche*, entreprise créée dans les années 1980, et la société *Godin* qui continue à fabriquer, indépendamment des poêles, les cuisinières et les pianos de cuisson haut de gamme.

---

[1] Le président de Cevital, l'algérien Isaac Rebrab, a été arrêté, accusé de transactions douteuses et mis en prison par le gouvernement algérien. Par manque de connaissance des faits, il n'est pas question ici de prendre parti ou non sur le bien-fondé de ces accusations. Il est par contre profondément regrettable qu'une société en plein essor subisse ce type de handicap. Ceci d'autant plus que nul n'ignore la fragilité du tissu industriel algérien dont les entreprises industrielles sont soumises de plein fouet à la concurrence internationale du fait en particulier, de la permanence d'un libre échange intégral.

Ces sociétés emploient de l'ordre de 150 à 250 salariés avec des chiffres d'affaires annuels d'environ 20 à 25 M€. Il s'agit, bien sûr, de fabrications à la demande compte tenu de la multiplicité des options offertes aux cuisiniers amateurs.

Quelques mesures indispensables

Si l'on veut sauver la filière d'un anéantissement, quelques actions ciblées me paraissent indispensables.

L'usage du label Origine France Garantie ne suffit pas à l'obtention d'une qualité optimale et ne constitue pas une garantie suffisante au respect strict des normes environnementales. D'où la nécessité d'adopter une démarche d'écoconception[1] afin de se démarquer de la concurrence internationale, voire européenne, dont une partie non négligeable ne respecte pas ces normes. L'obtention de *l'Eco Label Européen* impose, nous l'avons vu précédemment, la nécessité d'une certification qui se traduit par un certain nombre d'exigences pour chaque produit concerné. Cette certification est opposable à tout produit non conforme, qui devra donc supporter le coût de la pollution occasionnée par ces non-conformités.

Quelques points fondamentaux relatifs à l'éco-développement de ces produits méritent d'être soulignés :

- L'intégration de composants de qualité implique le comportement des EMS (fabricants de composants électroniques). Personne n'ignore que la plupart des pannes qui perturbent le fonctionnement des équipements sont de source électronique. D'où une vigilance accrue nécessaire de la part des fabricants d'appareillages domestiques à veiller sur le respect des normes environnementales inhérentes à la fabrication de ces produits. Et aussi sur la nécessité de renforcer les potentialités françaises et européennes face à la déferlante asiatique, parfois peu regardante sur les performances et la qualité de leur production.
- La nécessité de disposer d'un réseau de distribution autonome, car indépendant des pressions de la grande distribution, en particulier pour permettre la mise en œuvre d'une garantie décennale.
- L'importance d'un SAV à l'écoute permanente du client,

---

[1] La norme NF X 30-264 permet de disposer d'orientations utiles pour la mise en œuvre d'un projet d'éco conception. Concernant les méthodes d'investigation, il est préférable, du moins dans un premier temps et par souci de simplification, d'adopter une démarche qualitative appelée aussi ESQVC (Evaluation Simplifiée et Qualitative du Cycle de Vie). Cette approche est beaucoup moins complexe qu'une démarche quantitative. Il existe plusieurs outils d'aide à la décision. Le logiciel ECODESIGN PILOT ASSISTANT, d'origine autrichienne, favorise la remise en cause de la conception du produit par l'utilisation de questionnaires classés par niveaux d'arborescences à partir d'impératifs environnementaux.
Autre outil utilisable : le logiciel Ecomat 2, traduction de la norme NF E1 005.

- L'intégration dans les produits d'une notion essentielle qui est celle de l'ergonomie, souvent négligée par les créateurs de produits, qui ne se glissent pas systématiquement dans la peau de l'utilisateur. Il s'avère que la prise en compte du facteur *ergonomie* peut être un argument de vente décisif face à des concurrents étrangers dont la réputation de qualité est unanimement reconnue !

Mais pour cela, il faut être connu par le consommateur, d'où la nécessité d'une publicité sur les ondes (radio, télévision, autre) *qui argumentent sur l'ensemble de ces « plus »*.

Un dernier point : arrêtons d'imprimer en plusieurs langues (quand ce n'est pas dans les 28 langues des pays de l'UE) le livret destiné à l'utilisateur et comportant en particulier les renseignements destinés à la mise en route, aux instructions de fonctionnement et aux précautions d'emploi !

Cela n'apporte rien à l'utilisateur, c'est un gâchis de papier inadmissible… Et l'on peut se poser la question de l'économie que procure cette démarche pour les industriels !

Là aussi, la France peut de se démarquer de ses concurrents en présentant un livret qui peut en outre concerner les éléments permettant à l'utilisateur de procéder à certaines réparations à partir d'un « arbre de défaillance ». Celle-ci définit la procédure d'approche du problème rencontré avec l'indication précise des pièces de rechange nécessaires à la remise en état. On évite de cette manière le déplacement d'un dépanneur, d'où économie pour l'usager et pour le fabricant dans le cas d'une intervention sous garantie.

Enfin, nous devons nous poser la question de savoir s'il existe d'autres structures susceptibles de lutter contre l'obsolescence programmée. À propos, qu'est donc devenue cette innovation concernant un lave-linge inusable, innovation à l'actif d'un élève de l'ENSCI (Ecole Nationale de Création industrielle), Julien Phedyaeff. Celui-ci a en effet imaginé l'*Increvable*, l'une des innovations enthousiasmantes de 2015[1].

Il a repensé un lave-linge pièce par pièce, pour obtenir un modèle à monter en kit, facile à réparer. Son idée ?

Concevoir une machine livrée prête-à-monter, réparable, évolutive grâce à une architecture ouverte (plans et logiciels disponibles) et personnalisable grâce à sa façade stratifiée amovible. D'après les renseignements en ma possession, *aucun industriel ne l'a encore contacté* !

Alors, *faisons place à l'innovation méconnue*. Créons un pôle de l'électroménager, qui rassemble tous les acteurs de la filière susceptibles de prendre en charge toutes les innovations dans ce domaine, d'en assurer le tri, le développement si nécessaire et l'industrialisation à partir de l'existant. A titre d'exemple, *Daan Tech*

---

[1] « L'increvable : la machine à laver pour durer » https://lincrevable.com/fr. Voir article de presse Télérama « la bonne idée écolo. Le lave-linge inusable. N'en jetez plus » par Xavier De Jarcy.

est-il en mesure de prendre en charge ce projet et d'intégrer ce nouveau produit à sa gamme actuelle de lave-vaisselle ? Nous attendons avec impatience la réponse à cette demande !

Le Petit Électroménager

Le marché français

Le marché du petit électroménager (PEM) affiche, comme pour le gros équipement, une progression en valeur depuis 2015, soit environ 3,5 G€. Il est constitué à près de 90 % par des importations, car la production de produits *made in France* reste faible. C'est dire que, là aussi, la situation est loin d'être enviable pour l'impact de notre industrie sur la consommation de produits *made in France*. En l'absence de statistiques précises, l'exportation du petit électroménager se monte à environ 500 M€, d'où un déficit de la balance commerciale d'environ 3 G€.

En clair, nous subissons sur l'ensemble des équipements PEM la concurrence internationale européenne, américaine et même chinoise qui se manifeste en particulier sur les PEM *entretien* (production des aspirateurs).

Les constructeurs français

L'inventaire des fabricants français susceptibles d'être pris en compte est fortement limité.

On notera, en priorité, *le groupe SEB*, qui possède trente marques à forte notoriété nationale et surtout mondiale, qui résulte de l'ensemble des acquisitions effectuées principalement après la Deuxième Guerre mondiale et jusqu'en 2019.

Parmi l'ensemble de ces marques figurent cinq marques françaises : *Moulinex, Calor, Tefal, Krampouz* et, bien sûr, *Seb.* Les produits fabriqués regroupent l'ensemble des domaines du PEM, à savoir : la cuisine (préparations, cuissons), le confort ménager, les soins de la personne et d'autres domaines hors électroménager.

Le groupe emploie plus de 35 000 personnes dans le monde, dont environ 6 000 en France, et dispose d'un parc de production de quarante-deux sites, dont neuf en France. Le chiffre d'affaires global est de l'ordre de 8 G€, dont 2,4 G€ en Europe occidentale et une partie en France, estimée en l'absence de statistiques, de 1 à 1,3 G€[1].

Au vu de ce qui précède, il est permis de considérer Seb comme une multinationale et non comme une société française à part entière. Par ailleurs,

---

[1] Effectivement, il y a absence de statistiques (connues) dans ce domaine. Les chiffres qui sont cités relèvent donc d'une approximation. La production française des PEM provient en grande majorité des neuf sites de production français exploités par le groupe SEB, dont le C.A. global a été estimé à 1,3 G€, dont 900 M€, est vendu en France, le reste étant exporté. S'ajoute à ce chiffre l'incidence de Magimix, dont le C.A. annuel a été estimé à 150 M€, production exportée à 50 %. Soit un total d'exportation global de la production française de 500 M€.

elle est classée comme adepte de l'éco-conception. Ce qui est discutable dans la mesure où elle persiste à produire et à vendre les pôles *Tefal* dont le revêtement à base de téflon est considéré comme faisant partie de la famille des PFAS dits aussi polluants éternels considérés comme indégradables.

La société *Magimix*, dont la spécialité est le robot cuiseur multifonction *Cook expert* fabrique également des grille-pain, ainsi que des cafetières et machines à café type *Nespresso*. Elle emploie de l'ordre de 500 personnes, avec un chiffre d'affaires annuel estimé entre 150 et 200 M€[1]. Elle exporte 50 % de sa production à l'international, principalement en Europe, la totalité de ses produits sont fabriqués en France ainsi que ses approvisionnements. Elle a mis en place une distribution entièrement intégrée à partir de revendeurs sélectionnés. Magimix doit faire face à la concurrence des Allemands Krups, filiale de SEB, et Vorwerk, qui commercialise le robot culinaire autocuiseur Thermomix, également fabriqué en France.

Quelques entreprises n'interviennent pas à proprement parler sur l'incidence du marché français du PEM, mais constituent des exemples concrets d'application de la transition écologique et contribuent à la lutte contre l'obsolescence programmée.

La société *Lagrange*, entreprise familiale présente sur le terrain du PEM (alimentaire exclusivement) depuis 1955, s'est spécialisée dans les équipements de cuisine conviviale (gaufriers, appareils à raclette et à fondue, crêpières). Une avancée vers le recyclage : le lancement d'une boutique en ligne dédiée aux accessoires et pièces détachées permettant la réparation par le client d'appareils vieux de plus de dix ans, avec la vente en ligne de produits reconditionnés.

Kippit, PMI née de l'association de deux pionniers qui ont décidé, eux aussi, de lutter contre l'obsolescence programmée. Après la start-up Daan Tech, voici un nouveau venu de cette mouvance. Bienvenue au club ! Et ils ont démarré en fanfare ! En effet, ils remportent le prix de l'innovation au salon du *made in France* en 2019 et lancent une campagne de financement participatif avec pour objectif la création et la fabrication d'objets durables, facilement démontables et réparables, fabriqués avec des matériaux issus du recyclage ou de l'économie circulaire. Le produit phare, la bouilloire Jaren avec, au choix, ses paniers cuisson, chauffe bébé ou bain-marie, remporte un premier succès. Le deuxième produit en cours de développement est le lave-linge Fraval, livrable en 2022. Un troisième produit en prévision : le grille-pain Toben et d'autres (réfrigérateur, four, fer à repasser, etc.).

[1] Il s'agit effectivement d'estimations, car cette entreprise très discrète ne communique aucune information de cet ordre.

L'argumentaire de la marque est très simple :

« En plus d'être fonctionnels, design et performants, tous nos produits sont *durables* : (recyclables et/ou recyclés), *réparables* (la réparabilité est prévue dès la conception), *évolutifs* en termes de design, de fonctionnalités et de mise à jour avec un libre accès à tous les plans en open source, *fabriqués à proximité du client* dans des unités locales de production ».

La campagne de lancement participatif, patronnée par un organisme de crowdfunding, *Ulule*,[1] qui accompagne les créateurs depuis 2010, a permis de financer le développement et la fabrication en série de la bouilloire *Jaren*. La participation d'une structure, l'YMCA, accueille les travailleurs en situation de handicap.

La société *Domena* est citée à titre rétrospectif, car j'ai appris avec stupeur[2] sa liquidation en juin 2015 par la chambre commerciale du tribunal de grande instance de Mulhouse.

Elle provient après 20 ans d'existence et d'expertise. Aucun repreneur véritablement intéressé ne s'est présenté. Seule demeure la possibilité de se procurer des pièces détachées à partir des distributeurs classiques (ou spécialisés). Et jusqu'à quand ? Ceci, alors que cette société avait toutes les qualités pour répondre aux exigences de la transition écologique. Adepte de l'éco conception, dont elle avait été l'un des premiers pionniers, elle était leader dans la conception et la fabrication des centrales de repassage à vapeur. Simples d'utilisation, performantes et durables, accessibles grâce à un bon rapport qualité/prix. De surcroît, l'entreprise avait promu le mode *éco* afin de limiter dans des proportions importantes la consommation d'eau et d'électricité.

Avec une garantie de 10 ans contre l'entartrage grâce au système CAPT Protec. Elle était à la pointe de l'innovation et pouvait être considérée comme un fleuron de la filière PEM, donc vouée à croître et à embellir.

Alors, que s'est-il passé ? Comment une telle entreprise a-t-elle pu se trouver en pareille difficulté ? Comment se fait-il qu'elle n'ait pu être reprise et qu'on ait laissé se dissoudre dans la nature un tel savoir-faire ?

En conclusion, là aussi, des mesures à prendre : un certain nombre de points fondamentaux relatifs à l'éco-développement des produits ont été évoqués lors de l'examen de la filière GEM. Ils s'appliquent de la même façon à l'ensemble de la filière PEM.

Quelques remarques plus particulières :

Seb : il me paraît souhaitable que le groupe adopte pour l'ensemble de ses produits la garantie décennale, ceci afin de se distinguer de la concurrence. Ceci dit, il peut paraître étonnant que le marché français du groupe, lequel réalisait

---

[1] Pour de plus amples informations, consulter le site https://fr.ulule.com.

[2] Je suis d'autant plus atterré que je suis moi-même un utilisateur d'une centrale à vapeur Domena, que nous en sommes très satisfaits et que je me fais du souci pour l'approvisionnement en pièces détachées et le remplacement ou la réparation de cet équipement en cas de problème.

18 % de ses ventes en 2010, reste stagnant, voire en régression, [1] alors que le groupe Seb maintient, même améliore son image de marque.

Kippit : cette entreprise se *devait* de réussir.

Faute de liquidités suffisantes, l'entreprise devait être mise en liquidation en octobre 2022 et a miraculeusement trouvé *in extremis* un repreneur en mai 2023. Attention donc à ne pas commettre d'erreurs irréparables sur les prix de vente pratiqués sur les deux premiers éléments de la gamme. À titre d'exemple, le prix de vente du produit Fraval est presque le double d'un lave-linge classique du commerce. Le risque est que les produits Kippit soient réservés à des consommateurs *haut de gamme* et boudés par une clientèle plus populaire aux moyens financiers limités. D'où la nécessité d'une *industrialisation*, même si ce terme doit choquer les membres créateurs de l'entreprise.

Enfin, je pense que la marque Kippit était insuffisamment connue du grand public. Un peu de publicité dans les organes de presse, pour commencer, n'apparaît pas inutile.

Domena : un retour de la marque et de la renaissance ? Est-il possible de récupérer le savoir-faire parmi les anciens de l'entreprise ? Et, dans l'affirmative, qui pourrait s'en charger ? Kippit semble assez motivé pour adjoindre cette ancienne marque (qui mériterait de revoir le jour) à ses produits en cours de développement. Affaire à suivre, donc.

4.2.3. Les produits du numérique

L'état des lieux

Le marché des ordinateurs

Il est complètement dominé par la concurrence américaine et chinoise. Aux États-Unis, ce sont *Apple* et *Hewlett Packard*, en Asie du Sud-est, les équipements chinois (*Lenovo, Asus*) et taïwanais (*Acer*) qui monopolisent la totalité du marché mondial (160 G€ en 2021) et français (7,5 G€ en 2019). Quelques PMI tiennent tête avec succès à cette déferlante, mais n'ont pas, malheureusement, la possibilité d'inverser cette tendance, malgré une progression sensible de leur activité sur le marché français.

Le marché des imprimantes numériques

Il est caractérisé, là aussi, par la domination américaine, avec *Hewlett Packard*, qui détient près de 50 % du marché mondial, suivi par le Japon (*Canon, Epson, Brother*). Le marché français de la demande, avec environ 2 G€ en régression depuis quelques années, est exclusivement alimenté par les importations en provenance des principaux constructeurs mondiaux, *car aucun industriel français n'existe actuellement dans cette filière.*

---

[1] Là encore, absence de statistiques sur la part de marché en France de Seb pour l'année de référence 2018. Je me suis basé sur le marché de l'Europe occidentale qui est de 2 430 M€ pour estimer la part française à environ 900 €, soit un pourcentage de 14 %.

Le marché du téléphone mobile

Il a profondément évolué depuis quelques années, en partie avec l'apparition des smartphones. La prédominance de *Nokia* sur l'ensemble du marché s'est progressivement réduite pour laisser la place à *Samsung*, en regard de l'affaiblissement de la position d'*Apple*. Les Chinois, et surtout *Huawei*, comptent sur le développement de la 5G pour affermir leur position sur le marché mondial.

L'avenir à court terme appartient donc à l'Asie du Sud-est après une quasi-élimination de l'Europe (*Nokia*).

Depuis le rachat catastrophique de l'entreprise américaine *Lucent* par *Alcatel*, programmée par son président, Serge Tchuruk, fervent partisan d'*une France sans usines*, et la vente en 2015 d'*Alcatel Lucent* au groupe finlandais *Nokia*, il n'y a plus d'opérateur français représentatif sur le marché du téléphone mobile. Néanmoins, quelques marques affichent le *Made in France* (voir ci-après) et méritent d'être prises en considération dans le cadre d'un renouveau industriel français.

Quelles sont les possibilités d'un renouveau français ?

Un des objectifs de la France devrait être de lutter contre l'obsolescence programmée, largement répandue dans la filière et génératrice de gaspillages. Pour ce faire, il est possible de recréer une filière *Made in France*, susceptible de relancer une industrie défaillante, à partir de pionniers qu'il s'agit d'aider dans leur développement. Contrairement à un schéma répandu, ces pionniers existent sur certains secteurs de la filière et méritent d'être encouragés dans leur démarche, ce qui n'est pas le cas à l'heure actuelle[1].

En particulier au niveau de l'état, nous ne le répéterons jamais assez !

L'ordinateur de bureau

Il existe un précurseur, l'ordinateur *écolo* lancé en 2007 par la société *Ashelvea*, l'*Evolutif*, en grande partie recyclable et fabriqué en bioplastique.

Malheureusement, cette société, placée en redressement judiciaire en octobre 2011, a été mise en liquidation en 2013. Pourquoi un tel échec ? Je ne dispose pas d'éléments à ce sujet. Il faut dire qu'à cette époque, la France se trouvait en plein schéma de désindustrialisation et que la transition écologique n'était pas à l'honneur.

Une autre tentative, qui a vu le jour en 2015, est en passe de réussir son pari.

Il s'agit du *groupe SFIT*, mis en œuvre par un pionnier [2] qui s'est mis en tête de réhabiliter Thomson. Il a créé la marque *Thomson Computing*, la licence

---

[1] Article de la revue Entreprendre (site internet https://www.entreprendre.fr) « Thomson Computing : Stéphan Français, le roi du PC *Made in France* » par Isabelle Jouanneau 12 octobre 2020

d'exploitation ayant été rachetée à *Technicolor*. Cette marque est dédiée à la conception et la fabrication d'ordinateurs PC de tous types ainsi qu'à l'ensemble des accessoires de leur environnement. Le groupe SFIT a également créé ses propres marques dédiées principalement à l'univers audio/vidéo. Il a développé depuis sa naissance une stratégie cohérente de distribution et d'organisation grâce en particulier à la création d'un centre de montage situé en Seine Saint-Denis. Celui-ci est doté d'une équipe d'une quarantaine de personnes alliant flexibilité, rapidité des livraisons et respect de la qualité des équipements. La réactivité est supérieure à celle des grandes marques qui fabriquent essentiellement sur stocks alors que la société livre en totalité à la commande.

L'entreprise sous-traite actuellement l'ensemble de ces composants, en partie en Chine, mais pratique une politique à base de *sourcing*, qui relève d'une sélection rigoureuse de ses sous-traitants et, de ce fait, est garante de qualité.

Le chiffre d'affaires, en croissance permanente (plus de 5 % par an en France), était de 70 M€ en 2018, avec un objectif de 100 M€ à court terme. La distribution s'articule à partir des enseignes de détail (B2C) (grandes surfaces généralistes et établissements spécialisés) et du secteur B2B avec des grossistes. Un configurateur a été créé et implanté chez ces distributeurs en liaison avec le centre de montage. Ce configurateur permet de répondre en huit jours ouvrés à n'importe quelle demande. Ce qui évite, en outre, la multiplication du nombre de modèles, syndromes de lourdeur de gestion commerciale.

Thomson Computing est leader sur les ordinateurs à moins de 300 € depuis trois ans avec à peu près 36 % du marché annuel. Il constitue de ce fait une *accroche* intéressante pour le développement de l'industrie informatique française. Il est à même de concurrencer efficacement les géants mondiaux *et de créer des emplois dans cette filière.*

Trois autres sociétés méritent d'être mises en exergue, et ce, malgré la modestie de leurs performances en termes de chiffre d'affaires, qui se situent entre 6 et 15 M€. Elles sont financièrement saines, en pleine croissance, et développent des concepts innovants, à la fois en conception d'équipements informatiques, d'applications spécifiques et de structures en réseau de distributeurs indépendants.

Il s'agit du groupe *Sirène*, présent depuis 1991 sur le marché de l'informatique industrielle (marques *Ipo Technologie, Ipoview, Ipostore*) dont une structure dédiée à l'*affichage dynamique*[1].

Également de la société *Bleu Jour*, entreprise toulousaine créée en 2002 et pleinement développée en 2012. Elle a conçu une unité centrale d'ordinateur

---

[1] L'affichage dynamique appelé aussi *affichage digital, affichage numérique, affichage sur écran* est un outil de communication qui permet de diffuser des contenus multimédias, à distance et en temps réel, sur un réseau de supports d'affichage numérique (borne vidéo, écran numérique, etc.) installés dans des lieux publics (à l'intérieur du magasin, dans une vitrine, à l'extérieur, etc.). Grâce à un logiciel de gestion, les changements d'images sont très rapides pour permettre la mise à jour ou la modification des contenus informatifs ou publicitaires.

miniaturisé, le *Kubb*[1], compatible avec tous les périphériques du marché et amélioré par de nouvelles versions et l'utilisation de nouvelles générations de claviers.

La troisième entreprise est *Ordissimo*, qui a conçu un type d'ordinateur pour les débutants et les *nuls* en informatique. Avec un OS bien spécifique, l'OS Ordissimo est beaucoup plus simple à utiliser que les systèmes d'exploitation classiques (Windows, OS de Mac). Cette société française distribue ses ordinateurs en France, en Allemagne et au Royaume-Uni.

Les imprimantes numériques

Comme il a été précisé précédemment, la France ne possède plus aucune entreprise susceptible de concevoir et de produire des imprimantes numériques. Ce qui n'est pas le cas pour les imprimantes 3D, mais il s'agit là d'une technologie complètement différente avec des usages distincts. Et cependant, le besoin existe, dans la mesure où nombre d'utilisateurs *grand public* veulent se départir du phénomène d'*obsolescence programmée* allègrement pratiquée par les principaux constructeurs présents sur le marché international : HP (Hewlett Packard)[2], Canon[3], Epson et Brother[4]. Est-il possible de modifier cet état des choses ? Ce serait souhaitable, mais actuellement, il n'existe plus aucun savoir-faire dans cette filière et, de surcroît, le marché de l'imprimante numérique est en déclin, ce qui ne facilite pas une reconfiguration. Un des fabricants français d'ordinateurs accepterait-il de prendre ce risque ?

Les mobiles

Ils sont plusieurs à tenter d'exister sur ce marché dominé par les constructeurs asiatiques. Qui sont-ils ?

- *Archos* est sans nul doute la structure la plus importante du lot, avec un chiffre d'affaires de plusieurs dizaines de millions d'euros. L'entreprise a subi de plein fouet la concurrence asiatique dans un marché non protégé. De ce fait, elle cherche sur quels types de produits elle est susceptible de se

---

[1] Ce type d'ordinateur rappelle les premiers Macintosh dont l'unité centrale était intégrée au corps même de l'ensemble.

[2] Un exemple personnel : je disposais jusqu'à récemment d'une imprimante laser couleur Hewlett Packard modèle 2840 associée à un ordinateur de bureau Apple « I-Mac 21 ». Cet ordinateur a nécessité la mise à jour du système d'exploitation de OS 10-6 (Léopard) à OS 10-14 (Capitan). Par contre, l'imprimante, en parfait état de marche mécanique (photo copiage possible) n'imprime et ne scanne plus par manque de pilote adéquat. Est-ce normal ?

[3] Ce n'est pas bien de la part de fabricants japonais, dont le pays a été précurseur et fervent partisan du concept de *qualité totale* mise en œuvre durant les années 1980.

[4] Encore un exemple personnel : l'achat d'une imprimante laser mono couleur Brother type L-2550-DN pour laquelle la documentation est plus que succincte. Entre autres : instructions de fonctionnement du scanner, problèmes de réception des circuits scannés avec un adressage défectueux, fonction recto-verso, caractères figurant sur l'écran écrits en anglais, etc. De plus cette machine se permet de ne pas se connecter par instants sans explications préalables. Un contentieux un peu lourd !

positionner. Elle a misé sur un modèle de grande robustesse, étanche à l'eau et aux poussières et susceptible d'encaisser des chocs importants. Ce modèle est certifié par la norme Military Standard MIL-STD-810G. Autres pistes envisagées : le médical avec les purificateurs d'air.

- *Kapsys* est spécialisé dans les smartphones pour personnes âgées ou les déficients visuels. Elle se vante de proposer le seul smartphone 100 % made in France : conçu, mais surtout fabriqué et assemblé dans l'Hexagone. Malheureusement, il s'agit dans l'immédiat d'une toute petite structure dont le chiffre d'affaires annuel de 1 à 2 M€, en croissance continue, reste avant tout modeste.

- *Ordissimo*, fabricant d'ordinateurs PC, s'est lancé dans la production d'un smartphone dont les caractéristiques principales [1] seraient la facilité d'utilisation et de lecture, un design moderne et dynamique, une bonne prise en main compte tenu de sa légèreté, un espace de stockage important et une compatibilité avec tous opérateurs.

- D'autres marques, comme *Echomobile, Wiko* (détenue à 100 % par le constructeur chinois Tinno), *Konrow, Croswall, Doro*, revendiquent une appartenance française, car ils sont, il est vrai, conçus en France, mais fabriqués entièrement en Chine. Il serait hautement souhaitable qu'elles soient en état de rapatrier leur production en France. Cela pour deux raisons : la création d'emplois qualifiés et le risque d'être piratés par la Chine, qui s'avère redoutable quand il s'agit de concurrence.

Quelles sont les mesures à prendre pour faciliter ce renouveau ?

Il s'agit, d'une manière générale, de se distinguer de la concurrence internationale et, en particulier asiatique.

Les points clés à satisfaire :

Adopter la démarche d'éco-conception

Cette démarche est validée par l'écolabel européen qui consiste, répétons-le, à adopter une démarche écologique à toutes les étapes du cycle de vie du produit.

Différents points d'accroche :

- *Choisir des sous-traitants électroniques* (les fameux EMS). Il est indispensable de s'orienter vers des sociétés françaises qui appliquent elles-mêmes ces principes. Une collaboration étroite avec ces sous-traitants lors de la conception du produit est indispensable. D'où l'intérêt du « made in France » dans ce domaine.

---

[1] D'après l'article publié dans *le meilleur avis* publié et mis à jour le 1er mai 2021 sur le site https://www.lemeilleuravis.com

- *Concevoir des produits démontables et réparables.* C'est un des moyens de lutter contre l'obsolescence programmée qui sévit en Asie du sud-est et Outre-Atlantique.
- *Soigner particulièrement les accessoires de la vente et du SAV.* Là, il y a beaucoup à faire et l'on peut se différencier amplement de la concurrence, en particulier dans la présentation des documents d'utilisation des équipements. D'où l'intérêt de l'emploi d'un configurateur capable de vendre une version à la demande, susceptible d'être utilisé à la fois pour la conception du produit et pour l'émission des documents commerciaux.
- *Mettre en œuvre une publicité à la portée du client et susceptible de mettre en exergue les différences avec la concurrence* (en termes de *plus*). Une démarche d'affichage dynamique [1] implantée chez les distributeurs paraît constituer une solution intéressante, moins onéreuse qu'une publicité par les ondes, avec, entre autres le pouvoir d'adapter le message en permanence.

Sortir du libre-échange intégral

Cela revient à adopter un *protectionnisme écologique.* D'où la nécessité de promouvoir des taxes antidumping prenant en compte la pollution engendrée par les fabricants. Ceci afin de permettre à nos fabricants français, qui se plaignent de cet état de choses[2], d'offrir aux Français une alternative locale et française aux produits issus d'un libre-échange intégral, avec, en outre, la possibilité d'exporter. C'est loin d'être la politique prônée par l'OMC.

Comme ailleurs, il est nécessaire de disposer de structures suffisamment conséquentes pour s'imposer face à la concurrence, d'où la nécessité du regroupement de l'ensemble du potentiel productif autour de quelques leaders de la profession avec la création de G.I.E.

4.2.4. L'industrie du textile, de la maroquinerie et de la chaussure

Où en sommes-nous ?

L'industrie textile

Elle inclut plusieurs catégories : l'habillement, le linge de maison, le médical et l'industrie avec les textiles d'usage technique. Les deux premières catégories font partie de ce que l'on appelle le marché de la mode.

---

[1] L'affichage dynamique appelé aussi *affichage digital, affichage numérique, affichage sur écran* est un outil de communication qui permet de diffuser des contenus multimédias, à distance et en temps réel, sur un réseau de supports d'affichage numérique (borne vidéo, écran numérique, etc.) installés dans des lieux publics (à l'intérieur du magasin, dans une vitrine, à l'extérieur, etc.). Grâce à un logiciel de gestion, les changements d'images sont très rapides pour permettre la mise à jour ou la modification des contenus informatifs ou publicitaires.

[2] Article de la revue Entreprendre (site internet https://www.entreprendre.fr) « Thompson Computing : Stéphan Français, le roi du PC *Made in France* » par Isabelle Jouanneau 12 octobre 2020.

Les statistiques relatives au marché Français sont souvent divergentes en fonction de leur origine (Union des Industries Textiles, INSEE, Fashion Network) et mentionnent parfois des volumes d'exportation supérieurs à la production intérieure.

Nous citons ici celles émanant *de l'Union des Industries Textiles.* Elles font état, pour l'année 2020, d'une production intérieure avec un chiffre d'affaires de 13,9 G€, dont plus de 60 % sont constitués par des textiles à usage industriel et technique.

Cette production s'accompagne d'une balance commerciale fortement déficitaire, soit 9,7 G€ de produits exportés face à une importation de 17,5 G€, dont plus de 50 % en provenance d'Asie du Sud-est[1].

La production intérieure répartie principalement dans cinq régions est assurée par *plus de 2 000 sociétés qui emploient plus de 60 000 personnes.* Ces entreprises sont, dans la plupart des cas, spécialisées dans l'un des stades de fabrication de la filière, à savoir :

- Élaboration de fibres et de fils à partir de la matière première (coton, lin, laine, soie, fibres artificielles ou synthétiques),
- Tissage,
- Tricotage,
- Teinture, ennoblissement,
- Confection de vêtements et linge de maison.

Sur l'ensemble de ces entreprises, 60 % emploient moins de 10 salariés et 30 % sont à effectifs compris entre 10 et 50 salariés. Dans les 10 % restants, un certain nombre d'entreprises se sont spécialisées dans la fabrication de produits techniques et médicaux.

Entre autres, une ETI, *Thuasne,* (matériel médical orthopédique) et deux PMI, *Kermel (*vêtements de protection contre le feu) et *MDB Texinov* (textiles de protection pour l'agriculture, l'environnement, l'industrie, le secteur médical).

Cette dernière structure s'est orientée depuis mars 2020 dans la fabrication de masques de protection type UNS catégorie 1 (pour les professionnels en contact avec le public et pour les transports), ainsi que des masques FFP2 destinés au personnel soignant.

En outre, il faut signaler que l'industrie textile relève la tête. À titre d'exemple, le label *France terre textile* regroupe actuellement une centaine de sociétés de métiers et de production diverses avec un effectif salarié de près de 5 000 personnes. Ce label rassemble les entreprises qui partagent la même vision du *Made in France.* Une quinzaine de ces sociétés emploie plus de

[1] Cette dernière statistique est à prendre avec beaucoup de précautions dans la mesure où nombre de produits importés de Chine sont estampillés appartenir au pays qui en assure la finition, l'Italie par exemple !

100 salariés, quatre d'entre elles, dont les activités sont complémentaires, se sont regroupées sous la houlette d'un entrepreneur sous la marque *Velcorex*.

Notons que *France terre textile* est un le seul organisme indépendant qui vient supporter les produits dont une quasi-majorité des stades de production est réalisée en France. Et selon des critères de fabrication en circuit court et de qualité. Il est implanté dans 5 des 7 territoires de tradition textile français (Vosges, Alsace, Nord, Auvergne-Rhône-Alpes et Champagne-Ardenne). Exemple à suivre pour la résurrection de l'industrie textile.

Malheureusement, nous en sommes encore loin ! En effet, le marché du *textile* est étroitement intégré à la notion de *Fast Fashion* (mode rapide) pour l'habillement et le linge de maison. Il est dominé par des sociétés multinationales d'origine européenne et américaine qui disposent de sous-traitants repartis dans le monde.

Une bonne partie de ceux-ci se situent dans les pays sous-développés (Sud-est asiatique et Afrique), mais également en Europe et principalement en Italie et en Grande-Bretagne.

La maroquinerie

Voici une des rares filières pour laquelle la balance commerciale est bénéficiaire. Selon la Fédération Française de la Maroquinerie, elle réalise en France un chiffre d'affaires de près de 9 G€, dont plus de 60 % dans la fabrication des sacs à main. Elle emploie plus de 25 000 salariés répartis dans 540 entreprises et 1 700 artisans souvent sous-traitants de sociétés importantes. La France exporte pour 6 G€ de produits finis et importe environ 3,5 G€, principalement de Chine (1,2 G€) et d'Italie (1,1 G€).

Là encore, ces chiffres sont à relativiser, car il n'est pas exclu qu'une partie importante de l'exportation chinoise soit estampillée d'origine italienne, alors que l'Italie intervient lors d'une opération mineure du processus (finition).

La production française reste très concentrée. En effet, les deux tiers de cette production proviennent de quatre multinationales. Deux d'entre elles (*LVMH* et *Hermès*) emploient plus de 3 000 personnes en France et utilisent une dizaine de sous-traitants répartis sur l'ensemble du territoire.

Le reste, soit environ 30 % de la production française, est assuré en quasi-totalité par une vingtaine de structures de moyenne importance, dont certaines sont vouées à la sous-traitance pour un pourcentage conséquent de leur chiffre d'affaires (groupe *Maroquinerie Thomas,* Ateliers de Verneuil en Halatte, Maroquinerie de Sayat, Pierre Cot, Manufactures de Franche-Comté).

Ajoutons deux *indépendants* :

- Le groupe *SIS*, implanté en Franche-Comté, entreprise en plein essor et qui résulte d'une reprise en 1998 *par les salariés* d'une société en cours de liquidation judiciaire. Le groupe *SIS* compte actuellement 600 salariés et réalise un chiffre d'affaires de près de 60 M€. *Il s'agit là d'une belle réussite et d'un exemple à suivre, malheureusement peu usité.*

- Le groupe *Sofama,* lui aussi en pleine croissance.

Restent enfin plus de 300 microentreprises, dont il est difficile d'évaluer l'impact sur l'économie et un certain nombre d'artisans indépendants, témoins du savoir-faire attaché à leur profession.

La chaussure

Il s'agit, là encore, d'une filière passablement sinistrée. Les statistiques affichées par la fédération de la chaussure font état pour 2020 d'une production de 560 M€ divisée par deux depuis dix ans et d'une balance commerciale largement déficitaire avec un total de 3,5 G€[1] exportés pour 6 G€ importés. Les principaux exportateurs sont situés en Asie du Sud-est (Chine, Vietnam, Indonésie) pour un peu moins de 50 % du total et en Europe (Italie, Portugal) pour 25 % environ.

Le nombre de sociétés productrices en France est de 86, pour un effectif de 5 000 salariés, largement inférieur aux autres filières de la mode.

La production française est prépondérante dans trois régions : Pays de Loire, et surtout, Nouvelle-Aquitaine et Grand Est. Plus de 50 % des modèles fabriqués dans l'Hexagone sont des chaussures en cuir. Le reste de la production se répartit entre les pantoufles (35 %) *charentaises* (parce que nées en Charente) et les chaussures de travail et de sécurité (environ 15 %), qui constituent des secteurs de niche. Quelles sont les entreprises qui peuvent se positionner avec succès sur le marché français. À notre sens, deux sociétés émergent du lot et produisent pour plus de 150 M€ de chaussures de marques diverses :

- *Méphisto*, marque française créée en 1965. La réputation de cette chaussure est d'être *celle qui dure* et qui peut être réparée « presque à l'infini ». Il s'agit là d'une culture de la réparation propre à l'entreprise et qui pourrait être considérée comme un modèle de la transition écologique.

- *Le groupe Eram* : Dans le cadre de son activité en France, Eram déclare s'orienter vers l'écoconception, en collaboration avec l'ADEME. Objectif à cinq ans : proposer une offre éco conçue de produits accessibles financièrement, confortables et de qualité.

À l'exception de ces deux *poids lourds* de la chaussure, il reste une petite dizaine de sociétés dont le chiffre d'affaires est compris entre 20 et 60 M€.

Certaines présentent des difficultés de survie, suite en particulier à l'effet Covid19.

---

[1] Référence : « le monde de la chaussure ».
(https://www.chaussuredefrance.com/sites/fr/le_monde_de_la_chaussure/chiffres_cles.html)
On peut se poser la question de savoir pourquoi nombre de statistiques mentionnent une valeur exportée supérieure au potentiel de production et à quels éléments ces statistiques font référence.

En voici une liste non exhaustive :

- *Weston*, intégrée dans le holding familial EPI (Société Européenne de Participations Industrielles) est spécialisée dans le mocassin haut de gamme fabriqué uniquement à la commande.
- *Repetto*, est considérée comme la marque des ballerines des petits rats et des Étoiles fabriquées sur mesure. Elle a ouvert sa propre école de travail du cuir.
- *Lemaitre*, fabricant français de chaussures de travail et de sécurité, s'est spécialisée dans une technologie qui permet d'injecter directement la semelle sur la tige de la chaussure, ce qui la rend quasiment indestructible.
- *Paraboot*, entreprise domiciliée à Romans-sur-Isère, ex-fief de la chaussure. Il s'agit, là encore, de fabrication de haut de gamme, destinée aux professionnels avec de l'assemblage cousu entre tige et semelle.
- *Rautureau*, entreprise fondée en 1870 et localisée en Vendée, en plein essor et spécialisée dans le haut de gamme. L'entreprise pratique le déstockage des anciennes collections avec des remises substantielles, d'où une accession à la qualité à moindre prix, à encourager.
- *Humeau Beaupréau*, entreprise familiale, a maintenu sa production dans l'hexagone. Elle dispose d'une expertise reconnue dans 2 domaines : la chaussure cuir enfant (marque Bopy), et l'injection plastique : bottes, sandales et sabots de loisirs (marques Umo, Méduse).
- *Le groupe Archer*, un exemple qui mérite d'être cité. Et ceci grâce à un pionnier [1] qui a remis à l'ouvrage le savoir-faire de cette industrie avec notamment la marque *Made in Romans* et la création de la *Cité de la chaussure*. Celle-ci a pris ses marques en 2018 et affiche une progression du chiffre d'affaires de près de 40 % par an. Ajoutons à cela la mise en œuvre d'une formation aux métiers du cuir qui sera dispensée par l'AFPA et un lycée professionnel. Indépendamment de sa présence à Romans/Isère, le groupe Archer est promoteur d'un holding qui regroupe une dizaine d'entreprises dans différents métiers et secteurs d'activités liés au textile.

Pour terminer l'inventaire, deux petites structures spécialisées dans la fabrication de chaussures de travail et de sécurité, qui ont du mal à subsister, mais qui n'en méritent pas moins notre attention :

- *Gaston Mille*, entreprise historique du Vaucluse, a souffert de divers confinements qui résultent du Covid 19. La société table sur l'innovation de ses modèles pour aider à se sortir de ce mauvais pas.

---

[1] D'après l'article « Groupe Archer : un modèle de proximité validé en temps de crise » publié par Stéphanie Paulette le 1er janvier 2021 sur le site http://www.dirigeant.fr/

- *Annic*, racheté par le géant *Honeywell* sous le patronyme de MTS, dernier fleuron du Rouergue, qui risquait d'être démantelé par son propriétaire et serait susceptible d'être sauvée suite aux interventions des élus locaux (Maire, Conseil Départemental du Tarn-et-Garonne, Région Occitanie),

Il reste à prendre en compte les 60 à 70 petites PMI disséminées sur le territoire national, dont l'effectif varie de 10 à 30 personnes et dont le chiffre d'affaires ne dépasse pas généralement 0,5 à 1 M€. Signalons aussi qu'une quinzaine de ces sociétés sont domiciliées dans le département de la Drôme et en particulier à Romans/Isère, patrie de la chaussure et qui a été réduite presque à néant avec la désindustrialisation du territoire.

L'incidence de la mode rapide sur la détérioration du contexte environnemental et social

La raison d'être de ce phénomène

Il a pris sa naissance avec les débuts de l'industrialisation vers la fin du 19e siècle. Son principe de base : transformer le citoyen en consommateur soumis, qui va sacrifier son argent *non par besoin, mais par désir.* De ce fait, l'industrie de la mode est devenue la plus internationale du monde. Ce phénomène de production de vêtements bon marché et jetables est appelé *Fast Fashion*[1].

Quels sont les éléments constitutifs de la mode rapide et la raison de cette réussite ?

L'industrialisation des pays sous-développés qui a caractérisé les années 1980-2010 s'est traduite par la fabrication en masse de produits à faible durée de vie. Les enjeux de cette industrie sont énormes : au niveau mondial, la mode représente un marché de près de 1 500 G€, soit plus de 100 milliards de vêtements par an. Cette tendance forte au *jetable* et au gaspillage qui en est la conséquence, a atteint dans le vêtement un niveau largement supérieur à celui des autres filières industrielles. Le remplacement permanent de vêtements inhérent à ce phénomène de mode rapide s'articule autour d'une méthodologie très bien structurée.

En voici quelques caractéristiques :

- *Les saisons*, marqueur du renouvellement. Initialement, elles sont au nombre de huit : printemps, étés (1 & 2), automne, hivers (1 & 2), et vacances. Mais une évolution se fait jour avec 24 saisons distinctes (ex : rentrée des classes, mariages, etc.),
- *La vente au détail*, qui autorise la création de stocks tout au long de l'année et qui s'assortit d'une vente à prix cassés. Ces aspects conduisent les consommateurs à acheter de nouveaux vêtements dès leur sortie. Cette

[1] Lire à propos de ces sujets l'excellent ouvrage de Audrey Millet *Le livre noir de la Mode*.

vente au détail a fait l'objet de concentrations gigantesques de sociétés mondiales qui gèrent leurs propres marques 1. Ces sociétés mettent en œuvre de nouveaux points de vente décentralisés qui dictent leur comportement à la fois aux fabricants et aux consommateurs dans la mesure où ils sont propriétaires des marques.

- *Le mythe de la rareté*, qui stimule l'achat, dès que les anciens articles ne sont plus réapprovisionnés
- *La médiatisation des promotions par tous les canaux existants* : multiplication des magasins, des marques et de la publicité tous azimuts
- L'aura du *secret* pour stimuler le désir de l'acheteur,
- L'usage de *slogans appropriés* qui associent l'acte d'achat à l'image même du consommateur, qui se révèle être un *VIP* (Very Important Person) au travers de ses achats. Quelques exemples : « ce dont vous avez besoin pour améliorer votre style de vie », « ce qui vous rendra la vie plus belle et affirmera votre personnalité », « comment accéder au pur bonheur », etc.
- *L'usage permanent de soldes,* qui permet d'engranger des ventes supplémentaires sur des articles pour lesquels les ventes régressent, ceci en attendant la sortie du nouveau produit *à la mode.*

L'industrie du luxe, apanage de quelques grands groupes, n'a pas échappé à ce phénomène de mode jetable avec la vente de produits fabriqués dans la plupart des cas en Chine. Vendus au moindre coût, ils donnent l'impression du haut de gamme et sont proposés comme tels.

Quel est le niveau de pollution et de destruction de l'environnement ?

Il est nécessaire pour le savoir de suivre le cycle de fabrication d'un vêtement.

- *Les matières premières.*

Les matières naturelles sont utilisées depuis des siècles, qu'elles soient d'origine animale ou végétale, mais l'augmentation vertigineuse de la production est telle que les impacts environnementaux et sanitaires sont démultipliés. La matière la plus utilisée est le coton (63 %), suivi des matières chimiques (26 %) et des autres matières naturelles (laine, soie, lin, etc.). La production de coton en est un exemple. 1 kg de coton nécessite plus de 3 000 litres d'eau, soit environ 200 tonnes d'eau pour chaque tonne de textile produite, ceci avec une production annuelle de 25 millions de tonnes.

Sans compter l'emploi d'engrais et de pesticides, excepté, bien sûr, pour le coton d'origine biologique, fort peu répandu au demeurant. Même problème pour l'utilisation de matières d'origine animale (cuir, laine) qui font l'objet, dans la plupart des cas, d'un élevage intensif des animaux concernés.

Quelle que soit l'origine végétale ou animale, ces matières sont inutilisables sans nettoyage, réalisé le plus souvent par des produits très polluants à savoir chrome, mercure, cadmium, cuivre ! Ces opérations sont interdites en Europe, mais autorisées dans les pays asiatiques, là où la réglementation Reach n'est pas appliquée.

- *Les fibres chimiques synthétiques*

Élaborées à partir des dérivés du pétrole, elles représentent 70 % des fibres chimiques produites par an, dont le polyester, avec 40 millions de tonnes par an. Il faut savoir que ces fibres synthétiques sont lavées et rejettent des microparticules de plastique, trop fines pour être filtrées par les centrales d'épuration. Elles sont par conséquent évacuées dans les cours d'eau. De ce fait, 500 000 tonnes de particules par an finissent leur course dans les océans.

- *Les fibres artificielles*

Elles résultent d'une synthèse chimique à partir de composants naturels (cellulose de bois) dont l'élaboration nécessite, là encore, l'usage de produits chimiques toxiques[1].

- *La transformation en tissu*

Elle comporte plusieurs étapes : le *cardage* ou transformation de la fibre en fils plus résistants. Le tissage ou transformation des fils en tissus destinés à la fabrication de vêtements, de linge de maison et d'accessoires divers. L'ennoblissement comporte de nombreuses manipulations (blanchiment, teinture, imperméabilisation, tannage). Il nécessite l'emploi de produits chimiques très dangereux, voire cancérigènes qui imprègnent les tissus, entrent en contact avec la peau quand ils sont portés et contaminent l'environnement aquatique après lavage. D'où un impact très important de ces produits sur la pollution des eaux fluviales et aussi sur la santé des personnes situées dans la chaîne de distribution. Mentionnons aussi pour mémoire la confection des *jeans usés*, constituant indispensable de la mode, en particulier pour les jeunes. Ils nécessitent un sablage à haute pression par projection de quartz sur le jean après teinture, procédé fortement consommateur d'eau et d'énergie. Et qui porte lourdement atteinte à la santé des travailleurs astreints à ce poste (problèmes respiratoires, silicose, affections graves et cancers).

En 2012, l'association Greenpeace[2] a testé les fibres d'un grand nombre de marques de *Fast Fashion* dont près des deux tiers contenaient des NPE 94,

---

1 – Références utilisées pour l'ensemble des paragraphes traitant de la pollution de l'environnement : l'ouvrage d'Audrey Millet et la note de synthèse éditée par France Nature Environnement intitulée « Réduisons le gaspillage textile ».

2 Dirty Laundry, Greenpeace, rapport, juillet 2011 (Cf. *Le livre noir de la mode* Audrey Millet.)

considérés comme des perturbateurs endocriniens responsables d'une diminution de la fertilité.

- *Le transport*

Du fait de la décentralisation des différents sites dans lesquels transitent les vêtements, localisés dans des pays, voire dans des continents différents.

À savoir : coton cultivé au Texas, filé en Asie du Sud-est et tissé en Éthiopie pour atterrir dans un magasin des Champs-Élysées. Il a été estimé qu'une chemise ou un jean parcourt plus de 65 000 km durant ces différentes étapes.

Et pourquoi ? Parce qu'en économie traditionnelle, le coût d'une délocalisation est moindre que celui d'une activité recentrée dans le pays à l'origine de la demande. Sans intégrer, bien sûr, le prix de la pollution inhérente à ces parcours effectués, selon les cas, par mer, par terre ou dans les airs.

En conclusion, si l'on ajoute les effets de la production à ceux du transport, ce sont, selon Greenpeace, *1,2 milliard de tonnes de gaz à effet de serre que rejette l'industrie textile*[1].

Quel est le volume de déchets occasionnés par cette industrie ?

La surconsommation de vêtements et accessoires de tous types conditionne une production de déchets de même type. Selon *France Nature Environnement*, en Europe, 4 millions de tonnes de déchets dits TLC (textiles d'habillement, linge de maison, chaussures) sont jetées par leurs utilisateurs. 70 à 80 % de ces déchets finiraient leur parcours comme ordures ménagères, donc incinérés ou déposés en décharge. Les 30 à 35 % restants constituent des déchets triés selon leur possibilité d'utilisation future avec la répartition suivante :

- 60 % seraient réutilisés comme vêtements d'occasion,
- 30 % sont recyclés avec, suivant leur état, récupérés pour la fabrication de fibres à usage de tissage ou, tout simplement, utilisés pour la fabrication de chiffons,
- 10 % sont transformés en combustible solide de récupération (CSR) ou envoyés dans des incinérateurs équipés de capteurs de chaleur.

L'ensemble de ces chiffres démontre de manière éclatante l'ampleur du gaspillage généré par ce phénomène de *mode rapide*, facteur à la fois :

- De perte globale de richesse occasionnée par ce gaspillage,
- De détérioration du climat par usage massif de l'incinération, des systèmes de production utilisés et de la multiplication des transports polluants,

---

[1] Références utilisées pour l'ensemble des paragraphes traitant de la pollution de l'environnement : l'ouvrage d'Audrey Millet et la note de synthèse éditée par France Nature Environnement intitulée « Réduisons le gaspillage textile ».

- De désastre environnemental : détérioration des sols par usage massif de l'enfouissement en décharge, pollution massive par usage de produits hautement toxiques répandus dans les cours d'eau et les océans

- De désastre social par maintien dans un degré de paupérisation élevé d'un sous-prolétariat issu de pays sous-développés, situés en priorité, mais pas seulement, en Afrique et en Asie du Sud-est. Avec, à la clé, des catastrophes industrielles de grande ampleur, provoquées par la vétusté ou une construction hors normes des bâtiments faisant office d'usines. Ajoutons l'absence totale de règles de sécurité provoquant incendie ou effondrement de ces bâtiments. À titre d'exemple, la chute du Rana plaza, à Dacca, au Bangladesh, survenue en avril 2013, s'est traduite par un bilan de 1 135 morts et 2 500 blessés. Ajoutons le rapport commandé par Place publique dénonçant la production en Chine de multinationales occidentales[1].

Quelle serait l'évolution indispensable ?

Où en est-on au niveau européen et mondial ?

Une trentaine de marques ont évoqué lors du G7 organisé à Biarritz fin août 2019 les conséquences environnementales de la mode, considérée comme « deuxième secteur le plus pollué au monde ». Cela explique l'avènement du *Fashion Pact* (pacte de la mode) qui a regroupé plus de 56 entreprises et environ 250 marques.

L'objectif serait de s'orienter vers de bonnes pratiques et impliquerait une réduction des marges de ces signataires. Il s'avère, malheureusement, que certaines multinationales n'ont pas participé aux négociations. Le dernier communiqué paru en octobre 2020 ne s'engage pas vraiment vers des objectifs clairs sur les engagements environnementaux et surtout sur les objectifs sociaux. De surcroît, ces objectifs sont souvent biaisés par la démarche du *greenwashing*. Il est entretenu par le concept de la RSE (Responsabilité Sociétale des Entreprises), dont le contenu n'est pas toujours clair et les déclarations d'intention restent souvent lettre morte. Un exemple : la norme ISO 26000, entérinée par de nombreux pays et qui constitue la base même de l'application de la RSE, *ne fait l'objet d'aucune exigence de la part des signataires.*

Quelles mesures seraient à assumer à l'échelle de la France ?

- *Retrouver l'usage de matières premières à incidence écologique…*

… Avec un impact environnemental beaucoup moins lourd.
Deux plantes méritent de retenir notre attention : le chanvre et le lin.

[1] https://place-publique.eu/rapport-explosif-au-parlement-europeen-les-grandes-marques-ont-toujours-recours-au-travail-force-des-ouighours/

Le chanvre, plante dédiée à de multiples usages, dont tous les composants peuvent être utilisés. La tige de chanvre peut être utilisée, entre autres, pour la fabrication de fibres, filées ensuite pour la confection de vêtements et de tissus.

En Europe, les variétés de chanvre sont de type libre et ne permettent pas la fabrication de psychotropes (cannabis). Cette fabrication n'a donc aucune raison de ne pas se développer, compte tenu de l'éventail de ses potentialités. La plante ajoute à toutes ses propriétés la faculté d'être cultivée sur tous types de sols et sans nécessiter, contrairement au coton, l'adjonction de pesticides.

La France est le premier producteur *européen* de chanvre avec près de 1 500 producteurs et plus de 20 000 hectares cultivés. Malheureusement, ce chanvre est exporté à 70 % alors qu'il pourrait être utilisé avantageusement dans notre industrie, dont le textile.

Le lin : la France est leader *mondial* de la production de lin, rien que ça ! La culture du lin couvre 75 000 hectares, dont 80 % en Normandie, pour une production annuelle de 110 000 tonnes (rendement : 1,5 tonne/hectare).

Il s'agit d'une plante remarquable à multi-usages (comme le chanvre). Elle n'a besoin d'aucune irrigation, contrairement au coton, dont on a vu précédemment l'importance de la dépense en eau. En outre, elle retient les gaz à effet de serre et sa culture en Europe permet d'éliminer chaque année 250 000 tonnes de CO_2 dans l'atmosphère.

Et que fait-on là aussi de notre production de lin ? 80 % de la production est exportée en Chine et nous revient en importation sous la forme de fils ou de vêtements (de Chine, bien sûr).

D'où la nécessité de réorienter notre industrie textile vers l'utilisation de ces deux plantes en lieu et place de matériaux sources d'impact environnemental élevé (coton, fibres synthétiques et artificielles). Et, pour ce faire, d'augmenter de manière substantielle les surfaces cultivables. Et aussi de reconstituer la filière industrielle en équipements de filature. Ne serait-ce que pour doper notre balance commerciale qui en a bien besoin !

Et cette démarche devrait être prise en compte par toute l'Europe, qui reste bien timide dans la production et l'utilisation de ces deux plantes. Il s'agit là d'un point fondamental pour lutter efficacement contre le dérèglement climatique. En effet, le lin et le chanvre n'occupent qu'une place marginale dans la production mondiale de fibres naturelles (respectivement 2,4 % et 0,3 % de cette production) largement dominée à près de 75 % par le coton.

Un argument couramment employé : les fibres synthétiques sont plus résistantes et la récolte est davantage mécanisée, d'où des coûts de production moins élevés. Cette argumentation ne prend évidemment pas en compte les dégâts sur l'environnement, le gâchis occasionné par l'utilisation de la *Fast Fashion* et le coût économique et écologique global qui en résulte, sans comparaison avec les gains de productivité générés par ce système.

- *Restructurer l'industrie du textile et la réorienter vers les objectifs de la transition écologique.*

Nous avons vu précédemment lors de l'état des lieux que les différentes filières (textile, maroquinerie et chaussure) étaient constituées d'une myriade de petites structures, excepté l'existence de quelques grands groupes et PMI de taille moyenne. Situation, bien sûr, considérée comme signe de faiblesse face à la concurrence européenne et mondiale, mais aussi détentrice d'un savoir-faire ancestral et souvent propre à la France[1].

Il paraît donc indispensable, comme d'ailleurs dans d'autres filières, de créer des pôles d'activité et des structures de regroupement, soit par rachat de sociétés et de marques en difficulté par un leader, soit par des structures *groupe* avec une organisation de type GIE, comme il a déjà été question précédemment. Là encore, le rôle des régions et celui de l'état sont prépondérants, afin d'apporter les ressources financières (le fameux « plan de relance ») nécessaires au développement de ce type de structures.

On notera que cette démarche a déjà été ébauchée à plusieurs reprises : la filière *France Textile* regroupe une centaine de sociétés résolues à concevoir et à fabriquer uniquement en France. Deux exemples de regroupement : *Velcorex*, dans le Haut-Rhin, pour la filière *textile* et *Archer*, à Romans/Isère (dans l'industrie de la chaussure) dont l'activité est en croissance continue.

Cette démarche doit être encouragée et étendue à l'ensemble des micro-PMI implantées dans chaque région concernée par cette filière textile, soit de l'ordre de 2000 structures. L'adoption de l'écolabel européen doit compléter cette démarche, afin de pouvoir faire barrage à une concurrence internationale qui ne respecte aucun des critères de ce label.

- *Tenter d'asphyxier le système existant de la Fast Fashion*

Là encore, une *stratégie de rupture* avec ce système est nécessaire.

À savoir, pénaliser lourdement (taxes antidumping conséquentes) les marchandises importées massivement de l'international et ne respectant aucun critère environnemental. Et aussi permettre de ce fait à notre industrie nationale *labellisée* de vendre dans des conditions décentes sur et hors de notre territoire. Et aussi, bien sûr, de se développer en conséquence !

Mais ce ne sera pas facile compte tenu de la puissance des multinationales de la mode. Et aussi de la résistance au changement de tout un chacun qui, somme toute, s'accommode très bien de ce système qui affecte modérément son pouvoir d'achat et flatte son ego grâce aux miracles de la publicité ! Et les plus sensibles à ces sirènes sont les adolescents, voire les enfants plus jeunes. C'est chez eux que le syndrome d'achat impulsif est le plus important et qu'ils

[1] Un exemple : les méthodes d'assemblage des chaussures entre tige et semelles. Les procédés d'assemblage par couture des parties présentent par rapport au collage une résistance mécanique plus élevée et ne se désintègrent pas au contact de l'eau. En outre, ces techniques permettent le ressemelage des chaussures en cas d'usure prématurée de la semelle et donc la durée d'usage de celle-ci, par rapport au bas de gamme, bon marché, mais jetable. Pour les connaisseurs, citons trois procédés parmi les plus usités : le cousu Blake, le cousu Norvégien et le cousu Goodyear, ceci par ordre de qualité croissante.

parviennent de ce fait à *corrompre* leur famille à une décision d'achat. Dans les pays européens les plus riches, on peut considérer que chaque personne achète en moyenne 20 kg de vêtements par an.

Par ailleurs, les enquêtes d'opinion font preuve d'un intérêt relatif des acheteurs concernés aux questions éthiques et environnementales : en moyenne, 37 % des personnes interrogées sont concernées par l'usage de produits chimiques nocifs dans l'industrie textile, 22 % par l'amélioration des conditions de travail des populations concernées, 11 % par le recyclage des vêtements usagés !

C'est peu dire que la sensibilité des *citoyens* à l'ensemble de ces problèmes est loin d'être conséquente. De ce fait, un changement d'orientation paraît problématique à court terme et c'est dommage, car l'enjeu, je l'ai déjà souligné, est *colossal*.

4.2.5. L'industrie du jouet

L'évolution de la filière française depuis les années fastes.

L'industrie du jouet a subi, comme les autres filières grand public, les effets néfastes de la désindustrialisation. Des entreprises importantes, qui comptabilisaient plusieurs centaines de salariés, comme *Dejou* (jouets en bois démontables), *Bella* (réalisation de poupées), *Compagnie Générale du Jouet*, avec ses filiales : *Jouef* (ferroviaire), *Joustra* et *Jef* (jouets éducatifs), *Gégé* (kits de construction en bois, poupées), ont déposé leur bilan dans les années 1985-1990 sans être remplacées par d'autres structures. Depuis, d'autres ont jeté l'éponge : *Roullier Deschamps* (1995), *Starlux* (1996), *Polybric* (2018), etc.

Et c'est le désert industriel, car rien n'est venu remplacer ces entreprises qui comptabilisaient, pour certaines d'entre elles, plus de 1 000 emplois du temps de leur apogée.

Actuellement, sur un marché du jouet français de 3,5 G€, la France en produit 15 %, soit environ 400 M€, pourcentage en hausse par rapport à 2010, creux de la vague. Qui sont les principaux importateurs : la Chine, bien sûr, en premier, avec 55 % du total importé. Viennent ensuite l'Allemagne (9 %) et la République tchèque (8 %)[1].

Le marché international du jouet

Il est dominé par le groupe *Lego*, multinationale d'origine danoise, qui réalise un chiffre d'affaires de près de 6 G€ avec un résultat net de plus de 1 G€. Ses unités de production se situent en Europe (Danemark, Hongrie, République tchèque), au Mexique et en Chine. Ce leader est suivi de loin par le japonais *Bandai Namco* (1,4 G€) et les américains *Mattel* (1,25 G€ : marques *Fischer Price, Barbie et Hot Wheels*) et *Hasbro* (600 K€ : marques *Nerf* et *My Little Poney*). On

---

[1] « Part des importations françaises de jouets par pays d'origine 2016-2017 » publié par Statista le 28 janvier 2019

notera que ces deux sociétés ont délocalisé une part importante de leur production en Chine.

Reste qu'un certain nombre d'entreprises d'origine chinoise qui emploient quatre millions de personnes sont présentes sur le marché et que *près de 80 % de jouets sont fabriqués dans le pays* pour un total de production annuel chiffré à 15 G€.

Que devient l'industrie française du jouet ?

Il existerait encore plus de 600 fabricants de jouets en France en 2017 ! Il doit s'agir, à mon sens, d'une myriade de petites entreprises dont la plupart devraient être individuelles. Pour le reste, nous avons relevé quelques échappés de l'hécatombe.

Deux sociétés développent un chiffre d'affaires supérieur à 100 M€ :

- *Smoby* produit 75 % en France (le reste en Chine et en Espagne) et se place en cinquième position en Europe. Elle a intelligemment profité du plan de relance pour moderniser son outil de production.
- *Lansay*, en pleine expansion, produit principalement des jeux de société.

Quelques entreprises de plus petite taille, dont le chiffre d'affaires oscille entre 20 et 40 M€, sont aussi présentes sur le marché :

- *Ecoiffier*, affilié au label Origine France Garantie emploie indirectement plus de 300 personnes avec une fabrication de tous types de jouets (ustensiles miniaturisés, jeux de construction, etc.),
- *Vulli* est un spécialiste des jouets du premier âge (Sophie la Girafe, l'arbre magique, etc.)
- *Gigamic* et *Dujardin* sont deux sociétés qui œuvrent dans l'édition des jeux de société.

Quelques petites sociétés clôturent cette énumération. Ce sont :

- *Jenjura* et *Vilac* fabriquent entièrement en France des jouets de construction en Bois
- *Petitcollin* reste la dernière entreprise de fabrication de poupées en France.

Ces trois entreprises ont d'ailleurs entrepris depuis 2012 une collaboration rapprochée sous la houlette de la société *Vilac*, ceci afin d'affronter plus efficacement le marché français.

Quel avenir pour cette filière ?

Cet avenir, compte tenu de ce qui précède, nous paraît malheureusement assez problématique. Et c'est bien dommage, car, là encore, les grandes structures et les pays d'Asie du Sud-est, et principalement la Chine se taillent la part du lion, avec le gaspillage que cela comporte.

Peut-on endiguer ce phénomène ? Comme pour les autres filières précédemment examinées, il est possible de faire en sorte que nous exigions des importateurs qu'ils respectent l'environnement et l'arrêt de toute obsolescence programmée qui sévit sur cette filière comme sur toutes les autres.

L'adoption par nos entreprises de l'écolabel européen et la taxation des importateurs qui ne respectent pas ce label, assorti du respect des droits sociaux les plus élémentaires, nous paraît indispensable. Cela vaut pour l'ensemble de ces importateurs. Tout cela assorti d'une lutte sans merci contre la contrefaçon, très développée dans la filière *jouets*.

4.2.6. L'industrie du Bâtiment

Les matériaux de construction et d'isolation

Le ciment

- *Caractéristiques de la filière*

Selon l'étude INSEE relative à la production de ciments en France (statistiques datant de 2016), celle-ci est le deuxième producteur européen de ciment (17 %) après l'Allemagne (18 %) et loin devant l'Espagne. La production française (environ 2 G€) est très concentrée. Cette branche d'activité ne regroupe que douze entreprises et cinq d'entre elles réalisent 95 % de la production. Selon cette étude, la balance commerciale française est déficitaire de 81 M€.

Les importations (308 M€) proviennent en majorité de Belgique, d'Espagne et du Luxembourg. La France exporterait (227 M€) en Allemagne et aux États-Unis[1]. Compte tenu du niveau de production du ciment sur le sol national, il est permis de s'étonner d'une balance commerciale déficitaire générée par les importations de ciment. Environ 10 % du ciment consommé en France sont donc importés. Les cimentiers sont ainsi confrontés à l'introduction de ciment et de clinker, parfois importés de pays aux normes sociales et environnementales beaucoup moins contraignantes que celles appliquées en France. Les professionnels du secteur estiment, en effet, que l'empreinte *carbone* de certains ciments importés serait supérieure de 75 % à celle d'un ciment produit en France.

Quels sont donc les cinq principaux fabricants français de ciments et des produits dérivés du traitement du calcaire (ciments, clinkers, chaux hydrauliques, mortiers, bétons, granulats) ?

Il s'agit, pour quatre d'entre eux, de multinationales et de leurs filiales :

- Le groupe franco-suisse *Lafarge Holcim*, dont la fusion des deux sociétés Lafarge et Holcim s'est faite largement au détriment de la France, le

[1] Voir également l'article « Importation de ciments en France de 2011 à 2016 » publié par Statista le 1er août 2017.

groupe est présent sur quatre continents et emploie plus de 80 000 personnes.

- De stature plus modeste, la société *Vicat*, présente, elle aussi, sur quatre continents, emploie environ 8 000 personnes dans quinze usines, dont cinq situées en France.
- Les Ciments *Calcia*, société filiale du consortium allemand *Heidelberg Cement.*
- *Eqiom* (ancien Holcim France) est une filiale du groupe irlandais CRH et compte 3 cimenteries dans l'hexagone.
- La société *Imérys* Aluminate SA se distingue des précédentes entreprises par sa spécialisation en produits issus de l'aluminate de calcium (réfractaires, bétons techniques, ciments fondus, liants spéciaux, etc.).

▪ *Matériaux à base de ciment utilisés dans le bâtiment*

Le béton armé s'est avéré, à terme, d'une fragilité inquiétante. Un exemple récent : l'effondrement du viaduc de Gênes, assorti d'un bilan de 43 morts ! On a constaté que cette fragilité ne venait pas du béton lui-même, mais de l'insertion des structures en acier au carbone, matériau qui rouille et impacte de ce fait la durabilité de l'édifice. Cela se traduit par une durée de vie limitée et la nécessité de remplacer le matériau utilisé par des aciers inoxydables ou du bronze d'aluminium. Ce qui renchérit le coût de mise en œuvre.

Le parpaing est très employé dans le bâtiment, car il présente, à première vue, un certain nombre d'avantages :

- Son prix : le moins cher de tous les matériaux de construction à l'achat
- Sa bonne résistance au feu, parce qu'incombustible
- Son excellente résistance au gel
- Sa mise en œuvre facile
- Sa masse volumique relativement faible.

… Mais il présente également beaucoup d'inconvénients :

- Conçu à partir de ciment issu du calcaire et de l'argile chauffés à 1450 °C pour les transformer en clinker, il présente un bilan écologique désastreux
- L'énergie consommée lors des cinq phases de l'analyse du cycle de vie (extraction, fabrication, transport, mise en œuvre, recyclage) est estimée à 650 kWh/m3…
- C'est un mauvais isolant thermique, ce qui tempère l'avantage de son coût
- Il résiste mal à l'humidité et n'offre pas de régulation de celle-ci, d'où la nécessité d'installer une VMC (Ventilation Mécanique Contrôlée).

▪ *L'empreinte écologique de la filière*

L'omniprésence du béton sur nombre d'activités de la planète est source de dilemme pour le respect de l'environnement. En effet, tout d'abord, le béton est issu du ciment, dont la confection consomme énormément d'énergie pour le traitement du calcaire dont il est issu. Il libère une quantité importante de gaz à effet de serre, en particulier du dioxyde de carbone. Au sein du secteur industriel, le ciment génère 23 % des émissions de CO2. Ajoutons à cela l'adjonction de sable, de graviers et d'eau, ressources non renouvelables pour la mise en œuvre du béton lui-même[1]. Effectivement, seul, le sable marin, soit 5 % du sable présent sur la terre, est compatible à la création du béton. Or, en France, la demande actuelle de sable s'élève à 400 millions de tonnes par an, dont la majeure partie est destinée au secteur de la construction. On estime à 200 tonnes de sable la quantité nécessaire à l'élaboration d'une maison. Et pour un kilomètre d'autoroute, c'est de 30 000 tonnes qu'il s'agit ! Or, 60 % des constructions actuelles sont en béton, composé de 2/3 de sable.

On notera que le sable est également utilisé par l'industrie pétrolière pour rendre plus efficace le processus de fracturation hydraulique, utilisé principalement aux États-Unis.

Autres usages : la fabrication du verre, des panneaux solaires et des puces informatiques. *Cette utilisation intensive va inéluctablement nous conduire à la disparition des plages d'ici la fin de ce siècle*[2].

Avec l'obligation, au niveau mondial, de remplacer le béton par d'autres matériaux à impact non polluant et faisant appel à des ressources renouvelables. Ceci malgré la louable volonté des fabricants de ciment de diminuer les rejets de CO2 dans l'atmosphère, rejets dus à son élaboration.

La brique

- *La brique en terre cuite :*

Elle est constituée d'argile, mélange de plusieurs matières dans des proportions variables (alumine, oxyde de fer, oxyde de titane, chaux). On y ajoute parfois des dégraissants pour faciliter le façonnage (sable, argile cuite broyée, etc.). Différents types d'argile peuvent être employés (argile verte et argile rouge), mélangés selon certaines proportions.

Son élaboration se pratique de la manière suivante :

- *Broyage et malaxage* pour homogénéiser le mélange argileux et de lui conférer la plasticité nécessaire au moulage,
- *Extrusion* dans des filières de forme, découpe et pressage,
- *Séchage* dans un séchoir traditionnel ou moderne type Anjou (durée entre vingt et cinquante heures),
- *Cuisson* à 900 °C pour une durée de 20 à 50 heures environ,
- *Finition* : rectification des bords jointifs.

---

[1] Voir article édité par Science Post « Le béton, ce désastre écologique » par Yohan Demeure, rédacteur scientifique. Réf. Internet https://sciencepost.fr.

[2] « La pénurie de sable, c'est pour bientôt » article publié le 28 novembre 2018 et mis à jour le 23 avril 2020 par Natura Sciences réf internet https://natura-sciences.com.

Voir également « le sable, une ressource vouée à disparaître » par Sciences post publié le 12 septembre 2017 réf https://sciencepost.fr/sable-ressource-vouee-a-disparaître.

Différents types de briques sont utilisés :

La brique alvéolée dite « monomur ». Elle offre la plus grande performance en matière d'isolation, ceci grâce à sa structure assez épaisse et par la présence des alvéoles emplies d'air qui vont bloquer la chaleur et le son. Ce modèle de brique est un excellent choix pour les murs porteurs. Il peut être utilisé dans les maisons individuelles et dans les habitats collectifs jusqu'à sept étages.

La brique de cloison. Il s'agit d'une brique creuse utilisée pour la réalisation de cloisons à l'intérieur du bâtiment. Elle sert principalement de doublage des murs de séparation entre les différentes pièces. Notons en outre qu'elle a une bonne résistance à l'humidité.

La brique de parement. Elle est destinée au revêtement de façade.

La principale innovation est la *brique dite « à joint mince »*, pour laquelle on admet des tolérances de l'ordre du millimètre, ce qui permet de les monter très facilement et d'effectuer l'assemblage avec un simple joint de colle spéciale.

La brique a longtemps perdu de son succès avec le pouvoir attractif du parpaing. Néanmoins, elle a dernièrement bénéficié d'un retour en grâce et se devrait, malgré son coût, d'être davantage utilisée en France dans la construction de maisons individuelles et d'immeubles de taille moyenne, notamment en raison des faiblesses de son concurrent direct.

Ses atouts sont nombreux :

- Elle est plus solide que le parpaing et offre une grande résistance aux efforts de tous types
- Elle présente, grâce à l'usage de briques de parement, une certaine esthétique, sans l'obligation de recourir à la pose d'un enduit de façade
- Elle offre une bonne régulation de l'humidité et résiste très bien au feu
- Sa mise en œuvre est facile
- Elle demeure un matériau écologique et s'avère moins polluante à produire que le parpaing, même si son énergie grise est de 800 kWh/m3[1] (à cause de l'énergie nécessaire à la cuisson)
- Ses éléments constitutifs font partie des ressources renouvelables
- Sa masse volumique est supérieure à celle du parpaing, avec près de 2050 kg/m3
- La brique est un matériau de construction naturellement très isolant

Pour autant, si le bilan de la brique révèle ses nombreux avantages, elle possède néanmoins un inconvénient de taille qui maintient l'usage du parpaing en France malgré les inconvénients de ce dernier.

En effet, elle est 2 à 4 fois plus chère que le parpaing du fait de sa mise en œuvre qui nécessite une dépense importante d'énergie. On parle ici du coût du

[1] L'énergie grise d'un produit correspond au cumul de l'énergie dépensée durant l'accomplissement des cinq phases de l'ACV (Analyse du Cycle de Vie) d'un produit. Elle s'exprime généralement en kWh/m^3.

matériau brut, car, comme il a été dit précédemment, l'usage du parpaing nécessite une isolation beaucoup plus poussée, ce qui réduit notablement l'écart de prix.

- *Une variante de la terre cuite : la brique en terre crue*

Elle est composée de terre crue, argileuse de préférence, avec des adjonctions de fibre de paille et de lin. Elle est peu résistante aux injures du temps et craint particulièrement l'humidité. Une variante de ce type de matériau est la brique de terre comprimée *BTC*, composée de terre tamisée légèrement humide et fortement comprimée à l'aide d'une presse. Cette compression permet de l'imperméabiliser en partie et d'augmenter sa résistance, complétée par l'ajout d'additifs (10 % en volume à base de chaux). Pour un usage en extérieur, il est indispensable d'obtenir une bonne protection du ravinement par la pluie. Ceci grâce à l'usage d'un enduit approprié à base de chaux et de sable (mortier de chaux) et une bonne avancée de toiture afin d'éviter le ruissellement. Si ces prescriptions sont respectées, l'usage de ces briques présente de nombreux avantages : des qualités identiques à celles recensées pour la brique cuite. Et, de surcroît, un bilan carbone très favorable, avec une dépense d'énergie bien moindre et pas d'impact polluant du fait que la phase de séchage et la cuisson au four sont éliminées.

De ce fait, les BTC peuvent sans inconvénient être utilisées comme murs porteurs, cloisons et voûtes pour le bâti de pavillons individuels et des constructions comportant deux étages au maximum.

- *Caractéristiques de la filière*

D'après l'INSEE[1], la production de briques, tuiles et autres produits de construction en terre cuite s'élevait en 2023 à 1 300 M€. Cette production est répartie sur 63 entreprises dénommées *unités égales* (à noter que d'autres sources parlent de 160 entreprises implantées en France). Ces entreprises emploient près de 5 000 salariés et sont implantées pour plus de 50 % d'entre elles dans trois régions : Occitanie, Nouvelle-Aquitaine et Auvergne Rhône-Alpes.

La France est le 2e producteur européen (15 %) après l'Allemagne (23 %). La production française de tuiles est trois fois plus élevée que celle de briques, contrairement à l'Allemagne. Ce qui tend à prouver que la brique cuite n'a pas conquis ses lettres de noblesse par rapport au parpaing, en particulier dans la construction des habitations individuelles. Même remarque vis-à-vis d'autres produits annexes (hourdis, tuyaux, conduits et gouttières). La balance commerciale pour les produits de terre cuite est faiblement excédentaire.

Comment se répartit la production de produits en terre cuite dans le territoire ?

---

[1] Voir étude publiée par l'INSEE et intitulée « La France, deuxième producteur européen de briques et de tuiles. »

Seules, à ma connaissance, quelques sociétés avoisinent le seuil des 300 M€ :

- La multinationale *Terreal*, qui dispose de 33 sites industriels dans le monde, dont 16 en France. Terreal est né de la fusion de trois importants tuiliers/briquetiers français (Lambert, TBF et Guiraud),
- Le groupe *Bouyer Leroux*. Il emploie actuellement 1 500 personnes réparties sur 26 sites industriels et a acquis deux acteurs majeurs.
- Le groupe *Maine*, avec ses deux filières (conception/fabrication profilés thermoplastiques à usages multiples [1] et fabrication/négoce d'articles du bâtiment en aluminium et PVC) et le groupe *Panaget*[2], leader sur le marché français du parquet. L'entreprise a été reprise en 2009 par une équipe de 5 cadres et 14 salariés et a consolidé son développement. Elle dispose de deux sites de production en Bretagne et d'une filiale commerciale aux USA.
- La société *Edilians* est un fabricant exclusif de tuiles et emploie plus de 1 000 personnes dans 15 usines de fabrication situées sur le territoire français. La société a développé une activité écologique de fabrication de tuiles *solaires* à fonction photovoltaïque.

Viennent ensuite nombre de briqueteries de plus petite taille et dont le chiffre d'affaires, en production pure, est inférieur à 10 M€ : La société *Rairies Montrieux*, la *Briqueterie du Nord*, les briqueteries *Chinot et Lamour*, la briqueterie *De Wulf*, la briqueterie *Barthe* qui développe une gamme 100 % écologique de briques crues chanvrées et de briques compressées type BTC, les briqueteries *Bouisset* et *Lagrive.*

Compte tenu de notre constat, il s'avère que la majeure partie de la fabrication des briques en terre cuite reste concentrée dans les mains de quelques ETI (dont deux multinationales). Le reste de la production est l'apanage de PMI (voire TPI) garantes de qualité, et gardiennes d'un savoir-faire ancestral. Certaines rencontrent des difficultés de trésorerie. D'autres témoignent apparemment d'une bonne santé financière. Toutes ces entreprises devraient pouvoir se développer dans le cadre d'une orientation de la construction vers l'écoconception.

---

[1] Industrie qui, soit dit en passant, n'est guère compatible avec une mise en œuvre de la transition écologique.

[2] Joseph Panaget, fondateur de la parqueterie Panaget Herfray, a été à la tête de cette entreprise familiale jusque dans les années 1970.

Au début des années 1990, l'entreprise connaît des difficultés économiques qui entraînent des restructurations avant de déboucher sur un dépôt de bilan en 1994.

Reprise en 1995 par le groupe allemand MDB AG qui investit 12 M€ afin de moderniser l'unité de production, l'entreprise connaît un regain de croissance au cours de la décennie suivante. Ainsi, en 2005, une nouvelle usine ouvre à Redon.

En 2009, le groupe MDB AG, ayant décidé de se désengager, une équipe constituée de 5 cadres et de 14 salariés se porte acquéreur de l'entreprise. Avec une production annuelle de plus de 1 million de m² de parquets, l'entreprise Panaget et ses 180 salariés, fières de leur fabrication 100 % française de parquet en bois véritable, continue de se développer et sont toujours l'un des plus importants fabricants de parquet français.

Cette progression semble se confirmer. Selon la Fédération Française des Tuiles et Briques (FFTB) qui se base sur les chiffres de l'institut d'études BatiEtude, la brique terre cuite est devenue le premier matériau utilisé dans la construction de logements. Il est fait état d'une croissance de plus de 70 % en 15 ans avec une part de marché de 37 %. Une maison individuelle (isolée ou groupée) sur deux (soit 50 %) serait construite en brique cuite. Et cette proportion atteindrait 24 % dans la construction de logements collectifs.

Par contre, il n'existe aucune statistique concernant la brique en terre crue et c'est un peu dommage, car il ne faut pas oublier son bilan écologique non négligeable.

- *Les projections dans l'avenir*

L'objectif de la transition écologique est de réduire le plus possible l'emploi du béton dans la construction, ce qui est loin d'être encore le cas.

En effet, un article émanant du site *Batiweb*[1] et relatif aux matériaux de construction fait état des statistiques suivantes pour 2018 :

- Production de béton bâtiment : 14 M tonnes,
- Production de tuiles : 2,1 M tonnes,
- Production de briques : 1,8 M tonnes

Or, il s'avère qu'un des défauts de la filière *terre*, comme beaucoup d'autres d'ailleurs, réside à la fois dans une concentration de la production en un nombre réduit des principaux opérateurs (avec le risque toujours présent d'une reprise par des capitaux étrangers) et dans l'éparpillement d'une multitude de PMI, de structure quasiment artisanale. Là encore, comme évoqué précédemment, on peut préconiser la création de pôles d'excellence avec la mise en commun de l'outil de vente et de promotion commerciale et l'intégration dans ce pôle d'excellence. Cela passe aussi par des mesures gouvernementales de promotion de la filière auprès des prescripteurs (promoteurs, architectes, etc.).

Ils peuvent être autant de facilitateurs du choix de la brique au détriment du parpaing et du béton encore trop souvent préféré. Tout cela assorti d'incitations fiscales auprès de la clientèle afin de favoriser l'adoption de cette filière.

Le bois

- *Quelles sont les caractéristiques de la forêt française ?*[2]

  - *Taux de boisement* : 30 % du territoire, soit 17 M ha, dont 60 % de feuillus, 20 % de résineux et 10 % de zones mixtes
  - *Répartition de la propriété* : 75 % de la propriété des forêts appartient à près de trois millions de propriétaires forestiers. Le morcellement des forêts françaises privées de 1 à 25 hectares rend très difficile leur

---

[1] « Matériaux de construction : un rebond, mais jusqu'à quand ? » par Claire Lemonier, article publié le 8 janvier 2021 sur le site internet http://batiweb.com.

[2] Statistiques recueillies auprès de la FNB (Fédération Nationale du Bois) en 2016

exploitation. Ces propriétés représentent 5 M ha et concernent un million de propriétaires. De manière générale, ils ne prennent pas suffisamment en compte la gestion de leurs parcelles et sont donc à l'origine d'un déficit d'exploitation de ces parcelles. Le reste, soit 25 %, est géré directement par L'ONF (Office National des Forêts) pour la mise en valeur économique et environnementale. Leur propriété se partage entre les communes (15 % de forêts *publiques*) et l'état (10 % de forêts *domaniales*).

- *Le stock de bois* sur pied est estimé à 2,6 G m^3, soit 166 m^3/ha.
- *La récolte de bois* ; ce point fait l'objet de différentes statistiques et il est parfois difficile de s'y retrouver. Nous disposons à la fois des chiffres présentés par Agreste primeur, qui prend en compte la récolte totale de bois, soit un total de 55,8 Mm^3[1] et de la statistique émanant de la FNB (Fédération Nationale du Bois), qui ne prend en compte que la récolte de bois commercialisé, soit un total de 38,9 M m^3[2]. Ce total se partage entre 12 Mm^3, soit 31 % du total, issus de l'exploitation des forêts publiques et 27 Mm^3 provenant des forêts privées. Une troisième statistique vient compléter le tableau. Il s'agit du total de bois géré par l'ONF, bois qui provient de la propriété publique, soit un total de 15 M m^3[3].

On constate que la forêt publique ne recouvre que 25 % du total de la surface totale forestière, ce qui met en évidence le déficit d'exploitation des forêts privées qui rencontrent des difficultés à s'insérer dans la filière bois.

Le tableau ci-joint résume ces statistiques d'exploitation de la forêt.

Statistiques concernant la récolte de bois							
Nature	**Récolte Totale**	**Récolte Commercialisée**	**Bois d'œuvre**	**Construction**	**Ameublement**	**Industrie**	**Énergie**
Agreste primeur	55,8 Mm^3	38,9 mm^3	20 mm^3	X	X	10,3 Mm^3	25,5 Mm^3
FNB	X	38,9 mm^3	20 mm^3	X	X	10,3 Mm^3	8,6 Mm^3
ONF	X	15 mm^3	7 mm^3	4 mm^3	3 mm^3	4 mm^3	4 mm^3

1 Agreste primeur n° 360 décembre 2019

2 FNB : chiffres clés https://www.fnbois.com/foret-et-mobilisation-du-bois/chiffres-cles.

3 Voir « Acheter du bois grâce à l'ONF : un gage d'expertise et de qualité » https://www.onf.fr/produits-services

On distingue *différentes catégories de bois*, classifiées en fonction de leur utilisation :

- *Le bois d'œuvre* : c'est la partie la plus noble et, dirons-nous, essentielle de l'usage du bois, puisque réservée à la construction (industrie du bâtiment) et à l'ameublement. Ce bois d'œuvre est constitué à 70 % de résineux et 30 % de feuillus. Ce sont des grumes, extraites de troncs d'arbres abattus et dépouillés qui sont transportées vers les scieries pour être débitées en plots (planches et madriers ou bastaings de profil rectangulaire).
- *Le bois d'industrie* comporte des parties d'arbres considérées non récupérables (cimes, branches, éléments détériorés ou mal conformés). Ces éléments sont destinés à la fabrication de pâte à papier ou sont utilisés après broyage pour la confection de panneaux de particules. Ce type de déchet comporte 60 % de résineux et 40 % de feuillus.
- *Le bois d'énergie* est destiné à la production d'énergie à usage domestique sous forme de chaleur et aussi, de manière massive à usage purement industriel, pour la production d'électricité, à partir de centrales thermiques de plus en plus conséquentes[1]. Il peut être issu des forêts, de la taille de bocages ou d'arbustes paysagés, etc. Il est commercialisé sous différents aspects :
- *La bûche*, destinée au feu de cheminée surtout à usage des particuliers et qui provient, en partie seulement, de la récolte de bois commercialisée,
- *La plaquette forestière*, issue du broyage de ce qu'on appelle les rémanents d'une exploitation forestière issue des restes de branches ou de troncs mal conformés.
- *Les produits issus du compactage de sciures ou copeaux de bois non traités* (granulés de bois et bûches de bois densifié sous haute pression)

▪ *Situation de la France face au marché international*

Elle est loin d'être brillante.

Agreste Synthèses conjoncturelles expose, dans son n° de mai 2024, les statistiques du commerce extérieur pour 2023[2]. Le déficit commercial, en hausse continue depuis 2010, se situe à 8,5 G€ en 2023. Ce solde commercial s'interprète de la manière suivante : les importations se montent à 19,3 G€, alors que les exportations ne dépassent pas 10,8 G€.

---

[1] « Le développement des centrales biomasse, un remède "pire que le mal" face au réchauffement climatique » de Pierre Isnard-Dupuy 28 septembre 2018 (Basta). Mis à jour le 4 octobre 2018. Réf : Observatoire des multinationales : social, écologique, politique https://multinationales.org. Voir également l'article « L'ONF encourage la biomasse industrielle au détriment des forêts et du climat » par Pierre Isnard-Dupuy Reporterre le 9 mai 2018 et mis à jour le 12 juin 2018 https://reporterre.net.

[2] Voir article publié dans la revue Agreste— infos rapides paru en avril 2018

Les principaux produits importés concernent les industries du bois : meubles et sièges en bois, pâtes, papiers et cartons, panneaux et placages, etc., soit 17,2 G€, et les produits d'exploitation forestière et de scierie (bois d'œuvre et de trituration, sciages de conifères et de feuillus), soit 1,6 G€.

Les pays importateurs sont, par ordre d'importance, l'Allemagne, l'Italie, la Chine et l'Autriche.

Ces statistiques, brutes de décoffrage, appellent les remarques suivantes :

- Une bonne partie du déficit extérieur (40 %) réside dans la gestion de la filière *meuble*, meubles qui sont principalement importés d'Italie (18 %), de Chine (17 %) et d'Allemagne (15 %)[1]. Cette situation, ainsi que les pistes d'amélioration ont déjà été évoquées précédemment,
- Le poste *pâte, carton et papier* (10,3 G€), dominé les cartons et papiers (environ 38 %) est également une cause de déficit important. Ceci peut paraître absurde ! Pourquoi importer du Brésil et exporter en même temps en Europe des produits pratiquement similaires ? Et pourquoi ce déficit, sinon un mauvais fonctionnement de notre recyclage ?
- Le chapitre *produits d'exploitation forestière* paraît relativement accessoire par rapport au reste (5 % du déficit extérieur et seulement 7 % du total importé et exporté). Mais ces chiffres cachent une autre réalité, car il faut raisonner en volume de bois et non en valeur. Il s'agit principalement de grumes et éventuellement de sciages qui sont des produits bruts ou semi-bruts et qui ne possèdent pas de valeur ajoutée de transformation.

Côté exportation, il est important de noter le comportement de la France en position d'exportateur préférentiel face à la Chine et aux États-Unis.

Cela crée actuellement dans notre pays une pénurie de la matière première *bois* préjudiciable aux transformateurs.

En Chine, il s'agit du chêne dont ce pays est très friand. Il est indéniable que les importations chinoises de cette essence en provenance de la France ont connu une progression spectaculaire depuis 2010. Beaucoup de chiffres circulent.

Certaines informations avancent des volumes de 40 à 80 % de la récolte annuelle, chiffres contestés par la SEFB (Syndicat des Exploitants de la Filière Bois) ! Pour d'autres, il s'agit de 500 000 m³ exportés par an (dont la moitié pour la Chine et l'autre moitié pour des acheteurs européens), ce qui représente près du tiers de la totalité de la production.

Où se situe le curseur ? Il n'empêche que ce phénomène crée une pénurie tout au long de la chaîne de valeur, de la scierie au fabricant de produits en bois

---

[1] Il est d'ailleurs possible que l'Allemagne et l'Italie, censés être des importateurs, ne soient que des pays de transits de l'importation chinoise en France. Même remarque en ce qui concerne l'exportation de chêne vers des pays européens. Là, encore, il paraît possible de parler d'un simple transit vers la Chine.

(bâtiment gros et second œuvre, mobilier, etc.). À titre indicatif, sachons qu'en 2020, une maison sur dix est construite en bois, mais pas en bois français ! Pourquoi ?

Côté États-Unis, il s'agit d'exportations de résineux pour lesquelles je ne dispose d'aucune statistique récente, mais la nuisance produite dans la gestion de la filière est la même.

Comment réagissent les pouvoirs publics devant cette dégradation de la filière ? Bien tardivement, si j'en crois les informations en ma possession ! Il faut se souvenir que 75 % des forêts appartiennent à des propriétaires privés, qui sont censés ne rendre compte à personne de la gestion de leurs biens personnels. C'est là où le bât blesse, si l'on considère que la forêt est aussi un *bien commun qui interfère largement dans nos objectifs de lutte contre la dégradation du climat et de la biodiversité.*

Ajoutons à cela la gestion de la filière bois qui est, si je ne m'abuse, *du domaine public.* Il est donc nécessaire que les acteurs privés comprennent qu'ils ne disposent que de l'*usufruit* des biens dont ils assurent la gestion. Je pense que l'on soulève dans ces quelques lignes un problème fondamental qui interfère lourdement sur la gestion de cette filière et qu'il faut aboutir à des solutions de manière urgente.

Un dernier aspect : les importations frauduleuses de bois, en provenance le plus souvent d'Afrique et d'Amérique latine et de pays à risque, comme la Russie ou la Chine.

En effet, selon l'association Greenpeace, *l'exploitation forestière illégale représente entre 15 et 30 % du bois commercialisé dans le monde* et sa valeur est estimée à près de 10 G€. Ce bois illégal participe en outre au processus de déforestation à l'échelle mondiale. Cela qui engendre des conséquences importantes en termes de destruction de la biodiversité, dont *20 % des émissions mondiales de gaz à effet de serre.* L'Union européenne est le principal importateur de bois illégal et la France la porte d'entrée préférentielle du bois tropical issu de pays à risque comme le Brésil et la République *démocratique* du Congo. Elle se classait en 2016 en première position avec 23 % de la consommation de bois tropicaux de l'Union européenne. Ce bois illégal transite par les ports de Caen, Nantes, La Rochelle et Le Havre.

Quels sont les obstacles mis en place pour tenter de contrer ce commerce illégal ? À l'origine, deux certifications :

- La certification FSC® (Forest Stewardship Council®) présente dans 89 pays au niveau mondial, couvrant tous les types de forêts. Elle a été mise en place en 1994.
- La certification PEFC (Programme for the Endorsement of Forest Certification) organisation internationale présente dans 53 pays à travers le monde, créée en 1999 et adoptée en France par plus de 70 000 propriétaires forestiers.

Face à un constat relatif d'échec concernant la gestion des bois exotiques, l'UE a mis en place en 2003 le plan FLEGT (Forest Law Enforcement Governance and Trade). Ce plan propose un ensemble de mesures, dont des accords de partenariats volontaires (APV) avec les pays producteurs de produits ligneux visant à accroître la capacité des pays en voie de développement et à contrôler l'exploitation illégale de leurs forêts. Les licences FLEGT ne sont octroyées qu'après ratification de l'APV et seul le bois certifié FLEGT peut être exporté par le pays partenaire vers le marché européen. En outre, ce plan d'action s'est traduit par l'adoption, en 2013, du RBUE (Règlement sur le Bois de l'Union européenne).

Il instaure le *délit de mise sur le marché de bois illégal* et définit les obligations incombant aux importateurs en matière de traçabilité et de réduction des risques.

Or, il ne suffit pas de créer une réglementation. Encore faut-il se donner les moyens de l'appliquer ! C'est pour ces raisons que l'association Greenpeace a créé la brigade de vérification du bois (BVB)[1].

Elle est chargée de dénoncer l'importation de bois illégal et de suppléer l'inaction de l'administration française dans ce domaine. En effet, le gouvernement doit former des agents en nombre suffisant pour contrôler la mise en œuvre de la RBUE en France. Ce qui n'est malheureusement pas fait.

- *Quelques considérations complémentaires sur la gestion de la forêt française*

Des cris d'alarme fusent de toutes parts : « Laissez-leur le temps de pousser ! », « La forêt est en danger » ! Qu'en est-il réellement ? Et tout d'abord, de quoi parle-t-on ? Un rappel : seule 25 % de la forêt française est d'obédience publique, donc gérée par l'ONF. Le reste appartient à des propriétaires privés.

- *Quelles sont les raisons d'être de la forêt ?*

En priorité, c'est *un des piliers de la survie de notre environnement* et un des facteurs de son équilibre qui contribue au maintien de la biodiversité. Et force nous est de constater que cet impératif n'est pas satisfait. Un peu d'histoire…

L'Administration des eaux et forêts, organisme d'état, était responsable en tant que telle de la gestion et du maintien en état de la forêt publique. Or, un décret consécutif à une loi votée le 23 décembre 1964 a promulgué la création de *l'Office National des Forêts* (ONF) sous *statut d'établissement public industriel et commercial.* C'était déjà à l'époque la porte ouverte à une future privatisation, dans la mesure où cet ONF était amené à s'autofinancer. C'est devenu le cas avec l'élaboration en 2019 d'un rapport appelé « Contrat d'objectifs et de performances » (COB[2]) qui propose des pistes d'évolution. Les observations

---

[1] Se référer au dossier constitué par l'association Greenpeace « La France, passoire à bois illégal » http://act.gp/traficbois

[2] Se référer à l'article « les forêts françaises sous la menace d'une privatisation rampante » par Laurent Mauduit (26 février 2020 — Médiapart)

mises en évidence par ce rapport sont que les recettes recueillies ne permettent pas de compenser les charges, du fait en particulier de la variation des prix du bois. D'où la nécessité d'introduire une forte austérité dans la gestion de l'Office et la mise en place de critères de rentabilité. Politique qui se traduit, entre autres, par une réduction drastique des effectifs (de 20 000 postes en 1966 à moins de 8 000 à l'heure actuelle). D'où également un accroissement des rythmes de travail conjugué avec un abaissement des revenus et une mise en concurrence avec le secteur privé, en particulier pour assurer le défrichement et le repeuplement des forêts.

Ce même rapport envisage à terme l'éventualité d'une transformation de l'ONF en société anonyme et la modification du code forestier, ce qui serait la négation du concept de gestion durable d'un bien commun *qui appartient en priorité aux citoyens*. Toute cette évolution conduit en fait à l'impossibilité pour les salariés *gardes forestiers* d'accomplir dans des conditions décentes les missions d'intérêt public dévolues à l'ONF et cependant largement identifiées dans le rapport. Les conséquences de ce qu'on peut appeler une privatisation rampante sont purement et simplement catastrophiques. La forêt devient une usine à fabriquer du bois, avec une course échevelée au rendement à tout prix.

Conséquences : la multiplication de ce que l'on appelle « coupes rases » ou « coupes blanches » qui laissent le sol à nu sous l'emprise du soleil et provoquent à terme sa destruction pure et simple. Ce qui conduit à la pratique généralisée de la monoculture, en particulier de la plantation d'une seule espèce de conifères, dont l'épicéa. Cela accentue la fragilité et la moindre résistance aux dégâts occasionnés par les ravageurs (le scolyte), fragilité accentuée par les effets du changement climatique.

Il s'agit du fameux plan d'*un milliard d'arbres* lancé à grand fracas par le président de la République.

Quid du devenir de la mission d'intérêt général (MIG) de défense de forêts contre l'incendie (DFCI) ? Mission dont les travaux doivent être réalisés par des ouvriers spécialisés. Ces travaux requièrent une haute technicité, en particulier dans la surveillance des massifs, l'alerte, l'information du public et la détection sur feux naissants. Or, il s'avère qu'il est fortement question de les faire réaliser pour des motifs bassement économiques par des personnels non spécialisés, voire de la sous-traitance.

L'alerte en ce sens a été donnée par deux préfets, Christophe Mirmand (région PACA) et Evence Richard (département du Var), transmis aux ministres de l'Agriculture en poste à l'époque et sans réponse de leur part.[1]

En second lieu, *la fourniture du bois destiné à divers usages* avec pour impératifs la nécessité d'un emploi au degré optimal de valeur.

Et là, réexaminons les statistiques qui nous sont fournies par trois sources différentes et tentons de quantifier de la manière la plus exacte possible les trois

---

[1] Référence faite à l'article « Feux de forêts : le réquisitoire accablant de deux préfets » par Laurent Mauduit (Médiapart) 10 septembre 2022

types d'usage de l'ensemble des coupes de bois effectuées dans les forêts : L'*ONF* pour la forêt *publique*, la *FNB* pour la récolte dite commercialisée et *Agreste Primeurs* pour la récolte totale de bois.

L'*ONF* fait état d'un total d'exploitation de 15 Mm^3. Là-dessus, nous disposons de 7 Mm^3 en bois d'œuvre, partie noble de la recette, soit 46 % du total, ce qui peut apparaître comme un rendement relativement médiocre. Le reste se répartit entre deux utilisations : *le bois d'industrie* (4 mm^3), soit 26 % de la récolte totale, ce qui, à mon sens du moins, me paraît élevé et peut résulter d'une conséquence de la détérioration des massifs forestiers et *le bois d'énergie* (4 mm^3), dont l'usage est en plein essor et qui devrait concerner principalement les feuillus, les essences préférentielles étant le charme, le chêne et le hêtre. Cet emploi sujet à caution (et largement encouragé par le *Syndicat des Énergies Renouvelables)* peut être accusé, tout du moins dans sa version industrielle, de pollution par rejet de particules fines. Là aussi, on peut soupçonner un usage abusif de bois d'énergie au détriment de la production de bois d'œuvre, dont le déficit se fait cruellement sentir actuellement.

L'analyse des statistiques publiées par la *FNB* (Fédération Nationale du Bois) qui prend en compte la totalité de la récolte commercialisée, donc l'ensemble des forêts privées, confirme le précédent constat, avec des pourcentages sensiblement identiques à ceux publiés par l'ONF.

Agreste primeurs, service statistique du ministère de l'Agriculture, prend en considération la récolte totale et fournit des chiffres encore plus significatifs dans la mesure où l'on ajoute dans la consommation du bois énergie le *bois autoconsommé* qui se situe hors du circuit de commercialisation. Il est permis de se poser des questions sur *la provenance exacte et la nature des éléments qu'elle englobe*, car il s'agit de quantités non négligeables. Et qu'à ma connaissance, aucun document n'en fait mention.

- *Quelques pistes d'amélioration*

Remettre en cause le fonctionnement de l'ONF… Car, quoi qu'en dise le ministre de l'Agriculture, les faits sont là. Je fais référence au COB (Contrat d'Objectifs et de Performances) cité précédemment et dont les objectifs et les préconisations n'ont pas été remis en cause par le ministère ! Il est indispensable d'arrêter ce que l'on a nommé la *privatisation rampante* et remettre l'état dans le circuit du financement et des attributions de l'ONF.

Faire cesser les exportations abusives : Il s'agit de l'exportation complètement débridée d'espèces stratégiques (chêne et pin Douglas), le premier vers la Chine, le second vers les États-Unis. À titre d'information et concernant l'année 2021, les statistiques de production et de vente du chêne français sont les suivantes : récolte : 1,9 Mm3, exportation hors UE : 600 km3, besoins français : 1,7 Mm3. Il manque donc 400 km3 à l'appel ! Et il s'agit vraisemblablement d'un minimum.

Or, il existe depuis 2015 un label certifiant appelé Label Transformation UE et dont l'objectif est de sécuriser les approvisionnements des entreprises françaises de transformation du chêne. L'APCEF (Association Pour l'Emploi des Chênes et de Feuillus) fait partie intégrante de la FNB et assure la promotion de ce label. Les forestiers adhérents de cette association sont dans l'obligation de ne vendre qu'à des acquéreurs qui s'engagent à assurer la transformation des lots achetés uniquement sur des territoires de l'UE. Ce qui serait susceptible de tarir les exportations vers la Chine qui sont l'apanage de traders qui pratiquent à outrance la surenchère et privent le marché français de ses besoins en matières premières. Actuellement, l'ONF a souscrit à un respect de ce label.

Ce n'est pas le cas pour le secteur privé, dont bon nombre de propriétaires ont adhéré à la SEFB (Syndicat des Exploitants de la Filière Bois), qui milite contre l'utilisation de ce label. Il nous paraît donc nécessaire d'inciter fortement les propriétaires privés à le respecter, par exemple et si nécessaire, par une contrainte fiscale.

Réorganiser la chaîne d'approvisionnement et de production. La Cour des comptes dans son rapport d'avril 2020, constate qu'en raison d'un manque avéré de coordination au sein de la filière bois, la forêt demeure incomplètement exploitée. Cette coordination entre les organisations interprofessionnelles de l'amont et de l'aval lui semble insuffisante. La filière bois ne mène aucune action collective au niveau européen.

Une des conséquences s'inscrit dans un déficit d'industrialisation des outils de la filière bois. Ce constat vaut pour les scieries et les équipements de transformation du bois. Le nombre de scieries a été divisé par dix entre 1960 et aujourd'hui.

En outre, à l'exception de deux unités importantes[1], nos scieries sont de petites entreprises familiales qui ne disposent pas des capitaux nécessaires et suffisants pour investir, d'où une capacité de sciage notoirement insuffisante. Avec une surface forestière inférieure de 45 % à la France, l'Allemagne dispose d'une capacité de sciage plus de deux fois supérieure.

À signaler également des équipements de sciage et de transformation adaptés pour la plupart au sciage de résineux et non aux feuillus, d'où une cause supplémentaire d'improductivité[2]. Ces observations en appellent une autre : la carence de la filière de nos équipements de production, qu'il s'agisse de la filière bois ou d'autres filières où, depuis des lustres, le monopole de ces fabrications appartient à d'autres puissances européennes (Allemagne, Autriche, Italie, Suisse) et mondiales (Japon, Chine).

---

[1] Il s'agit du groupe SIAT, qui propose des produits intermédiaires de toutes sortes (charpente, couverture, ossatures, emballage, coffrages, etc.) et des Scieries de l'atlantique. Ces deux sociétés développent un chiffre d'affaires supérieur à 100 M€

[2] Développement extrait de l'article « Etat des lieux économique et stratégique de la filière bois » par Auguste Montané de la Roque (Diatopes, 26 octobre 2021 https://diatopes.fr/2021/10/26/etat-des-lieux-economique-et-strategique-de-la-filiere-bois/

Or, du fait des problèmes engendrés par la sécheresse et la prolifération des parasites (dont les scolytes qui s'attaquent à l'épicéa), les trois quarts du plan de relance consacrés à la filière ont été utilisés pour la plantation de 50 millions d'arbres. Le reste a été destiné à la modernisation du secteur et notamment des scieries. Ce qui signifie que l'effort de mise à niveau des équipements de scierie et de deuxième transformation du bois, à comparer aux entreprises allemandes et scandinaves, est encore dans le devenir.

Autre carence non négligeable : la pratique d'un approvisionnement au coup par coup matérialisé par le système de vente sur pied, dans laquelle le client achète les arbres qu'il fait lui-même couper et qui induit une certaine opacité dans la transaction générée par ce type de vente.

La solution à développer dans le cadre des échanges commerciaux entre le forestier propriétaire et l'acheteur, qui peut être représenté par le scieur, consiste à négocier des plans d'approvisionnement annuels ou pluriannuels, comme le font la plupart des services Achats des entreprises industrielles de toute nature. C'est la solution proposée par l'Union de la coopération forestière française (UCFF), qui gère 17 coopératives et 113 000 producteurs.

Un système présenté comme *gagnant-gagnant* pour l'ensemble des acteurs de la filière et qui permet de sécuriser les transactions dans la mesure où sont négociés les quantités, la qualité et les prix sur le long terme. Ce qui évite la pratique du trading et le cortège de désagréments qui en résultent.

Dernière remarque : il est vrai que les forêts privées, et, en particulier, les petits domaines de 5 à 25 hectares concernant un million de propriétaires, échappent à une exploitation correcte d'autant plus que le morcellement de ces forêts rend très difficile leur exploitation.

Des propositions ont été soulevées dans le cadre du PNFB (Programme National de la Forêt et du Bois). L'enjeu à horizon de 10 ans est un accroissement de récolte annuelle commercialisée de 5 millions de m3 rien qu'en forêt privée de moins de 25 ha. Affaire à suivre !

Les filières industrielles indexées au bâtiment

- *La maison à ossature bois*

Le marché français est en progression régulière (supérieur à 4 G€ en 2022). Une maison sur dix est construite en bois. Il concerne plus de 2 000 entreprises dont 60 % disposent de moins de 10 salariés et 20 % seulement de plus de 20 salariés.

La filière se configure suivant deux axes :

- Quelques entreprises de dimension industrielle (*AST, Ossabois*) qui produisent une offre d'entrée de gamme. Leur force commerciale s'appuie sur un réseau d'agences.

- Une multitude de PMI et d'artisans, associés à des prescripteurs, architectes, entre autres. Elles s'orientent vers des produits plus individualisés à usage d'une clientèle aisée.

La filière importe 40 % du bois nécessaire aux opérations de construction. Il s'agit majoritairement de résineux (épicéa, douglas et mélèze). Les constructions en bois représentent un peu plus de 4 % du marché en logements collectifs et près de 9 % en maison individuelle. L'ossature bois fait également son entrée dans les marchés publics, dont les JO 2024 et la reconstruction de la cathédrale Notre-Dame de Paris.

Le coût d'une maison de ce type est plus élevé que celui d'une maison classique en parpaings (10 à 20 %), mais la mise en œuvre est plus rapide du fait de la standardisation des éléments, d'où un délai d'exécution notablement raccourci. Notons aussi un confort important grâce à une forte diminution de l'humidité et une excellente isolation thermique et phonique.

On notera en outre que la réalisation de la maison à ossature bois est soumise comme le reste des bâtiments neufs aux exigences de la norme RT 2012 (Réglementation Thermique) imposant de recourir aux énergies renouvelables pour la production de chaleur. Norme remplacée depuis le 1er janvier 2022 par la norme RT 2020 (ou RE 2020) plus exigeante en économies d'énergie et en nature des matériaux utilisés.

- *Les menuiseries extérieures et intérieures*

L'état du marché : La production des portes, fenêtres et fermetures s'élevait en 2016 à un peu moins de 7 G€. Plus de la moitié en valeur est réalisée en métal, soit 38 % en aluminium et 13 % en fonte ou en acier[1].

Le reste de la production se répartit entre 32 % des fabrications en PVC et 17 % en bois. On remarquera que la menuiserie sur bois a souffert de la concurrence du PVC et de l'aluminium et qu'elle reste largement artisanale et traditionnelle avec une implantation préférentielle dans le secteur du logement individuel. La menuiserie de l'aluminium, cependant synonyme de qualité, est largement supplantée par le PVC compte tenu en grande partie à cause de son prix élevé. Les particuliers représentent près de 30 % des commandes : ils s'adressent prioritairement aux petites entreprises de moins de 5 salariés. Les sociétés et les administrations font appel aux entreprises plus importantes du secteur.

La France est le premier producteur européen sur le segment de l'aluminium, mais elle est dominée par l'Allemagne dans le secteur du PVC et

[1] Les chiffres et certains commentaires qui figurent dans le texte proposé à la lecture sont extraits des statistiques de l'INSEE et datent de 2016. Il est possible qu'elles soient en partie inexactes, car les choses évoluent et elles reflètent incomplètement la réalité actuelle. Malheureusement, je n'ai pas d'autres chiffres à proposer.

par l'Italie pour les produits fabriqués en bois. Les échanges commerciaux sont relativement faibles. L'importation de ces produits est de 650 M€ en provenance principalement de l'Allemagne.

La France exporte 110 M€, soit moins de 2 % de sa production. Ce qui fait que la balance commerciale est déficitaire, mais pour des valeurs relativement faibles par rapport à d'autres filières grand public.

Le *secteur français* des menuiseries intérieures et extérieures, regroupant à la fois la production et la pose, fait état d'un chiffre d'affaires de plus de 20 G€ et concerne plus de 52 000 entreprises (dont plus de 50 000 poseurs) ce qui représente 16 % du marché total du bâtiment.

Il existe plus de 1 600 entreprises de production, dont beaucoup de petites structures et seulement quelques leaders dont le chiffre d'affaires est supérieur à 100 M€.

L'ensemble de ces entreprises emploie 36 000 personnes avec une prédominance pour quatre régions qui se partagent 40 % des emplois : les Pays de Loire (Maine & Loire et Vendée), la Nouvelle-Aquitaine, le Grand Est (principalement l'Alsace) et l'Auvergne Rhône Alpes.

La production est relativement peu concentrée. Les dix premières sociétés réalisent environ 25 % de la production et le top 50, environ 45 %. La concurrence se précise avec une présence grandissante des pays de l'Est de l'Europe et en particulier la Pologne. Une société polonaise, *Oknoplast,* dispose en France d'un réseau de plus de 200 revendeurs exclusifs et propose des produits de qualité dont les aménagements proposés, en option sur les marques françaises, sont inclus dans le matériel de base. Donc, prudence !

Ceci étant dit, quels sont les leaders français du Top 10 de la filière dont les chiffres d'affaires s'étagent de 600 à 60 M€ et emploient de 500 à 1000 salariés, dont une majorité en France ?

- Le groupe *Lapeyre*, spécialisé en menuiseries bois, développe d'autres fabrications (escaliers, cuisines, parquets) ainsi que des activités de négoce (salles de bains, carrelages, etc.)
- *K-Line* propose un certain nombre d'innovations, dont un *ouvrant caché* (qui permet d'augmenter la surface vitrée dans le cas d'une rénovation) et un détecteur de verrouillage intégré à partir d'un système connecté.
- *Artrya* est une société française d'origine alsacienne,
- *Lorillard*, fabricant de menuiseries depuis 1936 et dont le siège est situé à Chartres,
- *Bouvet*, entreprise familiale implantée dans le Maine et Loire et l'Isère, développe une gamme mixte aluminium-PVC
- *FPEE*, entreprise fondée en 1982, s'est orienté prioritairement vers des menuiseries aluminium, PVC et mixtes.
- *AtlanteM* conçoit et fabrique à la fois des portails, des portes de garage et volets de tous types,

- *Millet*, entreprise familiale originaire du département des Deux-Sèvres, a fait récemment l'acquisition de la société *Acibois*, fabricant de menuiseries sur mesure et haut de gamme, placée en liquidation judiciaire et sauvée de justesse grâce à l'intervention du président de la région Normandie. *Exemple à méditer* sur le rôle et l'importance des régions dans le maintien en état de notre industrie et de notre savoir-faire.
- Le *groupe Huet* est issu d'une entreprise artisanale née en 1945, originaire de Vendée. Un des objectifs de la société : répondre aux exigences du label RE 2020.
- *Janneau* est une entreprise familiale créée en 1973, originaire des Pays de la Loire. C'est le seul industriel à arborer le label A 2P R2, « qui atteste d'un degré de retard à l'effraction », a récemment lancé la fenêtre connectée.

▪ *Pour conclure ce chapitre*

L'examen du tissu de ces entreprises indexées au bâtiment nous conduit à un constat analogue à celui de toutes les filières *grand public*. Quelques entreprises importantes émergent du lot, en bonne santé financière, dont le chiffre d'affaires est en progression régulière. Elles investissent et innovent. Et, à côté, une multitude de PMI/TPI qui, Covid aidant, éprouvent des difficultés à survivre et, surtout, à pouvoir se doter des outils nécessaires à cette survie, par manque d'investissements indispensables. Ce qui signifie très clairement que le remède est le même que pour toutes les filières examinées précédemment : regroupement de ces structures en entités (groupe de sociétés ou G.I.E.), souscription à l'Écolabel Européen afin de se différencier vis-à-vis de la concurrence et de pouvoir lutter efficacement contre elle.

Un dernier point et pas le moindre. En cas d'incident qualité sur une menuiserie, la satisfaction du client est souvent loin d'être satisfaite à en juger sur les messages qui circulent sur la toile à cet effet. Ce qui ressort de ces réclamations, c'est l'impuissance du client à se faire entendre et à ne pas savoir à qui s'adresser. Car souvent, le constructeur et l'artisan poseur, qui est souvent à l'origine de l'achat, se renvoient la balle.

D'où la nécessité, pour les constructeurs qui travaillent en BtoC[1], de se doter d'un SAV suffisamment décentralisé, au travers en particulier d'agences régionales, pour pouvoir intervenir rapidement afin de régler le problème. Et aussi de former lui-même ses poseurs garants de la qualité de l'intervention. Ceci de manière à limiter la dilution des responsabilités qui se présente lorsque le consommateur s'adresse à un menuisier indépendant représentant plusieurs

---

[1] BtoC (Business to Consumer) signifie que l'entreprise se situe sur le marché *grand public* par opposition au B to B (Business to Business) ou l'entreprise commerce directement avec d'autres entreprises ou avec les grands comptes

marques. Un des problèmes des sociétés françaises est de ne pas être suffisamment à l'écoute du client avec le risque de se voir distancées par des sociétés étrangères mieux armées sur ce plan.

Les isolants

- *Les isolants minéraux*

Les plus utilisés sont la *laine de verre*, obtenue par fusion du sable et de produits verriers, et *la laine de roche*, issue de la fusion du basalte, roche d'origine volcanique et de laitiers de hauts fourneaux.

Ces deux isolants, d'un bon rapport performance/prix, n'ont pas un bon bilan environnemental du fait de la dépense énergétique (appelée aussi « énergie grise ») nécessaire à leur élaboration et aussi d'un faible taux de recyclage. Deux autres matières, la perlite et la vermiculite proviennent toutes deux d'une roche chauffée à haute température, d'où, là aussi, un bilan environnemental médiocre.

- *Les isolants synthétiques*

Ils sont issus du pétrole. Ce sont le polystyrène et le polyuréthane. Insensibles à l'humidité, donc adaptés à l'usage en extérieur, mais d'un mauvais confort en période estivale. Ils sont à déconseiller fortement dans la mesure où l'on doit s'orienter vers une élimination des produits pétroliers et qu'ils ne sont pas récupérables en fin de vie.

- *Les isolants dits « biosourcés »*

Il s'agit d'isolants d'origine végétale (chanvre, lin, coton, liège et paille), animale (mouton) ou issus du recyclage (ouate de cellulose, fabriquée à partir du papier), textiles recyclés à partir de tissus ou vêtements usagés. Leur prix est relativement élevé, mais leurs performances techniques sont excellentes. On peut considérer que cette catégorie d'isolants est amenée à se développer dans l'industrie du bâtiment, car leur bilan environnemental est élevé et leur densité permet un confort appréciable en saison estivale.

Parmi tous ces isolants, trois d'entre eux me paraissent mériter leur utilisation, car susceptibles de concurrencer fortement les classiques de construction que sont le béton ou la brique, dont l'énergie grise est importante. Ce sont le *chanvre, le lin et la paille*, matériaux passablement délaissés jusqu'à une époque récente, puisque la quasi-totalité de la production du chanvre et du lin était vouée à l'exportation, principalement en Chine, d'ailleurs. Quant à la paille, elle était reléguée à des usages purement subalternes. Heureusement, la nécessité de changer de paradigme fait qu'on commence sérieusement à s'intéresser à l'impact que peuvent avoir ces matériaux sur notre mode d'existence.

Il me semble nécessaire, voire indispensable d'y consacrer quelques lignes.

Le chanvre : déjà abordé dans le chapitre sur l'industrie textile, le chanvre peut être aussi utilisé avec succès dans l'industrie du bâtiment.

La tige de chanvre se compose de deux parties. *La fibre*, utilisée principalement dans l'industrie textile pour la confection de vêtements et ce qu'on appelle la *chènevotte*, partie boisée qu'on nomme également paille ou copeau de chanvre et qui est utilisée pour l'isolation et la construction de bâtiments.

Le chanvre offre de ce fait la possibilité de deux utilisations distinctes : isolation et construction proprement dite.

- *En isolation*, on utilise de la laine de chanvre, sous forme de rouleaux ou de panneaux. Les avantages de ce produit sont nombreux : facilité de pose, bonne résistance thermique et mécanique, insensibilité à l'humidité (donc, possibilité d'usage extérieur), bonne isolation phonique, longévité importante, aptitude environnementale importante du fait d'une énergie grise faible et d'une possibilité de recyclage. Un inconvénient : le prix (entre 15 et 30 €/m2) soit plus de deux fois le prix de la laine de roche. Mais ce handicap financier est très largement compensé par les avantages cités ci-dessus et, en particulier, une densité bien supérieure aux isolants traditionnels. Cette densité permet une bien meilleure isolation des combles et du toit en période estivale.
- *En construction*, cela s'appelle du *béton de chanvre*. Il fait à la fois office de matériau de construction, utilisable pour des planchers ou en hourdis dans les maisons à ossature bois, mais également dans les maisons traditionnelles en remplacement du parpaing classique. Il s'agit d'un mélange de chanvre, de chaux hydraulique et aérienne et d'eau pour constituer des briques de différentes épaisseurs en fonction de leur utilisation. La chènevotte est également employée pour la fabrication de ces briques. Les qualités de ce matériau sont en tous points semblables à celles mises en exergue pour l'utilisation de la laine de chanvre : régulation hygrométrique, performance sanitaire, environnementale & thermique, mais surtout légèreté appréciable par rapport aux matériaux traditionnels. Il s'agit d'un double avantage qui limite la fatigue des ouvriers qui œuvrent sur le chantier et qui permet d'éviter les surcharges encaissées sur la structure de base des habitations et principalement des maisons en bois.

Qui fabrique et commercialise ce matériau ? Peu de sociétés, à ma connaissance.

- Deux grosses structures : *Lafarge et Vicat*. Concernant cette dernière, le liant utilisé est le ciment. Côté environnement, il y a mieux !
- Viennent ensuite quelques petites sociétés : *BCB Tradical*, domicilié dans le Doubs, et *Isohemp*, entreprise belge en plein développement qui commercialise un nouveau produit, le HL-Mix, granulat de béton de

chanvre utilisé pour l'isolation des planchers ou pour combler un vide de construction.

- Deux autres sociétés, *Develgreen*, née en 2018, et *Chanvribloc*, créée en 2002, ont mis la clé sous la porte, la première en 2020, la seconde en 2010… Et c'est bien dommage, car ce type d'activité mériterait de se développer davantage dans le cadre de la transition écologique.

Cela met en évidence l'ignorance de l'existence de ces matériaux largement affichée par les professionnels du bâtiment, qu'il s'agisse des promoteurs, des architectes ou des entreprises réalisatrices. Celles-ci subissent amplement l'influence des fabricants de matériaux traditionnels.

Une dernière utilisation du chanvre dans l'industrie du bâtiment : *l'enduit de chanvre*, constitué là encore d'un mélange de chanvre, de chaux et d'eau, et qui peut s'appliquer sur des murs en pierre, en briques ou en terre afin d'améliorer le confort thermique.

Le lin ; la première opération de transformation de la tige de lin s'appelle le teillage. Elle consiste à séparer les fibres de lin à l'écorce de la plante, aussi appelé les *anas*.

La fibre longue est utilisée dans l'industrie textile pour la fabrication de vêtement après différentes opérations de peignage et de filage.

Les fibres courtes, appelées *étoupes*, sont employées à la fois pour la confection de fils plus épais (destinés à la fois à l'ameublement et à la ficellerie) et surtout pour fabriquer de la laine de lin, conditionnée en rouleaux ou en panneaux.

Les anas sont, eux aussi, récupérés. Considérés auparavant comme sous-produit de la plante, ils sont actuellement valorisés pour fabriquer des briques de lin, analogues aux briques de chanvre et utilisées pour la construction isolante de bâtiments.

Rappelons rapidement les qualités de ce matériau biosourcé. Elles sont analogues à celles qui ont été énumérées pour le chanvre, dont un pouvoir hygroscopique important et une meilleure respiration de vos murs.

Un inconvénient : son inflammabilité, d'où la nécessité d'un traitement anti-feu.

Je souhaite mettre l'accent sur la coopérative agricole *L.ALinière* [1] qui a mis en œuvre le projet de transformer un sous-produit, les anas, en un matériau biosourcé susceptible de remplacer avantageusement les matériaux traditionnels. Ce matériau nommé *Batilin* peut être utilisé en isolation intérieure, en construction neuve en remplacement du parpaing classique (bloc porteur) tout en apportant à cette construction neuve une résistance thermique.

Cette coopérative à taille humaine réunit 450 adhérents cultivateurs et une usine de fabrication équipée de trois lignes de teillage qui emploie 75 salariés.

---

[1] Se référer à l'article « L. ALinière a développé un écomatériau innovant à base d'anas de lin » par Pascaline Duban (la Gazette Nord Pas de Calais 23 avril 2021).

La paille ; son usage en tant que matériau de construction et d'isolation des bâtiments remonte à la fin du 19e siècle aux États-Unis.

À partir des années 2000, on assiste à la mise en réseau des praticiens avec la création du *Réseau Français de la Construction Paille (*RFCP) et, en 2011, la rédaction des règles de l'art par les professionnels de ce réseau, règles mises à jour en 2018. Actuellement, 1 500 professionnels sont formés *Pro Paille* et on peut estimer qu'environ 5 000 bâtiments ont adopté cette technologie, avec un rythme annuel de 500 unités par an.

Le RFCP est aussi garant de la formation professionnelle *Pro-Paille* dispensée dans toute la France. Elle met en place un réseau d'experts afin de répondre à la demande de sécurisation du marché liée à sa forte croissance. Aujourd'hui, le RFCP rassemble 650 adhérents et fédère les acteurs de la filière : constructeurs, artisans, agences d'architecture, bureaux d'études, formateurs, centres de formation.

L'avantage de la paille est d'être à la fois disponible et renouvelable. Noter également une bonne résistance thermique et une faible conductivité thermique, qualités indispensables d'un bon isolant. Ce type de construction s'adapte parfaitement aux maisons à ossature bois et à une isolation par l'extérieur. La botte de paille peut être utilisée à la fois comme une brique isolante et comme un élément de la structure, sous réserve d'une *surcompression* préalable effectuée sur le chantier. Un grand nombre de bâtiments peut être édifié avec cette technologie, de l'habitat individuel au logement collectif et de tous types de bâtiments industriels, commerciaux ou à usages de collectivités.

À titre indicatif, un bâtiment de sept étages a vu le jour avec l'utilisation de cette technologie[1].

D'autres isolants biosourcés peuvent être utilisés :

Le liège ; ce matériau est recueilli à partir de son écorce prélevée tous les huit ou dix ans. Sous sa forme expansée, il est utilisé comme isolant pour les sous-sols sous chape et en isolation extérieure. Il est l'unique isolant écologique à ne pas craindre l'eau. Par contre, il présente deux inconvénients majeurs : son comportement au feu plutôt médiocre et un prix élevé, ce qui est le point commun de tous les isolants biosourcés.

De plus, il est l'objet d'une ressource somme toute assez limitée, ce qui constitue un frein à son utilisation à grande échelle.

La laine de mouton présente une bonne efficacité thermique et un bilan environnemental satisfaisant, une bonne isolation phonique et se comporte

---

[1] Référence : article « L'isolation en paille : un "déjà là" au service de l'humanité » (2019-présentation-filière— paille.pdf)

comme un excellent régulateur d'humidité, mais avec un comportement au feu médiocre.

La laine de bois est obtenue par défibrage des chutes de bois ou d'arbres inexploitables.

Son pouvoir isolant est inférieur aux isolants traditionnels. En revanche, sa forte densité fait qu'elle contribue à un confort estival appréciable et convient parfaitement à l'isolation des maisons à faible inertie de type à ossature bois. Par contre, on retiendra un mauvais comportement au feu et un prix relativement élevé.

La ouate de cellulose est obtenue à partir du papier recyclé qui a reçu des traitements adéquats (résistance au feu, moisissures et protection contre les rongeurs). À noter un prix du m2 raisonnable.

Il était fabriqué exclusivement en France dans l'usine de la Chapelle Darblay. Compte tenu de l'arrêt de l'activité de celle-ci, sa disponibilité et son prix d'achat risquent d'en souffrir.

Il existe *trois indicateurs de performance* d'un matériau d'isolation :

- *La conductivité thermique* (λ) exprime la capacité du matériau à transmettre la chaleur et détermine le pouvoir isolant du matériau. On retiendra que plus la conductivité est faible, plus le matériau sera isolant.
- *La résistance thermique* (R) indique la capacité de l'isolant à résister aux variations de chaleur. Plus le coefficient de résistance thermique R est élevé, plus le matériau est isolant.
- *La transmission thermique* (le coefficient isolation U) exprime la capacité de la paroi (murs, plancher, toit, combles) à laisser passer la chaleur d'un milieu à un autre. La paroi sera d'autant plus performante en termes d'isolation que la transmission thermique (U) sera faible.

Cela nous amène à revoir le choix d'un isolant en fonction de son prix qui intègre son coût d'extraction, de culture et de transformation, mais *ne tient pas compte de la valeur d'énergie grise*, et surtout, des *indicateurs de performance.*

Ces indicateurs doivent nous amener à des économies d'énergie non négligeables qui ont valeur dans le temps, alors que le coût de l'investissement ne se calcule qu'en une seule fois.

La rénovation énergétique (isolation et chauffage des bâtiments)

Où en sommes-nous en termes d'isolation ?

Le marché de la rénovation représenterait environ 40 G€. Il est vrai que l'enjeu est colossal ! *Le secteur du bâtiment consommerait 44 % de l'énergie nationale et générerait plus de 20 % des gaz à effet de serre*[1]. Le coût moyen d'une rénovation intérieure a été estimé à 240 €/m² et se chiffrerait à 480 €/m² pour une rénovation complète, et peut-être beaucoup plus s'il s'agit d'une épave énergétique[2].

- *L'état du parc de logements face au diagnostic énergétique*

D'après les chiffres publiés en 2020 par le ministère de la Transition écologique, 1,9 million de résidences principales (6,6 % du parc) seraient peu énergivores (étiquettes A et B du diagnostic de performance énergétique).

À l'encontre, 4 millions de logements constituent ce qu'on appelle des *passoires thermiques* (étiquettes F et G[3] du DPE[4]). Les logements se comptent principalement parmi les maisons individuelles, les petites surfaces et les bâtiments construits avant 1948 dans des départements ruraux et montagneux, comme la Nièvre, la Creuse ou le Cantal.

Quand on examine l'histogramme du pourcentage de logements correspondants à une étiquette donnée, le classement est le suivant : A : 2 %, B : 5 %, C : 18 %, D : 34 %, E : 24 %, F : 11 %, G : 6 %,

Une hypothèse plausible serait de respecter les étiquettes A et B pour l'ensemble du parc immobilier. Cela signifie que 75 % de ce parc, soit 22 millions de logements, devraient faire l'objet d'une mise à niveau visant au respect de la norme RE 2020 rendue obligatoire dans la construction de nouveaux logements.

Ceci sans compter l'ensemble des bâtiments hors logements.

C'est un challenge très important dont il est nécessaire de chiffrer le coût et d'apprécier le délai de réalisation en tenant compte de l'objectif 2050.

- *Les entreprises de la filière*

Selon les statistiques de la CAPEB (chiffres de 2019), il existe un peu moins de 6 000 entreprises et environ 2 000 artisans ayant vocation à l'isolation des bâtiments (catégorie : Technique et métiers du plâtre et de l'isolation)[5].

Si l'on rapporte ces chiffres au total d'entreprises classées en second œuvre, soit plus de 500 000 sociétés (dont plus de 98 % des entreprises de moins de 20 salariés) et artisans indépendants, le métier d'isolation représente à peine 1,6 % de l'ensemble des activités du bâtiment. On ne peut qu'être surpris par ce chiffre, qui montre à quel point ce secteur du bâtiment ne fait pas ou peu partie des préoccupations de la profession.

---

[1] Référence article « Les bailleurs sociaux à la peine » par Lucie Delaporte (Médiapart 19 août 2022)

[2] Référence : article « Secteur de la rénovation : chiffres et statistiques » de M. Odelesde. Business plan.com https://modelesdebusinessplan.com/blogs/infos/renovation-btp-chiffres.

[3] Se référer à l'article « la France compte encore 4,8 millions d'habitations mal isolées » publié le 6 septembre 2020 par Futura Maison.

[4] DPE : Diagnostic de Performance Énergétique

[5] Ce chiffre me paraît effectivement sous-estimé et ne tient vraisemblablement pas compte de l'ensemble des professions qui interviennent dans ce processus d'isolation des bâtiments.

Autre explication : le CAPEB (Confédération de l'Artisanat et des Petites Entreprises du Bâtiment) n'intègre pas, dans ses statistiques, le concept de *rénovation énergétique*, qui implique une prise en compte des métiers *climatisation et chauffage*.

Comment se positionne la filière isolation face à son challenge ?

- *Les investissements*

L'état actuel du plan de rénovation des habitations est incorporé dans le volet de 30 G€ faisant partie du plan global de relance de 100 G€[1].

En ce qui concerne la rénovation énergétique des bâtiments, je dispose de deux évaluations :

- Le *plan de relance* émis par le ministère de l'Économie, des Finances et de la Relance, qui fait état de 7 G€, dont 4 M€ pour la rénovation énergétique des bâtiments publics de l'État.
- Celles mentionnées dans le *Plan de rénovation énergétique des bâtiments*, qui émanent du ministère de la Transition Écologique, et qui font état de 14 M€.

Laquelle de ces deux évaluations est à prendre en considération ?

Dans le premier cas, il reste 4 G€ pour la rénovation des logements, ce qui paraît dérisoire face à l'ampleur du chantier en cours et à venir.

Dans le deuxième cas, on disposerait de 10 G€ et là, tout dépend de l'objectif que l'on se fixe en termes de niveau de rénovation énergétique issu de l'interprétation du DPE !

Il s'agit aussi de ne pas oublier de prendre en compte le respect de la norme RE 2020 à appliquer à l'ensemble des logements construits à partir de 2021, soit 420 000 habitations individuelles et collectives.

- *L'état des lieux de la profession*

Un constat : l'inertie et le manque de professionnalisation de la filière. Il reste assez désolant et peu apte à satisfaire le challenge exigé par une mise à niveau énergétique des bâtiments publics et des logements, considérés comme une des chevilles ouvrières de la transition écologique.

Le milieu du bâtiment qui est constitué, on l'a vu précédemment, de très petites entreprises, reste très conservateur et peu enclin à adopter les nouvelles technologies et matériaux. C'est le poids de la tradition et le « On a toujours fait comme ça ». Et puis, les assurances, la responsabilité civile, les processus de certification pèseraient lourdement sur l'innovation écologique et sociale.

---

[1] « Les trois volets du plan de relance » ministère de l'Économie, des Finances et de la Relance https://www.economie.gouv.fr/plan-de-relance/profils/entreprises/renovation-batiments-publics.

- *La structure de l'économie du bâtiment*

Il y a nécessité d'économiser sur la main-d'œuvre, d'où le mépris affiché par la profession sur les conditions de travail et aussi sur le respect des normes de sécurité et du statut social, avec l'emploi de travailleurs non déclarés. Tout cela favorise l'utilisation du matériel au détriment de la main-d'œuvre. Il incite à favoriser des procédés purement rentables au détriment d'un savoir-faire et une production industrielle menée sans prendre en compte les normes environnementales. Il faut ajouter à ce constat la pression des fabricants de matériaux classiques moins chers à l'achat que les matériaux biosourcés, mais onéreux en termes de consommations énergétiques. Et, de surcroît, générateurs de pollution comme les dérivés du ciment, pour ne citer qu'eux.

- *Un système éducatif à la française…*

… Qui a tendance à dévaloriser les filières du bâtiment considérées comme débouchant sur des métiers à faible qualification et mal rémunérés. Il est vrai que les conditions de travail ne sont pas faciles : exposition à l'extérieur quelles que soient les conditions climatiques, problèmes de sécurité dans le travail, chaînes de sous-traitance souvent dévalorisée, etc. Aujourd'hui, « on demande des exécutants, pas des artisans ».

- *Un milieu générateur d'arnaques et de malfaçons à répétition*

À l'origine de l'une d'entre elles, une loi de 2005 qui oblige les fournisseurs d'énergie, dont EDF, à dégager des économies via la consommation des particuliers.

Le financement est censé être pris en charge par ce fournisseur d'énergie, EDF en l'occurrence, qui reçoit en échange un certain nombre de certificats d'économie d'énergie (CEE), nombre proportionnel aux économies réalisées face à la rénovation thermique. Or, il s'avère que ce processus est source d'arnaques, dénoncées d'ailleurs par l'association UFC Que Choisir. Je citerai à titre d'exemple la mésaventure survenue à la fin de l'année 2020 à un habitant du département de l'Hérault qui souhaitait isoler sa maison à moindre coût[1]. Il s'agit de l'opération *isolation à 1 euro* qui s'est avérée catastrophique pour l'intéressé.

Les explications :

- Le choix par le client d'une entreprise qui ne joue pas son rôle de maître d'œuvre et délègue le travail à des *artisans* sous rémunérés. Lesquels utilisent des produits non homologués, d'où une intoxication des propriétaires du logement, une détérioration du bâti et un arrêt immédiat du chantier.

---

[1] Se référer à l'article « dégâts et arnaques autour d'un chantier d'isolation » par Amélie Poinsot (Médiapart 26 novembre 2020).

- Le manque de contrôle des organismes concernés. La société responsable faisait elle-même partie des entreprises partenaires d'EDF et, de ce fait, était censée acquérir la confiance des consommateurs. En outre, cette entreprise était censée être en relation avec l'organisme Promotelec censé valider le projet, ce qui n'a pas été le cas.

Cet exemple d'incidents en cascade, qui n'est certainement pas le seul, nous montre le manque de sérieux d'une bonne partie de la profession, ainsi que le gaspillage et les risques d'accident qui sont susceptibles d'en résulter.

Par contre, il s'avère que les arnaques existent à grande échelle. Une certaine forme de criminalité organisée et transnationale, s'intéresse de près au marché de la rénovation énergétique française. Il s'agit de sociétés qui possèdent le label RGE[1] en s'appuyant sur des fonds d'origine occulte, dans une logique de blanchiment d'argent.[2]

Un exemple typique : une arnaque généralisée sur la prescription de pompes à chaleur avant tout diagnostic thermique. Qui débouche la plupart du temps sur la vente forcée de matériels non adaptés à la configuration du logement. Arnaque pratiquée par des organismes peu scrupuleux qui démarchent principalement par internet et bénéficient de l'absence de contrôles adéquats.

Modifier profondément notre politique de rénovation énergétique

- *Repenser l'isolation des logements comme partie intégrante de la construction*

C'est l'application pure et simple de la réglementation RE 2020 applicable à tout logement neuf à partir de 2021. Et la nécessité de s'en rapprocher le plus possible pour la mise à niveau des passoires thermiques (F et G) et aussi à moyen terme, des catégories C à E qui regroupent, ne l'oublions pas, 75 % des logements anciens.

Voici quelques points que préconisent les spécialistes de la rénovation énergétique :

- *La nécessité d'un maître d'œuvre efficient* de manière à bien structurer les responsabilités de chacun face au donneur d'ordres en cas de problèmes et de malfaçons.
- *La mise en œuvre d'une conception globale de l'isolation*, afin de penser la réalisation du bâtiment dans son ensemble, de modéliser la circulation de l'air et la ventilation éventuelle, de maîtriser les risques d'humidité, d'identifier les ponts thermiques générateurs de pertes de chaleur ainsi

---

[1] RGE signifie « Reconnu Garant de l'Environnement »

[2] Voir article « la rénovation énergétique : nouveau chantier de la criminalité organisée » par Florent Lacas (Batiactu 22 décembre 2021) Se référer également à l'article « Le label RGE est aussi dans le viseur de la répression des fraudes » de « Quelle énergie » par Effy mis à jour le 25 mars 2022 https://www.quelleenergie.fr/magazine/rge-dgccrf

que l'inertie des murs. Rénover, ce n'est pas simplement poser un panneau isolant derrière un mur de parpaings.
- *L'importance d'une bonne connaissance des nouveaux matériaux à disposition*, tels qu'ils ont été décrits principalement, avec une préférence pour les matériaux biosourcés, trop souvent ignorés, parce que *trop chers*. Il est important de prendre en compte les répercussions environnementales des choix opérés par le responsable et non uniquement se baser sur le prix d'achat. C'est fondamental !

- *Recréer un véritable métier à part entière*

Qu'en est-il à l'heure d'aujourd'hui ?

On estime que 30 000 bâtiments sont rénovés par an.

2 millions de logements supplémentaires devraient par ailleurs être aménagés dans les prochaines années. L'objectif est d'arriver à rénover l'ensemble du parc immobilier d'ici 2050, ce qui représente 370 000 rénovations globales d'ici à 2022, et 700 000 rénovations par an à partir de 2030. Cela suffira-t-il à rénover l'ensemble du parc immobilier (75 % du parc) ?

Il semble que, compte tenu de l'état d'avancement de cette rénovation, ces prévisions paraissent relativement optimistes. Dans un rapport publié le mardi 24 novembre 2020, le Haut Conseil pour le climat dénonçait le retard de la France en matière de rénovation énergétique.

Comme évoqué précédemment, il faut déplorer l'indigence de cette filière, à la fois en termes d'importance du secteur et de compétence de l'ensemble des acteurs concernés. Un énorme effort de formation est à entreprendre le plus rapidement possible, effort qui concerne en priorité le personnel de mise en œuvre (chefs de chantier, chefs d'équipe et compagnons).

Cette sensibilisation vise aussi les initiateurs de projets. Architectes, ingénieurs, logisticiens, chefs d'entreprise. D'où la nécessité de recenser les structures qui intègrent l'ensemble de ces métiers et qui sont capables de gérer un projet complet de réhabilitation énergétique comprenant les différentes phases de réalisation (on parle aussi de rénovation globale).

Il s'agit :
- D'établir un DPE dont l'objectif est le constat de l'existant et l'attribution de l'habitation à l'une des sept classes de consommation d'énergie.
- À partir de ces éléments, d'effectuer un *audit détaillé* conduisant à un bilan énergétique complet : préconisations en termes d'isolation, de chauffage et de climatisation nécessaires, gains susceptibles d'être réalisés en regard du coût des aménagements proposés, aides susceptibles de tempérer ce coût, etc.
- De remettre au client un devis détaillé comprenant l'ensemble des préconisations proposées.
- De réaliser les démarches pour acceptation du dossier nécessaire à l'obtention des aides,

- De mettre en œuvre, après accord du client, les préconisations par une équipe de professionnels qualifiés.

- *L'accès aux formations*

Quels sont les centres de formation susceptibles d'intégrer dans leurs prestations l'ensemble des métiers capables de gérer un projet de rénovation énergétique ?

Évoquons tout d'abord les trois filières censées représenter la force de frappe de l'enseignement et de la formation permanente dans l'industrie du bâtiment.

- *L'enseignement public* est représenté par les lycées professionnels de formation du bâtiment. 121 centres ont été recensés sur l'ensemble du territoire et assurent une formation aux différents métiers du bâtiment du CAP au Bac professionnel. Il s'avère que cette filière n'a pas le vent en poupe au ministère de l'Éducation nationale. La dernière réforme en date fait état de la suppression de certains sites et d'une manière générale, de postes d'enseignants et d'heures d'enseignement.
- *L'enseignement privé* concerne les Centres de Formation d'Apprentis (CFA) du bâtiment, gérés par le CCCA-BTP (Comité de Concertation et de Coordination de l'Apprentissage du Bâtiment et des Travaux Publics). Il existe en France 126 établissements. La formation dispensée va du CAP au diplôme d'ingénieur.
- La *formation permanente* est du domaine de *l'AFPA (Association pour la Formation Permanente des Adultes)*, qui gère actuellement un peu moins d'une centaine de centres et un volant de 1 400 formations diverses, dont environ 300 dédiées à l'industrie du bâtiment. L'association a été requalifiée en 2007 « Établissement Public à Caractère Industriel et Commercial » et est donc soumise à la concurrence. Jusqu'à 2017, l'entreprise était en déficit structurel de l'ordre de 70 M€, la cause invoquée étant la multiplication des formations dont une partie importante ne trouvait pas preneur auprès de la clientèle. Qu'en est-il maintenant ?

Si l'on compare en termes d'objectifs les deux premiers organismes de formation cités précédemment, il apparaît que la nature de l'enseignement est très différente entre lycées professionnels et CFA.

Chez les premiers, l'accent est mis principalement sur les *compétences techniques*. Les seconds privilégient *l'enseignement général*. En effet, on considère que l'enseignement pratique, nécessaire au programme, est plus que largement couvert durant le temps passé en entreprise.

Ces deux filières sont-elles aptes à promouvoir l'évolution des métiers du bâtiment vers une rénovation énergétique et écologique de l'ensemble des constructions ? J'en doute fortement. L'enseignement public professionnel a la réputation, pas toujours justifiée, de ne pas avoir la capacité de former des personnes aptes à la prise en main d'un métier. Alors que l'apprentissage forme des artisans rapidement compétents et efficaces dans leur domaine d'activité. C'est vrai seulement en partie dans la mesure où la formation pratique se déroule souvent dans un milieu resté très souvent conservateur, peu apte à intégrer les innovations et le rôle de l'écologie dans la conception et la rénovation énergétique des bâtiments.

On peut citer, entre autres, l'influence des fabricants de matériaux d'isolation traditionnels, souvent issus de l'industrie pétrolière, auprès des réalisateurs de chantiers. Dans ce domaine, l'enseignement public me paraît mieux armé pour suivre ces évolutions et les répercuter dans le contenu de leur enseignement. Il est malheureux qu'il soit sabordé par nos instances politiques soucieuses avant tout d'efficacité à court terme.

Par contre, il semblerait que l'*AFPA* ait répondu à cette demande d'évolution des métiers du bâtiment et mis en place dans cinq de ses centres un module de formation de *chargés d'affaires en rénovation énergétique des bâtiments*. Cette formation, si elle correspond à la demande, devrait pouvoir trouver preneur et le cas échéant, être étendue à d'autres centres.

Il existe d'autres formations inhérentes à l'industrie du bâtiment.

La *CAPEB* développe des modules de formation très classiques dans différents domaines : sécurité, métiers, administration. Signalons que la *CAPEB* et *l'URSA*, acteur important de l'isolation thermique et acoustique, ont signé un partenariat dans le cadre duquel *l'URSA* peut proposer des formations techniques et commerciales aux adhérents entrepreneurs.

Ces formations visent à élargir leurs connaissances sur les problématiques de l'efficience énergétique. Or, il faut savoir que l'URSA développe principalement des produits à base de laine de verre et de polystyrène extrudé. Donc, *exit* une sensibilisation aux produits d'isolation biosourcés !

L'Association ouvrière des Compagnons du Devoir et du Tour de France accompagne et forme 10 000 jeunes par an en formation initiale et des adultes en formation continue à travers un choix de plus de 30 métiers au sein de 183 sites d'accueil en France et à l'international. L'originalité de cette association est l'instauration dans ses formations du *compagnonnage,* issu d'une tradition ancienne pratiquée au Moyen Âge.

Ce Tour de France intervient pour les intéressés après un enseignement préalable et une validation professionnelle.

Il présente l'avantage pour ces *compagnons* de se confronter à d'autres expériences, d'acquérir une ouverture d'esprit et d'échanger des points de vue à partir d'une réflexion sur les nouvelles pratiques et les nouveaux matériaux environnementaux. Ceci afin de mettre ces questions au cœur de la formation professionnelle, ce qui est possible grâce aux valeurs du compagnonnage du Devoir qui sont inculquées aux jeunes formés. Nous pensons que cette association, de par l'éthique dont elle fait acte, mérite de se développer et d'intensifier sa présence afin d'aider à faire évoluer le milieu du bâtiment qui en a bien besoin.

▪ *Inciter la population à entreprendre la rénovation énergétique des logements*

Cette démarche concerne les propriétaires de maisons individuelles et les syndics d'immeubles, ce qui nécessite de revoir à la fois :

- *Le montant des aides* afin qu'elles ne soient pas réservées aux revenus modestes, mais accessibles aux classes moyennes à partir d'un revenu fiscal de référence à déterminer. Ce qui nécessite vraisemblablement de revoir amplement le montant des aides accordées à la rénovation énergétique et par là même, à réévaluer le montant du plan de relance.
- *Le contenu des aides :* actuellement, priorité est donnée à l'attribution de moyens de chauffage présumés *écologiques*, dont, en particulier, *les pompes à chaleur aérothermiques.* Solutions pour lesquelles on a évoqué précédemment un commerce qui fait l'objet d'arnaques à répétition et de plaintes émanant des usagers qui se considèrent, à juste titre, spoliés par le choix de leur achat. Ce qui montre bien que le pouvoir en place a *inversé la vapeur*, la priorité devant être donnée avant tout investissement de ce type à l'évaluation précise de l'état d'isolation d'un bâtiment.

Toute attribution d'une aide à l'achat d'un moyen de chauffage agréé *devrait faire l'objet au préalable, d'un diagnostic thermique complet du logement concerné suivi de la mise aux normes de ce logement.*
Donc, par conséquent, de bénéficier en priorité des aides à l'isolation. Cela passe aussi par une information des particuliers qui concernent à la fois les possibilités d'aides à la reconversion, la liste des entreprises aptes à conduire un projet dans des conditions satisfaisantes de prix, de délai et surtout de qualité de la prestation. Il apparaît d'ailleurs qu'il est souhaitable de supprimer les certificats d'économie d'énergie (CEE), dont les circuits administratifs apparaissent comme trop complexes et, de ce fait, générateurs d'arnaques[1].

Vient s'ajouter la nécessité :

- *De développer la possibilité de prêts sans intérêt*, actuellement peu utilisés. Et qui sont susceptibles de rencontrer à la fois l'adhésion des propriétaires d'habitations individuelles et les propriétaires bailleurs d'immeubles collectifs. Ceci dans la mesure où cette solution permet de répartir dans le temps des investissements conséquents. Cette démarche permet une action de rénovation d'ensemble pilotée par les organismes de gestion (syndics et conseils syndicaux de chaque immeuble) et incite les propriétaires bailleurs à louer leur bien hors de toute contrainte.
- *D'entreprendre au niveau national et local une planification des immeubles à rénover* prenant en compte les priorités par ordre d'urgence (étiquettes

---

[1] Voir ou revoir si possible l'émission « compléments d'enquête » publiée sur France2 le 2 mars 2023 à 23 heures. Commentaire de cette émission par un article du Monde « complément d'enquête sur France 2 s'intéresse aux milliards dépensés pour la rénovation énergétique » par Catherine Pacary le 2 mars 2023

G et F, puis D et E, etc.) de manière à pouvoir aboutir aux environs de 2050 au respect de la stratégie bas carbone, selon le rapport établi par l'Agence Nationale du Logement Social[1],

- *De mettre en exergue*, selon le rapport de cette agence, *la nécessité de disposer d'outils de définition, de comptage et de suivi des performances* qui brillent par leur absence en l'état actuel des choses.

4.2.7. Autres filières

Afin de ne pas surcharger cet ouvrage, je me suis limité aux aspects les plus caractéristiques de notre débâcle industrielle. Il reste bien sûr d'autres filières non inventoriées pour lesquelles se posent les mêmes problèmes et qui requièrent des solutions identiques.

Il s'agit, entre autres, de l'industrie de la machine-outil et des filières relatives aux usages domestiques (outils de jardin, matériels de bricolage, sanitaire, ustensiles de cuisine et de table, etc.). Et aussi des articles de faible valeur, importés en grande quantité des pays d'Asie du Sud-est et qui ne subissent aucun droit de douane.

Filières qui seraient bien sûr à prendre en compte dans le cadre d'une réforme d'envergure visant à améliorer le score de la balance commerciale.

4.3. L'INNOVATION

On en parle beaucoup, on met souvent ce concept à toutes les sauces, si je puis m'exprimer ainsi, et on l'associe souvent à de grands projets. Il en a été question dans la première partie de ce livre et j'ai bien précisé le sens de ma pensée. L'innovation doit impérativement contribuer à un ajout de valeur et donc, veiller au respect de l'environnement sous toutes ses formes. Ce n'est pas le cas, par exemple, de la 5G, à l'exception de quelques utilisations dans le domaine médical et chirurgical dans lequel une intervention d'urgence s'impose. On a vu que cette introduction va favoriser, entre autres, une débauche complètement démentielle d'énergie et la multiplication de serveurs de plus en plus volumineux afin de satisfaire des usages on ne peut plus contestables. Citons deux exemples d'utilisation de la 5G.

Le développement des véhicules routiers autonomes justifiera la poursuite de l'emploi inconsidéré du phénomène voiture, cause d'embouteillages et de pollution.

Le multi-usage des objets connectés, en particulier dans les entreprises, multipliera le risque de cyberattaques en provenance de pays tiers, dont la Russie, la Corée du Nord et la Chine, avec l'introduction de la version Huawei dans le déploiement français de la 5G. D'autant plus que, pour développer et

[1] « Etude sur la rénovation thermique des logements du parc social » Rapport final Agence nationale de contrôle du logement social (Ancols)

démocratiser le marché des objets connectés , les concepteurs se livrent depuis plusieurs années à une course aux prix bas.

Un nouvel objet connecté au sein d'une entreprise agrandit sa surface d'exposition à internet avec le risque de cyberattaque, et ce d'autant plus que sa sécurisation est insuffisante, ce qui est le cas de nombre de petites structures. Et ce risque n'exempte pas les particuliers. A-t-on l'idée de se méfier de sa souris d'ordinateur, de son réfrigérateur, d'un baby phone ou de plein d'objets d'usage courant ?

Non, certainement pas ! Eh bien, il le faudrait, car ces objets « connectés » constituent, là aussi, des portes d'entrée pour des cyberattaques.

Des innovations ? J'en ai cité un certain nombre, au cours du passage en revue des filières industrielles. En outre, je me dois de signaler l'existence d'une association appelée ICDD (Innovation Citoyenne et Développement Durable) présidée par mon camarade Gad'zart *Maurice Andriamihaja.* L'ICDD a été créée en 2011 par une équipe de spécialistes en innovation participative. Ces fondateurs ont été rejoints par des dizaines d'adhérents, innovateurs ou simples citoyens conscients de la nécessité aujourd'hui de faire face aux défis économiques, écologiques et sociaux qui sont devant nous. La démarche retenue consiste à sélectionner parmi des milliers d'initiatives, une petite centaine d'innovations simples, puissantes, peu coûteuses et répondant aux attentes citoyennes les plus courantes, puis de les soutenir.

L'*ICDD* s'est donné cinq axes de travail :

- Constituer une base accessible d'innovations *citoyennes simples, puissantes et peu coûteuses*, d'intérêt national,
- Appuyer le développement des innovations choisies, accompagner les innovateurs, les orienter vers des médias pour développer la notoriété de leur innovation, les mettre en relation avec des territoires ou entreprises susceptibles d'être intéressées, etc. Et aussi, animer un réseau d'innovateurs citoyens,
- Développer des partenariats en matière de veille avec Sparknews, Reporters d'espoir, Shamengo, diverses fondations orientées vers l'innovation citoyenne (Fondation MMA et les Bonnes Nouvelles des Territoires…) ou vers la diffusion des innovations (WE Demain, etc.),
- Promouvoir le management de l'innovation citoyenne dans les entreprises et territoires, accompagner des territoires pionniers souhaitant mettre en place ces innovations, etc.
- Editer des newsletters bimestrielles et rédiger des synthèses d'ouvrages en lien avec les innovations citoyennes (*Demain*, de Cyril Dion, *Un million de révolutions tranquilles* de Bénédicte Manier, *Biomimétisme* de Janine Benyus…)

J'engage vivement les lecteurs de mon livre à aller sur le site d'ICDD afin de s'informer de manière un peu plus détaillée que mon petit communiqué.

5. RÉUSSIR LE RENOUVEAU INDUSTRIEL

5.1. L'ÂGE D'OR ET LA FIN D'UNE DÉSINDUSTRIALISATION GLORIEUSE

Entre les années 1980 et 2000, la fin de l'industrie était considérée comme la porte d'entrée dans la modernité. La fin du 20e siècle apparaissait comme le début de *l'ère du tertiaire*, portée aux nues par le PDG d'Alcatel, qui entretenait le mythe d'une *France sans usines* et d'*usines sans salariés.*

Une doctrine basée de surcroît sur un des aspects du néolibéralisme qui préconisait la spécialisation des activités : Des slogans « À l'Allemagne, l'industrie, à la France, les services », censés être créateurs d'emplois. On a vu ce que cela a donné ! Repli du PIB par rapport non seulement à l'Allemagne, mais aussi à l'Italie et à l'Espagne.

La crise de 2008 va faire apparaître une inflexion de cette tendance. Quelques timides réponses à ce constat commencent à émerger : le développement du CIR (crédit d'impôt recherche) et la baisse des cotisations sociales. Ces mesures n'ont pas profité aux filières soumises à la concurrence internationale, mais davantage aux métiers protégés, comme le bâtiment, la grande distribution ou le secteur bancaire.

En bref, il ne semble pas que cette politique ait permis une quelconque relocalisation. En fait, la plupart des emplois créés ont été et *sont encore le fruit d'investisseurs étrangers* qui ont bénéficié d'une distribution généreuse d'aides publiques nationales et régionales. Pour autant, Ils n'en ont pas été particulièrement reconnaissants, dès l'instant où ils se sont empressés de délocaliser là où la main-d'œuvre moins chère permettait une meilleure rentabilité. Une timide tentative de réhabiliter l'industrie a eu lieu sous le quinquennat de François Hollande avec la nomination d'un ministre du Redressement Productif, Arnaud Montebourg.

Ces quelques tentatives ont été vite tempérées par l'influence du ministre de l'Économie. Ceci, entre autres à propos de la décision de fermeture des Hauts Fourneaux de Florange. Et l'hécatombe a continué sous le règne d'Emmanuel Macron avec l'abandon d'Alstom Énergie, Alcatel cédé à Nokia, la fermeture de la Chapelle-Darblay, des fusions catastrophes, dont celles des ciments Lafarge avec le Suisse Holcim, au détriment du premier. Schéma identique pour Essilor suite à la fusion avec l'italien Luxottica au grand bénéfice de celui-ci. Ajoutons à cela les fermetures de plusieurs fonderies d'acier et d'aluminium[1],

[1] L'analyse préalable des filières « fonderies d'acier et d'aluminium » et de leurs débouchés éventuels aurait sans doute permis d'éviter les mises en liquidation judiciaire de toutes ces

sous-traitants des fabricants automobiles, dont Renault. Ce qui met en évidence, au passage, *le mépris bien français des donneurs d'ordres vis-à-vis de leurs sous-traitants.*

5.2. QUE PENSER DU PLAN DE RELANCE PRÉSENTÉ PAR EMMANUEL MACRON ?

Il a le mérite de parler d'industrie !

Mais, si on se réfère à la présentation qu'en a fait le président de la République, on reste dans le champ de la macroéconomie, avec pas ou peu de véritables innovations[1]. On y voit notamment des actions de réhabilitation réservées aux multinationales : industrie automobile, agroalimentaire, aviation, électronique, déploiement ou redéploiement des filières *énergie*, comme l'hydrogène ou le nucléaire.

Ajoutons à ces mesures la suppression des impôts de production qui, quoique justifiée dans son principe et uniquement pour les PME, mobilise une part non négligeable du plan de relance (20 G€ au bas mot sur deux ans). Ceci sans compensation auprès des multinationales, dont les profits n'arrêtent pas d'augmenter et qui sont, elles, miraculeusement épargnées par le fisc !

Pour le reste, le volet *compétitivité des entreprises* réservé pour l'essentiel à la politique industrielle met l'accent sur les aides individuelles aux entreprises à la fois dans le soutien à l'export, à l'investissement, à la modernisation de l'industrie et à la transformation numérique des PME/TPE.

Cela veut dire que chaque entreprise a été incitée à remettre des projets d'amélioration, sans qu'une vue d'ensemble, ne serait-ce que par filière, soit préalablement envisagée !

Il n'existe dans ce schéma *aucune approche d'une quelconque stratégie industrielle* associée à un *aménagement du territoire*[2].

Difficile dans ce cas d'envisager une démarche cohérente sans penser regroupement éventuel d'entreprises (PMI de préférence) en vue de former des structures souples et mieux armées pour affronter commercialement la concurrence internationale.

Autre question : Envisage-t-on de prendre des mesures antidumping de protection écologique et sociale vis-à-vis en particulier de la Chine et plus généralement des entreprises d'Asie du Sud-est afin de faciliter la vie de nos PMI et ETI ? Cela constituerait un facteur de développement dont il faudrait

---

entreprises, suivies d'un cortège de licenciements en cascade, intervenus faute d'une anticipation de la part du ministère de l'Industrie, dont la principale caractéristique est une vision à court terme et des actions au coup par coup.

[1] Se référer à l'excellent article « L'économiste Nadine Levratto : "Pour relancer l'économie, il faut remettre à plat les aides aux entreprises" » par Romaric Godin (Médiapart le 10 septembre 2021).

[2] À consulter également sur ce sujet, les articles « Réindustrialisation : les chimères d'Emmanuel Macron » par Romaric Godin (Médiapart le 12 mai 2023)

tenir compte en termes de moyens humains et technologiques tout au long de la chaîne de valeur.

Favoriser le développement d'énergies renouvelables comme l'éolien et le solaire ne tient pas compte que ces produits ne sont plus, à quelques exceptions près, fabriqués en France. Ce qui revient, faute d'autre décision, à multiplier les importations et à augmenter le déficit de la balance commerciale.

Dernier point : je n'ai pas vu un seul euro figurer dans le plan pour *la modernisation du réseau ferroviaire*. Un comble !

5.3. EN CONCLUSION

Compte tenu des remarques précédentes, il s'avère indispensable, avant de programmer une assistance aux industriels, de bien redéfinir les contraintes génératrices d'obstacles et de pertes de temps et d'en tenir compte dans la planification des actions à mener.

En particulier, il y a nécessité de mettre en œuvre un *vaste plan de formation* dont il faut saisir les contours, ceci afin de disposer en temps voulu et, dans chaque métier correspondant à la filière concernée, de la main-d'œuvre nécessaire à ces industries renaissantes. Cet effort de formation devra également permettre la requalification des personnes des filières indésirables et en cours d'extinction afin d'éviter un chômage massif. On peut citer, par exemple, les fermetures de centrales nucléaires.

Un plan industriel structuré devrait définir :

- Des priorités de réindustrialisation et éventuellement de relocalisation face à l'état de chacune des filières.
- La possibilité de disposer rapidement de personnel formé et compétent dans chaque métier correspondant à la filière concernée.
- La possibilité de disposer sur place des composants et autres intrants nécessaires.

A priori, il ne semble pas que tout ce travail préparatoire soit envisagé dans le plan de relance industriel. Et cependant, le temps presse, car, comme cela est le cas en réhabilitation des logements, il faut se poser la question de savoir de quels outils on dispose dans ce domaine, comment les moyens sont répartis sur l'ensemble du territoire et s'ils correspondent bien à la demande. Et cela demande du temps !

D'où la nécessité d'un plan structuré selon une dynamique de gestion de projets, qui réaffecte les moyens, définit les délais et l'enclenchement des différentes tâches.

Il est aujourd'hui nécessaire de servir les objectifs d'une politique publique avec, *pour chemin critique*, un délai de réalisation compatible avec un objectif fixé par le GIEC : *1,5 °C d'augmentation de la température moyenne du globe.*

4e partie : Pour un respect de notre environnement

1. Pourquoi adopter l'agroécologie ?

1.1. Les méfaits de l'agriculture intensive

1.1.1. L'évolution depuis la Deuxième Guerre mondiale

En l'espace de quelques années, la population mondiale a augmenté à un rythme élevé. Elle est passée de 2 milliards d'individus en 1900 à 6 milliards en 2000. Il a fallu nourrir les 5 milliards de personnes supplémentaires, qui avaient pour une bonne partie d'entre elles été confrontées aux affres de la guerre et à la malnutrition, voire à la famine. D'où une évolution de l'agriculture conventionnelle, pratiquée depuis la nuit des temps par nos paysans, vers une agro-industrie associée à une mécanisation à outrance, appelée improprement « révolution verte ».

Avec, à la clé, l'emploi simultané de l'engrais de synthèse à haut rendement et de pesticides divers (fongicides, herbicides, insecticides, etc.) censés protéger les cultures des plantes indésirables et des parasites. Cette industrialisation à marche forcée s'est traduite par une chute importante du nombre d'agriculteurs, associée à un remembrement des terres agricoles.

En France, *avant*, c'est-à-dire en 1955, on comptait 6 millions d'agriculteurs, soit un peu plus de 15 % de l'emploi global.

À partir de 1960, leur nombre a chuté de manière drastique pour ne totaliser que 1,6 million en 1982, soit 7 % de l'emploi total en France. Cette chute s'est encore accélérée, car, en 2019, on ne compte plus que 400 000 personnes qui exercent au titre d'agriculteurs exploitants[1].

Ce déclin s'accompagne d'une forte augmentation concomitante de la taille des exploitations. De plus, le métier vieillit en âge. Un exploitant sur deux à plus de 50 ans, ce qui fait apparaître une difficulté de renouvellement du potentiel humain au travers de la profession. Ajoutons à ce schéma les difficultés financières et les conditions de travail. On notera une durée de travail hebdomadaire de 55 heures et des charges financières de plus en plus lourdes face à des recettes qui ne permettent pas un revenu décent, etc. Pour produire davantage, une seule solution s'est imposée : augmenter de manière substantielle les rendements à l'hectare.

De cette préoccupation est née ce qu'on appelle *la révolution miracle de l'azote.* En fait, de quoi s'agit-il ? Tout le monde sait que l'azote constitue le principal élément de l'air ambiant, avec une proportion de 78 % contre 22 % d'oxygène.

---

[1] Article « INSEE focus N° 212 » octobre 2020.

Vis-à-vis des êtres humains, il ne joue aucun rôle physiologique, mais il est essentiel à la vie des plantes et à leur croissance. Elles ne peuvent le trouver dans l'air[1], mais seulement dans le sol où puisent leurs racines. Et encore, sous forme de combinaisons avec les éléments oxygène et hydrogène.

C'est-à-dire sous forme de nitrates et d'ammoniac, les seuls éléments qui peuvent s'intégrer dans le cycle biologique en combinaison avec les autres éléments indispensables à leur croissance (phosphore, potassium, calcium, etc.). Ces composés sont utilisés pour la synthèse des protéines, réalisée uniquement par les plantes elles-mêmes. L'azote sous forme de protéines est le constituant principal de l'organisme des humains et de celui des animaux.

Or, la question qui s'est posée depuis le début du vingtième siècle était de pouvoir capter directement l'azote de l'air afin d'effectuer, en laboratoire, la synthèse de l'azote avec d'autres éléments, en particulier l'hydrogène, pour fabriquer artificiellement l'ammoniac. Avec pour objectif, entre autres, de nourrir davantage d'êtres humains. Cette invention est due à l'association d'un chimiste allemand et d'un industriel qui ont mis en forme le procédé de fabrication de l'ammoniac (procédé Haber-Bosch, du nom de ses deux inventeurs). Il s'avère donc que l'ammoniac est la matière première de tous les engrais azotés de synthèse.

Après la Deuxième Guerre mondiale, et suite aux impératifs précédemment cités, l'utilisation des engrais azotés s'est développée rapidement dans la mesure où les rendements ont augmenté de manière impressionnante. D'où la tentation, afin de maximiser ces rendements, d'augmenter les quantités d'engrais à utiliser. Avec, à la clé, des excédents d'azote non utilisés par les plantes qui viennent polluer l'environnement. Ces excédents existent à la fois dans l'agriculture proprement dite et aussi dans l'élevage, en particulier dans les élevages de porcs où ils peuvent atteindre la moitié des *entrées* d'azote, et ce, lorsque la quantité utilisée est particulièrement élevée.

Une étude effectuée en 2000 et portant sur 555 fermes situées en France et dans le nord de l'Italie donne une idée du niveau des excédents d'azote dans les productions agricoles (voir Annexe 1[2]).

On s'aperçoit que les émissions potentiellement polluantes constituées par les sorties d'azote, soit environ 1,5 million de tonnes d'azote par an, représentent presque la moitié de l'azote de synthèse produit et importé. Ces excédents sont très importants dans les exploitations d'élevage et, en particulier, les élevages de porcs.

À l'inverse, elles sont très faibles dans les exploitations *bio*. Une des conséquences de cette consommation excessive consiste en une rupture du cycle de l'azote (voir Annexe 2), puisqu'une partie de l'azote sort de ce cycle pour aller polluer l'ensemble des éléments.

---

[1] Une exception vient confirmer la règle : la fixation de l'azote de l'air par certaines bactéries (Azotobacters), mais en très petites quantités.

[2] Annexes 1 et 2 : tableaux extraits de l'ouvrage *les apprentis sorciers de l'azote* de Claude Aubert

Une pollution présente à la fois sur terre, sur mer et dans l'air, sous forme de nitrates et d'ammoniac. À titre indicatif, 42 M tonnes d'ammoniac sont émises chaque année dans le monde, dont plus de 70 K tonnes en France en raison d'une agriculture et d'un élevage intenses.

1.1.2. Un coût social et environnemental très élevé

Des effets nuisibles des composés de l'azote sur la santé humaine

La pollution de l'air par l'ammoniac

Dans les bâtiments d'élevage, la concentration de cet élément peut être très élevée et supérieure à 30 mg/m^3. Il provoque une irritation des yeux et des maladies respiratoires, dont des bronchites chroniques.

Une concentration inférieure à la limite réglementaire de 50 mg/l est susceptible d'être à l'origine de certains cancers. L'ammoniac et ses dérivés peuvent également donner naissance à des particules fines (ϕ inférieur à 2,5μm) à l'origine de 48 000 décès chaque année en France[1].

Une pollution de l'air causée par les oxydes d'azote

On peut citer en particulier le dioxyde d'azote (NO_2), très toxique et qui pénètre profondément dans les poumons sous forme de particules.

La contamination des eaux potables par les nitrates

Fabriqués en excès par une consommation abusive d'engrais azotés, les nitrates sont rapidement entraînés par l'eau présente dans le sol ou apportée par les pluies ou l'irrigation. D'où un danger de contamination en profondeur des nappes phréatiques, avec une présence dans les eaux de sources, dans les rivières ou dans l'eau utilisée pour irriguer.

L'invasion des algues vertes

La naissance et le développement de ces algues, présentes en masse sur le littoral breton de la Manche et de l'Atlantique, sont dus principalement à la profusion de nitrates issus de l'usage intensif d'engrais azotés et à l'élevage industriel de porcs sur lisier. Les nitrates présents dans l'eau, accompagnés de phosphates, nourrissent ces algues. Lorsqu'elles meurent, elles sont décomposées par des bactéries avides d'oxygène qu'elles absorbent dans le milieu marin au détriment des poissons qui ne peuvent survivre. Effet secondaire alarmant : la décomposition de ces algues entraîne la formation d'hydrogène sulfuré (SH2), un gaz mortel s'il est inhalé à partir d'une certaine concentration.

Ce qui est proprement scandaleux, c'est que ce phénomène a été sciemment ignoré des pouvoirs publics en place, qu'il s'agisse des représentants locaux

---

[1] D'après une étude de Santé publique France effectuée en 2016, l'agriculture et l'élevage intensifs seraient en moyenne responsables de 55 % de l'émission des particules fines dans l'atmosphère.

(maires et responsables des communautés), départementaux et régionaux (présidents de conseils et préfets). Ceci pour une raison toute simple : cela nuirait au développement du tourisme de masse et à la réputation de la commune, du département ou de la région considérée.

Mais ce n'est pas tout : forcés d'avoir reconnu l'existence de ces algues vertes, ces représentants des pouvoirs publics en ont nié les causes. Tout cela, malgré la mort d'un cheval et le sauvetage in extremis de son cavalier, la mort d'un jogger, d'un conducteur de benne de ramassages d'algues et, également, de plusieurs dizaines de sangliers et de marcassins, faits divers échelonnés sur une vingtaine d'années ! Le déni des autorités à reconnaître la véritable cause de ces décès et aussi, les causes de la production de ce phénomène sont proprement scandaleux. Ils n'honorent pas le pouvoir politique, coupable en outre de pressions sur toute personne susceptible d'enquêter et d'informer l'ensemble de nos concitoyens sur l'origine et les causes de cette nuisance[1].

Les effets directs de l'excédent d'azote sur les écosystèmes

Un impact négatif de l'ozone

Il impacte à la fois les récoltes, les forêts et les milieux naturels. Ceci étant dit, pourquoi l'ozone ?

Il s'avère que les oxydes d'azote contribuent, avec les COV (composés organiques volatils), à la formation d'ozone, un polluant, voire un toxique à basse altitude.

Un impact négatif de l'ammoniac

C'est une des causes de la dégradation de la forêt à cause d'une plus grande sensibilité au gel, à la sécheresse et aux insectes ravageurs.

Une acidification des sols et de l'eau

Elle cause une génération de nitrates responsables de la biodiversité végétale, ainsi qu'un appauvrissement en plantes et en animaux aquatiques au profit des mousses.

La dégradation du climat provoquée par le protoxyde d'azote (N2O)

Ce gaz est plus connu sous le nom de gaz hilarant en raison de ses propriétés euphorisantes et est malheureusement utilisé par les jeunes générations pour se droguer à faible prix.

Comme je l'ai déjà signalé précédemment, ce gaz à effet de serre est près de 300 fois plus puissant que le dioxyde de carbone (CO_2). Selon le GIEC, il est responsable de 6 % des émissions de gaz à effet de serre et de 10 % en France. Émises principalement par l'agriculture lors de l'apport de fertilisants et aussi

[1] « Les algues vertes, l'histoire interdite » par Inès Léraud et Pierre Van Hove : excellent opuscule sur ce scandale décrit dans ses moindres recoins et, de surcroît, très pédagogique, au travers de bandes dessinées fort explicites. À lire et à relire sans modération.

lors de la fabrication des engrais à partir de l'ammoniac, ces quantités de N_2O augmentent fortement avec les quantités d'azote apportées.

À titre d'exemple, une augmentation de 25 % de l'apport conduirait à doubler les émissions de protoxydes d'azote.

À noter aussi que l'émission de protoxyde d'azote survient, elle aussi, en situation de manque d'oxygène. Une partie de l'azote minéralisée du sol est alors transformée par les bactéries anaérobies en composés gazeux de l'azote, dont N_2O. La compaction du sol et un mauvais drainage peuvent entraîner l'émission du prototype d'azote.

Un redoutable gaz à effet de serre : le méthane

Quoiqu'ayant une plus courte durée de vie que le CO_2, le méthane CH_4 possède un potentiel d'absorption des radiations beaucoup plus élevé. Une forte proportion de ces émissions vient de la rumination des animaux d'élevage, principalement des bovins ainsi que leurs effluents. Et ce, essentiellement dans le cadre de l'élevage intensif et de leur nourriture à base de tourteaux de soja cultivés sous OGM. Les sols inondés, notamment par la création de rizières, émettent, eux aussi, de grandes quantités de méthane par effet de putréfaction.

L'autre danger : l'apparition des pesticides de synthèse

Plusieurs catégories de produits sont regroupées sous le nom de pesticides.

Les herbicides

L'objectif est d'éliminer les herbes dites *adventistes* (c'est-à-dire non désirées dans les plantations) et que beaucoup de jardiniers nomment *mauvaises herbes*,

Les insecticides

Le but est la suppression des insectes et leurs larves, qui se nourrissent des cultures.

Les fongicides

Ils permettent de tuer les champignons, parasites qui provoquent le dépérissement, voire la pourriture de la plante

D'autres types de pesticides

Ils permettent de lutter contre les limaces, les rongeurs et certaines espèces d'oiseaux, corbeaux, entre autres, accusés, eux aussi, de se nourrir des cultures et de participer à leur élimination.

Le bouleversement des modes de production a eu pour conséquence l'augmentation importante de l'utilisation des pesticides. Il s'avère que l'usage massif de l'azote en est largement responsable.

La monoculture favorise le développement des maladies et la multiplication des prédateurs de toutes sortes (insectes, animaux divers). En outre, la disparition des haies et espaces paysagers, fruit d'une industrialisation des productions végétales, réduit de manière drastique le nombre d'oiseaux et autres espèces insectivores. D'autre part, les plantes suralimentées en azote subissent les attaques de certains ravageurs avides d'azote et aussi des champignons. L'excès d'azote favorise également le développement des adventistes, d'où une multiplication de traitements herbicides. C'est devenu un cercle vicieux !

Nous parlerons ici de deux types de pesticides particulièrement répandus en agriculture intensive et dont les effets de nuisance, quoique controversés par une partie importante de leurs utilisateurs, sont loin d'être négligeables.

Le glyphosate

Il a été introduit par la firme américaine Monsanto au début des années 1970 et commercialisé sous le nom de *RoundUp*. À savoir que le glyphosate constitue le principe actif de toutes ces variantes de pesticides auxquels s'ajoutent différents types d'adjuvants. Ces herbicides sont largement utilisés en agriculture. Les raisons en sont multiples : simplicité d'utilisation, coût modique, action sur certaines voies métaboliques de la croissance des végétaux, etc.

Le glyphosate a été dénoncé par le CIRC (agence internationale de recherche sur le cancer) en 2015 comme cause probable de cancer chez l'homme… et blanchi en 2016 par l'EFSA (Européen Food Safety Authorirty).

Celui-ci, en plein souci d'indépendance, a repris mot pour mot les études de Monsanto ! Il est vrai que les arguments sur le glyphosate sont sujets à controverses. Et ceci pour une raison fort simple. On joue tout bêtement sur les concepts. En effet, *on ne prend en compte, dans les différentes études, que le principe actif, le glyphosate, en omettant les effets associés provoqués avec l'adjonction d'adjuvants* utilisés pour la composition des différents pesticides issus du glyphosate lui-même.

Or, des chercheurs de l'Université de Paris, Faculté de Pharmacie, et le Pôle Risques de l'Université de Caen Normandie ont publié, en septembre 2021, une étude exposant les effets du *RoundUp* sur le placenta humain.

Leurs résultats sont inquiétants.

Il a été découvert que celui-ci pouvait endommager les fonctions premières du placenta, à savoir sa fonction d'échange entre la mère et l'enfant, mais également sa fonction barrière contre les toxiques. Sans parler des maladies neurodégénératives, telles que la maladie de Parkinson, avec des risques de cancer universellement reconnus.

À titre d'exemple, un retentissant procès gagné contre Monsanto par un agriculteur américain touché par un lymphome (cancer rare de la lymphe). Un tribunal fédéral américain de San Francisco (Californie) a condamné, le 27 mars 2019, la firme à verser 80,8 M$ (71,80 M€) à ce malade.

Pour l'instant, seuls les principes actifs (comme le glyphosate) sont évalués par les institutions françaises et européennes, *pour obtenir l'autorisation à la vente des pesticides*. Cela rend les agences aveugles aux nombreux effets hautement toxiques des pesticides pris dans leur intégralité.

Ajoutons à ce constat :

- *Les effets négatifs constatés sur les sols* (stabilisation du pesticide dans le sol) risquant d'affecter négativement les plantes non ciblées par le traitement, ceci par contamination au niveau des racines de ces plantes. Autre impact : une affectation de la faune microbienne, faune qui conditionne, comme nous le verrons plus loin, un point clé de la bonne santé des sols.
- *Les actions sur la faune* : des expérimentations effectuées sur des rats, sur des grenouilles et sur des oiseaux sauvages ont démontré que les adjuvants utilisés étaient susceptibles de provoquer des perturbations diverses. À savoir : fertilité, apparitions de tumeurs cancéreuses, lésions du foie et des reins, perturbations thyroïdiennes. À noter également une action destructrice du lombric provoquée par l'usage de ces pesticides.

Les néonicotinoïdes

Ce sont les insecticides les plus utilisés dans le monde pour la protection contre les insectes parasites des cultures et aussi des animaux : élevages industriels (volailles, ovins) ou domestiques (colliers insecticides pour chiens et chats). Ils ont remplacé d'autres insecticides, dont en particulier le DDT, et divers autres organochlorés. Leur emploi s'est justifié par une très haute toxicité pour les insectes et leur concentration. *On traite un hectare de culture avec quelques grammes de produits.*

Leur faible biodégradabilité provoque la diffusion de cette molécule dans les sols et dans tout l'écosystème où elle finit par atteindre des populations d'êtres vivants qui n'étaient pas ciblées. Ce sont les insectes butineurs, dont, en particulier, la population des hyménoptères, principalement les abeilles.

Le principal argument en faveur des autorisations de mise sur le marché, rapidement accordées dans le monde entier, était que ces produits sont de puissants insecticides appliqués exclusivement en traitements d'enrobages de semences. On supprime de ce fait les risques de dérive ou de lessivage par les pluies et, en étant plus précis, ses atteintes à l'environnement agricole et naturel.

Il a, pour ces raisons, connu un succès sans précédent avec une utilisation presque universelle pour les principales espèces massivement cultivées dans le monde à partir de semences. Le principe des néonicotinoïdes en enrobage est d'être actif toute l'année. Alors qu'il n'est recommandé, par principe, de ne cibler que les *ravageurs occasionnels* au moment et à l'endroit de leur apparition. D'où *un inconvénient majeur* : l'adaptabilité des ravageurs à ce produit augmente avec sa durée d'application. La conséquence en est une moindre efficacité à l'avenir contre les organismes nuisibles ciblés.

Leur utilisation commune dans le monde entier pose des problèmes de sécurité environnementale, alimentaire et sanitaire pour l'homme et les abeilles domestiques.

De nombreux autres groupes (invertébrés terrestres et aquatiques, poissons, reptiles et amphibiens, oiseaux insectivores, rongeurs, chiroptères) en subissent aussi les effets.

D'où des impacts non négligeables sur la santé humaine. À titre d'information, une étude conduite sur des rats publiée en 2012 suggère que les néonicotinoïdes pourraient affecter défavorablement le développement du cerveau. Une première analyse systématique de la littérature scientifique codirigée par Melissa Perry (université George Washington) et publiée le 2 février 2017 dans la revue *Environmental Health perspectives* rapporte « des associations avec des conséquences développementales ou neurologiques défavorables ».

À titre d'exemples, on a noté une augmentation du *risque d'autisme*, des troubles de la mémoire et de tremblements, de malformation congénitale du cœur ainsi que d'une autre anomalie congénitale grave, *l'anencéphalie* (absence partielle ou totale de cerveau et de crâne à la naissance).

Ajoutons à toute cette énumération des impacts ciblés sur l'environnement. L'ONG Génération future publie, en octobre 2020, un rapport indiquant la présence d'un ou plusieurs néonicotinoïdes dans 10,67 % des aliments végétaux testés et vendus en France.

Il a été démontré que l'ingestion forcée par des butineuses d'une quantité sublétale (proche d'une dose mortelle) de *thiaméthoxame* (l'un des néonicotinoïdes les plus répandus) a pour effet de réduire significativement leur capacité à s'orienter durant leur vol de retour à la ruche[1]. Dans une étude de 2018, il s'avère que les néonicotinoïdes provoquent une dépendance chez les abeilles sauvages, ce qui est de nature à empirer leur impact sur les colonies.

Selon les producteurs de betteraves, grâce à un hiver et un printemps trop chauds, un puceron vert, vecteur d'une maladie qui affaiblit les plantes, a proliféré. Et les betteraves (issues de semences non enrobées d'insecticide) sont atteintes de *jaunisse, une catastrophe* pour les producteurs. Selon les données du 1er septembre 2020 en provenance d'*Agreste*, le site de statistiques du ministère de l'Agriculture et de l'Alimentation, la production de betteraves sucrières a reculé de 15,4 % en un an et de 16,2 % par rapport à la moyenne quinquennale 2015-2019.

En cause : la sécheresse et les attaques de pucerons qui ont favorisé la jaunisse, explique le site de statistiques.

Les ONG Agir pour l'Environnement, Terre d'abeilles et Fédération nature et progrès, la Confédération paysanne et le syndicat national d'apiculture ont dénoncé vigoureusement l'arrêté du gouvernement. Ils estiment notamment qu'il ne répond pas aux obligations d'un usage « limité et contrôlé » prévu pour pouvoir déroger à l'interdiction générale des néonicotinoïdes en agriculture dans l'Union européenne.

Question : qu'en est-il réellement de cette controverse ?

---

1 Publication en 2012 de chercheurs de l'INRAE (Institut National de recherche pour un développement cohérent et durable de l'agriculture, l'alimentation et l'environnement), de l'ACTA (réseau des instituts techniques agricoles) et de l'ITSAP-Institut de l'Abeille.

Un exemple parmi d'autres[1] : dans l'Eure-et-Loir, un agriculteur biologique, qui produit 15 hectares de betteraves sucrières, a été à peine touché par la jaunisse.

Il annonce une *perte de rendement de 5 %* cette année. On est loin des 30 à 50 % de pertes brandies cet été par le lobby du secteur.

Les particularités de cet agriculteur : Il n'utilise pas de produits phytosanitaires et, *a fortiori*, pas de néonicotinoïdes. Il s'appuie sur une combinaison de techniques agronomiques pour lutter contre les espèces invasives (diversité des cultures, rotations sur les parcelles, fabrication de compost, haies en bordure de champs, etc.). Sur ses 160 hectares, il fait pousser au moins une douzaine de cultures différentes : blé, épeautre, seigle, pois, maïs, lentilles, sarrasin, luzerne, haricots verts, pommes de terre, etc. On est très loin de la monoculture, apanage de nombreux betteraviers.

Il est évident que ce modèle de production nécessite plus de travail que l'agriculture intensive : par exemple, un désherbage manuel (quoique, le désherbage est-il véritablement nécessaire vu que certaines plantes *adventistes* ne sont pas systématiquement nuisibles).

En France, seulement 1 500 hectares de betteraves sucrières sont cultivés en bio, contre près de 423 000 en conventionnel.

Il reste pas mal de chemin à faire et de paysans à convaincre ! Néanmoins, la preuve est faite que, face à la réintroduction des néonicotinoïdes dans cette culture, les alternatives existent.

1.1.3. Une modification de la valeur nutritive des aliments

Un apport élevé d'azote, principalement de synthèse, modifie la composition des aliments et, en particulier, leur teneur en nitrates et en protéines. Cette augmentation ne présente, en elle-même, aucun intérêt nutritionnel. Par contre, elle favorise la panification et le travail du boulanger sans pour autant améliorer la qualité du pain. En règle générale, il est patent que l'état dégradé des sols, qui ont perdu leur entité de *sols vivants*, influence la valeur nutritive des aliments.

Ceux-ci manquent cruellement d'oligo-éléments et des vitamines nécessaires à une alimentation équilibrée, clé d'un développement harmonieux et du maintien d'un corps en bonne santé.

1.1.4. Globalisation et effets pervers de l'industrialisation du monde paysan

Grâce à la naissance de la *révolution verte* et de manière consécutive au développement hypertrophié des engrais de synthèse, on assiste à une globalisation de l'agriculture et de l'élevage. Point clé : la séparation de ces deux

---

[1] Se référer à l'article « Alternative aux néonicotinoïdes en bio, la betterave à sucre ne se porte pas si mal » par Amélie Poinssot (Médiapart, 14 septembre 2020)

entités à l'intérieur de la profession d'agriculteur et au remplacement de la qualité de « paysan » par celle *d'exploitant agricole.*

C'est un élément significatif de l'industrialisation, voire de la financiarisation de la profession. Les pays développés ont produit des excédents, eu égard aux besoins de leurs populations. C'est ainsi qu'elles ont pu accroître leurs exportations à bas prix, ce qui a entravé le développement des agricultures des pays destinataires, principalement ceux du sud. Ce qui se traduit par l'effondrement de l'économie agricole d'essence locale.

Ce phénomène est particulièrement tangible pour les populations d'Afrique subsaharienne (Burkina Faso, Sénégal, etc.). Ces pays, compte tenu de la politique libre-échangiste qu'elles subissent et qui résulte des accords ratifiés au sein de l'OMC (Organisation Mondiale du Commerce), ne peuvent plus produire sur leurs marchés locaux.

Cela est notamment important pour la production du blé et du riz importés à bas prix. Mais également pour l'élevage de porcs et de volailles, avec une concurrence déloyale de l'arrivage dans leurs pays de viandes d'animaux élevés en batterie. Cette importation inonde les marchés de ces pays.

Il leur est impossible de vendre leur lait, concurrencé, là aussi par des importations massives de lait en poudre, parfois mélangé à l'huile de palme pour en diminuer le prix.[1]

Autres constats : on notera que le travail des paysans a été peu à peu remplacé par une mécanisation à outrance et aussi par des personnes qui œuvrent dans des activités générées par l'agro-industrie. Se sont développées en parallèle : l'industrie semencière, la fabrication des engrais de synthèse et des pesticides, l'industrie de la transformation alimentaire et la grande distribution.

Question : l'agro-industrie a-t-elle permis d'éviter les famines provoquées par l'augmentation de la population mondiale ?

En fait, il a été constaté que la population agricole stagne, ou qu'elle a même tendance à diminuer. En effet, la moitié de la production mondiale de céréales s'effectue dans les pays où le rendement moyen à l'hectare est inférieur à 3 tonnes/ha. Or, les pays riches du nord, là où les rendements dépassent 6 tonnes/ha, ne fournissent que 12 % de la production mondiale, soit environ un huitième de cette production[2].

---

[1] À noter que, contrairement aux attentes, la productivité élevée de l'agriculture intensive ne s'est pas généralisée dans les pays du Sud les plus démunis, notamment en Afrique subsaharienne, excepté sans doute pour la culture des produits d'importation (café, cacao, etc.). Là où la mainmise des multinationales et les instances internationales (FMI, Banque mondiale) ont pratiquement obligé ces pays à pratiquer ces activités de masse et à exporter ces produits sans que, par d'ailleurs, les bénéfices leur en reviennent

[2] « Ecological intensification : local innovation to adress global challenges » référence page 36 de l'ouvrage *la révolution agroécologique* d'Alain Olivier

Selon les estimations de l'ONU et de la FAO, près de 1 milliard d'individus souffriraient de sous-alimentation chronique, voire de carences alimentaires, et 2 milliards d'autres seraient touchés par une alimentation dégradée.

1.2. L'AGROÉCOLOGIE, MUTATION INDISPENSABLE

1.2.1. L'agroécologie, c'est quoi ?

Il nous paraît nécessaire de bien définir ce qu'est *l'agroécologie*. Car ce terme, d'ailleurs, ne fait pas l'unanimité.

Certains préfèrent le terme *agriculture biologique*. Pour ma part, je préconise la première dénomination, car le terme « biologique » est souvent dévalué et vidé de sa substance par la pratique du *greenwashing*. Cela consiste à donner une apparence de changement à des réformes ou à des comportements qui n'ont rien d'écologique ou de biologique en les peignant en vert. Ce que nombre d'opposants à une stratégie de rupture souhaitent promouvoir, à partir d'une terminologie confuse. D'accord pour un changement, mais sans trop changer ! D'où des concepts du type *agriculture raisonnée, agriculture durable, agriculture de conservation.*

Ceci étant dit, il faut bien se mettre d'accord sur le terme *Agroécologie*, de manière que cette terminologie ne couvre pas une déviance préjudiciable à une modification en profondeur du système actuel. Le terme « Agroécologie » peut signifier une application des principes de l'écologie à l'agriculture. Reste à définir ce qu'on entend par *écologie.*

Le *Robert* définit l'écologie comme « une doctrine visant à un meilleur équilibre entre l'homme et son environnement ainsi qu'à la protection de ce dernier ». Cette définition, malgré son aspect succinct, a le mérite de contenir en son sein l'ensemble des domaines à l'intérieur desquels s'exerce cette protection et rejoint donc la notion d'écosystème[1].

Celui-ci est composé d'êtres vivants qui interagissent entre eux et avec leur environnement, et dont les cycles de la matière et de l'énergie sont à la source même de la vie. L'écologie, qu'on le veuille ou non, a des répercussions sur les aspects sociaux et économiques qui constituent autant de contraintes et/ou d'obligations. Ceci étant défini, l'agroécologie se doit de prendre en compte l'intégralité des principes écologiques. Cela signifie, entre autres, qu'elle couvre l'ensemble des agrosystèmes qui concernent l'agriculture, mais aussi le système alimentaire, situé en aval des autres processus. On ajoutera que l'agroécologie, de même que l'écologie, n'est pas qu'une simple doctrine, mais qu'elle doit en outre *se donner les moyens d'appliquer l'ensemble des principes.* À la base, une obligation,

[1] En écologie, un écosystème est un ensemble formé par une communauté d'êtres vivants en interaction avec son environnement (caractéristiques physiques : température, humidité, climat) Un écosystème transformé par l'homme dans le but de nourrir, c'est-à-dire dans un contexte agricole s'appelle agrosystème (ou agroécosystème).

celle de satisfaire à un minimum de normes qui permettent le respect de cette doctrine ainsi que des principes et des actions qui en découlent.

En résumé, le concept d'agroécologie, issu de celui de l'écologie, recouvre trois significations :

- Une discipline scientifique qui étudie les relations entre agriculture, écologie et sociétés,
- Un ensemble de pratiques qui visent à un équilibre au sein des écosystèmes, afin d'assurer leur pérennité
- Un mouvement social qui cherche à construire des systèmes agricoles et alimentaires plus justes pour l'ensemble de la société. Donc, en sus du domaine purement agricole, l'agroécologie doit prendre en compte, comme évoqué précédemment, les enjeux du système alimentaire auquel elle tentera d'apporter des réponses satisfaisantes.

Quels sont ces enjeux ?

- Tout d'abord, d'assurer la nourriture de millions de personnes et, en outre, de les nourrir convenablement, ce qui n'est absolument pas assuré à l'heure actuelle. Il faut donc que cette nourriture soit de qualité et associée à une certaine diversification. On notera que la nourriture industrielle à base de plats ultratransformés est à l'origine du développement non contrôlé de l'obésité et d'un concert de maladies, dont le diabète de type 2.
- Autre enjeu important : la santé des sols, complètement ignorée par l'agriculture productiviste. L'aptitude d'un sol à remplir pleinement son rôle dépend de plusieurs facteurs, notamment la nature des éléments qui le composent, sa texture, l'agencement et les proportions de chaque élément, ainsi que la présence de micro-organismes.

1.2.2. Les principes de base de l'agroécologie

Ces principes ont été longuement développés dans l'ouvrage intitulé *La révolution agroécologique* publié par Alain Olivier. J'ai jugé utile, voire indispensable, de faire une synthèse rapide de la deuxième partie de ce livre intitulé « les principes écologiques de l'agroécologie », ceci afin de bien savoir de quoi l'on parle.

D'où les développements suivants :

Restaurer et entretenir la qualité et la santé des sols

On a remplacé la notion de fertilité, qui peut s'appliquer à l'agriculture intensive à partir de la notion de rendement, par des concepts de qualité globale et de santé. D'où la définition adoptée : « La *qualité* d'un sol est définie comme sa capacité à maintenir la productivité des plantes et des animaux, à préserver la qualité de l'eau et de l'air et à soutenir la santé et l'habitat humains »[1]. Ceci dans les limites d'un écosystème naturel ou géré par l'être humain.

Essayons d'expliciter ce concept quelque peu théorique : la matière organique est une des composantes de la santé des sols sur laquelle le paysan peut avoir une grande influence. Cette matière organique est principalement composée de restes d'animaux et de plantes, ainsi que d'organismes microscopiques d'origine végétale ou animale.

En se décomposant, elle fournit aux plantes cultivées divers éléments minéraux (azote, phosphore, potassium, calcium et magnésium). Une partie seulement de cette matière organique est absorbée par les plantes ; l'autre est stabilisée dans le sol en attente d'un besoin ultérieur et rend le sol poreux, ce qui facilite une meilleure infiltration de l'eau.

Quelques suggestions pour améliorer la qualité d'un sol :

- Il est possible d'accroître l'apport de matières organiques sur le sol avec des résidus herbacés appliqués à la surface du sol qui présente l'avantage d'une meilleure protection du sol contre l'érosion et une meilleure rétention d'eau. Avec, en sus, l'apport de matières organiques et la libération graduelle d'éléments minéraux, une autre démarche est fortement conseillée aux particuliers : le compostage, pour enrichir le sol de leur jardin.
- Il faut, d'une manière générale, éviter le labour en profondeur qui risque de détruire la porosité du sol et de former une croûte compacte qui nuit à l'infiltration de l'eau et à la pénétration des racines en profondeur.
- Privilégier également la rotation des cultures, du moins pour celles qui ont trait aux plantes annuelles. Cela permet de rompre le cycle de certains agents pathogènes et de permettre une meilleure exploitation du sol. *L'introduction de légumineuses dans ce cycle triennal permet un apport d'azote complémentaire.*
- Contrer l'érosion du sol par apport de matière organique avec une couverture du sol à l'aide de « paillis » ou de plantes de couverture par protection arboricole lorsqu'elles sont disposées en haies de brise-vent. On a constaté que les éléments minéraux absorbés par les racines des arbres se retrouvent à la surface du sol du fait de la taille des arbres (paillis). On s'aperçoit de ce fait que le retrait des arbres des parcelles agricoles, processus issus de la culture industrielle, constitue l'une des principales causes de la dégradation des sols. Et c'est pourquoi les paysans font appel de nouveau à ce qu'on appelle « agroforesterie ».

---

[1] Référence page 86 de l'ouvrage *La révolution agro écologique* d'Alain Olivier.

Il faut savoir que cette transition vers l'agroécologie, dont une des priorités est de réhabiliter un sol dégradé par des années de culture intensive, ne donne pas des résultats instantanés et que le temps nécessaire pour parvenir à des résultats constitue l'un de ses principaux défis.

Économiser l'eau, source de vie

L'approvisionnement en eau constitue l'une des préoccupations du monde agricole. Le changement climatique constitue un des principaux dangers à cause essentiellement de la diminution importante des précipitations. D'où la nécessité impérative d'économiser l'eau. Pour ce faire, il est nécessaire de connaître ce qu'on appelle le « bilan hydrique ». C'est-à-dire la différence entre la quantité d'eau qui entre dans le sol, celle qui en sort et celle qui n'y rentre pas et, par conséquent, qui est perdue pour l'irrigation.

La principale cause est le ruissellement qui peut revêtir plusieurs aspects :

- *Le ruissellement de surface*, résultat d'un sol trop compact qui n'arrive pas absorber l'eau qu'il reçoit
- *Le ruissellement latéral* dans le sol lui-même, résultats de trop fréquents labours à une profondeur constante.

D'autres phénomènes interviennent :

- Ce qu'on appelle le drainage *vertical*, qui se produit sur des sols sableux et pauvres en matières organiques et pour lesquels la capacité de stockage reste limitée
- La *saturation d'eau* consécutive à des pluies importantes et qui provoquent une accumulation d'eau à la surface du sol préjudiciable à la production agricole,
- *L'évaporation de l'eau* qui fait qu'une partie de celle-ci retournera à l'atmosphère sans avoir contribué à la production végétale.

Mentionnons en sus des différentes causes d'indisponibilité la retenue d'une certaine quantité d'eau liée aux particules du sol et indélogeable par les plantes.

En définitive, la quantité d'eau réellement disponible pour les plantes retourne à l'atmosphère par transpiration ou est incorporée dans ces plantes par le phénomène de photosynthèse. Ces pratiques qui permettent d'améliorer la quantité d'eau nécessaire à la plante ont été décrites précédemment au chapitre relatif à l'amélioration de la qualité des sols.

La pratique de l'agroforesterie, c'est-à-dire la plantation d'arbres à proximité des cultures maraîchères, présente l'avantage d'une couverture ombragée qui crée une diminution de la température au niveau du sol, donc réduit davantage le phénomène d'évaporation.

L'arbre contribue également à l'accroissement des matières organiques, puisqu'il produit une litière (feuilles et autres plantes) qui augmente le taux de ces matières dans le sol, ce qui améliore la culture.

Respecter et entretenir la qualité de l'eau

Les modes de production de l'agriculture industrielle, qui utilisent une forte proportion d'engrais de synthèse et de pesticides, participent à la pollution de l'eau. Cette pollution touche les nappes phréatiques par le phénomène de ruissellement et de drainage vertical. Ce fait se produit de préférence dans les régions de grande culture céréalière (Brie, Beauce), betteravière (Picardie, Flandre) ou d'élevage intensif (Bretagne).

Utiliser de façon efficace l'énergie du soleil

Il s'avère que les formes industrielles d'agriculture sont peu efficaces dans l'utilisation de la lumière. Ceci est dû au fait qu'elle est fondée sur la monoculture, là où l'on ne cultive à la fois qu'une seule espèce de plante avec un type unique de feuilles et de tiges. Les plantes annuelles ont une croissance et une taille similaires. Leur feuillage ne couvre qu'une petite partie du terrain qu'elles occupent, en particulier au début et à la fin de la saison. Or, comme mentionné précédemment, laisser le sol à nu a des conséquences critiques pour sa qualité et son bilan hydrique. D'où la nécessité, si l'on veut permettre aux plantes de recevoir le maximum de soleil, de disposer sur une parcelle donnée d'une diversité d'espèces qui profiteront au maximum des rayons du soleil.

Protéger nos écosystèmes

En matière de biodiversité, on ne doit pas s'intéresser qu'au nombre des individus d'une espèce donnée et à leur risque d'extinction. Mais aussi et surtout, au respect d'un équilibre entre chaque espèce qui détermine la survie de chacune d'entre elles. Ce phénomène est fondamental pour le maintien de la biodiversité, mais nombre d'humains ne l'intègrent pas dans leur vision du futur de notre planète.

C'est le propos maintes fois entendu : « Mais à quoi servent toutes ces espèces, insectes entre autres, qui ne nous sont d'aucune utilité ? ».

C'est un *anthropocentrist*e désolant qui est à la source d'une telle perception…

… Alors même que l'un des principes écologiques fondamentaux de l'agroécologie consiste dans le *développement des interactions bénéfiques entre les agrosystèmes et les organismes vivants.*

Je vous propose quelques exemples d'actions bénéfiques permettant d'illustrer cette démarche.

Favoriser les insectes antagonistes des ravageurs

L'utilisation de la coccinelle qui raffole des pucerons constitue le cas type d'espèce.

En revanche, l'emploi d'un insecticide ne fait pas dans le détail. Celui-ci détruit l'utile comme le nuisible.

En définitive, le nuisible, qui est courant, finira par s'habituer à l'insecticide et par développer une résistance à son égard. D'où la tentation, pour l'agriculteur, d'augmenter les doses ou d'utiliser un insecticide plus puissant.

Favoriser d'autres espèces « insectivores »

Les rapaces contrôlent une population de rongeurs. Les amphibiens adorent les limaces.

On peut protéger le maïs, victime de la pyrale, une chenille destructrice de la plante, en utilisant l'assistance du trichogramme, microguêpe parasitoïde qui dépose ses œufs dans la chenille et contribue à limiter sa dissémination.

Favoriser la création d'habitats et la présence de nourriture

Favoriser la création d'abris pour les insectes auxiliaires, dont les pollinisateurs, de nichoirs adaptés aux rapaces et aux oiseaux insectivores, etc.

Recourir à des plantes répulsives

Ces plantes dégagent des odeurs désagréables pour les ravageurs, dont le basilic, la lavande ou la capucine. Elles ont pour effet d'éloigner ces ravageurs des espèces menacées.

Protéger les champignons mycorhiziens

Ils aident les plantes cultivées à mieux assimiler les éléments minéraux du sol, et en particulier le phosphore.

Or, l'usage du sulfate de cuivre, appelé communément « bouillie bordelaise » et admis par la culture biologique afin de protéger le vignoble contre les champignons parasites, détruit l'ensemble des champignons, utiles et nuisibles.

D'une manière plus générale, comme il a été indiqué précédemment, il est indispensable de restaurer l'activité microbiologique dans les sols.

Protéger nos zones humides

En fait, qu'entend-on par « zone humide » ?

Conformément à l'article L.211 du code de l'environnement du 26 juillet 2019, « On entend par zone humide les terrains, exploités ou non, habituellement inondés ou gorgés d'eau douce, salée ou saumâtre de façon permanente ou temporaire. La végétation, quand elle existe, y est dominée par des plantes hygrophiles pendant au moins une partie de l'année ». En fait, les zones humides ont trois fonctions écologiques majeures : elles constituent un réservoir pour la biodiversité liée à ce type de milieu, elles permettent de filtrer naturellement les pollutions des eaux superficielles et souterraines, et enfin, elles jouent un rôle de piège à carbone. Elles sont donc considérées comme des réceptacles d'une grande diversité d'espèces végétales et animales, par exemple, l'existence de petites mares permettant d'accueillir les amphibiens.

Malheureusement, *définition ne signifie pas obligation* !

Les exemples ne manquent pas. Après le contournement ouest de Strasbourg, unanimement contesté, le dernier en date est l'aménagement du périphérique de Nantes au niveau de la porte de Gesvres par Vinci Autoroutes. Le bilan : quatre hectares de forêts abattus, 220 espèces animales supprimées, dont 19 protégées, 1 200 m² de zones humides artificialisées…

Projet soutenu par la municipalité socialiste de Nantes !

Voici d'autres exemples : déviation de Rouen, élargissement de tronçons d'autoroutes A 69 à Castres et A 154 entre Dreux et Chartres, entre autres.

Il faut savoir qu'entre 1970 et 2015, 35 % des zones humides ont disparu à l'échelle mondiale.

Protéger l'ensemble des acteurs de la pollinisation des plantes

En effet, il s'agit d'un phénomène dont l'importance fondamentale est souvent négligée par les acteurs de l'agriculture industrielle.

Elle conditionne purement et simplement la survie d'une partie du monde végétal et animal. De nombreuses plantes cultivées, dont la majorité des plantes à fleurs, ont besoin de recevoir le pollen d'autres plantes pour pouvoir se développer et produire des graines reproductrices. D'où l'action de *pollinisation*, effectuée par des animaux. Il s'agit le plus souvent d'insectes appartenant à divers ordres, comme les hyménoptères (abeilles, bourdons, guêpes), les lépidoptères (papillons), les diptères (mouches syrtes) ou encore les coléoptères. Ajoutons certains oiseaux, comme le colibri et quelques mammifères, comme la chauve-souris. Il existe donc des relations de dépendance réciproque entre ces plantes et les animaux (et principalement les insectes) pollinisateurs. Les premiers dépendent pour leur alimentation du nectar de fleurs dont la fécondation ne peut être réalisée sans la pollinisation par ces mêmes insectes.

Or, plusieurs pratiques sont fortement préjudiciables à ces insectes :

- L'utilisation de pesticides de synthèse à propos desquels nous avons largement insisté sur leur nocivité vis-à-vis des pollinisateurs, dont la population, et en particulier celle des abeilles, est en chute libre. Et non seulement le nombre de ces pollinisateurs est affecté, mais on assiste aussi à une diminution de la qualité de cette pollinisation, dans la mesure où des pollinisateurs spécifiques à certaines plantes disparaissent.
- Les monocultures sont des déserts arides pour les pollinisateurs. Souvent, une surface trop importante du champ ne permet pas aux pollinisateurs sauvages de fournir à la demande lorsque les cultures sont en fleurs. Autre inconvénient, l'intermittence de production du pollen provoqué par cette monoculture. Ce sont deux aspects générateurs d'un déséquilibre dans l'écosystème. D'où la nécessité d'une diversification végétale des parcelles et de la création d'arbres et d'arbustes en lisière de propriété.

1.2.3. Où en sommes-nous actuellement ?

Après avoir évoqué « ce que nous devons faire », il est temps d'examiner *ce qui est fait* et, donc, d'effectuer un état des lieux précis des systèmes d'exploitation en présence, ceci afin d'évaluer l'écart entre le présent et le souhaitable et d'ébaucher un plan d'action crédible.

Importance des surfaces cultivées en agroécologie dans l'Union européenne

Les statistiques extrapolées pour 2021, qui ciblent les pourcentages de la SAU.[1] (Surface Agricole Utilisée) sont les suivantes :

- L'Autriche se situe largement en tête avec un score de 25 %,
- L'Estonie, la Suède, l'Italie, la République tchèque et la Lettonie se situent entre 22 et 16 %,
- viennent ensuite les pays dont le score se répartit entre 15 % (la Finlande) et 2 à 3 % (Pays-Bas, Royaume-Uni). La France, avec 9 %, reste dans la moyenne européenne, évaluée à 8,5 %. Malgré une croissance régulière depuis les années 2010, les résultats ne sont guère honorables, excepté pour les 20 % des États membres dont le pourcentage de terres estampillées *bio* est égal ou supérieur à 15 % de la SAU.

Il faut dire que la politique agricole commune menée par les instances européennes ne pêche pas par excès de soutien à l'agroécologie, surtout si l'on se réfère aux dernières dispositions entrées en vigueur.

Répartition des surfaces bio sur le territoire français

Elle demeure très inégale suivant les régions concernées :

- Pratiquement nulle dans les Hauts de France (1 à 2 %)
- Faible en Normandie, Île-de-France, Centre et Grand Est (3 à 5 %)
- Moyenne en Bretagne, Pays de Loire, Nouvelle-Aquitaine, Bourgogne Franche-Comté et Auvergne-Rhône-Alpes (6 à 10 %),
- supérieure à la moyenne française en Occitanie (15 à 20 %) et en région PACA (plus de 20 %).

Cette répartition s'explique par le mode de culture de nos territoires agricoles, le relief prédominant (plaines, collines ou montagnes), la structure de la végétation (pays de campagne ou pays de bocage) et l'historique de ces territoires. Dans les plaines de nord, de l'est et du bassin parisien, on s'est orienté, faute d'obstacles importants, vers une agriculture intensive à base de céréales, voire de légumineuses, au détriment d'une culture plus diversifiée dans les territoires à relief plus accentué. Cette différenciation constitue un obstacle à l'existence de circuits courts dans la mesure où certaines parties du territoire ont tendance à se spécialiser. Résultat : une multitude de transports de marchandises à longue distance qui nuit à cette mise en œuvre de circuits courts.

---

[1] Selon les « Carnets de l'Agence Bio édition 2019 » concernant l'Union européenne, la superficie agricole utilisée (SAU) est une notion normalisée dans la statistique agricole européenne.
Elle comprend les terres arables (y compris pâturages temporaires, jachères, cultures sous abri, jardins familiaux), les surfaces toujours en herbe et les cultures permanentes (vignes, vergers).

La PAC : un résultat décevant

Les négociations sur la PAC (Politique Agricole Commune) se sont achevées le 25 juin 2021.

On peut dire qu'une fois de plus, « la montagne a accouché d'une souris ». En effet, sur les 270 G€ alloués à l'Europe pour la période quinquennale 2023-2027 (dont environ 45 G€ pour la France), une faible partie sera allouée à la mise en œuvre d'une agroécologie digne de ce nom.

Seul contre tous, le Parlement européen a tenté de défendre quelques mesures, cependant minimales, exposées ci-dessous[1].

La mise en œuvre des écorégimes

La discussion portait sur la part des écorégimes[2] sur l'attribution des subventions et leur définition exacte. C'est le conseil des États membres qui a imposé un pourcentage de 20 % des aides accordées aux écorégimes au lieu des 30 % demandé par le parlement. Et, de surplus, le contenu et les critères d'éligibilité de ces écorégimes ne sont pas définis avec précision. Ce qui permet à 80 ou 90 % des agriculteurs d'y avoir accès *sans fournir de garantie viable de leur utilisation.*

Outre cette révision à la baisse, les États auront la possibilité de transférer une partie du fonds écorégimes non dépensée vers d'autres budgets déconnectés de toute mesure environnementale. Voilà donc 20 % de fonds alloués allègrement au *greenwashing* et même à d'autres usages !

L'arrêt de l'importation de produits contenant des résidus de pesticides interdits sur le sol européen

Un amendement avait été déposé en ce sens par le parlement et concernant en particulier l'arrêt de l'importation massive de divers produits. En particulier, le soja et le maïs transgénique en provenance d'Amérique du Sud utilisé pour nourrir le bétail européen.

Mais pour le Conseil et la Direction Générale du Commerce de la Commission Européenne, cette mesure n'était pas compatible avec les règles de l'OMC. Cet amendement a donc été retoqué…

Le refus d'élargir la jachère à 10 % des surfaces agricoles afin de préserver la biodiversité

Cette situation est le reflet de l'Europe d'aujourd'hui, dont une majorité de pays sont voués à l'agriculture industrielle et s'opposent radicalement à toute mesure susceptible de modifier cet état de choses. Il y a refus de lutter contre une dégradation du climat et de la biodiversité.

---

[1] « Politique agricole : le parlement perd la bataille face aux états » par Amélie Poinssot (Médiapart : 25 juin 2021) https://www.mediapart.fr/journal/economie/250621/politique-agricole-europeenne-le-parlement-perd-la-bataille-face-aux-etats.

[2] « Eco régimes » : ce sont des subventions attribuées en échange de pratiques environnementales.

Et, bien sûr, notre gouvernement n'est pas en reste !

Le résultat récent des élections européennes ne va pas dans le sens d'une amélioration.

1.2.4. La situation de l'élevage en France

La prolifération de l'élevage industriel au travers des « fermes usines »

Comment définit-on une ferme usine : selon la définition de Greenpeace, confirmée par une enquête auprès du ministère de la Transition écologique, une exploitation est considérée comme étant une ferme usine si elle compte plus de 400 vaches, de 750 porcs ou de 40 000 volailles. Ce décompte ne couvre pas la totalité de l'élevage intensif qui se pratique dans des exploitations de plus faible ampleur !

Ces fermes usines sont l'objet de montages financiers, adeptes de l'optimisation fiscale. Elles bénéficient de subventions pour la construction de l'usine, vu « qu'elles œuvrent pour l'écologie, n'est-ce pas ! » par l'adjonction d'une méthanisation et la production d'électricité. Cerise sur le gâteau, elles ne payent pas d'impôt (ou si peu), car ce type d'entreprise appartient à un holding. Tant pis pour les paysans qui galèrent face à une concurrence parfaitement déloyale ! À noter que la réglementation favorise cette expansion.

À titre d'exemple, un décret signé en 2016 par Manuel Valls et Ségolène Royal (merci les socialistes) supprime l'autorisation préfectorale pour des élevages supérieurs à 400 vaches laitières, 800 bovins à l'engraissement, 450 porcs et 30 000 volailles. On double les seuils par rapport à la réglementation précédente.

Cette autorisation est désormais remplacée par une simple inscription en préfecture, qui équivaut à une autorisation sans opposition de celle-ci. D'où la difficulté de contester un projet de ce type par les associations concernées par cette politique.

Il existerait très exactement 4 413 fermes usines en France, dont environ 40 % sont implantées en Bretagne (Côtes-d'Armor, Morbihan et Finistère[1]).

Selon Greenpeace, 1 % des fermes produisent plus de la moitié des porcs, des poulets et des œufs consommés en France.

Une carte des élevages en France[2] dénombre pour ces fermes usines la répartition suivante :

---

[1] « La Bretagne compte le plus grand nombre de fermes usines en France » par Mathilde Golla (Figaro Économie : 26 novembre 2018). Cet article cite une évaluation de l'association Greenpeace, confirmée par une enquête auprès des services du ministère de la Transition écologique. En décembre, l'association a reconnu des erreurs et s'est excusée auprès des exploitants concernés par ce classement considéré comme abusif. Il s'agit néanmoins d'élevage intensif et cela, personne ne peut le nier. https://www.lefigaro.fr/conjoncture/2018

[2] « Carte des élevages intensifs » association Red Pill https://associationredpill.fr/cartes-elevages-fermes- usines.

- *Porcs* : plus de 2 000 élevages (en bâtiment sur caillebotis) regroupant 95 % des quantités produites
- *Volailles* : environ 900 élevages qui concernent en quantités produites : 70 % des poules pondeuses (élevées en batterie) et 80 % des poulets de chair (issus du système intensif),
- *Bovins :* plus de 700 élevages (élevés en intensif) regroupant 13 % des quantités produites,
- *Gibiers (lapins) :* environ 400 élevages (en cage sur sol grillagé) regroupant 100 % des quantités produites.

Il s'avère que la Bretagne détient le triste privilège d'être la région la plus représentative dans le domaine de l'élevage intensif avec près de 60 % des quantités de porcins produites sur le territoire national. Elle conserve une place importante en aviculture et aussi dans l'élevage de bovins.

Le Finistère et les Côtes-d'Armor sont les deux premiers départements producteurs de porcs.

On notera que la région des Hauts de France n'est pas en reste. En effet, le préfet du Nord a rendu sa décision relative à l'autorisation d'un projet de ferme intensive de 120 000 poulets à Steenwerck près de Lille. Et ceci malgré plusieurs avis négatifs émanant d'une commissaire enquêtrice indépendante, du conseil municipal de Steenwerck ainsi que de Sailly-sur-la-Lys, une commune limitrophe. Outre l'engagement des riverains qui ont fondé une association pour combattre ce projet et qui ont lancé une pétition appuyée par l'association L 214.

D'autres initiatives voient le jour dans cette zone géographique : l'élevage de volailles (poulets et poules) à Steenwerck, ainsi qu'à Noordpeene, Pihem, Rexpoëde, Offekerque, la production d'œufs à Pitgam, l'élevage porcin à Robecq, la culture de dindons à Bourbourg, l'aquaculture marine à Boulogne-sur-Mer, l'élevage bovin à Catillon-sur-Sambre. De surcroît, la proximité de la région Hauts-de-France avec la Belgique incite les entreprises étrangères à investir sur son territoire. Elles y sont par ailleurs encouragées par le gouvernement, qui poursuit à ses risques et périls une politique d'attraction des investissements étrangers[1].

Autre cas de figure inquiétant : le développement de mégafermes d'élevage de volailles dans l'est de la France :

- Dans l'Yonne et l'Aube, 5 projets de ce type en cours de réalisation
- Dans la Marne et les Ardennes, 6 installations en cours

---

[1] Il s'agit d'une politique largement encouragée par nos présidents de la République successifs, et particulièrement par Emmanuel Macron. On a pu en mesurer certains effets, dont les mesures de délocalisation prononcée par ces *entrants* lorsque leur intérêt financier s'en présente, sans aucun scrupule pour les aides à l'investissement qui leur ont été accordées lors de leur installation.

- Dans le Nord et l'est du Loiret, une dizaine d'élevages de poulets ont été relancés.

Il s'agit bien sûr de poulets standards, logés à plus de 20 au m2 dans des hangars de 1 300 à 1 800 m^2.

L'acteur de cette magnifique réalisation est le groupe néerlandais *Plukon*, un des plus gros acteurs européens de la volaille et accueilli par nos politiques à bras ouverts. Et qui, avec ses associés *De Heus* (Marne et Ardennes) et *Sanders* (Loiret), a racheté l'entreprise *Duc*, en faillite.

Il a supprimé tout élevage bio en contrat avec Duc. Ce groupe a pour projet la mise en œuvre de plusieurs dizaines d'élevages de ce type[1].

Ceci avec la bénédiction des préfectures des départements concernés, donc du pouvoir politique et aucune étude d'impact entreprise !

Et malgré tout cela, la consommation de volaille importée est proche de 50 %. Il s'avère que ce sont les importations extracommunautaires qui, selon l'article du Figaro Économie cité en référence,[2] *taillent des croupières* aux éleveurs français. À cause de ces importations provenant de pays comme le Brésil, l'Ukraine et la Thaïlande, mais aussi de Pologne qui, si je ne m'abuse, fait partie de l'UE ! Allez-vous y retrouver quand il s'avère, en plus, que nombre de ces importations transitent, d'après l'article en question, par la Belgique et les Pays-Bas et sont donc censées être estampillées UE. La seule solution, que je répète à tours de pages (et je ne suis pas le seul), est un contrôle de la France aux frontières de l'UE, garantissant un protectionnisme écologique et social.

Avec, au passage, une taxation correspondant au prix de la pollution engendrée par ce type d'élevage… la *taxe carbone* ! À *élargir aux frontières françaises* jusqu'à ce que l'Europe applique globalement cette attitude.

Et pourtant ! Les Français seraient à 82 % pour la fin progressive de l'élevage industriel et à 58 % pour une TVA modulable sur les produits alimentaires pour favoriser une alimentation saine. Tels sont les résultats du sondage réalisé par l'IFOP pour le JDD. 69 % des Français ayant participé à ce sondage pensent même que cette mesure pourrait être appliquée. Oui, mais voyons ce qui suit…

Un cas de figure très représentatif : l'élevage des porcs

La viande de porc est la *viande la plus consommée par les Français,* avec 33 kg par habitant et par an. Afin de satisfaire cette demande, près de 20 millions de cochons sont tués dans les abattoirs chaque année. Chaque année, la population française consomme l'équivalent de 23,3 millions de porcs. Pour satisfaire sa

---

[1] Pour de plus amples informations, consulter l'article « autour de l'Yonne, le plan industriel de Duc et ses 80 nouveaux mégapoulaillers » par Amélie Poinsot (Médiapart, 27 février 2022) https://www.mediapart.fr/journal/economie/270222.

[2] « Les volaillers tricolores désarmés face aux importations massives » par Olivia Détroyat (Le figaro Économie, publié le 8 octobre 2020) https://www.lefigaro.fr/societes/les-volaillers-francais-veulent-developper-l-elevage-en-batiment-pour-contrer-les-importations-a-bas-cout-20201007.

demande, la filière porcine produit près de 23,8 millions de porcs par an. Et cependant, afin de répondre aux habitudes alimentaires des Français, la France importe 25 % de sa consommation, notamment certaines pièces de viande, telles que les jambons. Ces pièces proviennent de pays européens, principalement l'Espagne et l'Allemagne.

Il s'agit bien sûr, là encore, d'élevage intensif, car ces deux pays n'ont pas à nous envier notre pratique en ce domaine et sont largement aussi performants. À l'inverse, d'autres parties du porc, comme la poitrine et les abats, sont moins appréciées des Français et sont destinées à l'exportation. La filière porcine exporte ainsi 30 % de sa production, en Europe (Belgique, Espagne) et principalement en Chine.

95 % de ces porcs sont élevés dans ces fermes usines qui sont constituées de bâtiments fermés avec un sol bétonné et ajouré pour laisser passer leurs déjections. C'est ce qu'on appelle le *caillebotis*. Ces animaux n'ont jamais accès à l'extérieur et ne disposent d'aucune litière (telle que de la paille).

La réglementation définit les surfaces minimales suivantes attribuées à chaque individu : cela varie de 0,15 m² pour un petit porcelet de 10 kg à 1 m² pour un cochon adulte pesant 110 kg et davantage. À noter que cet élevage est le premier consommateur d'antibiotiques , avec 166 tonnes consommées en 2018[1].

Et l'horizon s'assombrit pour les quelques paysans *bio* qui s'entêtent à vouloir pratiquer un élevage de leurs porcs en plein air. En effet, un arrêté gouvernemental, transcription d'une réglementation européenne, oblige désormais les éleveurs de porcs en plein air à clôturer leurs élevages. Mais grillager des dizaines d'hectares coûte trop cher et la ferme de Kervilavel, à Plougastel-Daoulas près de Brest, a dû mettre la clé sous la porte après quinze ans d'activité.

Le triste sort de nos volailles

En élevage intensif, on distingue plusieurs catégories de victimes. En amont, le poussin, d'où découlent les deux autres catégories : la poule pondeuse, vouée à produire une quantité maximale d'œufs, et le poulet de chair, destinés à satisfaire le maximum de consommateurs. [2] Ces poulets sont vendus, soit en tant que tels, soit sous forme d'aliments (ultratransformés) [2].

Examinons le sort de chacune de ces catégories :

---

[1] « 95 % des cochons sont élevés en système intensif» éthique animaux L214 https://www.l214.com/cochons/95-pourcent-elevage-intensif#antibiotiques.

[2] Quelques chiffres : plus de 40 millions de poules pondeuses sont utilisées pour produire environ 14 milliards d'œufs par an avec une consommation moyenne de 220 œufs par habitant et par an.

Les poussins

À l'éclosion, les poussins sont triés. Pour les élevages de poules pondeuses, les mâles (qui ne pondent évidemment pas d'œufs) sont éliminés, soit gazés, soit broyés. Les poulets de chair (poulets élevés pour leur viande) sont issus de souches triées génétiquement pour optimiser leur croissance.

Sans avoir eu le moindre contact avec leur mère, les poussins d'un jour sont triés pour éliminer les plus faibles, vaccinés et envoyés sans ménagement dans des élevages d'engraissement.

Les poules pondeuses

Les poussins sont élevés sans aucun contact avec leur mère. À partir de 18 semaines, les poulettes sont placées dans les élevages de ponte. Trois modes sont utilisés par les éleveurs :

- *Élevage en cages* (environ 36 % des poules). Chaque cage peut contenir jusqu'à 60 poules, ce qui représente jusqu'à 20 poules/m^2. Cela représente la surface d'une feuille de papier au format A4 (297 mm X 210 mm) par animal. Donc, aucun espace d'évolution et de fréquentes anomalies du comportement. Le sol est grillagé et occasionne des lésions aux pattes.
- *Élevage au sol* dans des bâtiments sans accès extérieur (environ 20 % des poules). Il s'agit d'un subterfuge de la part des éleveurs pour tromper le consommateur sur le niveau de souffrance de l'animal confiné au sol sans possibilité de s'ébattre davantage. Les poules disposent d'une surface au sol de 9 à 15 poules/m^2.
- *Élevage en bâtiment avec accès au plein air* (environ 45 % des poules) qui représente un progrès notable dans le traitement des animaux. Il existe trois variantes :
    - *En catégorie « plein air »* (23 % des poules). On compte à l'intérieur du bâtiment au sol une surface minimum de 150 cm2 par poule, soit 8 poules/m2. Cette surface minimum doit être revue à la hausse pour des poules de grande taille (Barnvelder, Brahma, Faverolles, etc.). En extérieur, on compte une surface de 5 à 10 m^2/poule. Pas de limite de la taille de l'exploitation.
    - *En catégorie « label rouge »* (6 % des poules). Les normes d'espace sont similaires à la catégorie plein air, mais la quantité de cheptel par installation est limitée à deux bâtiments de 6000 poules. Une certification est exigée pour disposer du label.
    - *En catégorie « bio »* (16 % des poules). Les normes d'espace sont plus rigoureuses que pour la catégorie précédente (250 cm2 par poule, soit 4 poules/m2. Les spécifications relatives à la nourriture (aliments spécifiés *bio)* diffèrent.

Chaque mode d'élevage fait l'objet d'une classification des œufs en 4 catégories identifiées par un chiffre de niveau croissant : de 0 (élevage *bio*) à 3 (élevage en cage).

Les principales régions de production de pondeuses biologiques (70 % du cheptel) sont la Bretagne, les Pays de la Loire et Auvergne Rhône-Alpes.

Après une année passée à pondre, ce qui représente environ 300 œufs pondus par poule, les poules *finissent leurs jours à l'abattoir.*

Elles sont transportées sur de longues distances et suspendues *conscientes* à des crochets sur une chaîne automatique jusqu'à leur exécution. Celle-ci s'effectue dans un bain électrifié. Puis elles sont saignées, déplumées, éviscérées et conditionnées pour la consommation (marchandise considérée de faible valeur).

Qu'elles viennent d'élevages en batterie, de fermes sur le sol, ou d'élevages en plein air ou biologiques.

Il est intéressant d'examiner la typologie des élevages de poules pondeuses estampillées *bio.*

L'analyse est effectuée en fonction de leurs circuits de commercialisation, de la taille des élevages et de leur degré de dépendance par rapport au sol qui conditionne, entre autres, le mode d'alimentation adoptée par ces fermes d'élevage[1].

Selon un article sur l'élevage des poules pondeuses en France, diffusé par les lettres *produire bio*, les élevages peuvent être classés suivant quatre grandes catégories :

- *Type 1 — petits élevages en vente directe* : 100 % du chiffre d'affaires en vente des œufs en circuits courts (marchés, particuliers) avec un minimum 50 % du chiffre d'affaires en vente directe. Taille des exploitations : de 18 à 500 poules. Comprend *46 % des élevages* et seulement *3 % du cheptel global.*

- *Type 2 — Élevages en circuits courts* (de taille équivalente aux élevages fermiers). Ils réalisent au moins 2/3 du CA des œufs en circuits courts. Pas de ventes directes : surtout en magasins bios, en GMS et chez des artisans. Taille des exploitations : de 500 à 6 000 poules. Comprend *17 % des élevages* et seulement *8 % du cheptel global.*

- *Type 3 — Élevages en circuits longs* combinant la vente des œufs et d'autres productions. Ils réalisent au moins 2/3 du CA des œufs en circuits longs. Taille des exploitations : de 3 000 à 25 000 poules. Comprend *24 % des élevages* et *58 % du cheptel global.*

- *Type 4 — Élevages strictement spécialisés en œufs en circuits longs.* Au moins 2/3 du chiffre d'affaires des œufs en circuits longs qui représentent 100 % du

[1] Référence « Produire bio : les élevages de poules pondeuses bio en France » https://www.produire-bio.fr/articles-pratiques.

CA de la ferme. Taille des cheptels : de 3 000 à 27 500 poules. Comprend *13 % des élevages et 31 % du cheptel global.*

Quelles conclusions tirer de ce schéma ? Tout d'abord, une concentration de la production dans de grandes structures et une progression des circuits longs vers la grande distribution qui s'est emparée du *bio* afin d'améliorer leurs marges.

Ajoutons à ce tableau que le lien au sol, qui caractérise le type d'alimentation du cheptel *volailles*, est loin d'être conforté. Et ce, particulièrement pour les catégories 2, 3 et 4, du fait de leur orientation spécifique et de la taille des élevages. D'où la proportion d'aliments approvisionnés à l'extérieur de la ferme, apanage de grandes structures et par nécessité très important. Éléments qui obligent des installations à une très forte dépendance vis-à-vis de leurs fournisseurs, avec les risques que cela comporte et qui existent dans l'élevage intensif classique.

Selon l'article référencé ci-dessus, on constate que plus de 60 % des fermes spécialisées dans l'élevage des poules pondeuses n'ont pas de lien direct au sol et que ce pourcentage est en progression ces dernières années. Cela signifie donc que l'élevage intensif a encore de beaux jours devant lui avec bien sûr le risque de voir s'affaiblir deux principes fondamentaux du bio, le lien au sol et l'accessibilité des parcours de plein air.

Les poulets de chair

Aujourd'hui, en France, plus de 800 millions de poulets sont élevés pour leur chair et 83 % d'entre eux sont détenus dans des élevages intensifs. Les poussins, mâles et femelles, âgés d'un jour seulement, sont envoyés pour engraissement dans des groupes de plusieurs dizaines de milliers d'individus.

Trois classes d'élevage des poulets sont identifiées et citées selon le tableau ci-joint[1] :

Classification	Standard	Certifiés	Fermiers
Rythme de croissance	Rapide	Intermédiaire	Lent
Âge d'abattage	35 jours	58 jours	85 jours
Nb de poulets/m2 de bâtiment	22	18	11
Accès à l'extérieur	NON	NON	OUI
% de la production	75 %	8 %	17 %

Quelques remarques :

En élevage standard, contrairement à certains élevages de poules pondeuses, les poulets de chair ne sont pas élevés en cage.

Le poulet certifié dispose d'une garantie complémentaire (nourrie avec 70 % de maïs ou de céréales) et une alimentation plus contrôlée et certifiée sans farine animale.

---

[1] Statistiques issues de la documentation L 214

Le mot « fermier » est exclusivement réservé (selon la définition du règlement CE européen n°1538-91 et du code rural français depuis janvier 2001) aux poulets, dindes et autres volailles élevées en plein air et bénéficiant du Label rouge, de l'agriculture biologique ou de l'appellation d'origine contrôlée (AOC).

On remarquera que, quelle que soit la classification du type d'élevage, les procédures d'abattage restent tout aussi inhumaines, les poulets étant manutentionnés comme des objets inertes (exemple du canon à poulets)[1].

On peut espérer que les options *Bio* et labels divers font exception à ce traitement.

D'autres élevages intensifs de volailles, mais qui attirent moins l'attention…

Les dindes

La France est le quatrième producteur mondial, avec environ 44 millions de dindes abattues. La proportion de cet animal élevé industriellement est de 97 % et leurs conditions d'élevage sont aussi déplorables que celle des poules pondeuses et des poulets de chair. La fécondation se fait uniquement par insémination artificielle. Les dindes élevées de cette manière peuvent peser jusqu'à 20 kg et leur emploi est réservé à la découpe et à la confection, entre autres, des plats ultratransformés. Les 3 % restants se partagent entre élevage en plein air (label rouge et AOP dindes de Bresse) et élevage biologique[2].

Les canards, les oies et la fabrication du foie gras

Plus de 20 millions de canards et d'oies sont élevés et abattus chaque année pour la fabrication de 16 000 tonnes de foie gras. Les oies ne représentent que 3 % des palmipèdes élevés pour la production de foie gras. La France a le triste privilège d'être le premier pays producteur européen, loin devant la Hongrie, la Bulgarie et l'Espagne. On notera que le gavage de ces animaux est interdit dans quatorze pays européens et autorisé seulement dans sept États membres.

Il coexiste deux filières d'élevage :

- *La filière artisanale* (dite filière courte) qui représente environ 12 % de la production française de foie gras de canard et 20 % de foie gras d'oie. Ces producteurs élèvent, gavent et conditionnent les volailles sur leur exploitation. Ils tiennent à se démarquer de la filière industrielle par l'adoption de labels de qualité. Beaucoup se trouvent dans le Gers où ils font de la vente directe de foie gras frais auprès des consommateurs.

---

[1] Se reporter à la documentation (vidéos multiples) émise sur internet par l'association L 214 sous le titre « Ethique et animaux » https://www.l214.com/

[2] Choix à privilégier pour votre dinde de Noël. Leur poids ne doit pas dépasser 4 à 5 kg pour bénéficier d'une viande de qualité acceptable.

- *La filière industrielle* (dite filière longue) qui pratique une *taylorisation* du cycle en plusieurs étapes : l'élevage des canards à l'air libre, le gavage, l'abattage, la découpe, la transformation, le transport d'une étape à l'autre et la commercialisation. La plupart de ces acteurs sont membres de coopératives. On notera que ce morcellement du processus présente des risques de transmission de virus dans le cas d'épidémie de grippe aviaire. La production est très concentrée : les 13 premières entreprises couvrent 90 % du marché. Et c'est bien dommage, car c'est au détriment de la qualité des produits et du bien-être de l'animal !

Une grande partie de la production est concentrée dans le sud-ouest de la France et dans trois départements par ordre d'importance : les Landes, les Pyrénées-Atlantiques, le Gers. Cette production de foie gras est la source de nombreuses controverses.

En effet s'opposent deux entités irréconciliables :

- *Les fabricants de foie gras*, représentés par un syndicat très influent, le CIFOG (comité interprofessionnel des palmipèdes à foie gras). Cette filière fait vivre 30 000 emplois directs et un certain nombre d'emplois indirects, dont 70 % dans le sud-ouest de la France.

- *Les associations de défense des animaux, dont L 214 et CIWF, s'insurgent contre les conditions d'élevage pratiquées par cette filière.* Ces oppositions ont pour objet en grande partie , *et à juste titre*, la phase de gavage des animaux. Elle est considérée, quoi qu'en dise le CIFOG, comme une source de souffrance prolongée pour l'animal et de détériorations importantes de la santé et du comportement (stéatose hépatique, diarrhées, problèmes pulmonaires et locomoteurs, etc.).

Et ceci est d'autant plus vrai que la durée de chaque opération de gavage, pour des raisons de rentabilité, est de plus en plus courte (2 à 3 secondes avec une pompe pneumatique contre une minute pour un gavage à l'ancienne encore pratiqué en élevage artisanal).

Ajoutons à cela les conditions d'élevage de ces palmipèdes qui n'ont rien à envier à celles d'autres volailles élevées en intensif. Triage à la naissance et élimination des femelles (broyées vivantes) alors qu'elles pourraient continuer à vivre et être utilisées pour la consommation, enfermement des mâles dans des cages minuscules, etc.

Or, il semble que la tendance aille vers une restriction au niveau européen, de la fabrication et de l'exportation de foie gras dans les différents pays de l'UE. Depuis le lancement du plan bien-être animal 2016-2020, le ministère de l'Agriculture et de l'Alimentation a également mobilisé 62 K€ dans une convention avec l'INRA pour la recherche sur les alternatives au gavage.

Ce projet OCTRA'palm (Optimisation et caractérisation de l'engraissement spontané chez les palmipèdes) a pour objectif de produire un foie gras *alternatif*. Plusieurs options ont été à l'étude :

- Obtenir une variante à partir de foies de palmipède nourris normalement dans lesquels on aurait ajouté des graisses et autres éléments permettant l'obtention d'un foie aux qualités gustatives similaires à celles d'un foie gras classique.
- Détruire la sensation de satiété chez l'animal par suppression de la leptine, hormone qui déclenche cette satiété chez l'individu.

Aucune de ces recherches n'a donné de résultats probants jusqu'à aujourd'hui. Il faut dire que le CIFOG est radicalement opposé à ces orientations et a mis tout son poids dans la balance pour les discréditer.

Par ailleurs, l'INRA ne paraît guère convaincu de leur efficience. Et cependant, il me paraît indispensable de continuer dans cette voie, car nous ne pouvons pas simplement interdire le gavage en provoquant la suppression de la filière et les emplois qu'elle génère. Il faut que davantage de moyens soient libérés pour obtenir des résultats concrets.

L'élevage des bovins

La France est le premier producteur européen de bovins avec 1,4 million de tonnes. Elle est aussi une des rares filières exportatrices avec 1,1 G€ d'excédent commercial (1,4 million de têtes exportées contre 0,04 million importées)[1].

Sur le total de production, il a été identifié 54 000 tonnes élevées sous labels de qualité (label rouge, IGP, AOP, bio) dont 25 000 tonnes en élevage biologique. Ce qui représente au total 3,9 % de la production totale de bovins.

Qu'en est-il du reste de cette production ?

D'abord, il faut dire que l'évolution vers une agriculture et un élevage intensif a bouleversé l'organisation de l'ancienne exploitation agricole qui conjuguait à la fois élevage et agriculture proprement dite. Une césure a été opérée entre ces deux entités avec l'irruption de la *révolution verte*. L'élevage est devenu un métier à part entière et la profession elle-même a donné naissance à plusieurs entités distinctes.

Élevage de vaches laitières

Ce sont celles dont le lait est, au moins en partie, destiné à la consommation humaine. Tout d'abord, il faut dire qu'il n'existe pas de directive européenne fixant des standards minimaux pour la protection des vaches laitières, comme pour les poules pondeuses, par exemple. Excepté quelques cahiers des charges qui développent des systèmes d'indicateurs de performance et la définition d'objectifs, visant à améliorer le bien-être de l'animal. Chaque vache laitière a

[1] Statistiques pour 2018 publiées par Interbev (Interprofessionnelle Bétail et Viande). Ces statistiques manquent de cohérence et sont en complète contradiction avec celles communiquées par un article publié par Web-agri et intitulé « Où va le bœuf » (Réf : Nathalie Wisotzki le 10 février 2020) https://www.web-agri.fr/bovin-viande/article. Difficile de s'y retrouver et de se faire une religion !

une obligation de vêler afin de déclencher la lactation et accouche une fois par an à la suite d'une insémination artificielle.

Élevage de vaches « allaitantes »

Ce sont celles dont le lait est exclusivement destiné à l'alimentation des veaux. Les vaches allaitantes représentent 52 % des vaches présentes en France. Ce sont des animaux de races spécifiquement élevés pour la qualité de leur viande, comme les Charolaises et les Limousines. Ces vaches ne sont pas soumises à la traite. Elles allaitent leurs veaux et les élèvent jusqu'à l'âge de six mois.

Élevage de veaux de boucherie et/ou bovins à l'engraissement

Les veaux issus de vaches laitières sont séparés de leur mère peu après leur naissance, les femelles étant amenées à devenir de nouvelles vaches laitières. Les mâles sont destinés à l'engraissement et représentent plus de 80 % des veaux de boucherie. Ils sont acheminés dans des cages individuelles, puis groupés dans des bâtiments où ils ont une surface de moins de 2 m2 par veau. Deux veaux sur trois sont engraissés pour produire de la viande, et seront abattus entre 1 et 3 ans. Le quart des veaux deviennent à terme des reproducteurs.

Telles sont les conditions déplorables, dans le cadre d'un élevage intensif décrit ci-dessus, dans lesquelles sont élevés les bovins. Les vaches laitières et leurs progénitures sont particulièrement affectées par ce système. Quelques cas isolés d'un traitement humain existent encore, qu'on pourrait décrire comme une forme d'élevage extensif par rapport à la pratique courante.

On définit les systèmes de production d'élevage herbagé extensif comme une agriculture à Haute Valeur Naturelle (HVN) en France métropolitaine.

Les zones agricoles à *Haute Valeur Naturelle* sont essentiellement des zones de polyculture élevage. Elles correspondent à des *systèmes agricoles relativement homogènes*. Ils sont liés à des terroirs (comme les causses ou les prés-salés), à des pratiques (transhumance, pâturage, fauche tardive, semences fermières), à des races animales (bovines et ovines notamment) et à des produits (fromage, cidre, viande, huile d'olive).

En 2000, les régions les mieux représentées étaient la Corse (87 % du territoire agricole), le Limousin (85 %), et la Provence.

En fait, il s'agit de modèles, et non pas d'un cahier des charges ou d'une certification, comme c'est le cas pour le bio. Cette démarche permet d'apprécier le nombre d'exploitations, certifiées ou non, qui ont adopté un élevage extensif.

Malheureusement, la surface dédiée HVN n'a pas cessé de s'amoindrir depuis la *révolution verte*. En 1970, la surface agricole utile des zones HVN était estimée à 21,4 millions d'hectares. En 2010, elle avait fortement chuté et représentait en France environ 5 millions d'hectares (18 % de la surface agricole utile), dont 3,8 millions de prairies permanentes. Elle concernait 80 000 exploitations agricoles.

Qu'en est-il à l'heure d'aujourd'hui ?

Je n'ai pas connaissance, à titre de comparaison, des statistiques actuelles relatives aux exploitations HVN (haute valeur naturelle). Par contre, on dispose de certaines valeurs relatives aux exploitations *bio*. En 2018, il existe environ 48 000 exploitations pour une surface d'exploitation de 2,3 millions d'hectares, chiffre estimé en relative progression. La production en bovins est estimée à environ 17 % du total national[1].

Que représente le reste, sachant que la production *Label rouge* n'excède pas 3 à 4 % de la production nationale ?

1.2.5. Les principaux axes d'une réforme indispensable

J'ai souhaité les articuler autour du projet TYFA[2]. De quoi s'agit-il ?

Le projet TYFA s'inscrit dans l'optique d'une transition écologique de l'agriculture européenne. TYFA signifie *Ten Years For Agroecology*. Dix ans, c'est la durée nécessaire pour amorcer une transition qui rende cet horizon crédible, mettre en place les outils qui le permettent et réduire significativement les effets du changement climatique. Le projet TYFA consiste en une démarche prospective mobilisant une forte expertise scientifique.

Il a été développé avec l'IDDRI[3] depuis 2014 et avec le soutien de la Fondation Charles Léopold Mayer pour le progrès de l'homme[4].

Quelles sont les données d'entrée qui conditionnent notre politique agricole ?

Notre conduite alimentaire

Elle représente une consommation excessive de viandes et de produits laitiers, de mauvaise qualité pour la plupart, eu égard à la consommation d'aliments d'origine végétale.

La nature de notre alimentation remet en cause le comportement des individus face à une nourriture carencée en oligo-éléments et vitamines indispensables au maintien de la personne en bonne santé.

À titre d'information, citons quelques statistiques de consommation de viandes et de produits laitiers en France, qu'il est certainement possible de transposer à nombre de pays européens.

Consommation de viandes (kg par an et par personne) en 2019 :

- Porc : 33 kg,

---

[1] Cette valeur est en complète contradiction avec les statistiques fournies par Interbev

[2] La genèse de ce projet a été abondamment développée dans l'ouvrage intitulé *Demain, une Europe agroécologique* de Xavier Roux et Pierre Marie Aubert

[3] Institut indépendant de recherche sur les politiques et plateforme de dialogue multi-acteurs, l'Iddri identifie les conditions et propose des outils pour placer le développement durable au cœur des relations internationales et des politiques publiques et privées.

[4] La Fondation Charles Léopold Mayer pour le Progrès de l'Homme (FPH) est une fondation suisse qui soutient par ses dons des mouvements et des organisations de la société civile dans leurs actions de plaidoyer en faveur d'une transition sociale et écologique.

- Poulet de grain : 28 kg,
- Bœuf : 24 kg,
- Dinde : 5 kg,
- Gibier : 4 kg,
- Mouton : 3 kg,
- Canard : 3 kg,
- Lapin : 1 kg,
- Autres volailles : 1 kg.

La somme (en légère diminution depuis ce relevé) représentait un total de 102 kg, soit une ration journalière de *300 g par jour et par personne.*

Si l'on exclut de la population les enfants de moins de cinq ans et les personnes adeptes d'une pratique végétarienne, végétalienne et végane, la consommation des amateurs de viande pourrait excéder pour un certain nombre d'individus les *500 g par jour* !

Une mention spéciale accordée à la consommation de porc, championne toutes catégories. Et vraisemblablement due à l'usage intensif de plats ultratransformés et de charcuterie d'origine industrielle !

Consommation de produits laitiers[1] (unités par an et par personne) en 2017 :

- Lait liquide : 60 kg,
- Fromages : 28 kg,
- Beurres : 8 kg,
- Œufs : 300 unités

Le poids des filières de l'industrie alimentaire

Cette soif de consommation est alimentée par les promotions permanentes pratiquées par la grande distribution. Des offres débridées sur le porc et la volaille, par exemple, qui poussent le consommateur à acheter alors qu'il n'en a pas réellement besoin. Ceci sans considération du critère de qualité.

À titre indicatif, le budget de publicité a été de 1 G€ pour 2018, dont 50 % sur des produits classés D et E au Nutri-Score ! On nous répétera sur tous les tons que « le client est roi », mais ce qui vient d'être dit montre bien que, dans la réalité, *c'est l'offre qui pilote la demande et non l'inverse.*

Rappelons-nous la promotion faite par *Intermarché* il y a quelques années sur la pâte à tartiner *Nutella*, pour laquelle l'engouement des Français ne se dément pas[2].

Cette promotion a presque déclenché une mini-révolution. Tout cela pour un produit à base d'huile de palme dont la culture intensive est catastrophique pour l'environnement et pas forcément bénéfique pour la santé.

---

1 Référence Statista

2 À titre d'information, la consommation de pâtes à tartiner atteint 88 millions de pots/an.

Un signe qui ne trompe pas : l'agro-industrie est la seule qui ait résisté à la désindustrialisation. Elle est largement pourvoyeuse d'emplois (en Europe, 5 millions de personnes, 1 000 G€ de CA et une balance des paiements excédentaire). Difficile d'aller contre !

À titre indicatif, il est utile de mettre en exergue ce qu'on a coutume d'appeler le « sablier de la chaîne alimentaire » (*Annexe 3*), avec un effet de concentration des pouvoirs (3 % des entreprises agroalimentaires de plus de 250 salariés représentent 60 % du chiffre d'affaires du secteur).

Les conséquences sont clairement *le rapport de force favorable à ces structures* dans les négociations avec les producteurs d'une part, et avec les pouvoirs publics et en particulier avec les agences sanitaires d'autre part.

L'évolution des conditions de vie

La généralisation du travail féminin a eu pour conséquence une influence sur le temps passé aux tâches ménagères et, en particulier, à la cuisine.

D'où une attirance bien naturelle pour les produits ultratransformés à faible valeur nutritive fabriqués par une industrie alimentaire en plein essor :

- Dans lesquels on a introduit des additifs divers à base de colorants, de conservateurs et d'antioxydants
- Susceptibles de présenter, au pire, des risques de cancer, et, au mieux, d'être inutiles

L'attitude du consommateur face aux produits en provenance de l'agriculture biologique

Le bio était en progression en France jusqu'en 2022. On observe depuis cette date un déclin notoire, causé par une inflation non contrôlée liée en partie au déclenchement de la guerre Russo-Ukrainienne. En outre, il est un fait que la difficulté des consommateurs à évoluer consiste dans le fait qu'il doit s'informer sur des sujets a priori complexes.

Un constat : il s'avère que le prix généralement plus élevé des produits bio constitue le principal point de blocage. Cela montre bien qu'il y a distorsion entre les attentes exprimées vis-à-vis du bio et la consommation réelle. Il s'agit donc d'un point positif de l'évolution des mœurs en faveur de l'agroécologie.

Autre élément à prendre en compte : le souci du bien-être animal, ignoré, voire méprisé dans le schéma industriel de l'élevage, gagne du terrain en particulier en France.

Il reste que, malgré une progression sensible, les partis écologiques en France et en Europe restent minoritaires et en nette décroissance lors des dernières élections européennes. En outre, le consommateur a du mal à faire la relation entre la persistance du schéma agricole actuel et la détérioration du climat.

L'influence des syndicats agricoles sur l'évolution de l'agriculture

Quatre syndicats agricoles se partagent les suffrages de la totalité du monde paysan :

- *La FNSEA (Fédération Nationale des Syndicats d'Exploitants Agricoles) regroupe également les JA (Jeunes Agriculteurs), qui ont obtenu 55,3 % des suffrages exprimés lors des dernières élections.* Représentant des grandes exploitations, il règne depuis fort longtemps sur l'ensemble du milieu agricole et dispose de l'oreille de l'ensemble des gouvernements, quelle que soit la tendance politique en place. De par son score aux différentes élections, son influence est prépondérante au niveau de tous les leviers du système, qu'il s'agisse des chambres d'agriculture ou des SAFER (Sociétés d'Aménagement Foncier et d'Établissement Rural).
- *La Coordination Rurale*, deuxième syndicat en piste avec 21,5 % des suffrages exprimés. Il est proche de l'extrême droite et noyauté en partie par le Rassemblement National. Il est partisan, comme la FNSEA, de l'emploi des pesticides. Du fait qu'il représente en grande partie les petites structures, il serait souhaitable de convaincre les adhérents de ce syndicat de changer de paradigme.
- *La Confédération Paysanne* nommée anciennement Mouvement des Paysans Travailleurs, talonne la coordination rurale avec *20 %* de suffrages exprimés. Il s'agit d'un syndicat très proche de la mouvance écologique et qui milite ardemment pour une agriculture à taille humaine pratiquante de l'usage du bio. Malheureusement, il peine à convertir la masse des agriculteurs à cette démarche et marque le pas en termes de ralliement à son idéologie. Ce qui est bien dommage, car cette tendance constitue un frein à l'évolution souhaitée.
- *Le MODEF,* proche de la mouvance du parti communiste, peine à se faire entendre avec *1,9 %* des suffrages exprimés. Il constitue un petit appoint à la Confédération paysanne dont il partage la plupart des positions.

Comment sont nourries les différentes variétés de nos animaux d'élevage ?

On peut classer ceux-ci en deux catégories suivant leur type de nourriture :

- *Les herbivores :* principalement les bovins, alimentés en partie par l'herbe des prairies et par une adjonction de fourrages (herbe, foin et ensilage) et d'une part importante de compléments alimentaires (maïs, céréales, soja) dans le cas des vaches laitières pour lesquelles il s'agit de doper la production. Il s'avère que 80 % de la production de lait est issue de ce type d'élevage. L'utilisation de soja, qui améliore le % de protéines, et la fertilisation des prairies permettent d'augmenter de 5 000 à 10 000 litres par an la production de lait par rapport à une vache nourrie uniquement à l'herbe.

- *Les granivores :* porcs et volailles, nourris avec des céréales et du soja (principalement importés du Brésil), et des sous-produits d'oléagineux (tourteaux de colza et de tournesol). On notera que l'adjonction de soja dans l'alimentation permet d'augmenter le pourcentage de protéines dans l'alimentation.

Comment se répartissent les cultures sur le territoire français

Le plus gros de la production est concentré sur de grandes surfaces céréalières et des prairies, avec un complément de cultures complémentaires (fruits, légumes, vignes). En Europe, il faut noter que la nourriture des animaux mobilise les 2/3 des céréales produites. Si l'on ajoute les productions fourragères, *ce sont les trois quarts de la surface agricole qui sont destinés à l'élevage.*

Les proportions indiquées ci-dessus sont peut-être un peu moins élevées en France si l'on tient compte que l'élevage intensif est moins conséquent chez nous que dans les pays de l'Est (Bulgarie, Roumanie, Allemagne de l'Est, Pologne, Tchéquie).

1.2.6. Les orientations privilégiées par le projet TYFA

Une modification en profondeur de notre alimentation

Le projet TYFA fournit quelques orientations : réduire drastiquement la consommation de produits laitiers et de viande et en particulier des produits transformés, dont la charcuterie.

Sa préférence se positionne vers une forte diminution des viandes blanches plutôt que des viandes rouges. Cela va à l'encontre d'une opinion généralement admise qui préconise le contraire. Il est facile de comprendre cette orientation. La viande blanche, qui regroupe porcs et volailles, est celle dont l'élevage relève en priorité des traitements intensifs, dont une partie non négligeable en fermes usines.

Comme indiqué précédemment, ce constat est valable pour 95 % des porcs et une partie importante des volailles, dont celles qui sont importées sans aucune garantie de qualité. Au contraire, l'élevage bovin en version bio et labellisé représente plus de 20 % du total du cheptel, comme nous l'avions indiqué précédemment.

Il est donc plus facile de faire le bon choix. Les grandes agences sanitaires (OMS, EFSA, ANSES)[1] préconisent un maximum de 70 g de viande rouge par jour sans risque pour la santé. TYFA se limite à 30 g par jour inclus dans 80 g de protéines. En ce qui me concerne, je pense que, si dans un premier temps, chaque personne se limitait à 80 à 100 g par jour de protéines animales, pour les amateurs de viande bien sûr, ce serait déjà un progrès non négligeable.

---

[1] OMS : Organisation mondiale de la santé — EFSA : Agence Européenne de Sécurité des Aliments — ANSES : Agence Nationale de Sécurité Sanitaire de l'Alimentation, de l'Environnement et du Travail

Une première conséquence

Il est nécessaire de réduire de manière drastique la concentration d'animaux d'élevage, en priorité dans les régions privilégiées d'élevage intensif, dont en particulier la Bretagne. Ce ne sera pas facile, car ces bastions sont défendus bec et ongles par les tenants de l'agro-industrie épaulés par le syndicat majoritaire, les grosses coopératives agricoles et les chambres d'agriculture.

La nécessité première est de s'attaquer en priorité à ce qu'on appelle les *fermes usines*. Elles sont essentiellement présentes dans les élevages de porcs et de volailles et appartiennent à des groupes financiers qui n'ont plus rien à voir avec le profil d'un paysan qui exploite lui-même sa ferme. La démarche qui paraît la plus appropriée est celle qui consistera à les asphyxier financièrement par une taxe carbone qui correspond au niveau de pollution engendrée par ce type d'élevage.

Dans les autres cas de figure, il est nécessaire de tenir compte de la situation des paysans éleveurs, souvent acculés par les dettes qu'ils ont contractées *grâce* au système qui les a amenés à investir massivement et à devenir prisonniers de ce système soi-disant *coopératif*, mais dont ils ne tirent aucun avantage.

Au contraire, il assèche leur trésorerie à la fois en amont (achat de la nourriture imposée par le mode d'élevage et de l'arsenal vétérinaire nécessaire) et en aval (prix de vente du litre de lait et du kg de viande imposés par le client. Celui-ci prend le plus souvent la forme d'une coopérative laitière ou acteur de la grande distribution).

Actuellement, un agriculteur se suicide par jour, *ce qui est proprement intolérable.*

Et pourquoi ? Parce qu'il lui est impossible de lutter à l'exportation, qui lui est pratiquement imposée, avec les fermes géantes des pays de l'Est, véritables fermes usines survivantes des anciens kolkhozes de l'époque soviétique. D'où la nécessité absolue d'une assistance psychologique pour éviter d'en arriver à ces extrémités.

Une aide financière est indispensable pour assurer leur reconversion vers une activité extensive à base de polyactivités. Ceci afin de leur assurer une autonomie commerciale grâce à des ventes en direct de produits à forte valeur ajoutée et à la pratique de circuits courts.

C'est à cela que devraient servir, en grande partie, les fonds versés par l'Union européenne à la France au titre de la PAC (Politique Agricole Commune) et le produit de la taxe carbone dont il a été question précédemment. Ce n'est malheureusement pas le cas.

Nous y reviendrons ultérieurement. Un dernier point : les importations de volailles et de porc ne seront plus nécessaires dans la mesure où les besoins auront considérablement diminué.

Une seconde conséquence

La réduction du cheptel d'animaux d'élevage *doit entraîner* une diminution significative des cultures céréalières et oléagineuses (colza, arachide, tournesol, soja) indispensables à l'élevage intensif. Cette réduction pourrait atteindre plus de 50 % à moyen terme. D'où une restructuration complète du paysage de nos campagnes et un équilibrage entre ce qu'on appelle l'*Ager* (tout ce qui est labouré ou travaillé annuellement pour produire les plantes dont on a besoin pour se nourrir) et le *Saltus* (les territoires valorisés par l'élevage, dont les prairies).

S'ajoute à cette description l'*Hortus,* ou espace jardiné dans lequel sont concentrées, contrairement à l'Ager, un nombre de plantes maraîchères assez conséquent sur un espace relativement réduit.

Dernier élément, la *Silva* qui comprend l'ensemble des terrains forestiers et ne remplit aucune fonction agricole. Par contre il joue un rôle fondamental dans l'élimination de la pollution et le maintien de la biodiversité, causes principales du dérèglement climatique.

Tout cela va nous amener à une modélisation complète tenant compte, entre autres, de la nature des sols et du choix des emplacements des cultures en fonction de cette nature. Il s'agit de recréer, à moyen et long terme, des exploitations à taille humaine en polyactivités culture/maraîchage/élevage. Un exemple caractéristique est celui du bassin parisien qui s'est spécialisé, depuis la *révolution verte*, dans la monoculture, principalement des céréales et des oléagineux, mais où l'élevage et la production de fruits et légumes sont pratiquement absents ou peu développés. Il sera donc nécessaire d'introduire de la diversité.

Il est évident que, si cette démarche nécessite au minimum une dizaine d'années, sous réserve que ce type de réforme soit mise en œuvre maintenant (ce qui n'est pas à l'ordre du jour), le résultat concret de cette démarche se fera attendre au bout d'une longue période. Réhabiliter un sol appauvri par cinquante années de monoculture n'est pas tâche aisée et demande beaucoup de persévérance et d'abnégation.

D'aucuns pensent cette transformation impossible. Pour illustrer le contraire de cette affirmation, on peut citer l'exemple de l'évolution de la filière vinicole. Celle-ci s'est radicalement transformée en l'espace d'une cinquantaine d'années. Basée au départ sur une logique d'offre de masse et en état de mort cérébrale, elle a complètement évolué vers une filière de diversification avec des labels garantissant un niveau de qualité et des viticulteurs qui sont devenus des vignerons.

Qu'intègre ce distinguo alors qu'a priori, on peut penser qu'il s'agit du même concept ? Eh bien, un viticulteur cultive le raisin et *le vend à un tiers pour produire du vin*, alors que le vigneron, qui intègre les deux métiers, produit lui-même son vin avec son raisin et *commercialise celui-ci.* Faisons l'analogie *avec l'éleveur*, qui élève ses vaches et vend son lait et/ou sa viande, et le *paysan* polyactif qui transforme une partie de son lait, voire de sa viande, en produits à haute valeur ajoutée. C'est ce à quoi doit aboutir une nouvelle révolution agricole que nous devons ardemment privilégier, car cette polyvalence sera source de satisfaction chez le paysan qui verra ses efforts récompensés et sa situation matérielle largement améliorée.

Voici un exemple parmi d'autres de cette évolution[1]. Il s'agit du *domaine de Courances*, petit village du sud de la Seine-et-Marne, situé à mi-distance de Melun et Milly-la-Forêt. L'objectif était de transformer 600 ha de culture conventionnelle en ramenant à la vie un sol dépourvu de toute matière organique.

Comment ? Au départ, en commençant par ressusciter un maraîchage bio de 3 ha. Puis en lançant un programme d'agroforesterie avec la plantation de 1800 arbres. Le reste de la surface serait converti en agriculture bio, en tenant compte des réserves du monde paysan, peu accoutumé à ce genre de réforme dans une Brie majoritairement conservatrice et adepte de l'agriculture intensive. Cela suscite d'interminables querelles de chapelle (avec ou sans labour, avec ou sans glyphosate) et la nécessité de faire appel à un conseil extérieur pour aider à mettre en place cette réforme.

En butte à moult difficultés, il apparaît que le projet a pris forme malgré trois ans de purgatoire émaillé de rendements catastrophiques et assortis de l'impossibilité de vendre les produits de la ferme avec des marges substantielles. … Dans la mesure où l'objectif principal était à terme de réhabiliter le sol.

Pour pallier cette déficience, on a fait appel, dans une logique de polyculture élevage, à l'adjonction d'un troupeau de 600 brebis qui viennent pâturer sur l'ensemble des parcelles. En accord avec l'ONF, ces brebis restent dans la forêt de Fontainebleau durant la période estivale. Cela a permis, en dehors de cette période, de réensemencer la terre en micro-organismes.

À titre d'exemple et dans le cadre d'une démarche de polyculture, on a semé de la luzerne entre les céréales afin de faciliter un apport d'azote.

Autre intérêt de ce projet : il a permis l'embauche de huit personnes à temps plein et une personne à mi-temps qui travaillent sur le domaine. Autre sujet de satisfaction, Courances a été déclaré en bio en 2018. Mais restons réalistes. Malgré tous ces efforts, il s'avère que le délai estimé par les promoteurs de ce projet est de cinquante années pour obtenir 3 % de matières organiques dans le sol.

Un deuxième cas de figure : celui des pays du Sud. Cet exemple n'est pas choisi au hasard : c'est celui de l'île de Madagascar, considéré comme un des plus pauvres du globe. Les raisons : une certaine inconséquence qui a participé à un désastre. Une déforestation généralisée, alliée à une surexploitation, a entraîné une érosion et une dégradation des sols. Phénomène accentué par une sécheresse grandissante provoquée par le changement climatique auquel Madagascar est particulièrement vulnérable. Le sud de l'île est la partie du territoire la plus touchée.

Or, il s'avère que, depuis quelques années, certains *blocs agroécologiques* ont été mis en place par le CTAS (Centre technique Agroécologique du Sud), initiative soutenue par l'AFD (Agence Française de Développement).

---

[1] Exemple emprunté dans l'ouvrage *Demain, une Europe agroécologique* publié par Xavier Roux et Pierre Marie Aubert collection Domaines du possible éditons Actes Sud.

Différentes techniques ont été développées pour lutter contre la sécheresse :

- Des plantations de cultures en bande (cajanus) qui vont servir de brise-vent afin de limiter l'assèchement du sol,
- Emploi de semences plus résistantes, comme le mil et le sorgo, moins gourmandes en eau que le maïs et la patate douce,
- techniques utilisées en Israël comme la micro-irrigation.

Aujourd'hui, environ 6 000 ha bénéficient de la mise en œuvre de ces procédés qui permettent de limiter les méfaits de la famine et bénéficient à plus de 20 000 personnes.

Un troisième cas de figure qui m'est venu très dernièrement aux oreilles et qui s'avère d'un poids fondamental dans la remise en cause de l'agro-industrie.

Il s'agit de l'Inde qui s'apprête à tourner casaque au modèle libéral en vigueur. Le plus grand programme d'agroécologie du monde a été lancé dans l'Andhra Pradesh, état agricole du sud-est de l'Inde. Il touche plus de huit millions de paysans et a été adopté par plus de 900 000 d'entre eux.

Bonne nouvelle : le Premier ministre de l'inde, *Narendra Modi*, hindouiste classé d'extrême droite, s'est prononcé contre toute attente pour la mise en œuvre de ce programme. Grâce également, il ne faut pas l'oublier, à un an de mobilisation de paysans montés à Dehli.

Cela montre abondamment que l'agroécologie n'est pas une utopie, comme tentent de nous le faire croire une bonne partie de nos politologues à l'écoute quand ce n'est pas au service des industriels de l'agro-industrie[1].

Autre facteur encourageant qui peut accélérer l'évolution. C'est la diminution des rendements à l'hectare dû à l'appauvrissement des sols, diminution qui n'est pas compensée par une utilisation massive des intrants azotés et des pesticides.

Le constat est sans appel : impossibilité d'être compétitifs et, à court terme, la faillite[2]. Il s'avère qu'un certain nombre d'agriculteurs ont voulu éviter cette catastrophe et ont décidé de franchir le pas et de se reconvertir vers des installations polyactivités à taille humaine. Et ce changement de paradigme se manifeste particulièrement dans le sud et le sud-ouest de la France, régions de

---

[1] Se reporter à deux articles :« 15 ans d'agroécologie à Madagascar : un pari gagnant » publié le 14 avril 2018 AFD, « À Madagascar, l'espoir de l'agroécologie après deux ans de famine » par Rémi Brancato le 22 février 2022 Franc Inter Et aussi à deux émissions : *Interception* du dimanche 27 février 2022 consacrée à Madagascar et *La Terre au Carré*, patronnée par Mathieu Vidard, et diffusée le 20 mai dernier sur France Inter.

[2] Les charges intermédiaires (achats d'engrais, phytosanitaires, semences) représentent près de deux tiers de la production. Ajoutons à cela les charges fixes (amortissement des investissements et impôts) et les charges salariales. Et la boucle est bouclée, car l'ensemble de tout cela dépasse parfois le produit des ventes. Ce qui fait que, dans le meilleur des cas, l'exploitant agricole vit grâce aux subventions qu'il reçoit. Bel exemple de gestion et de réussite.

Nouvelle-Aquitaine et Occitanie, là où persistaient encore récemment de grandes étendues plantées de céréales et d'oléagineux.

En conclusion : Il se confirme que, sur un plan national et européen, cette réforme agricole doit s'effectuer de manière massive le plus rapidement possible, car il s'avère que les résultats tangibles sont très longs à intervenir.

Luttons contre une spécialisation des tâches issue en ligne droite de la révolution industrielle des 19e et 20e siècles et de la *taylorisation* qui en a résulté.

Une troisième conséquence

Elle consiste dans l'obtention d'une diminution notable du gaspillage alimentaire, grâce en partie à une chute de l'élevage intensif, donc à une chute concomitante de la consommation de plats hypertransformés confectionnés pour une bonne part à partir de cet élevage. Qu'en est-il actuellement ? Les derniers chiffres donnent le vertige : la France gaspille entre 130 € et 160 € par an et par habitant, soit une perte de 12 à 20 G€ par an. Mais, selon l'ADEME, seuls 19 % de nos déchets alimentaires sont dus au gaspillage domestique.

Les 81 % restants se répartissent de la manière suivante :

- 67 % sont gaspillés au niveau de la chaîne alimentaire dans les usines de production au niveau des opérations de tri, stockage, transformation, conditionnement et distribution. En France, une salade verte sur deux est jetée et plus de 9 milliards d'œufs finissent à la poubelle.
- Le reste, soit 14 %, est gaspillé dans des établissements de restauration collective (cantines scolaires, hôpitaux, etc.) et commerciale (restaurants d'entreprises). À titre indicatif, un restaurant collectif de 500 convives gaspille l'équivalent de 1 000 tonnes de nourriture par an, soit 22 000 repas pour un coût de 33 K€ par an.

D'un point de vue environnemental, *l*'empreinte carbone annuelle du gaspillage alimentaire serait de près de 15,5 millions de tonnes de dioxyde de carbone par an, soit 3 % de l'émission de gaz à effet de serre de la France. Ce qui est loin d'être négligeable.

Un certain nombre de mesures devaient être prises par le pouvoir politique.

Pacte national de lutte contre le gaspillage alimentaire en juin 2013, journée nationale de lutte contre le gaspillage alimentaire en octobre 2013, loi relative à la lutte contre le gaspillage alimentaire promulguée le 11 février 2016. Cela devait obliger chaque supermarché de plus de 400 m2 à céder ses invendus alimentaires au lieu de les jeter ou de les détruire.

Autre loi : celle de 2018 pour l'équilibre des relations commerciales dans le secteur agricole et une alimentation saine et durable. On doit permettre à la restauration collective et à *l*'industrie agroalimentaire de faire des dons alimentaires.

Que de lois et de décrets qui s'empilent les uns sur les autres pour un résultat plus que discutable ! Je pense qu'il est nécessaire de se tourner vers les véritables coupables de cette gabegie. À savoir, le système alimentaire basé sur une industrialisation de la nourriture, conséquence directe de l'agro-industrie.

Comment? Par une fiscalité qui fait payer à cette industrie le prix de la pollution engendrée qui constitue, les chiffres sont éloquents, une des causes du changement climatique actuel.

Une fois de plus, *les pollueurs doivent être les payeurs.*

Il est important de ne pas négliger les autres causes de ce gaspillage :

- *La restauration collective,* source de concentration et de production massive de *malbouffe*. Cela concerne 3,2 milliards de repas par an pour un budget annuel de 20 G€. Il faut refaire le chemin inverse et privilégier le local. C'est entrepris timidement pour les cantines scolaires, à partir d'initiatives d'un certain nombre de municipalités. Ce sont principalement de petites communes, qui ont pris l'initiative d'un approvisionnement par des producteurs locaux, *bio* de préférence, et d'un retour à une pratique culinaire beaucoup plus saine. À titre d'information, la loi EGalim prévoit que, d'ici le 1er janvier au plus tard, les cantines devront proposer des menus avec 50 % de produits durables et de qualité, dont 20 % en bio. Question : pourquoi 50 % seulement ? Encore des demi-mesures. En fait, il s'avère malheureusement qu'il s'agit, une fois de plus, d'initiatives à la marge et qui ne concernent souvent que quelques points du territoire.
- *La consommation des ménages* : on a vu que la perte de nourriture représente 30 kg par an et par habitant. Comble de la surconsommation, 7 kg de ce gaspillage concernent des aliments encore emballés. Une modification de ce comportement passe par une éducation du consommateur. Il doit apprendre à se détacher de la tentation des promotions permanentes institutionnalisées par la grande distribution. Elles sont source d'abondance trompeuse et de mise à la poubelle, principalement par oubli de la date de péremption de produits.

Les réformes nécessaires

Établir la protection aux frontières

Il faut une politique européenne digne de ce nom. Actuellement, cette protection aux frontières est entravée par l'influence de l'OMC qui fait état de clauses du GATT portant sur les produits similaires. À titre d'exemple, je ne peux m'opposer à l'importation de soja transgénique et résultant de la culture intensive, parce que similaire, dans ses propriétés intrinsèques, à un soja biologique, cultivé sans intrant de synthèse ! Les solutions : réformer l'OMC.

Ce peut être long, mais c'est crucial !

Autres démarches : s'opposer à l'OMC et ne pas tenir compte de cette clause ou promouvoir l'application des clauses dites *miroir*. Il s'agit de refuser d'importer ce qu'on s'est interdit de produire. Et c'est encore loin d'être suffisant !

De surcroît, l'Europe n'a jamais voulu se saisir des possibilités juridiques existantes. Et cela du fait que de nombreux pays, principalement les nouveaux venus dans cette Europe, s'accommodent très bien de ce système.

Revoir le rôle des agences sanitaires

Comme cela a déjà été évoqué précédemment, le comportement de l'EFSA pour l'Europe et de l'Anses pour la France. Ils sont largement sujets à remise en cause et très influencés par les industriels de l'alimentation et aussi la pression exercée par les instances politiques. La politique de ces agences manque de rigueur en ce qui concerne la gestion des conflits d'intérêts, c'est-à-dire du degré d'indépendance des experts-évaluateurs par rapport aux consortiums évalués. Ceux-ci font parfois état de liens économiques importants. L'EFSA estime qu'un expert rétribué jusqu'à 25 % de ses revenus par l'industriel évalué constitue une exemption de prise d'intérêt deux ans après avoir cessé toute relation commerciale avec ce groupe. Cela paraît notoirement insuffisant comme gage d'indépendance.

Il est donc nécessaire de promouvoir une réforme beaucoup plus globale du système d'évaluation portant à la fois sur :

- Le plan scientifique : par exemple, pour les pesticides, évaluer ce qu'on appelle l'effet *cocktail* (combinaison de plusieurs pesticides utilisés à faible dose),
- La prise en compte les modes de transformations des aliments,
- L'adoption d'un principe de précaution plus favorable au consommateur en excluant les données partielles et confidentielles fournies par les industriels.
- Une promotion systématique des chercheurs indépendants correctement rémunérés.

Introduire une Sécurité sociale alimentaire

Un travail avait été ébauché sur ce thème en 2017 par l'association ISF-Agrista[1], qui a initié en 2019 le collectif *Pour une Sécurité sociale de l'alimentation*, afin de mettre en forme un projet cohérent à partir de cette idée.

Ceci à partir du croisement entre trois constats :

- L'impossible transformation de l'agriculture sans mettre en œuvre des politiques alimentaires,

---

[1] ISF (Ingénieurs sans frontières) a créé des groupes thématiques, dont ISF-Agrista (Agriculture et souveraineté alimentaire) et mis en place un collectif pour porter ce projet en 2019.

- La nécessité de dépasser l'aide alimentaire et de penser l'accès de tous et de toutes à une alimentation choisie,
- L'institution d'une organisation démocratique de l'économie, tout en assurant le droit à la santé, grâce à la branche maladie du régime général de Sécurité sociale entre 1946 et 1967.

D'où l'idée d'utiliser un mécanisme similaire à celui mis en place pour la branche santé en 1945 s'est imposée à ce collectif afin d'argumenter le bien-fondé de cette mise en place. Le tout en l'améliorant au fur et à mesure de sa mise en place en prévention des attaques et dérives qui sont apparues par la suite,

L'idée est d'allouer à chacun, quel que soit son revenu, un budget dédié à une alimentation saine. L'objectif est d'inciter le consommateur à modifier en profondeur ses habitudes alimentaires. On lève ainsi le verrou financier de l'accessibilité aux produits labellisés et, entre autres, estampillés *biologiques* pour les personnes qui n'en ont pas les moyens financiers. Pour être efficace, il faut impérativement se préserver contre la fraude, à savoir la tentation d'acheter n'importe quel produit avec cette allocation et, de ce fait, de profiter indûment d'un effet d'aubaine. Donc, impérativement, ne seront remboursés que les produits labellisés, sinon vendus chez des commerçants agréés qui, par exemple, pratiquent les circuits courts, là où la conformité à des normes environnementale est aisément vérifiable. Seront exclus de ce fait nombre de produits vendus dans la grande distribution et affublés d'un score D ou E de l'application Nutriscore.

Se posera également le problème du financement de cette allocation. On remarquera à ce sujet que l'association IPES-Food rappelle que les maladies chroniques (souvent liées à l'alimentation) représentent 70 à 80 % des coûts de santé dans l'Union européenne. Ce qui fait qu'en régime de croisière, la Sécurité sociale serait en état de faire de substantielles économies (ne rêvons pas trop, cependant) et d'alimenter les fonds nécessaires pour distribuer cette allocation. Et puis au démarrage, il n'est pas interdit de faire appel aux bénéfices d'une industrie alimentaire florissante, car, là encore, *les pollueurs devront être les payeurs !*

Modifier en profondeur l'orientation du budget de la PAC (Politique Agricole Commune)

Pour commencer, un peu d'histoire !

Vers les années 1960, il s'agissait de favoriser l'exportation de la production européenne par un dispositif de restitution aux exportateurs, compte tenu de l'écart entre prix européens et cours mondiaux.

À partir de 1992, afin de pallier les difficultés croissantes et limiter les charges, on adopte une compensation financière dédiée aux exploitants au prorata du nombre d'hectares qu'il cultive et en fonction de ce qu'il cultive ou élève. Cela permet de maintenir des prix fixes pour chaque produit. En outre, le montant des aides est calculé en fonction du rendement à l'hectare. Ce qui fait que le système favorise les grandes exploitations, donc l'agriculture intensive et industrielle au détriment des fermes de moindre dimension. Enfin, pour compléter le tableau, il s'avère que 80 % des dépenses du budget de la PAC sont réservées au soutien aux prix et seulement 20 % à une logique de projets d'amélioration (aides à l'installation, mesures agroécologiques, etc.).

Deux exemples : moins de 1 000 inspecteurs vétérinaires pour contrôler les abattoirs ! Moins de 300 inspecteurs de la sécurité sanitaire aux frontières ! La fraude alimentaire, qui devrait faire partie des préoccupations de la PAC, a encore de beaux jours devant elle ! Ce constat est assez navrant, car le budget de la PAC représente environ 30 % du total du budget européen.

En conclusion il est logique de se poser la question : *pourquoi tant d'argent pour d'aussi piètres résultats* ?

À titre d'illustration, mentionnons la publication d'une enquête par la plateforme « Pour une autre PAC », enquête qui dénonce sept cas problématiques d'entreprises françaises bénéficiant de subventions européennes. Dans le viseur : les groupes Lactalis [1] et Jean Floc'h en Bretagne.

D'où la nécessité d'une remise en cause complète de la redistribution des aides afin de l'adapter aux critères de l'agroécologie (climat, biodiversité).

L'association TYFA propose plusieurs approches sur le sujet :

- Conditionner les contrats aux critères environnementaux (qualité des sols, économie de l'eau, rotation des cultures, orientation polyculture-élevage, système purement extensif, etc.).
- Déterminez un score calculé sur la base de ces critères,
- Plafonner les paiements par actif agricole qui tiendrait compte des revenus de l'agriculteur afin d'établir une limitation,
- Ne pas limiter, comme c'est le cas à l'heure actuelle, le pilotage par les institutions agricoles et agro-industrielles, mais acter la nécessité de faire intervenir les parties prenantes environnementales, sanitaires et territoriales.

Malheureusement, ces changements ont peu de chances d'être réalisés à court terme. Car, aussi bien au niveau européen qu'au niveau national, la tendance est à l'inverse.

Reste une seule possibilité pour la France d'effectuer cette réforme sur le territoire national : un changement politique susceptible d'infléchir de manière substantielle les directives européennes. Mais ce n'est pas gagné…

---

[1] Lactalis, le géant breton du secteur laitier, entreprise aux 20 milliards d'euros de chiffre d'affaires s'est vu octroyer en 2016 par la région Bretagne une aide publique de 1,6 million d'euros au titre du « développement rural » de la PAC.

Accéder au métier de paysan-agriculteur

- *Pouvoir se former à l'agroécologie*

Il y a de la demande. Il semblerait que la pandémie du Covid ait tendance à amplifier le mouvement des citadins lassés d'une existence étriquée à l'intérieur d'une cité souvent peu accueillante et/ou d'un travail qui les motive de moins en moins. Encore faut-il une offre ! Il existe pour ce faire des centres de formation professionnelle et de promotion agricole (CFPPA) et des instituts d'enseignement supérieur qui développent des modules en agriculture biologique. Sur un plan plus pratique, il existe un réseau international de fermes bio qui font travailler des jeunes en échange du gîte, du couvert et de la formation.

Ce système est à double impact : d'un côté, les fermes qui n'ont pas les moyens financiers pour se payer un employé, de l'autre, un apprenti paysan qui baigne dans l'ambiance et se trouve ainsi placé au cœur du problème. Un parcours de quatre années serait nécessaire avant d'envisager de s'installer à son compte.

Il existe également *l'Université du Possible* avec des formations à la carte qu'il serait souhaitable de rendre certifiantes, voire diplômantes.

Un projet à développer : un programme *Erasmus* de l'agroécologie afin de pouvoir mutualiser le parcours des paysans à l'intérieur de l'Europe.

À signaler également une réforme en profondeur du mode d'enseignement pratiqué dans les écoles à vocation agricole, dont Agro Tech. Enseignement encore largement axé vers les méthodes productivistes de l'agro-industrie au détriment de l'agroécologie. Ceci au grand dam d'un nombre croissant d'étudiants de cette discipline qui réclament à grands cris et en pure perte un changement radical du système en place.

- *Réorganiser les modes de production*

L'agroécologie n'est pas une option viable sans une réorganisation complète des modes de production actuels. D'où la nécessité d'inventer de nouveaux systèmes de gestion adaptés à ces changements et de revoir la logistique des différents circuits de distribution qui sont structurés en fonction d'une production de masse complètement monolithique. De nouveaux systèmes se mettent en place progressivement : par exemple, développement du salariat dans des fermes pilotes qui se lancent dans la polyculture élevage avec une installation en réseau d'acteurs qui se relaient pour assurer une permanence.

Les *CIVAM* (Centres d'initiatives pour valoriser l'agriculture et le milieu rural) sont des groupements agricoles et ruraux organisés en réseau et fédérés par la Fédération nationale des CIVAM (FNCIVAM).

Ils constituent des soutiens actifs de l'agroécologie et se donnent pour objectif premier d'accompagner des personnes (physiques et morales) dans le changement, pour leur permettre de faire leurs choix de façon la plus autonome possible.

- *Pouvoir s'installer en accédant au foncier*

Il s'agit malheureusement d'un parcours du combattant. À ceci, plusieurs causes :

- La *pérennité de l'entreprise familiale n'est pas assurée.* Dans beaucoup de cas de figure, les enfants, au vu des difficultés rencontrées par les parents, ne reprennent pas la succession du domaine agricole. Le retraité préfère vendre à une exploitation contiguë à la sienne qui offre en général un prix plus attractif qu'un autre type de recherche. Cela lui permet d'arrondir une retraite souvent insuffisante pour une vie décente. « Aujourd'hui, dans 10 % des cas, la transmission entraîne l'arrêt de l'activité de l'exploitation, voire sa disparition », selon le dernier rapport d'Agreste (2019). « Dans 30 % des cas environ, l'exploitation est démantelée et concourt à l'agrandissement d'une ou de plusieurs autres exploitations préexistantes », déplore l'association Terre de Liens, une association qui œuvre de manière très active dans l'installation de nouveaux agriculteurs.
- *L'artificialisation des sols est hors de contrôle.* Il y a cinquante ans, 35 millions d'hectares étaient affectés à un usage agricole. Maintenant, c'est 29 millions, soit une perte de 25 % du territoire. Lentement mais sûrement, les terres agricoles diminuent en surface. C'est quasiment l'équivalent d'un département français qui disparaît tous les 10 ans…

Un phénomène provoqué par un tourbillon de croissance à tout prix et tous azimuts : immobilier rémunérateur, développement non contrôlé de la grande distribution, entrepôts construits de manière anarchique et consécutive au développement de la vente en ligne. On peut citer l'introduction masquée d'Amazon.

Il existe cependant des dispositions légales en faveur de la préservation des terres agricoles, malheureusement peu suivies d'effet.

En 1999, la loi d'Orientation Agricole crée les ZAP (Zones Agricoles Protégées), pour pérenniser les zones agricoles. En 2010, la loi de modernisation de l'agriculture et de la pêche (LMAP) se fixe, entre autres objectifs, de diviser par deux le rythme de consommation des terres agricoles d'ici 2020.

En 2013 est créé un outil de pilotage, l'ONCEA (Observatoire National de la Consommation des Espaces Agricoles) pour *mesurer l'évolution de la situation et prendre les mesures correctives qui s'imposent.*

En 2014, la loi d'avenir pour l'agriculture (LAAF n° 2014-1170) adapte les règles d'urbanisme pour lutter contre l'artificialisation des terres. La Loi pour l'accès au logement et un urbanisme rénové (ALUR) introduit une modification du Plan Local d'Urbanisme (PLU), pour limiter l'étalement urbain.

L'ONCEA devient en 2016 l'Observatoire des espaces naturels, agricoles et forestiers (OENAF).

Tout un arsenal de lois pour arriver à aussi peu de résultats ! Ceci en grande partie en raison des conflits d'intérêts…

- *Le rôle de la SAFER n'est pas ce qu'il devrait être*

1er cas de figure : la SAFER (Société d'aménagement foncier et d'établissement rural) subit souvent l'influence de ses représentants locaux, favorables aux gros exploitants.

Un exemple parmi beaucoup d'autres des problèmes que rencontrent les postulants-agriculteurs : l'installation dans le Béarn de 10 personnes en maraîchage bio[1]. Il s'agit d'une installation promue par la *ceinture verte*, une SCIC (société coopérative d'intérêt collectif). C'est un projet lancé au début de l'année par l'agglomération de Pau-Béarn pour développer les circuits courts à destination des riverains.

On notera au passage que la municipalité de Pau est pionnière en la matière et la première à avoir créé cette structure qui existe actuellement en deux autres exemplaires : l'agglomération de Valence-Romans (Drôme) et celle de Limoges-Métropole (Haute-Vienne).

Le principe de la *ceinture verte* est louable. Cette société facilite les installations agricoles par une prise en charge totale de la mise en place du futur exploitant : acquisition du foncier, mise en place de l'immobilier nécessaire (bâtiments, irrigation, raccordement électrique, etc.).

Or, lors d'une première présentation au comité technique de la SAFER, le projet a été refusé en première instance au profit de gros exploitants, des agriculteurs voisins, dont les fermes font entre 60 et 140 hectares qui ont subitement candidaté eux aussi. Il faut savoir que le comité technique de la SAFER est composé de représentants des syndicats agricoles élus à la chambre d'agriculture du département. Il s'agit dans ce cas de la FNSEA, de son syndicat frère, les Jeunes Agriculteurs et de la Confédération paysanne.

Il est également important de noter la présence de représentants de divers acteurs du secteur (Crédit Agricole, Groupama, Chambre d'Agriculture, Mutuelle sociale agricole), ainsi que de représentants des collectivités locales, des associations environnementales et de la fédération des chasseurs. Or, à l'exception de la Confédération paysanne, l'ensemble des représentants a émis un avis négatif sur les projets d'installation présentés par la Ceinture verte.

Il paraît logique qu'un paysan, intéressé par des terres agricoles situées à proximité de son domaine, soit prioritaire pour en faire l'acquisition. Du fait de la spéculation en vigueur sur le prix des terres agricoles (presque trois fois le prix du foncier local), le rôle de la SAFER est de préempter la parcelle avec révision du prix pour favoriser cette acquisition.

Il s'avère que ce n'est pas toujours le cas, là où l'on a préféré vendre le terrain à de grosses structures n'ayant pas forcément la vocation agricole. Dans les

---

[1] « Dans le Béarn, des jeunes empêchés de s'installer en maraichage bio » par Amélie Poinsot (Médiapart,29 novembre 2021)

deux cas de figure,[1] le terrain a été vendu : l'un a une fabrique d'enrobés ; l'autre à l'installation d'un méthaniseur. À noter également que le fait qu'on soit considéré comme non issu du milieu agricole constitue un handicap à l'acquisition de terres.

On constate également une concentration de terres gérée par de nouveaux propriétaires, les sociétés agricoles, qui sont entre les mains de managers à la tête d'exploitations de plusieurs milliers d'hectares et pratiquent l'agro-industrie. Ceci au détriment de véritables paysans adeptes de l'agroécologie.

Entre 1992 et 2002, la quantité de foncier ainsi distribuée a été multipliée par quatre pour atteindre près de 8 % de la surface agricole, ceci sans aucune transparence sur les bénéficiaires effectifs[2].

2e cas de figure : la SAFER empêchée d'agir à cause d'une législation inadaptée.

Citons un cas de figure souvent cité et survenu en 2016, lorsque le groupe chinois *HongYang* acquiert 1 700 hectares dans l'Indre, puis, en 2017, dans l'Allier.

Or, cette acquisition réalisée par des investisseurs sans lien avec le monde rural s'est faite en exploitant une faille permettant de contourner le droit de préemption des SAFER : celles-ci ne sont informées *que si la totalité des parts d'une société agricole sont cédées.* Il suffit donc, comme l'a fait ce groupe chinois, d'en acquérir 99 % pour que la vente s'effectue hors contrôle. Et le tour est joué !

Suite à cet événement, une loi pour lutter contre l'accaparement des terres agricoles (n° 2017-348) est mise en place, renforçant le pouvoir des SAFER. Mais la loi voit le jour amputé de son outil principal : la possibilité pour les SAFER d'exercer leur droit de préemption en cas de cession partielle de parts de sociétés, comme cela s'était produit avec le groupe chinois. Le Conseil constitutionnel a considéré que c'était une atteinte au droit de propriété et à la liberté d'entreprendre ! Et retour à la case départ…

Face à ce triple constat, voici deux orientations majeures qui ne pourront se réaliser que dans le cadre d'un *changement politique fondamental* prenant véritablement en compte la mise en œuvre de l'agroécologie telle qu'elle a été définie :

- *Premièrement : Cesser de prendre comme unique interlocuteur le syndicat majoritaire*, c'est-à-dire la *FNSEA*, partisane acharnée du système actuel. Or, il existe trois syndicats d'opposition à la FNSEA dont deux

---

[1] « Dans le Tarn, des fermiers empêchés de se consolider » par Amélie Poinsot (Médiapart, 28 février 2023) et « préserver les terres agricoles. Les SAFER font du en même temps » par Amélie Poinsot (Médiapart, 28 février 2023.

[2] « Morcellement et concentration des terres : des terres productives de plus en plus inaccessibles » par Amélie Poinsot (Médiapart, 27 février 2023)

d'entre eux ont une influence qui est loin d'être négligeable, puisque le total de leur représentation aux dernières élections représente près de 42 % des suffrages exprimés. Suffrages auxquels on peut ajouter le modeste score du *MODEF* (un peu moins de 2 % de voix). Il s'agit pour l'essentiel de la *Confédération paysanne*, dont les objectifs sont de longue date entièrement cohérents avec le fondement même de l'agroécologie et la *Coordination Rurale*, dont certaines préoccupations sont similaires. Une alliance de ces deux syndicats sur des revendications précises pourrait faire échec à la toute-puissance de la FNSEA. Est-ce possible ? Et puis, il suffirait qu'un certain nombre d'agriculteurs, las des problèmes qu'ils rencontrent dans la gestion de leur exploitation et dont ils ne peuvent trouver l'issue, comprennent qu'il faut changer de paradigme et suivre une autre voie. Donc, de ne plus adhérer à une mouvance syndicale incapable de défendre leurs intérêts. Et cela permettrait de changer la donne et d'amorcer une évolution plus que nécessaire. Une hypothèse : ils sont adhérents d'une coopérative dont ils ne pourraient se désengager ?

- *Deuxièmement : Modifier en profondeur le rôle des SAFER*, dont un des aspects doit être de défendre notre patrimoine agricole contre les vautours qui souhaitent l'accaparer afin de percevoir des bénéfices financiers. D'où la nécessité de disposer enfin d'une loi efficace qui interdirait le dépeçage en bonne et due forme. En outre, les SAFER se doivent de faciliter l'accès au foncier de personnes motivées à pratiquer une agriculture *saine au service du consommateur*, lui-même adepte d'une alimentation *saine et financièrement abordable*. Et aussi arrêter de se mêler de ce qui ne les concerne pas ! L'audition de l'émission « secrets d'infos » programmée sur France Inter le samedi 30 avril 2022 m'a appris qu'EDF tentait de racheter des terres agricoles en vue vraisemblablement de la construction future de nouveaux EPR. Et ceci avec la collaboration bienveillante des SAFER, dont l'objectif se doit de réguler le marché foncier rural. *Normal ?*

Arrêter de privatiser le vivant

Il était un temps où, pour les semis de l'année suivante, les paysans sélectionnaient, sur leurs propres récoltes, les graines qui présentaient, à leur sens, les qualités optimales de reproduction. Par exemple, leur adaptation à l'environnement, au climat, à leur rendement, leurs qualités gustatives, etc.

Ces paysans échangeaient entre eux leurs variétés et pouvaient les commercialiser, ce qui permettait de disposer d'un grand nombre de variétés et ce qu'on a appelé la « biodiversité cultivée ».

Or, apparaissent au milieu du 19e siècle les premiers semenciers qui se spécialisent dans la sélection de plantes cultivées. Cette démarche prend véritablement son essor à partir du 20e siècle et surtout après la Première

Guerre mondiale, où l'élaboration des nouvelles plantes s'effectue dans des stations expérimentales ou en laboratoire.

Les critères d'élaboration visent l'épuration des nombreuses populations de plantes pour ne retenir qu'une minorité, *les lignes pures*, croisées entre elles pour obtenir des hybrides non reproductibles.

En outre, est créé en 1932 le certificat d'obtention végétale (COV) qui génère la création d'un catalogue dans lequel sont inscrites les variétés qui présentent un certain nombre de qualités en matière de performances, de distinction, d'homogénéité et de stabilité. Sont exclues de ce catalogue les variétés d'origine paysannes, *non assez standardisées* pour correspondre aux critères dévolus.

Cet enregistrement devient obligatoire à partir de 1949 pour pouvoir commercialiser une semence et créer un monopole au profit des gros semenciers. Ceci dans la mesure où la standardisation devient un critère d'élimination des semences paysannes, trop diversifiées, et qui présentent des rendements insuffisants pour satisfaire aux tabous de l'agriculture intensive.

Or, le COV permet au semencier de :

- Percevoir à chaque achat de semences des royalties dues à son droit de propriété,
- Disposer d'un droit exclusif de vente de ses semences,
- Interdire de ce fait tout commerce de semences non inscrites au catalogue du COV, ceci sous peine d'amende.

Ainsi, l'association Kokopelli, qui vendait des semences reproductibles à des amateurs, a été condamnée à payer à *Monsanto* une amende de 17,5 K€.

L'argumentation des semenciers est simple, voire simpliste : ce catalogue était voulu par les agriculteurs. Peut-être, mais encore à vérifier ! Parce qu'il est toujours possible de disposer d'un catalogue officiel sans obligation de l'utiliser. Autre argument : il est utile à l'État pour contrôler les semences, orienter les choix et maintenir un niveau de qualité demandé par les agriculteurs. Sauf que l'État a bon dos !

Derrière lui se profile la toute-puissance des lobbies des groupes influents : FNSEA, semenciers, fabricants d'engrais et de pesticides, etc.

Actuellement, les deux tiers des semences vendues dans le monde appartiennent aujourd'hui à quatre multinationales : Bayer-Monsanto, Dow Dupont, Syngenta et Limagrain. Cela constitue un monopole absolument inadmissible.

Qu'en est-il aujourd'hui ? Quelques timides avancées faisant suite à la loi sur la biodiversité votée en 2016 :

- Le *droit d'échanger* des semences ou des plants n'appartenant pas à une variété soumise à un droit de propriété industrielle a enfin été élargi à tous les agriculteurs. Concernant les semences et plants n'appartenant pas à des variétés enregistrées au catalogue officiel, le droit de les échanger et de les vendre à des jardiniers amateurs est à présent clairement inscrit dans la loi, y compris pour les plants de légumes.

- *La reconnaissance d'existence et le droit de vente* sont limités aux seules associations à but non lucratif. Les paysans et les artisans semenciers en sont exclus.
- *L'interdiction de brevets sur les plantes et les animaux issus de procédés essentiellement biologiques,* tels que le croisement ou la sélection, ainsi que sur les informations génétiques qu'ils contiennent.

Mais la pression des lobbies a bloqué toute tentative de réglementation obligatoire des nouveaux OGM issus des dernières techniques de génie génétique et de bio-informatique.

Une réforme beaucoup plus complète incluant l'ensemble de la biodiversité s'impose, mais elle ne pourra être abordée que dans le cas d'un *changement politique intégral.*

Être plus exigeant vis-à-vis des labels et permettre financièrement leur accès aux paysans

Il y a véritablement profusion dans ce domaine et il est souvent difficile de s'y retrouver ? Néanmoins, deux études ont été publiées dernièrement par l'association *Greenpeace*, mise à jour en octobre 2021,[1] et *UFC Que Choisir*, études qui débouchent sur des considérations pratiquement similaires.

La première de ces études a été menée pendant un an par le *Bureau d'Analyse Sociétale* sur la demande de *Greenpeace France* et de *WWF* à partir d'un certain nombre de problématiques. Elle a porté sur une dizaine de labels alimentaires, à la fois d'origine publique (AB, AOC, AOP, Label rouge, HVE, etc.) et privés (Bio équitable en France, Déméter, Nature et Progrès, etc.).

À titre d'information, *un label public* est géré par l'État et contrôlé par des organismes certificateurs habilités (Ecocert, Qualité France, etc.) avec une garantie officielle engageant la caution de l'état. Un *label privé* peut être géré par une association, une entreprise, un groupement, etc. Il peut faire appel à un organisme certificateur extérieur ou à un système de contrôle interne (paysans, consommateurs, adhérents) comme le pratique l'association *Nature & Progrès.*

L'étude a classé les labels identifiés en 3 catégories (fiable, plus ou moins fiable, peu fiable), à partir de 2 critères :

- L'impact environnemental (émission de gaz à effet de serre, pollution de l'air, dégradation du sol et de l'eau, biodiversité, etc.)
- L'impact social économique (bien-être animal, santé humaine, niveau de vie, inégalités, alimentation, etc.).

Quelques labels tirent largement leur épingle du jeu : Bio équitable en France, Déméter, Nature & Progrès. Concernant le label AB, il est bien classé dans le score, mais subsistent certaines controverses, en particulier sur l'origine des produits estampillés « AB ».

---

[1] Pour de plus amples informations, consulter la page internet « Labels alimentaires : le vrai du faux » https://www.guide-labels-alimentaires.com/

En effet, ce label ne garantit pas la provenance locale, pas plus que celle de l'UE. Ce qui signifie qu'il est permis de douter de l'efficacité de l'Assurance Qualité pratiquée dans le pays importateur, ainsi que des clauses de transport et des conditions de travail. De surcroît, certaines tolérances existent : la présence de nitrites dans la confection des jambons, 5 % de produits non bio dans les aliments transformés (d'ailleurs, devraient-ils exister en alimentation biologique ?), un seuil de tolérance de 0,9 % d'OGM.

En conclusion, on s'aperçoit que nous n'avons que l'embarras du choix, nous, paysans, pour être labellisés ! Oui, mais l'obstacle principal est bien sûr le coût entraîné par la certification nécessaire pour obtenir le label (et aussi le temps imposé par le purgatoire initiatique indispensable). Ce qui fait que nombre de jeunes paysans, pleins de bonne volonté, ne peuvent s'offrir ce luxe.

Or, nombre d'entre eux cultivent et vendent des produits de qualité biologique sans avoir le sésame nécessaire. Et dans ce cas, tout repose sur le climat de confiance entre producteurs et consommateurs. Cela ne vaut-il pas mieux parfois que tous les labels du monde ? Donc, difficile de s'y retrouver ! On ne peut sortir de cette impasse que par une réforme de la PAC, sinon en Europe (nous l'avons abordé précédemment), du moins en France. Là encore, *seul un changement politique d'envergure pourra modifier la donne.*

S'opposer fermement à certaines tendances

L'agribashing, un véritable leurre

Que signifie ce terme à la mode ? C'est un anglicisme qu'on peut traduire par « dénigrement » ou « lynchage médiatique » et dont serait victime l'agriculture. En réalité, cette opposition, que la FNSEA s'acharne à vouloir *frontale* entre agriculteurs et consommateurs, est complètement biaisée. Elle sert surtout à ce syndicat à défendre, bec et ongles, l'agriculture industrielle avec toutes les séquelles qu'elle engendre (pesticides, nitrates, maladies, faillites, etc.).

Un comble !

Sous la pression de ce syndicat, le gouvernement a mis en place ce qu'on appelle les « cellules Déméter », dénoncées, entre autres, dans l'émission « Secrets d'infos » diffusée le 30 octobre 2021 sur France Inter.

Ces cellules consistent en un partenariat entre les préfets et les chambres d'agriculture pour faire intervenir la gendarmerie en cas d'« atteinte à l'activité agricole ». C'est un concentré de mauvaise foi, car il n'est nullement question de dénigrer l'agriculture et les agriculteurs *dont tout le monde a conscience des difficultés dans lesquelles ils se débattent.* Par contre, ce qui est de plus en plus contesté, c'est le système actuel.

Donc, militons fortement pour que cette cellule Déméter soit abolie (entre nous, je pense que les gendarmes ont bien d'autres choses à faire !), car il ne s'agit, ni plus ni moins, que *la création d'un délit d'opinion*, qui n'en finit pas de s'installer de manière feutrée dans notre démocratie.

Or, après plusieurs demandes d'annulation exprimées par un certain nombre d'associations, il s'avère que la cellule Demeter existe encore et que sa dissolution est soumise, à notre connaissance, à la décision du Conseil d'État.

Un autre exemple de cette collusion : les arrêtés qui instituent l'interdiction intimée aux paysans partisans d'un élevage extensif de laisser le bétail (porcs et volailles en particulier) vagabonder librement et se nourrir au sol en plein air. C'est purement et simplement programmer leur disparition ! Et ceci, sous un prétexte parfaitement fallacieux : le risque de propager inconsidérément l'épidémie de grippe aviaire. Comme si le développement de cette maladie n'était pas surtout dû au confinement et à une proximité scandaleuse de ces animaux condamnés à vivre en vase clos !

L'écologisation de l'agriculture conventionnelle

Là, il ne s'agit pas d'une interdiction quelconque. C'est plus pernicieux. L'objectif est de garder le fonctionnement de l'agriculture industrielle, mais en en atténuant de manière sensible les impacts environnementaux. Par exemple, grâce à un drone méticuleusement programmé, « instiller dans la plante le minimum strictement nécessaire de pesticide pour éliminer tout effet secondaire nuisible ». Ou encore, introduire le numérique en agriculture conventionnelle pour faciliter le travail de l'exploitant.[1] Autre leurre : le concept de Haute Valeur Environnementale, un soi-disant label enrôlé vaillamment sous la bannière de la FNSEA.[2] Ce label autorise le recours aux produits chimiques, voire aux produits cancérigènes, et ne propose aucune interdiction concernant les produits phytosanitaires.

Plusieurs organisations, comme la *Confédération Paysanne, Agir pour l'environnement et France Nature Environnement* ont dénoncé l'illusion de transition écologique que constitue cette certification. En fait, changeons pour ne rien changer !

Le but non avoué est de ne rien modifier des objectifs de production de masse et d'investissements élevés et de continuer à fournir une industrie alimentaire florissante. C'est notablement ce qui menace, car, actuellement, l'opportunité proposée par TYFA reste minoritaire en Europe (donc aussi en France).

---

[1] Ceci étant dit, rien ne s'oppose à l'utilisation de la technologie dans la mesure où elle se présente comme un facilitateur au service de l'agro-écologie et où elle peut restreindre la charge physique des paysans. Il existe des entreprises spécialisées dans ce type d'installation adaptées au maraichage et aux petites surfaces. L'émission « carnets de campagne » (France Inter) du 25 mai 2023 fait état de l'entreprise Néofarm, domiciliée dans le département des Yvelines et qui développe des solutions technologiques et robotiques au service de l'agroécologie.

[2] Se reporter à l'article « Le nouveau label Haute Valeur Environnementale pour l'agriculture : un foutage de gueule phénoménal » par Sophie Chapelle (Basta 15 décembre 2020) https://basta.media/Label-Haute-valeur-environnementale-HVE-pesticides.

Une inaction du pouvoir en place face à des atteintes caractérisées de la biodiversité

Un exemple caractéristique, parmi bien d'autres et cité dernièrement par le Canard Enchaîné : « Des tomates vues du ciel » : c'est le titre de cet article.[1] Sommairement, il s'agit de l'implantation en Bretagne de mégaserres de tomates dopées à l'éclairage nocturne alimenté par des milliers d'ampoules LED (diodes électroluminescentes). D'où une monstrueuse pollution lumineuse provenant de dizaines d'exploitations. Tout ceci, bien sûr, pour permettre à nos bien-aimés citoyens de consommer des tomates en plein hiver (les tomates de Noël) ! Avec, à la clé, un inconfort des riverains qui vivent le jour en permanence avec perturbation du sommeil à la clé. Cette technique, importée des Pays-Bas, a été implantée sur le territoire national en 2019. Et sa mise en œuvre a été autorisée sans état d'âme par les préfectures des départements concernés grâce à un vide juridique qui concerne les exploitations agricoles et qu'on se garde bien de combler !

La gestion de l'eau et les problèmes inhérents aux « mégabassines »

Le phénomène a pris sa source en 1998 en Charente-Maritime, là où cinq bassines ont été édifiées avec l'assentiment de l'Association Syndicale d'Irrigation Autorisée (ASAI).

Et ceci malgré des remises en cause successives du Tribunal Administratif, ce qui fait qu'en définitive, ces constructions ont prospéré de manière parfaitement illégale avec l'accord de nos politiques.

D'autres installations ont suivi. On estime actuellement à environ 25 le nombre de mégabassines qui sont installées dans l'ex-région du Poitou-Charentes. Mais bien d'autres projets sont à l'ordre du jour. Leur nombre est estimé à un peu moins d'une centaine, dont 30 dans le département de la Vienne et dans le bassin-versant du Clain. Et aussi un nombre non négligeable dans les départements de la Charente, Charente-Maritime et Deux-Sèvres.

D'ores et déjà sont programmées : 16 mégabassines dans les Deux-Sèvres, dont le site de Sainte Soline, objet de la manifestation du 25 mars dernier. Il s'agit d'une retenue d'eau d'une contenance de 25 mm^3. Le coût de l'installation a été estimé à 70 M€, financé à 70 % par des fonds publics (un comble).

Que penser de la mise en œuvre de ces mégabassines ?

Les partisans de ces installations sont en priorité les tenants de l'agro-industrie, propriétaires de surfaces importantes et qui cultivent en grande partie le maïs, céréale très gourmande en eau. Ces céréales sont destinées à 70 % à la nourriture du bétail (porcs et volailles en priorité) et exportées en grande quantité.

---

[1] « Des tomates vues du ciel » (Le Canard Enchaîné 20 avril 2022)

Contrairement aux allégations de ces exploitants, le remplissage de ces réservoirs s'effectue à partir du pompage dans les nappes phréatiques et non au ruissellement des eaux de pluie, qui interviennent de manière marginale dans l'alimentation de ces réserves. Leur mise en place est vivement encouragée par le syndicat agricole majoritaire, la FNSEA, relayée par le syndicat des Jeunes Agriculteurs et largement soutenue par notre gouvernement. D'où l'interdiction de la manifestation de Société Soline et la brutalité de l'intervention policière.

Qu'en est-il réellement ? La mise en œuvre des mégabassines représente un non-sens pour une partie importante des écologistes et des scientifiques. C'est aussi l'avis des associations qui militent en faveur d'une agroécologie respectueuse de l'environnement et pour un usage de l'eau compatible avec les risques de sécheresse liés au changement climatique.

Ci-après, quelques arguments bien sentis en faveur de leur opposition à ces projets :

- *Un épuisement des nappes phréatiques*, sollicitées au-delà du raisonnable et dont la remise à niveau souffre d'une accentuation de la sécheresse, mise en évidence par le changement climatique
- *L'évaporation de la surface exposée l'été en plein soleil, évaluée à 3 ou 4 % par les promoteurs du système, serait en réalité beaucoup plus importante (20 à 60 %), selon Christian Amblard, directeur de recherche au CNRS et spécialiste de la gestion de l'eau.*
- *Le développement en surface de bactéries* et la cyanisation caractéristique des eaux dormantes et qui rend cette eau inutilisable pour d'autres usages,
- *Une utilisation réservée à une minorité d'agriculteurs*. On estime à 6 % la proportion d'exploitations concernées par l'usage de ces mégabassines. Ceci au détriment de petites structures et en particulier du maraîchage[1].

Une réforme indispensable : Dans la mesure où le développement de ces mégabassines est au service exclusif de l'agro-industrie, la nécessité de stopper ce développement s'impose. Nécessité également de limiter l'emploi des bassines existantes à la récupération des eaux de pluie et du ruissellement qui en résulte.

Ces mesures doivent s'insérer dans un vaste plan de gestion de l'eau qui nécessite, compte tenu de l'urgence imposée par le changement climatique, des mesures drastiques d'économie et de répartition en fonction des besoins véritables.

Cela implique :

---

[1] « Non aux mégabassines : protégeons l'accès à l'eau pour tous » de leslignesbougent.petition@mail1.leslignesbougent.com
Réf : confédération paysanne dossier de presse : « les mégabassines, une fausse solution face au changement climatique ». Réf : Fiche thématique : les mégabassines Greenpeace

- *De remédier aux pertes en ligne constatées* dans le réseau de distribution d'eau potable et évaluées actuellement à 25 % du total d'eaux transportées par ce réseau. Il apparaît que la gestion de l'eau par des opérateurs privés n'a pas facilité la prise de mesures nécessaires. D'où un impératif : l'adoption par les municipalités de la gestion publique des réseaux d'eau potable dont elles ont la responsabilité.
- *De récupérer les eaux usées.* Cette récupération est ignorée en France (1 % est la valeur estimée), mais largement utilisée par des pays où sévit une sécheresse permanente. La Namibie dispose depuis 1968 d'une usine de production d'eau potable à partir des eaux usées. Depuis, d'autres pays se sont orientés vers cette démarche. Citons le sud des États-Unis, l'Australie, Singapour, Israël et les pays du Golfe Persique. En Europe, cette démarche reste malheureusement peu répandue, car elle se heurte à la fois à des barrières psychologiques et à une réglementation tatillonne, qui en freinent le développement. Si l'Espagne fait preuve de pionnier dans ce domaine, la France, l'Italie et la Grèce restent largement à la traîne. Il est hautement souhaitable que ces technologies de récupération qui ont fait leurs preuves se développent dans notre pays, voire au niveau européen, afin de limiter l'épuisement de nos ressources en eau potable.
- *De revoir les pourcentages de consommation d'eau* par les grands secteurs d'activité. Or, selon le ministère de la Transition écologique, 45 % de l'eau consommée le serait par le secteur agricole. Le refroidissement des centrales nucléaires viendrait en seconde position (31 %). Il resterait 21 % pour la consommation d'eau potable. Si ces pourcentages sont vérifiés, il serait peut-être temps de revoir cette répartition.[1]
- *De limiter de manière drastique les prélèvements* effectués par les multinationales de l'industrie alimentaire (Nestlé, Danone et Coca-Cola) dans les nappes phréatiques, sur les sites de Vittel, Volvic et Grigny.

Au secours, les OGM reviennent !

Pour terminer cette énumération, il faut parler des *NGT*, nouveaux entrants dans la panoplie. Les lobbies de l'agrochimie et des semenciers sont à l'origine de l'introduction de produits fabriqués via des techniques d'édition du génome, appelées par les industriels NGT. Ils considèrent que ces produits sont différents des OGM de première génération. Par conséquent, ils échappent à la réglementation et à l'étiquetage obligatoire, ainsi qu'aux contrôles préalables à leur commercialisation en Europe. Or, il semblerait que l'ex-ministre français de l'Agriculture ait pris position en son temps en faveur des nouveaux OGM[2].

---

[1] « Nos terres asséchées » par Amélie Poinsot (Médiapart, 3 août 2022

[2] Se reporter à l'article « nouveaux OGM : pour combien de temps encore aurez-vous le droit de choisir votre alimentation ? » https://www.greenpeace.fr/nouveaux-ogm-mobilisation.

Cette bataille est d'une brûlante actualité dans la mesure où le Parlement européen a adopté la proposition de la Commission européenne et a voté pour que les NGT de 1re catégorie bénéficient d'un assouplissement de la réglementation en vigueur actuellement.

Alors que le responsable de recherche en biologie moléculaire du CNRS milite pour l'introduction de ces nouveaux OGM, l'ANSES, cependant très modérée de manière générale dans ses prises de position, plaide pour une évaluation des risques pour la santé et l'environnement et appelle à une réglementation adaptée.

L'association France Nature Environnement et, plus encore, l'ONG Pollinis sont vent debout contre cette réforme et considèrent cette introduction comme un risque de non-retour.

Ils prophétisent, à juste titre, la fin de l'agroécologie et de la culture « bio » avec une emprise accélérée des multinationales de la semence et de la privatisation du vivant.

1.2.7. En conclusion

Gardons espoir, car l'option TYFA, selon ses prescripteurs, offre plusieurs pistes :

- Continuer à développer, sur le plan individuel et collectif, toutes les expériences favorisant l'agroécologie. Les exemples cités précédemment constituent une avancée non négligeable par le simple fait qu'ils peuvent, grâce à un effet de masse, changer considérablement la donne. Si l'Inde, pays de plus d'un milliard d'habitants, adopte l'agroécologie et enregistre des résultats conséquents, cela est susceptible de faire évoluer dans le bon sens les pays appartenant au monde *civilisé* !
- S'appuyer sur les événements climatiques, générateurs de calamités diverses et qui rendent de plus en plus difficile la poursuite du paradigme actuel, acteur important de ces perturbations. Un exemple tout ce qu'il y a de plus récent : l'invasion de l'Ukraine par la Russie qui est en train de bouleverser considérablement la donne économique qui impacte directement l'Europe tout entière et le fonctionnement de notre agriculture.

2. Sortir de la société du « tout plastique » et intégrer une véritable économie circulaire

2.1. Bref historique

On a assisté après la fin de la Deuxième Guerre mondiale, et surtout à partir des années 1990, à l'entrée du plastique dans notre société du consommable, plastique dont la production a été multipliée par plus de 300 entre 1950 et aujourd'hui. Avec pour conséquences une introduction de l'ère du jetable et une augmentation concomitante du volume de déchets.

Le plastique a supplanté largement les autres matériaux, dont le métal et le verre, qui était considéré comme récupérable en l'état grâce à la consignation. Ceci grâce à la confection en matières plastiques de récipients divers (bouteilles, pots, blisters, etc.). Face à ce déferlement, les mesures prises ces dernières années se sont orientées vers l'optimisation d'une exploitation des ressources par le recyclage des produits considérés en fin de vie. À savoir, *faire de nos déchets une ressource*. Une seconde optique aurait consisté à réduire à la source notre consommation de produits par la réparation, le réemploi et la réutilisation, c'est-à-dire *ne pas faire de nos ressources des déchets*.

Malheureusement, elle n'a pas été prise en compte.

2.2. LE MONDE DU PLASTIQUE

2.2.1. Les produits les plus utilisés

Nous passerons en revue uniquement les plastiques employés dans les produits *grand public* à durée de vie courte et avec une possibilité éventuelle de recyclage. Il s'agit de la famille des thermoplastiques, susceptibles de pouvoir changer d'état pour permettre leur reconditionnement nécessaire à tout type de recyclage.

On dénombre sommairement sept grandes familles :

Le PET (ou polyéthylène téréphtalate)

C'est la variété la plus utilisée, en particulier dans les emballages et contenants de différents produits d'utilisation courante (bouteilles d'eau et de boissons diverses, fibres de polyester, barquettes alimentaires).

Le PET contient des additifs préoccupants, notamment des phtalates, qui, sous l'influence de fortes chaleurs, peuvent migrer dans l'eau ou les aliments. Ce polymère est recyclable, excepté pour la version *opaque*, à cause d'un additif, l'oxyde de titane, utilisé pour cette version.

Le PEHD (polyéthylène à haute densité)

Parce qu'il est stable et résistant, le PEHD migre moins que d'autres types de plastiques lorsqu'il est en contact avec les aliments et les boissons et présente de ce fait un faible risque de toxicité. Utilisé pour des bouteilles opaques de lait ou d'huile, pots de crème, etc. Il présente une bonne recyclabilité.

Le PVC (Polychlorure de polyvinyle)

Il est cité ici pour mémoire, car très peu utilisé dans l'alimentaire (pellicules plastiques alimentaires) du fait que de nombreux agents chimiques entrent dans sa fabrication (dioxines cancérigènes, phtalates, bisphénol A, métaux lourds) et peuvent migrer dans les aliments.

Utilisé dans le bâtiment principalement pour les conduits d'évacuation des eaux usées. Matériau moyennement recyclable à cause de la présence de nombreux additifs.

Le PEBD (polyéthylène à basse densité)

Il se présente sous forme pelliculaire et ne peut produire des objets à structure rigide. Son usage est donc réservé à la fabrication de sacs ou de pellicules plastiques à usage alimentaire, peu recyclable du fait d'un manque de cohésion dans le processus de régénération et dans le passage en machine.

Le PP (polypropylène)

Il est utilisé à la fois dans l'industrie et dans les contenants et récipients alimentaires (biberons, pots de yaourt, contenants pour plats préparés, dispositifs de fermeture. Il est recyclable.

Le PS (polystyrène)

Il est utilisé sous forme expansée comme matériau isolant en construction de bâtiments et dans les emballages. C'est un matériau a priori recyclable, mais non recyclé (car manque de filières) qui résiste mal à la chaleur. En alimentation, il est utilisé comme vaisselle jetable, tasses à café et couverts.

Le PC (polycarbonate)

Il est peu utilisé en alimentaire, car contient du bisphénol A, perturbateur endocrinien. Il permet la fabrication d'écrans transparents susceptibles de remplacer le verre pour la fabrication de parois. C'est un matériau recyclable.

2.2.2. Les procédés de recyclage du plastique

Il existe trois procédés utilisés :

La dissolution

Elle permet de purifier certains polymères de leurs impuretés et additifs sans les dépolymériser. Les déchets plastiques sont plongés dans un bain de solvant qui dissout le polymère et le sépare mécaniquement des autres matières. Ce procédé est appliqué en priorité aux polyoléfines (PE et PP) ainsi qu'au PVC.

Il s'agit d'une boucle de valorisation courte, dans la mesure où le polymère peut être récupéré rapidement.

La dépolymérisation

C'est un procédé purement chimique qui comporte une rupture des liaisons internes au produit et le transforme en monomère. Ce procédé est appliqué sur le PET et nécessite une repolymérisation, d'où un cycle de production plus long. Il s'avère que ce procédé n'a pas encore bénéficié d'un développement industriel à grande échelle. Elle nécessiterait, en outre, l'utilisation d'investissements très lourds dont la rentabilité ne peut être assurée à l'heure actuelle.

La conversion

C'est un procédé appliqué lorsqu'il n'est pas possible d'utiliser les technologies précédentes, en particulier lorsqu'on se trouve en présence de flux mélangés ou qu'il s'agit de certains types de plastiques bien spécifiques.

Les procédés sont purement thermiques et utilisent la pyrolyse et la gazéification. D'où un outil industriel lourd et coûteux et de surcroît très énergivore et polluant. La boucle de valorisation est longue, car elle nécessite deux étapes, après transformation du polymère en huile : un craquage des molécules pour obtenir un monomère, puis une polymérisation.

Cette méthode est adaptée aux produits multicouches, mais peu utilisée à cause des motifs exposés précédemment. C'est la raison pour laquelle le débouché principal actuel de ces processus n'est pas le recyclage, mais la production de carburant ou de combustible.

Ce procédé n'est pas écologique dans la mesure où il perpétue l'utilisation des combustibles fossiles.

Les deux premiers procédés ne peuvent s'appliquer sur des flux de plastiques mélangés, ce qui réduit leurs possibilités d'utilisation.

Les étapes du recyclage

Elles sont exposées à titre d'exemple sur le polymère le plus utilisé : le PET :

- *Étape 1 : la collecte* ; dépôt dans le bac de tri sélectif, puis acheminé vers le centre de tri le plus proche,
- *Étape 2 : le tri.* Les emballages en PET sont séparés du reste de la collecte et compactés en balles plastiques afin de faciliter leur transport vers les usines de régénération,
- *Étape 3 : le broyage* ; réduction des bouteilles en paillettes et tris supplémentaires,
- *Étape 4 : nettoyage* des paillettes avec des détergents et *élimination* des étiquettes et de la colle, puis séparation par flottaison des bouchons en PEHD,
- *Étape 5 :* dernière étape de *purification par tri optique* pour séparer par couleur les différentes nuances de PET,
- *Étape 6 : confection des granulés* par confection de boudins en extrudeuse et découpe en granulés,
- *Étape 7 : purification des granulés* par un procédé chimique de *polycondensation* et acheminement vers les usines de recyclage proprement dit,
- *Étape 8* : *Fabrication des produits* dans les usines de recyclage à partir de différents processus de transformation des granulés en objets utilisables : l'injection (objets moulés), l'injection soufflage (bouteilles et flacons), l'extrusion (produits de grandes longueurs), l'extrusion gonflage (sacs-

poubelle, films plastiques), le calandrage (films plastiques, feuilles), le thermoformage (gobelets, pots de yaourt).

2.2.3. Conditions de recyclabilité

Pour que le recyclage puisse être envisagé sur un produit, plusieurs conditions doivent être remplies :

- Le producteur du bien ou de l'emballage a fait le choix de matériaux recyclables, et en particulier d'une conception permettant le recyclage. C'est particulièrement vrai pour le PEBD générateur de films plastiques non récupérables.
- Il est nécessaire de disposer d'un procédé de recyclage spécifique à la matière mise en œuvre et d'une technique de tri capable de distinguer cette matière des autres recyclables.
- Les procédés de recyclage doivent être disponibles et mis en œuvre de façon rentable, ou, en d'autres termes, un débouché commercial doit exister et les exigences de qualité du produit issu du recyclage doivent être satisfaites.

Cela fait beaucoup de conditions !

2.3. L'ÉCOPARTICIPATION ET LE FINANCEMENT DU RECYCLAGE

La loi de 1975 a introduit en France le principe du *pollueur-payeur* qui concrétise ce qu'on a appelé la Responsabilité Élargie du Producteur (REP).
À chaque grande filière industrielle correspondent des filières de traitement des déchets.
Quatorze filières ont été créées entre 1992 et 2018 dont :

- Équipements électriques et électroniques
- Emballages et contenants ménagers
- Textiles et chaussures
- Produits chimiques ménagers
- Papiers et cartons
- Meubles
- Véhicules

Pour assurer cette responsabilité, qui consiste à assurer le traitement des déchets issus des fabrications qu'ils assument, les entreprises ont le choix de deux options. Soit d'instaurer un système individuel à l'échelle de leur société. Soit d'utiliser une structure collective de collecte et de traitement des produits et des emballages commercialisés en fin de vie. D'où la mise en place, dans chaque filière, d'un ou de plusieurs *éco-organismes*.

Ils sont agréés par l'État pour une durée maximale de six ans renouvelables s'ils démontrent qu'ils disposent des capacités techniques et financières pour répondre aux exigences d'un cahier des charges fixé par arrêté interministériel. Ils reçoivent pour ce faire un financement de la part des entreprises avec lesquelles ils ont une relation contractuelle, financement appelé *contribution.* Nommée aussi *écoparticipation*, elle est collectée par les industriels ou le distributeur responsable de la vente du produit au consommateur. Prélevée pour chaque achat, elle constitue le financement de l'éco-organisme qui doit redistribuer les sommes collectées ou les dépenser directement pour assurer tri et recyclage.

Ces éco-organismes sont des sociétés de droit privé qui doivent établir leur cahier des charges en concertation avec les acteurs concernés avec, au premier rang, les collectivités locales en coresponsabilités sur la collecte, le tri et le pilotage des opérations de recyclage.

Ils ont aussi pour mission de responsabiliser les fabricants qui leur ont délégué la mission de recyclage. C'est ainsi qu'a été créé le concept d'« Eco Modulation » pour inciter les fabricants à concevoir leurs produits de manière écoresponsable.

Cela se traduit par un système de bonus-malus qui infléchit le montant de l'écomodulation en positif ou en négatif suivant le constat de bonne ou mauvaise recyclabilité.

2.4. LES DYSFONCTIONNEMENTS DU SYSTÈME

2.4.1. L'impuissance des éco-organismes face à la toute-puissance des industriels

En théorie, l'éco-organisme est censé pouvoir exercer son pouvoir de critique vis-à-vis du fabricant dont il dépend et dans la mesure où celui-ci ne respecte pas les critères de recyclabilité lors de la conception du nouveau produit. En fait, il n'en est rien, parce que cet organisme *ne souhaite pas appliquer de pénalités financières à ses adhérents, du fait qu'il se trouve en position d'être juge et partie.*

L'impact de l'écomodulation est très limité : en l'espace de cinq ans, on a dénoté une progression des bonus multipliée par 20 et celle des malus à peine par 2. Et cela après avis des autres parties prenantes et validation par un arrêté ministériel.

Un exemple du peu d'impact des éco-organismes sur leurs adhérents : les bouteilles de lait. En 2016, la plupart des fabricants d'emballages ont abandonné le PEHD recyclable pour le PET, pour des raisons de stricte rentabilité (matériau 20 à 30 % moins cher et cadences de production supérieures). Le problème réside dans le fait que la version opaque de PET utilisée pour les bouteilles de lait n'est pas recyclable à cause de l'additif utilisé pour cette fabrication. Ce choix a été décidé sans que l'éco-organisme chargé de la filière *emballages*, Citéo en l'occurrence, en ait été averti.

Résultat : une perturbation dans les chaînes de production avec augmentation des coûts au niveau des centres de tri et absence de procédé de recyclage pour ce produit. D'où des coûts financiers et environnementaux supplémentaires.

De surcroît, Citéo a refusé d'appliquer un malus à ce produit afin de faire stopper les investissements relatifs aux chaînes d'embouteillage, ce qui n'a pas été fait. Sans commentaire !

Cela prouve que le principe du REP est purement et simplement foulé aux pieds et que les nouveaux matériaux sont mis sur le marché de manière unilatérale et sans que les parties prenantes soient consultées.

Autre problème : la répartition des tâches, en théorie bordée par le cahier des charges entre éco-organismes et collectivités locales.

En réalité, cette répartition est l'objet de distorsions et d'âpres discussions lors des renouvellements d'agréments et de contenu du cahier des charges entre industriels et éco-organismes d'une part et collectivités locales, d'autre part.

Celles-ci considèrent que l'écoparticipation aux frais de collecte et de traitement des déchets est insuffisante et ne peuvent arriver à couvrir ces coûts. À signaler également les accusations de gestion dilatoire des éco-organismes critiqués par la Cour des comptes à plusieurs reprises.

Il faut signaler que les coûts de gestion sont très importants, puisqu'ils avoisinent 20 G€, dont 14 G€ sur le budget des collectivités locales. Or, la contribution des industriels (via les filières REP) s'élève à un peu plus de 1 G€. En fait, le coût du traitement des déchets reste assumé par les municipalités à part entière.

2.4.2. Une communication complètement faussée

Une partie du budget des éco-organismes est consacrée à la communication sur le tri et à la promotion du recyclage. Mais en revanche, ils ne peuvent communiquer à l'encontre des produits mis sur le marché et dont l'aptitude au recyclage est plus que contestable. *En effet, les éco-organismes doivent rendre des comptes à leurs adhérents producteurs et distributeurs qui les ont désignés.* Ceux-ci n'ont aucune envie que le public prenne conscience que la plupart de leurs emballages ne sont pas recyclables. D'autant plus que nombre de représentants des producteurs (Coca-Cola, Nestlé, Évian, Lactalis, etc.) siègent au conseil d'administration des éco-organismes et veillent au grain. Problème identique dans la communication à usage des gouvernements et des législateurs avec des actions de lobbying menées pour encourager le plastique à usage unique. Et là, l'argument est tout trouvé ! Ce ne sont pas les producteurs qui sont responsables de l'accumulation de déchets non triés.

C'est l'individu qui ne se comporte pas en citoyen responsable, mais jette ces déchets n'importe où. Argument qui est d'autant mieux accepté qu'il n'est pas complètement faux !

2.4.3. Le mythe d'un recyclage intégral et répétitif

Il s'agit d'un schéma optimiste, voire idyllique, qui semble avoir gagné jusqu'au sommet de l'état suite à l'allocution d'Emanuel Macron en 2019 et qui prend l'engagement de disposer de 100 % de plastiques recyclés d'ici 2025.

Voici une image d'un recyclage à l'infini où tous les obstacles opérationnels seraient surmontés grâce à une responsabilité de l'ensemble des acteurs économiques.

C'est mission impossible, cela pour plusieurs raisons.

La dispersion des ressources

Elle est caractérisée par les ajouts en petites quantités de métaux, de terres rares et d'additifs utilisés pour leurs propriétés colorantes, stabilisantes, antibactériennes ou autres. Ces ajouts créent une dispersion irréversible avec une impossibilité de séparation des constituants essentiels du produit à recycler.

C'est typiquement le cas des produits électroniques, qui utilisent de très nombreux éléments en très petites quantités, difficiles, voire impossibles à séparer pour les récupérer : 20 % du cadmium et 95 % du titane faisant partie de la composition d'un produit sont perdus.

Très souvent, le recyclage est si difficile — quand il n'est pas impossible — et onéreux qu'il est préférable d'utiliser des matières premières neuves. On estime ainsi que les ressources récupérables dans un smartphone valent 1 €. À titre d'exemple, voici la composition de ce smartphone en nombre d'éléments pour chacun des composants utilisés.

60 éléments ! Cela laisse rêveur !

- Boîtier : 6 éléments
- Écran ; 12 éléments
- Dalle tactile + vitre : 5 éléments
- Batterie : 8 éléments
- Carte et composants : 29 éléments

L'élimination des impuretés

Il est difficile de se débarrasser en cours de recyclage des additifs et impuretés liés à leur utilisation.

À titre d'exemples, il est impossible de retirer le colorant d'un plastique, d'un tissu ou d'un verre teinté.

La présence d'additifs non adaptés à l'usage alimentaire constitue un motif de rejet pour des emplois ultérieurs. Il est difficile d'extraire les encres minérales utilisées dans l'impression de tissus ou de papier.

Dégradation inhérente au processus de recyclage

Il existe une dégradation à chaque recyclage pour certains matériaux fibreux, comme le papier, le carton ou les textiles, dont les propriétés physiques sont altérées à chaque recyclage. La fibre de cellulose du papier peut être recyclée cinq fois avec la nécessité, pour limiter le vieillissement, d'ajouter de la matière première vierge.

Les papiers de qualité inférieure (papier toilette, mouchoirs) ne se recyclent pas, de même que les cartons usagés ou souillés (graisse, eau). Concernant le textile, seul 1 % des vêtements sont recyclés à l'identique. Le reste est transformé en chiffons ou en isolants. Comme on l'a vu précédemment, certaines filières n'existent pas ou ne sont pas considérées comme rentables ou efficaces.

Le caractère partiel de la collecte de déchets

Enfin, on ne peut pas récupérer 100 % de ce qui a été fabriqué. Qu'il s'agisse de produits jetés dans la nature, pollués, stockés dans les maisons, non triés, incinérés ou enfouis. On ne *capte* jamais la totalité de ces déchets. L'emploi de produits jetables augmente le risque de dispersion.

Les partisans du tout recyclable arguent de la parfaite recyclabilité des métaux et du verre. C'est partiellement exact, mais, dans l'opération de fusion, une partie du matériau est éliminée. C'est ce qu'on appelle la *perte au feu.* Signalons le cas des récipients métalliques, dont les canettes en aluminium. Ce sont des récipients sur lesquels la paroi extérieure est recouverte d'un vernis protecteur et la paroi intérieure d'une fine couche de plastique destinée à éviter le contact direct de l'aliment avec le métal[1].

En fait, sur les 26 millions de tonnes de déchets plastiques produits par an en Europe, seulement 30 % seraient récupérés pour être recyclé[2], le PET présentant le potentiel de recyclage le plus élevé.

D'autres statistiques[3] font état d'un potentiel de recyclage bien inférieur. Sur les 8 milliards de tonnes produites à ce jour, 9 % seulement auraient été recyclées, ce qui, bien sûr, est extrêmement faible et tranche avec l'optimisme des fabricants d'emballages plastiques.

À noter également que le taux de collecte et de recyclage est meilleur pour des matériaux comme le verre, le métal ou le papier carton.

2.4.4. Compatibilité entre recyclage et surconsommation

Il apparaît qu'on abuse le public avec le concept d'économie circulaire. Pour moi, ce concept a pour signification la récupération des objets en fin de vie *au plus haut niveau de valeur possible,* assortie d'une remise en état (réparation). L'objectif est d'accéder à une nouvelle utilisation dans des conditions

---

[1] Cette couche de plastique, destinée, entre autres, à protéger le contenu alimentaire contre une agression du métal, s'avère elle-même dangereuse dans la mesure où elle contient un perturbateur endocrinien, le bisphénol A

[2] Se référer à l'article « Quelles sont les limites du recyclage » par Renaud de Bruyn (rdebruyn@ecoconso.be) Eco Conso 24 novembre 2020 https://www.ecoconso.be/fr/content/quelles-sont-les-limites-du-recyclage.

[3] Se reporter à l'ouvrage publié *Recyclage : le grand enfumage* publié par Flore Berlingen (Éditions de l'Échiquier)

pratiquement identiques, le recyclage n'intervenant qu'à la dernière possibilité d'usage.

Ce n'est absolument pas la signification que lui apportent les industriels concernés. La notion d'*économie circulaire* constitue pour ces industriels un alibi destiné à masquer une surconsommation voulue par le mythe de la croissance infinie, source de bénéfices substantiels.

L'utilisation de l'énergie consommée par le recyclage

Un des arguments évoqués consiste à dire que la consommation d'énergie occasionnée par le recyclage est moindre que celle utilisée pour la transformation des matières vierges. C'est en partie exact, sauf si l'on considère que l'on aurait pu éviter ce recyclage par une autre forme d'économie circulaire (moindre production d'objets d'utilisation sociale discutable, réutilisation en l'état, réparation, etc.).

Par ailleurs, la description du processus de recyclage nous a montré qu'il s'agit d'une suite opératoire gourmande en consommation d'eau. Ceci du fait de nombreux lavages indispensables à l'élimination des impuretés, élimination rendue nécessaire à l'obtention de la qualité du produit recyclé.

Un constat : la croissance de la consommation des ressources

La consommation de plastiques a été certes ralentie par un redémarrage de l'industrie faisant suite au ralentissement provoqué par la pandémie. Ce qui a provoqué une pénurie des ressources en composants et matières premières. Néanmoins, elle n'a cessé de croître (en Europe, de 46 à 52 millions de tonnes entre 2010 et 2017)[1].

Le recyclage est censé combattre deux excès : la surconsommation des ressources et la surproduction des déchets. Il s'avère, compte tenu de ce constat, qu'il ne remplit que très incomplètement ces deux objectifs. Et cependant, on continue d'entretenir le mythe d'un recyclage possible de 100 % des produits à moyen terme, objectif synonyme du respect de l'environnement et apprécié par 97 % des Français[2]. *Alors que la véritable solution consiste à privilégier la réparation et le réemploi.*

Un recyclage qui entretient la surconsommation

Dans son ouvrage, Flore Berlingen développe longuement l'instrumentalisation de l'économie circulaire, un leurre savamment entretenu par les industries de l'emballage et de l'agroalimentaire. Ceci afin d'éviter la remise en cause de leur existence.

Il s'agit d'une stratégie de communication et de lobbying entretenant les promesses d'un recyclage à 100 % à moyen terme tout en reculant sans cesse

---

[1] Rapport de l'Agence Européenne pour l'Environnement (février 2019).

[2] Selon étude réalisée pour le compte de CITEO (Eco-organisme responsable du recyclage des emballages.)

les échéances pour que leur modèle soit soutenable. Cette démarche leur permet de retarder toute réglementation trop ambitieuse en politique de réduction des déchets, et donc, par essence, inopportune. *Le recyclage est devenu l'alibi, et le débouché d'un modèle de production et de distribution fondé sur l'usage unique.* Le bien-fondé de ce modèle s'articule autour de deux raisons.

La multiplication des étapes

Transport, manutentions et stockages nécessitent de protéger par des emballages appropriés (résistance aux chocs en particulier) et incompatibles avec tout système de consignation.

Le temps passé entre production et consommation de la marchandise nécessite un emballage approprié à la nature de la marchandise transportée afin d'assurer sa conservation, véritable enjeu.

2.5. L'ÉLIMINATION DU JETABLE ET DE L'OBSOLESCENCE PROGRAMMÉE

La lutte contre l'obsolescence programmée a amplement été traitée le long des trois premières parties de mon ouvrage. Écoconception et protectionnisme écologique et social sont des sujets qui ont été abordés largement dans ces différents volets. Nous n'y reviendrons pas.

Par contre, il est souhaitable de s'appesantir sur le sort qu'il est souhaitable de réserver aux objets *à usage unique*. Ils regroupent l'ensemble des contenants, conditionnements et emballages de toutes sortes et constituent une source importante de gaspillage mondial qu'il est impératif de combattre.

2.5.1. Supprimer le recyclage inutile : l'exemple du verre

En effet, le verre, encore employé comme contenant, doit pouvoir être réutilisé en l'état après lavage et désinfection. La démarche française, qui consiste à recycler le verre, apparaît comme une aberration économique pure et simple. Elle induit une dépense d'énergie importante (fonte du verre et transport du lieu d'utilisation vers le site de fabrication).

En outre, il serait possible de réduire de 80 % l'émission de gaz à effet de serre par rapport à un recyclage classique. La réutilisation en l'état, utilisée en Allemagne et en Belgique et aussi partiellement en Alsace, fonctionne fort bien et est plébiscitée par la plupart des habitants. Alors, pourquoi pas en France ? La pression des industries du plastique et de la grande distribution, lobbies aux combien puissants, a emporté la décision ! Le coup de grâce a été donné par l'institution du REP, décision sur laquelle nous aurons l'occasion de revenir.

Le système de consignation pourrait concerner pour l'essentiel les récipients les plus utilisés, à savoir : bouteilles, bocaux, contenants divers de denrées alimentaires (confitures, miel, jus de fruits divers, etc.). Sous réserve, bien sûr, de standardiser les dimensions pour permettre un regroupement des centres de nettoyage afin d'optimiser les distances de transport. Seuls seraient soumis au recyclage classique les récipients spéciaux relevant d'une industrie de luxe, par exemple, les objets destinés à des cadeaux ou à une mode particulière et fabriqués en petite série. Entre évidemment dans cette catégorie tout verre brisé non réutilisable sans recyclage.

2.5.2. Proscrire l'utilisation d'objets à usage unique

Ce qui conduit à éliminer l'utilisation de plastiques non recyclables qui interviennent dans de multiples contenants.

La vaisselle à jeter

Elle est utilisée massivement dans tous les organismes et commerces qui pratiquent la restauration rapide et desservent les collectivités locales (cantines d'écoles, restaurants d'entreprise, hôpitaux, etc.).

Cela doit concerner non seulement les repas pris sur place, mais aussi la nourriture à emporter, où l'on se doit d'utiliser de la vaisselle consignée, en faïence ou en acier inoxydable.

La loi de 2020, agrémentée d'un certain nombre de décrets, promulgués ou à mettre en œuvre entre 2021 et 2026, interdit de manière progressive l'usage de plastiques non recyclables pour les repas pris sur place. Mais ils ne prennent pas en compte la vente à emporter ni les autres usages de ces types de plastique. En outre, j'ai toujours des doutes sur la volonté des industriels de se soumettre à ce type d'obligation qui vont à l'encontre de leurs intérêts et sur l'efficacité des contrôles d'application en vigueur. D'où l'intérêt de prévoir l'application progressive d'une taxe dissuasive sur les objets contrevenant à la loi.

Les pots et récipients à usage de jardinage

Ils sont utilisés pour transporter des plantes, des semis et des fleurs et leur usage est très répandu dans les jardineries. Ils peuvent sans inconvénient majeur être remplacés par des récipients en terre cuite (susceptibles d'être recyclés en déchèterie comme matériaux de construction) ou en carton.

Les emballages

Une réduction drastique du volume des emballages s'impose. D'où l'intérêt d'une utilisation du vrac dans l'alimentaire et le bricolage.

Par ailleurs, il est souhaitable de promouvoir la création de contenants *fonctionnels* réutilisables : trousses qui remplacent avantageusement les blisters jetables (matériel de bricolage, petit outillage, etc.) et favoriser l'utilisation de contenants personnels.

2.5.3. Éliminer progressivement l'emploi des plastiques recyclables pour les objets à usage unique

Les produits concernés couvrent les domaines les plus conséquents d'utilisation des thermoplastiques, c'est-à-dire les emballages (le PET représente environ 80 % de la production). Aucun objectif gouvernemental n'a été formulé à ma connaissance sur ce sujet. Et pourtant !

On s'est aperçu que l'emploi massif de ces résines, en particulier celui du PET, présente de nombreux inconvénients : présence de phtalates considérés comme de perturbateurs endocriniens. Et aussi d'additifs dangereux lors de la migration du plastique dans le liquide contenu en cas de séjour prolongé de ce contenu. On peut aussi mettre dans la balance l'économie d'énergie et la réduction des gaz à effet de serre, auxquelles on ajoutera la pollution occasionnée par le dépôt de déchets dans l'environnement.

Il s'agit, bien sûr, d'une réforme d'importance et qui se heurtera à forte partie, dans la mesure où sont en jeu des intérêts colossaux de la part des multinationales à la tête de l'industrie du plastique.

Ces entreprises ne sont pas prêtes à envisager un ralentissement de leurs activités et encore moins, leur suppression pure et simple. *La mise en œuvre d'une taxe progressive sur l'utilisation de ces plastiques s'impose là encore comme la seule solution à ce problème*, car, malheureusement, les lois sont faites pour être contournées ou vidées de leur contenu par des décrets appropriés.

2.5.4. Que doit-on recycler ?

Papiers et cartons

Le recyclage du papier permet une économie notable, puisque la fabrication du papier recyclé consomme 6 fois moins d'eau et 4 fois moins d'énergie que la fabrication du papier neuf et qu'il peut être recyclé cinq fois avant dégradation sensible de ses propriétés de base. Alors que la quasi-totalité des papiers est recyclable, le taux de recyclage du papier en France n'est que de 60,5 %. Alors, à quand la réouverture de l'usine de La Chapelle Darblay ?

Ceci étant dit, il n'est pas interdit de faire des économies de papier. Il y a pléthore de publicités remises dans les boîtes aux lettres, qu'elles soient déposées ou adressées par la poste. Pourquoi ne pas augmenter le tarif d'affranchissement de cette publicité invasive ? Cela permettrait sans doute d'en restreindre l'envoi.

Conclusion identique pour les différents types de cartons recyclables. Ce recyclage, s'il est fait correctement[1], constitue une source d'économie non négligeable.

Le problème des déchets électriques et électroniques

La plupart des cartes électroniques présentes dans les matériels électroniques et les équipements de toute nature comportent, indépendamment des composants de base, un nombre important de métaux et de terres rares,

---

[1] J'ai été témoin à plusieurs reprises, d'une mise au rebut (benne *incinérables*) de cartons parfaitement recyclables par le préposé d'une déchèterie, sous prétexte d'une benne à cartons pleine.

souvent en très petites quantités. De ce fait, le recyclage et la récupération de ces matériaux s'avèrent très difficiles, voire impossibles dans l'état actuel des techniques et, de ce fait, considérés comme non rentables.

Néanmoins, un certain nombre de recherches ont vu le jour afin de contourner le quasi-monopole dont dispose la Chine qui contient sur son sol une quantité très importante de ces matériaux rares.

Citons trois projets à l'état actuel de développement, mais qui constituent une possible avancée dans ce domaine :

- La technique de la *molécule piège* développée en France dans le projet *Cyter*[1] et initialisé par une chercheuse d'origine russe. Il s'agit d'une recherche axée sur le recueil de matériaux utilisés dans les filets d'ampoules à basse consommation et les aimants permanents des moteurs d'éoliennes.
- Un projet de recyclage initialisé par la société lyonnaise *Carester*[2] qui se propose de construire une usine de traitement des aimants permanents.
- Le projet *Extrade*[3] piloté par le BRGM (Bureau de Recherches Géologiques et Minières) qui a pour objectif de développer de nouvelles filières de valorisation des aimants permanents

D'autres pistes à explorer :

- La réduction du nombre de composants utilisés, entre autres, dans la fabrication d'un smartphone,
- La réparation des cartes mères (tests et changement des composants défectueux)

Un débouché pour les plastiques non recyclables : la couverture des routes

L'asphalte est un matériau composé à la fois de bitume, issu de la distillation du pétrole, qui sert de lien et de fins granulats, voire de sable, dont on sait qu'il s'agit d'une ressource limitée dont le monde risque d'être privé à moyenne échéance. L'idée est venue de remplacer ce matériau par de fins granulés de plastique, dont une bonne partie qui n'est pas recyclée est soit incinérée, soit finit dans les décharges ou dans les océans. L'entreprise *MacRebur*, située en Écosse, s'est lancé le défi de remplacer les matériaux existants par ce plastique inutilisé.

---

1 Pour plus d'information, consulter l'article « Projet CYTER » Ajelis http://www.ajelis.com/secteurs/projet-cyter-recyclage-des-terres-rares/

2 Se référer à « Carester veut recycler les métaux rares » publié par Bref Eco, le 2 juin 2021 https://www.brefeco.com/actualite/chimie/carester-veut-recycler-les-metaux-rares

3 Se référer à « journée technique « Extraction des terres rares des DEEE « projet Extrade » publié par Minéral Info, le 28 juin 2017 https://www.mineralinfo.fr/fr/actualite/actualite/journee-technique-extration-des-terres-rares-des-deee-projet-extrade

On remarquera que d'autres réalisations ont lieu en Europe et dans le reste du monde, dont la Slovaquie, le Ghana, l'Inde, le Cameroun et les Pays-Bas (projet *Plastic Road*) permettant la fabrication, entre autres, de pavés permettant l'édification de portions de route.

Écoconstruction et recyclage des déchets du bâtiment

Les enjeux

D'après les statistiques du ministère de la Transition écologique, ils sont loin d'être négligeables. Ils représenteraient 19 % de la production totale de déchets du BTP (242 M tonne[1]), soit 46 M tonnes par an. Par comparaison, le total des déchets ménagers est de 30 M tonnes, ce qui est déjà relativement élevé.

Une partie importante (50 %) provient de la démolition, 40 % de la réhabilitation et le reste des constructions neuves. Parmi ces déchets, 72 % sont considérés comme inertes (béton, briques, verre, terre, pierres, etc.), 26 % comme non inertes, 2 % comme déchets qui contiennent des substances dangereuses pour l'environnement ou la santé.

Le constat

Une partie importante des déchets du bâtiment ne sont pas triés et sont condamnés à l'enfouissement dans des décharges, parfois publiques, donc tolérées par les collectivités, soit purement et simplement illégales.

Or, lorsque l'on appréhende le cycle de vie complet de ces matières devenues déchets (extraction, transport, transformation, fabrication, distribution), on capitalise une dépense importante d'énergie (en particulier sur le ciment, la brique et l'acier) accompagnée d'une génération de gaz à effet de serre (GES) complètement sous-estimée.

Les actions à mettre en œuvre

- *Lutter contre les décharges sauvages*

Elles sont alimentées soit par des particuliers peu scrupuleux, soit par des entreprises du BTP, qui ne veulent pas payer 12 € la tonne le dépôt de leurs rebuts dans une déchèterie autorisée. Actuellement, on dénombre environ 850 décharges sauvages sur le territoire, décharges où voisinent toutes sortes de déchets, depuis des matériaux inertes jusqu'à des dépôts de matières dangereuses. Actuellement, le problème n'est pas appréhendé à sa juste valeur et laissé à l'initiative des collectivités locales, voire communales qui n'ont pas les moyens nécessaires pour programmer une action efficace.

Ce problème doit être pris à bras-le-corps, car, compte tenu des chantiers importants en cours, dont l'aménagement du Grand Paris en Île-de-France, ce phénomène a tendance à s'amplifier.

[1] Le total des déchets émis par le BTP (Bâtiment Travaux Publics) représente 70 % de l'ensemble des déchets produits en France en une année.

Quelles sont les mesures à envisager ?

- *Une surveillance accrue* et un arsenal de mesures répressives, pas toujours aisées à mettre en œuvre.
- Concernant les *entreprises du BTP*, il existe une autre possibilité : la création d'une *éco-contribution* payée à la base par les entreprises du BTP qui leur éviterait de payer leurs dépôts en déchèterie. Elle permettrait une résorption de ces dépôts afin d'envisager à moyen terme la disparition de ces décharges.
- Concernant les *particuliers*, la loi Alec, votée en 2020, facilite la possibilité pour les maires de sanctionner financièrement les auteurs de dépôts sauvages. La sanction peut grimper à 15 K€. C'est insuffisant.

▪ *Optimiser le tri des déchets réceptionnés en déchèterie*

Cela s'effectuera par nature de matériaux de manière à disposer d'une récupération optimale et, éventuellement et dans la mesure du possible, de pratiquer le recyclage de ces matériaux

▪ *Pratiquer ce qu'on appelle l'écoconstruction*

La performance énergétique visée par cette démarche doit tendre, entre autres, à privilégier le choix des matériaux à utiliser et à réfléchir de ce fait à la fin de vie des constructions dès leur conception.

▪ *Améliorer la qualité sur les chantiers*[1]

En effet, une partie des déchets produits sur les chantiers ont pour cause le non-respect de certaines procédures relevant de l'assurance qualité (en admettant que celle-ci soit en place, bien sûr). Le fait d'améliorer la qualité permettrait, en outre, de restreindre l'émission de GES liés à la phase de production et de transport des matériaux, ainsi que le nombre de déplacements nécessaires aux approvisionnements. Entre autres, sur les chantiers de rénovation et de construction, il est possible de se fixer un objectif réalisable de production de déchets.

▪ *Développer les échanges entre chantiers au niveau local*

C'est une piste intéressante à développer. Le réemploi de matériaux de construction non utilisés peut permettre de faire se rencontrer l'offre et la demande à partir de plateformes en ligne spécialisées[2] et d'utiliser de nouveau

---

[1] Référence faite à l'article « déchets du BTP : un potentiel de réduction des émissions de GES sous-exploité » Zérowaste 27 juillet 2015

[2] Rotor déconstruction : vente d'éléments de construction de réemploi en flux tendus : https://www.circulareconomy.brussels/rotor-deconstruction-vente-delements-de-construction-de-reemploi-en-flux-tendu/

un matériau récupéré après une déconstruction minutieuse et avant qu'il ne devienne un déchet.

Exemples types de matériaux récupérables sur un chantier : briques, faux plafonds, modules de cloisons vitrées, portes, revêtements de sol, etc.

Néanmoins, il s'avère qu'une remise en cause profonde du comportement des responsables de chantier, voire de l'ensemble des acteurs du BTP ainsi qu'une *réelle volonté politique* (utilisation du levier de la commande publique, évolution des réglementations et des normes, incitations au réemploi du superflu et à l'utilisation de nouveaux matériaux) seront nécessaires pour développer ces actions encore aujourd'hui balbutiantes.

2.5.5. Remettre en cause le principe du REP et de l'organisation qui en a découlé

Il paraît évident que, si l'on prend en compte les recommandations qui précèdent, le fonctionnement des éco-organismes ainsi que l'attribution des investissements, affectés principalement au recyclage, doivent être complètement remis à plat. Du fait que l'usage du plastique dans les objets dits à *usage unique* ainsi que leur recyclage est amené à disparaître, certains éco-organismes doivent voir leur action considérablement décroître.

En outre, il me paraît indispensable que l'ensemble de ces éco-organismes ne soit plus sous la dépendance totale des industriels dont l'objectif permanent est la recherche du profit maximal. À mon sens, l'organisme de tutelle devrait être, soit directement le Ministère de la Transition écologique, soit une autorité de régulation des filières mise en place au sein de l'ADEME.

Cet organisme aura pour rôle de définir les grandes orientations souhaitables, qui restent avant tout d'accorder la priorité au réemploi d'un produit en fin de vie, assortie des réparations nécessaires. Et par conséquent, de ne procéder au recyclage et/ou à l'élimination pure et simple que lorsque les autres options seront devenues caduques.

Quels sont les principaux facteurs actifs du changement climatique identifiés sur notre territoire national ? Il s'agit prioritairement de ce qu'on a appelé les gaz à effet de serre (GES) provoqués par différentes sources de pollution occasionnées par la mise en œuvre de modes de vie résultant eux-mêmes d'une industrialisation débridée.

- En priorité, bien sûr, le dioxyde de carbone (CO_2), qui intervient pour environ 68 à 70 % des émissions. La cause principale de son apparition réside dans l'utilisation de combustibles fossiles dans les différents aspects de notre vie sociale. Cela concerne les transports routiers, les industries polluantes, comme celles du plastique et du ciment, ainsi que les passoires thermiques causées par des bâtiments à usage divers (habitations, commerces, institutions, etc.). Et bien d'autres causes qui ont fait l'objet de développements dans le courant de l'ouvrage.

- Vient ensuite le méthane (CH_4) pour une part non négligeable des émissions (22 à 25 %). Principal accusé : la politique outrancière de l'agriculture et de l'élevage intensifs et les pollutions d'ordres diverses qui en résultent.

- Le protoxyde d'azote (N2O) est généré, là encore, par la culture intensive (apport d'engrais azotés) et intervient pour environ 5 % des émissions de GES.

- Les gaz fluorés, émis par l'utilisation intensive de la climatisation, l'usage des *polluants éternels* (composés à base de fluor et de carbone) et les procédés de refroidissement des Data Centers. Actuellement, ils représentent 2 à 3 % des GES, mais cette proportion tend à croître du fait d'une utilisation intensive de la climatisation et du développement du numérique.

Il faut également faire intervenir pour chacun de ces GES responsables le pouvoir de réchauffement global (PRG) et la durée de séjour dans l'atmosphère.[1] À titre d'illustration, si le PRG est de 1 pour le CO_2, il est de 21 pour le CH_4, de plus de 300 pour le N_20, et de 14 000 à 17 000 pour les gaz fluorés. Même remarque concernant les durées de séjour dans l'atmosphère : relativement courte pour le CH4 (14 ans), elle est de plus de 100 ans pour le CO2 et le N2O, et de 14 à 17 000 ans pour les gaz fluorés. Chiffres à méditer pour la conduite des actions à venir !

Tout ceci étant dit, comment se situe la France par rapport à l'Union européenne et le reste du monde ? Les statistiques les plus courantes situent la France largement en retrait par rapport à nombre de pays et à l'Union européenne proprement dite. Un classement édité pour l'année 2020 [2] et relatif à la masse en tonnes de CO2 émise durant cette année place la Chine (30 % des émissions mondiales) en tête face aux États-Unis, suivis par l'Union européenne, la France demeurant très en deçà du classement. Ceci est possible grâce à l'utilisation prédominante de l'énergie nucléaire, considérée comme « non polluante », d'où le satisfecit appuyé de notre gouvernement, qui ne tarit pas d'éloges sur notre comportement.

---

[1] Référence faite à l'article paru dans « Les Cahiers du développement durable » onglet « outils », article « les Gaz à effet de serre » http://www.les.cahiers-developpement-durable.be/outils/les-gaz-a-effet-de-serre/

[2] Article paru dans « la finance pour tous » le 4 février 2022 https://www.lafinancepourtous.com/outils/questions-reponses/

ANNEXES

Annexe 1

Excédents d'azote dans les productions agricoles

Type de production	Entrées d'azote : (fertilisants, aliments du bétail, etc.) en kg/Ha	Sorties d'azote (produits vendus, Déjections animales) en kg/Ha	Excédents d'azote : Entrées-sorties en kg/Ha
Grandes cultures céréalières	171	120	51
Élevages laitiers	196	47	149
Élevages bovins (viandes)	173	36	137
Élevage de porcs	1 144	602	542
Élevage de volailles et diverses cultures	512	235	277
Grandes cultures et viande bovine	170	70	100
Fermes biologiques	*57*	*23*	*34*
Moyenne des 555 fermes	**287**	**103**	**184**

Annexe 2

Cycle de l'azote

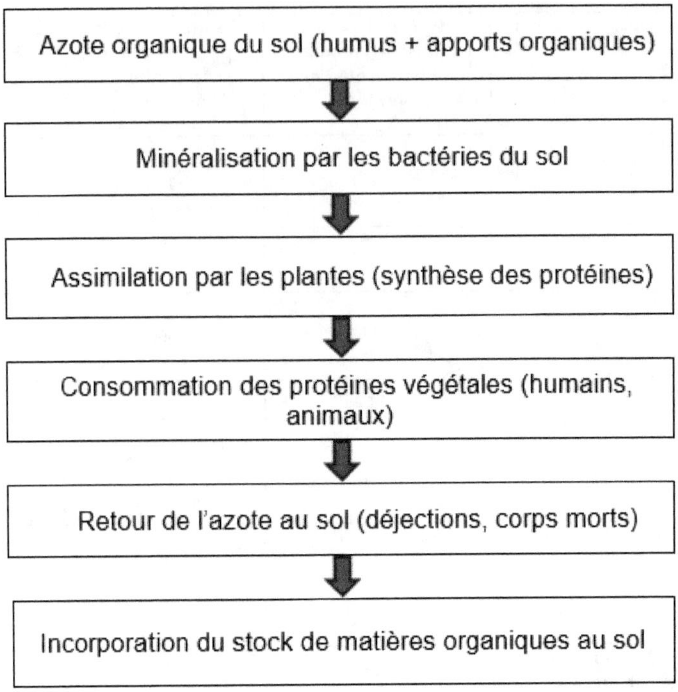

Annexe 3

Sablier de la chaîne alimentaire

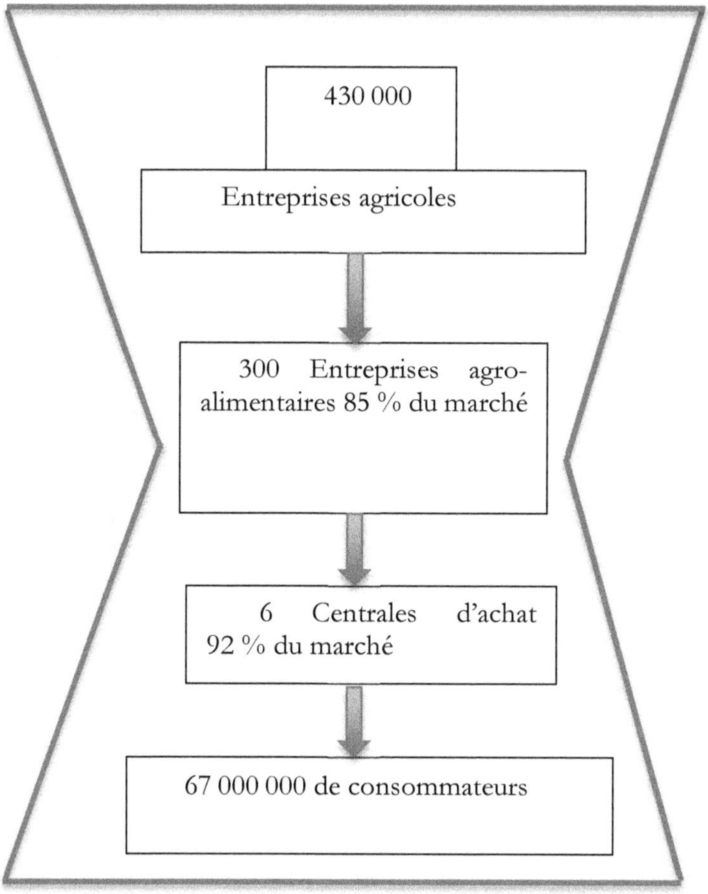

REMERCIEMENTS

Un grand merci à toi, Lilian, qui m'a encouragé et supporté pendant toute cette période de recherche et d'écriture !

Tous mes remerciements à l'adresse de Virginie et Muriel Meleux, Franck Dumortier et Geneviève Laguilheme qui ont participé à la rédaction et mise en page de ce livre.

Je remercie également les éditions L'Harmattan pour leur soutien et leur engagement.

BIBLIOGRAPHIE

Éloge du mondialisme par un « anti » présumé de René Passet Éditions Fayard (avril 2001)

L'enfer numérique, voyage au bout d'un like de Guillaume Pitron (Éditions les liens qui libèrent)

La fabrique des pandémies de Marie Monique Robin (Éditions de la Découverte)

Le charme discret de l'intestin, tout sur un organe mal aimé de Giulia Enders (Éditions Acte Sud)

Le syndrome du poisson-lune d'Emmanuel Druon

Redonner du sens au travail de Thomas Coutrot et Coralie Perez (Éditions du Seuil)

Ralentir ou périr ou l'économie de la décroissance de Timothée Parrique (éditions du Seuil)

Les Voraces de Vincent Jauvert (Éditions Robert Laffont)

Le prix de la démocratie de Julia Cagé (Éditions Folio actuel)

La crise de trop Frédéric Lordon (2010) (Éditions Fayard)

Lettre d'information de la Délégation de la Gauche sociale et écologique du Parlement européen

Histoire mondiale de la guerre économique Ali Laïdi (Éditions Perrin)

Le piège américain Frédéric Perucci (Editions JC Latt)

Les délaissés Thomas Porcher (Éditions Fayard)

Le livre noir de la mode d'Audrey Millet (Éditions François Bourin)

L'agroécologie peut nous sauver par Marc Dufumier et Olivier Le Naire (Éditions Acte sud)

Les apprentis sorciers de l'azote de Claude Aubert (Éditions Terre vivante)

La révolution agroécologique d'Alain Olivier (Éditions Ecosociété)

TABLE DES MATIÈRES

Structures éditoriales du groupe L'Harmattan

L'Harmattan Italie
Via degli Artisti, 15
10124 Torino
harmattan.italia@gmail.com

L'Harmattan Hongrie
Kossuth l. u. 14-16.
1053 Budapest
harmattan@harmattan.hu

L'Harmattan Sénégal
10 VDN SICAP AMITIE 3
BP 45034 Dakar-Fann
direction@senharmattan.com

L'Harmattan Cameroun
Tsinga/Derrière polyclinique FECAFOOT
BP 11486 Yaoundé
Jacques.koukam@harmattan.fr

L'Harmattan Burkina Faso
Villa 281, secteur 23 623, rue 14.32
Ouagadougou
zagbie@outlook.fr

L'Harmattan Guinée
Almamya, rue KA 028 OKB Agency
BP 3470 Conakry
harmattanguinee@yahoo.fr

L'Harmattan RDC
185, avenue Nyangwe
Commune de Lingwala – Kinshasa
matangilamusadila@yahoo.fr

L'Harmattan Congo
219, avenue Nelson Mandela
BP 2874 Brazzaville
deunovmikhael@gmail.com

L'Harmattan Mali
Immeuble Mgr Jean Marie Cissé
Aci Hamadallaye
BP 145 Bamako
syllaka@yahoo.fr

L'Harmattan Togo
Djidjole – Maison Amela
face EPP BATOME
02 BP 20680 Lomé
didieramela11@gmail.com

L'Harmattan Côte d'Ivoire
Résidence Karl – Cité des Arts
Abidjan-Cocody
03 BP 1588 Abidjan
harmattan.ivoire@gmail.com

L'Harmattan Bénin
Rue 604, (Immeuble à l'entrée
de la rue UCAO- Cite de Saint-Jean)
Cotonou
stepcorpus@gmail.com

Nos librairies en France

Librairie internationale
16, rue des Écoles
75005 Paris
librairie.internationale@harmattan.fr
01 40 46 79 11
www.librairieharmattan.com

Librairie des savoirs
21, rue des Écoles
75005 Paris
librairie.sh@harmattan.fr
01 46 34 13 71
www.librairieharmattansh.com

www.ingramcontent.com/pod-product-compliance
Lightning Source LLC
LaVergne TN
LVHW011439061026
849535LV00004BA/877
* 9 7 8 2 3 3 6 5 2 5 5 1 8 *